SCRITTI MATEMATICI

OFFERTI

AD

ENRICO D'OVIDIO

in occasione del suo LXXV genetliaco
11 AGOSTO 1918

DAI PROFESSORI

E. ALMANSI — G. BERNARDI — M. BOTTASSO
F. CASTELLANO — G. CASTELNUOVO — G. FANO
G. FUBINI — F. GERBALDI — G. GIAMBELLI — N. JADANZA
E. LAURA — B. LEVI — L. LOMBARDI — G. LORIA
G. PEANO — A. PENSA — G. SANNIA — C. SEGRE
F. SEVERI — A. TERRACINI — E. G. TOGLIATTI

E PUBBLICATI PER CURA DI

FRANCESCO GERBALDI E GINO LORIA

(col ritratto di E. D'OVIDIO in zincotipia)

MILANO TORINO ROMA
FRATELLI BOCCA, EDITORI

Depositario per la Sicilia: ORAZIO FIORENZA - PALERMO.
Deposito per Napoli e Provincia:
Società Editrice «DANTE ALIGHIERI» (ALBRIGHI, SEGATI e C.) - NAPOLI

1918

ENRICO D'OVIDIO

SCRITTI MATEMATICI

OFFERTI

AD

ENRICO D'OVIDIO

in occasione del suo LXXV genetliaco
11 AGOSTO 1918

DAI PROFESSORI

E. ALMANSI — G. BERNARDI — M. BOTTASSO
F. CASTELLANO — G. CASTELNUOVO — G. FANO
G. FUBINI — F. GERBALDI — G. GIAMBELLI — N. JADANZA
E. LAURA — B. LEVI — L. LOMBARDI — G. LORIA
G. PEANO — A. PENSA — G. SANNIA — C. SEGRE
F. SEVERI — A. TERRACINI — E. G. TOGLIATTI

E PUBBLICATI PER CURA DI

FRANCESCO GERBALDI E GINO LORIA

(col ritratto di E. D'OVIDIO in zincotipia)

MILANO TORINO ROMA
FRATELLI BOCCA, EDITORI

Depositario per la Sicilia: ORAZIO FIORENZA - PALERMO.
Deposito per Napoli e Provincia:
Società Editrice «DANTE ALIGHIERI» (ALBRIGHI, SEGATI e C.) - NAPOLI

1918

PROPRIETÀ LETTERARIA

Torino — VINCENZO BONA, Tip. di S. M. e de' RR. Principi (13381-83).

PREFAZIONE

All'approssimarsi del giorno, in cui una legge inflessibile avrebbe allontanato il sen. ENRICO D'OVIDIO [1] dalla Cattedra Universitaria [2], da molti dei numerosissimi alunni, che Egli ebbe nella Sua lunga e gloriosa carriera didattica, fu vagheggiata l'idea di cogliere tale occasione — che coincide colla lieta ricorrenza del Suo LXXV genetliaco — per manifestarGli i loro sentimenti di vivissimo inalterabile affetto e ad un tempo presentarGli i loro sinceri augurii *ad multos annos!*

Tale proposito, non appena manifestato, trovò unanime consenso, al pari di quello più concreto di pubblicare, raccolti in un volume, gli " **Scritti** „ che in siffatta circostanza varii Suoi discepoli avevano in animo di dedicarGli, relativi alla Scienza alla quale Egli consacrò il Suo alto ingegno; volume che ad un tempo mostrasse, ai presenti ed ai venturi, la generale venerazione da cui Egli è circondato.

Grazie al volonteroso concorso di discepoli ed ammiratori (i nomi dei quali si trovano registrati più sotto) si sono potute vincere le gravi difficoltà, che, nelle condizioni eccezionali dell'ora presente, si opponevano a condurre a termine una tale impresa. E noi siamo certi che all'amato

---

[1] Nato a Campobasso, il dì 11 agosto 1843.

[2] Professore alla R. Università di Torino, dal 17 novembre 1872.

Maestro tornerà doppiamente bene accetta la nostra pubblicazione, in quanto che essa serve anche a mostrare come l'Italia, nelle ore tragiche in cui viviamo — non meno che nei periodi più gravi e decisivi delle sue precedenti secolari lotte di redenzione — non cessa di alimentare la sacra fiamma alla Scienza.

I progressi, che l'Algebra e la Geometria devono ad Enrico d'Ovidio, sono ben noti a coloro che ne seguirono la luminosa carriera scientifica, leggendone fin dal loro apparire gli scritti. Dallo studio di questi riteniamo che potranno trarre insigni ammaestramenti ed insieme incitamento ad ulteriori progressi anche le più giovani generazioni, che del nostro illustre Maestro non più ascolteranno nelle aule dell'Ateneo Torinese la sapiente e simpatica parola; e però abbiamo creduto utile facilitarne loro la ricerca, dando il primo posto nel presente volume ad un Elenco, fino ad oggi completo, delle Pubblicazioni scientifiche di Lui; così pure crediamo di far cosa ad ognuno gradita allegando, come ornamento, al volume il bel ritratto che rispecchia

La cara e buona imagine paterna.

Ottobre, 1918.

Francesco Gerbaldi.
Gino Loria.

ELENCO DEI DISCEPOLI, COLLEGHI ED AMMIRATORI [1]

DEL SEN. E. D'OVIDIO

che

per rendere omaggio all'illustre scienziato

contribuirono alle spese di stampa del presente volume [2].

---

* Ing. Tullio ALLIEVO (Politecnico, Torino)
* Prof. Emilio ALMANSI (Università, Roma)
Prof. Ugo AMALDI (Università, Modena)
* Prof. Riccardo ARNÒ (Istituto tecnico superiore, Milano)
* Prof. Emilio ARTOM (Scuola normale femminile, Aosta)
* Prof. Giuseppe BERNARDI (Istituto tecnico, Bologna)
Prof. Eugenio BERTINI (Università, Pisa)
Prof. Luigi BERZOLARI (Università, Pavia)
* Prof. Augusto BIFFIGNANDI (Dir. Scuola tecnica, Poggio Mirteto)
** Dott. Carlo BONFERRONI (Politecnico, Torino)
* Prof. Ing. Enrico BONICELLI (Politecnico, Torino)
Prof. Giovanni BORDIGA (Università, Padova)
S. E. Paolo BOSELLI (Torino)
* Prof. Matteo BOTTASSO (Università, Messina) [3]
* Dott. D. Carlo BRICARELLI (Roma)
Prof. Luigi BRUSOTTI (Liceo " Berchet ", Milano)
Prof. Francesco CALDARERA (Catania)
* Prof. Camillo CAMBIAGGI (Istituto tecnico, Vercelli)

---

[1] In quest'elenco, * contrasegna i nomi dei discepoli e ** i nomi di coloro che furono assistenti del Prof. D'OVIDIO.

[2] Ciascuno ha contribuito con una quota non inferiore alle L. 20.

[3] Morto a Torino, il 3 ott. 1918, durante la stampa del presente volume.

* Prof. Tullia CAPRA (Scuola tecnica, Asti)
* Prof. Gemma CASETTA (Scuola normale, Pistoia)
* Dott. Elena CASSISSA (Novara)
** Prof. Filiberto CASTELLANO (Accademia Militare, Torino)
** Prof. Guido CASTELNUOVO (Università, Roma)
* Prof. Teresita CASTELLI (Scuola normale, Bergamo)
* Prof. Vittoria CAVALLERO-FORNO (Scuola normale, Asti)
Prof. Cesare CERADINI (Dir. Scuola applicazione ingegneri, Roma)
* Ing. Giovanni CHEVALLEY (Università, Torino)
* Prof. Elena CORDERO DI MONTEZEMOLO (Istituto tecnico, Mondovì)
* Prof. Ermenegildo DANIELE (Università, Catania)
* Prof. Luciano DELLA CASA (Ginnasio, Chivasso)
Prof. Pasquale DEL PEZZO (Università, Napoli)
Prof. Alfonso DEL RE (Università, Napoli)
** Dott. Ettore DEL VECCHIO (Università, Torino)
* Prof. Maria DE STEFANIS (Scuola normale, Crema)
Sen. Prof. Ulisse DINI (Università, Pisa)
Prof. Federigo ENRIQUES (Università, Bologna)
** Prof. Gino FANO (Università, Torino)
* Prof. Ernesta FASCIOTTI (Scuola normale " C. Tenca ", Milano)
* Dott. Maria FRITZSCHE (Roma)
Prof. Guido FUBINI (Università, Torino)
** Prof. Francesco GERBALDI (Università, Pavia)
* Prof. Giovanni GIAMBELLI (Università, Messina)
* Prof. Giulio GIRAUD (Scuola normale, Mondovì)
** Dott. G. B. GONELLA (Torino)
* Prof. Giovanna GREGGI (Scuola tecnica " Usodimare ", Genova)
* Prof. Giacinto GUARESCHI (Liceo, Alba)
* Prof. Michele GUASCO (Dir. Scuola normale, Campobasso)
Prof. Ing. Camillo GUIDI (Politecnico, Torino)
* Ing. Dott. Luigi ICHERI (Torino)
* Prof. Nicodemo JADANZA (Università, Torino)
Prof. Giuseppe JUNG (Milano)
* Prof. Ernesto LAURA (Università, Pavia)
* Prof. Beppo LEVI (Università, Parma)
* Prof. Luigi LOMBARDI (Politecnico, Napoli)
** Prof. Gino LORIA (Università, Genova)
Prof. Gian Antonio MAGGI (Università, Pisa)
* Dott. Vincenzo MAGO (Pinerolo)

** Dott. Maria MANCINELLI (Urbino)
* Prof. Antonietta MARNETTO (Scuola normale, Piacenza)
Prof. Vittorio MARTINETTI (Università, Messina)
* Dott. Maria MERONI (Como)
* Prof. Vittoria MO (Ginnasio, Saluzzo)
* Prof. Carlo MONCALVO (Scuola tecnica, San Remo)
Prof. Domenico MONTESANO (Università, Napoli)
** Prof. Agostino MORONE (Istituto tecnico, Melfi)
Prof. Andrea NACCARI (Università, Torino)
* Prof. Alice OSIMO (Scuola tecnica, Castel S. Giovanni)
* Prof. Alessandro PADOA (Istituto tecnico, Genova)
* Prof. Luigi PALAZZO (Uff. centr. Meteorologia e Geodinamica, Roma)
Prof. Carlo Fabrizio PARONA (Università, Torino)
* Ing. Dott. Nicola PAVIA (Saronno)
** Prof. Giuseppe PEANO (Università, Torino)
* Dott. Elena PELIZZARI (Brescia)
Luigi Carlo PELLERANO, editore (Napoli)
* Prof. Angelo PENSA (Scuola tecnica " Sommeiller ", Torino)
* Prof. Saul PIAZZA (Istituto tecnico, Milano)
Prof. Salvatore PINCHERLE (Università, Bologna)
Prof. Giulio PITTARELLI (Università, Roma)
Prof. Alfredo POCHETTINO (Istituto Fisico, Università, Torino)
** Dott. Cino POLI (Università, Torino)
Prof. Michele RAJNA (Università, Bologna)
** Prof. Angelo RAMORINO (Istituto tecnico, Firenze)
Prof. Vincenzo REINA (Università, Roma)
** Dott. Paolo RICALDONE (Torino)
Prof. Antonio ROITI (Vicepresidente Accademia Lincei, Roma)
Prof. Carlo ROSATI (Università, Pisa)
** Dott. Maria Aurelia ROSSI (Bobbio)
Sen. Teofilo ROSSI (Torino)
Sen. Prof. Francesco RUFFINI (Università, Torino)
** Prof. Gustavo SANNIA (Università, Cagliari)
Prof. Gaetano SCORZA (Università, Catania)
* Prof. Angelo SCRIBANTI (Dir. Scuola navale superiore, Genova)
** Prof. Corrado SEGRE (Università, Torino)
** Prof. Francesco SEVERI (Università, Padova)
Prof. Carlo SEVERINI (Università, Genova)
Prof. Carlo SOMIGLIANA (Università, Torino)

* Dott. Alessandro TERRACINI (Università, Torino)
** Dott. Eugenio Gius. TOGLIATTI (Università, Torino)
* Prof. Fedele TONELLI (Liceo, Parma)
Prof. Gabriele TORELLI (Università, Napoli)
Sen. Prof. Vito VOLTERRA (Università, Roma)
Ing. Ottavio ZANOTTI-BIANCO (Torino)
** Ing. Dott. Tancredi ZENI (Napoli).

ELENCO delle PUBBLICAZIONI di ENRICO D'OVIDIO

1863.

1. Dimostrazione di un teorema del Capitano Faure (*Giorn. di Matem.*, I).
2. Due teoremi di determinanti (*Ivi*).
3. Nota sopra un problema di geometria (*Ivi*).
4. Alcune locali (*Ivi*).
5. Altra dimostrazione dei teoremi provati a pag. 160 (*Ivi*).

1864.

6. Problemi sulle coniche (*Giorn. di Matem.*, II).
7. Soluzione della questione 26 (*Ivi*).
8. Soluzione delle questioni 40, 41, 42 (*Ivi*).

1865.

9. Teoremi sulle superficie sviluppabili di 5° ordine enunciati dal Prof. Cremona (*Giorn. di Matem.*, III).
10. Soluzione della questione 32 (*Ivi*).

1866.

11. Soluzione della questione 45 (*Giorn. di Matem.*, IV).

1868.

12. Nuova dimostrazione di una formola di Abel (*Giorn. di Matem.*, VI).
13. Nuova esposizione della teoria generale delle curve di 2° ordine in coordinate trilineari (*Giorn. di Matem.*, [1868], VI; [1869], VII).

1869.

14. Nota sopra due teoremi del Sig. MANNHEIM (*Giorn. di Matem.*, VII).
15. Elementi di Geometria di A. SANNIA ed E. D'OVIDIO (I Ed., Napoli, 1869; XIV Ed., Napoli, 1918).

1870.

16. Nota sui punti, piani e rette in coordinate omogenee (*Giorn. di Matem.*, VIII).

1871.

17. Nota sul Libro XII di EUCLIDE e sul Trattato di ARCHIMEDE relativo alla misura del circolo e dei corpi rotondi (*Giorn. di Matem.*, IX).
18. Alcune relazioni fra le mutue distanze di più punti (*Ivi*).

1872.

19. Sopra alcune formole in coordinate di rette (*Giorn. di Matem.*, X).
20. Sulle linee e superficie di 2° ordine rispetto a cui due date linee o superficie di 2° ordine sono polari reciproche (*Ivi*).
21. Sulle curve del terz'ordine circoscritte ad un quadrilatero completo (*Ivi*).
22. Solution de la question 990 (*Nouv. Ann. de Mathém.*, 2e Sér., T. XI).

1873.

23. Sulle relazioni metriche in coordinate omogenee (*Giorn. di Matem.*, XI).
24. Studio sulla geometria proiettiva (*Ann. di Matem.*, 2a Ser., VI).

1874.

25. I complessi e le congruenze lineari nella geometria proiettiva (*Ann. di Matem.*, 2a Ser., VII).

1875.

26. Sopra alcuni luoghi ed inviluppi di primo e secondo grado in geometria proiettiva (*Rend. della R. Acc. di Napoli*, XIV; oppure *Giorn. di Matem.*, XIII).

1876.

27. Sulle proiezioni ortogonali nella geometria metrico-proiettiva (*Atti R. Acc. Torino*, XI; oppure *Giorn. di Matem.*, XIV).
28. Nota sui determinanti di determinanti (*Atti R. Acc. Torino*, XI).
29. Sulle reti di complessi lineari nella geometria metrico-proiettiva (*Rend. R. Acc. Lincei*, Serie II, T. III).
30. Alcune proprietà metriche dei complessi e delle congruenze lineari in geometria proiettiva (*Ivi*).
31. Le serie triple e quadruple di complessi lineari nella geometria metrico-proiettiva (*Ivi*).
32. Le proprietà fondamentali delle curve di second'ordine studiate sulla equazione generale di secondo grado in coordinate cartesiane (I Ed., Torino, 1876; II Ed., Torino, 1883).

1877.

33. Addizioni alla nota sui determinanti di determinanti (*Atti R. Acc. Torino*, XII).
34. Ricerche sui sistemi indeterminati di equazioni lineari (*Ivi*).
35. Le funzioni metriche fondamentali negli spazi di quante si vogliano dimensioni e di curvatura costante (*Mem. R. Acc. Lincei*, Ser. III, T. I. Anche *Transunti*, v. I).
36. Les fonctions métriques fondamentales dans un espace de plusieurs dimensions et de courbure constante (*Mathem. Annalen*, XII).
37. Sopra un teorema fondamentale della teoria degli invarianti (*Giorn. di Matem.*, XV).

1879.

38. Teoremi sui sistemi di superficie di secondo grado (*Atti R. Acc. Torino*, XIV).
39. Estensione di alcuni teoremi sulle forme binarie (*Ivi*).
40. Studio sulle cubiche gobbe mediante la notazione simbolica delle forme binarie (*Mem. R. Acc. Torino*, II Ser., XXXII; e *Giorn. di Matem.*, XVII).

41. Sui covarianti lineari fondamentali di due cubiche binarie (*Atti R. Acc. Torino*, XV).
42. Sopra due covarianti simultanei di due forme binarie biquadratiche (*Ivi*).

1880.

43. Il risultante di due forme binarie biquadratiche espresso mediante i loro invarianti fondamentali (*Atti R. Acc. Torino*, XV).
44. La relazione fra gli otto invarianti fondamentali di due forme binarie biquadratiche (*Ivi*).
45. Nota sulle forme binarie del 5° ordine (*Ivi*).

1881.

46. Nota sulle proprietà fondamentali dei complessi lineari (*Atti R. Acc. Torino*, XVI).
47. Teoremi sui complessi lineari nella metrica proiettiva (*Rend. R. Ist. Lomb.*, 2ª serie, XIV).
48. Nota sopra alcuni iperboloidi annessi alla cubica gobba (*Collectanea Math. in memoriam* D. Chelini, Milano).
49. Sopra alcuni invarianti di due forme binarie degli ordini 5 e 2 o 5 e 3, e in particolare sul risultante di esse (*Mem. Soc. XL*, 3ª Serie, IV).

1883.

50. Le proprietà fondamentali delle superficie di second'ordine studiate sull'equazione generale di secondo grado in coordinate cartesiane (Torino).

1885.

51. Teoria analitica delle forme geometriche fondamentali. (Torino).
52. Geometria analitica (Torino, 1885; IV Ed., *ivi*, 1912).

1887.

53. Biografie di Chelini, Tortolini, Bellavitis e Plana (*Mem. Soc. XL*, 3ª Ser., VI).
54. Sopra due punti della " Theorie der binären algebraischen Formen " del Clebsch (*Atti R. Acc. Torino*, XXII).

55. Il I° Libro d'EUCLIDE esposto da E. D'OVIDIO (Napoli, 1887; III Ed., 1894).
56. Sopra alcuni invarianti di due forme binarie degli ordini 5 e 4 e sul risultante di esse (*Mem. R. Acc. Lincei*, Ser. IV, T. IV).

1888.

57. FRANCESCO FAÀ DI BRUNO (*Annuario R. Univ. Torino*, 1888-89).
58. Il covariante steineriano di una forma binaria del 6° ordine (*Atti R. Acc. Torino*, XXIV).

1889.

59. Il Libro II° di EUCLIDE esposto da E. D'OVIDIO (Napoli, 1889).
60. Uno sguardo alle origini ed allo sviluppo della Matematica pura. Discorso letto il 4 novembre 1889 in occasione della solenne apertura degli studi nella R. Università di Torino (*Annuario R. Univ. Torino*, 1889-90).
61. Cenno sulla Nota del prof. E. BELTRAMI " Un precursore italiano di LEGENDRE e di LOBATSCHEWSKY „ (*Atti R. Acc. Torino*, XXIV).

1890.

62. FELICE CASORATI. Cenno necrologico (*Atti R. Acc. Torino*, XXVI).
63. Altra addizione alla Nota " Sui determinanti di determinanti „ (*Ivi*).

1891.

64. Le proprietà focali delle coniche nella metrica proiettiva (*Ivi*).
65. Sulle coniche confocali nella metrica proiettiva (*Ivi*).
66. Teoremi sulle coniche nella metrica proiettiva (*Ivi*).

1892.

67. Teorema sulle forme algebriche, con applicazione alle binarie di sesto ordine (*Rend. Circolo Matem. Palermo*, VI).
68. Formole relative alla forma binaria del sest'ordine (*Atti R. Acc. Torino*, XXVII).
69. Cenno necrologico di A. DE GASPARIS (*Ivi*).
70. Discorso in commemorazione di ANGELO GENOCCHI, pronunziato nella inaugurazione di un busto marmoreo presso la R. Accademia di Torino, addì 26 giugno 1892 (*Ivi*).

71. Di alcuni invarianti simultanei e in particolare del risultante di due forme binarie degli ordini 6° e 3° (*Atti R. Acc. Torino*, XXVIII).
72. Nuove sizigie per la forma binaria del sest'ordine ottenute con l'operazione di ARONHOLD (*Ivi*).

1893.

73. Applicazione di un teorema sulle forme algebriche alle binarie di quinto ordine (*Rend. Circolo Matem. Palermo*, VII).
74. Sopra alcune classi di sizigie binarie (*Atti R. Acc. Torino*, XXVIII).
75. Su varie questioni di metrica proiettiva (*Ivi*).
76. Postilla ad uno scritto di F. CASORATI (*Ivi*).
77. Cenno sulla memoria del Colonnello DE TILLY " Essai de Géométrie analytique générale " (*Ivi*).

1894.

78. Per GIUSEPPE BATTAGLINI. Parole commemorative (*Atti R. Acc. Torino*, XXIX).
79. Sulle funzioni Thetafuchsiane (*Ivi*).

1895.

80. Commemorazione del Socio GIUSEPPE BATTAGLINI (*Mem. R. Acc. Lincei*, Ser. IV, T. I).

1897.

81. Breve commemorazione di CARLO WEIERSTRASS e GIACOMO SYLVESTER (*Atti R. Acc. Torino*, XXXII).
82. FRANCESCO BRIOSCHI. Brevi parole di commemorazione (*Atti R. Acc. Torino*, XXXIII).

1899.

83. Compendio di Algebra complementare. Lezioni litografate (Torino).

1900.

84. EUGENIO BELTRAMI (*Atti R. Acc. Torino*, XXXV; *Boll. Bibl.* LORIA, III).
85. GIUSEPPE BERTRAND. Brevi parole di commemorazione (*Atti R. Acc. Torino*, XXXV).

1901.

86. Carlo Hermite (*Atti R. Acc. Torino*, XXXVI).
87. Su alcune successioni di medie aritmetiche, geometriche ed armoniche (*Ivi*).
88. Sui summultipli delle grandezze di 1°, 2° e 3° genere (*Period. di Matem.*, 3ª Ser., III).

1903.

89. Luigi Cremona (*Atti R. Acc. Torino*, XXXVIII).

1914.

90. Cenno necrologico di Placido Tardy (*Atti R. Accad. Torino*, L).

1915.

91. Per Emmanuele Fergola (*Atti R. Acc. Torino*, L).

NB. Si omettono varie Relazioni all'Accademia delle Scienze di Torino ed ai Lincei; qualche discorso pronunziato in Senato; e molte allocuzioni per inaugurazioni di scuole e di monumenti, per funerali, pel conferimento di lauree d'onore a studenti morti in guerra, pronunziate in qualità di Rettore dell'Università, o di Presidente dell'Accademia delle Scienze, o di Direttore del Politecnico di Torino; ecc.

Su alcune classi particolari di sistemi continui di quadriche, e sui rispettivi inviluppi

di CORRADO SEGRE, a Torino.

1. — Se si considerano le rette ordinarie come i *punti* di una varietà V_4^2 (che indicherò con R) dell'iperspazio S_5, i *regoli* (ossia schiere di generatrici delle quadriche ordinarie) risultano rappresentati dalle intersezioni di quella varietà coi piani di S_5: o, se vogliamo, senz'altro, da questi piani (¹). Per conseguenza i sistemi continui di regoli corrisponderanno ai sistemi continui di piani dello S_5 (²).

Ora, fra tali sistemi di piani si trovano delle classi notevoli: come i sistemi dei piani tangenti ad una curva, o superficie, ecc. Si tratta in questo scritto di vedere quali siano i corrispondenti sistemi continui di regoli, od anche di quadriche ordinarie.

Quadriche e quartiche concatenate.

2. — La prima ricerca da fare riguarda i regoli che son rappresentati in S_5 da piani incidenti ed infinitamente vicini.

(¹) Sulla rappresentazione dei regoli di S_3 coi piani di S_5 si può consultare (ma non occorre, per l'intelligenza del presente lavoro) la mia Memoria: *Sulla geometria delle schiere rigate, o regoli, e in particolare sui complessi lineari di tali enti*, “ Annali di Matematica „, (3) 27, (1918), p. 151.

(²) Volendo, invece che ai *regoli*, riferirsi alle *quadriche*, poichè ogni quadrica ordinaria contiene due regoli, si avrà in S_5, come imagine di un sistema di quadriche, un sistema *di coppie di piani* (ogni coppia essendo costituita di due piani polari rispetto ad R). Ma, finchè siamo in geometria generale, cioè finchè non si esige che i sistemi siano algebrici, sarà la stessa cosa considerare un sistema *di piani*.

Due regoli corrispondenti a due piani incidenti, ossia a due piani di uno stesso S_4, saranno due regoli contenuti in uno stesso complesso lineare di rette (o, come diremo talora più brevemente, due regoli *legati linearmente*).

Siano dunque $\alpha\,\beta$ due regoli giacenti in due quadriche ordinarie $A\,B$; α' e β' gli ulteriori regoli contenuti in queste (o, come diremo, i regoli *incidenti* ad α e β). Supponiamo che α e β stiano in un complesso lineare di rette L (3). Allora ogni retta g di β' avrà per reciproca rispetto a L (cioè alla reciprocità nulla definita da L) una retta h dello stesso regolo β'; e le due rette c, d di α (e quindi di L) incidenti a g saranno pure incidenti ad h. Avremo così un quadrilatero sghembo, di cui due lati opposti c, d sono in α e gli altri due g, h in β'.

Viceversa, se esiste un tale quadrilatero, il complesso lineare di rette determinato dall'essere g ed h reciproche rispetto ad esso (donde seguirà che il complesso contiene c e d), e dal passare per una retta di α diversa da c, d, conterrà tutto il regolo α; come pure il regolo β, che è composto di rette appoggiate a g, h.

Dunque: condizione necessaria e sufficiente affinchè due regoli sian legati linearmente (cioè stiano in uno stesso complesso lineare di rette) è che esista un quadrilatero di cui due lati opposti stiano nell'uno di quei regoli, e i rimanenti due nel regolo incidente all'altro (4).

La simmetria di questa condizione rispetto alla coppia di regoli nominata — sia $\alpha\,\beta$ — e alla coppia $\alpha'\,\beta'$ dei regoli incidenti a quelli, prova che è lo stesso dire che α e β sono legati linearmente, o che son così legati α' e β' (5).

Si noti che l'esistenza di un quadrilatero come $c\,d\,g\,h$, avendo per conseguenza il legame lineare tra α e β, produce l'esistenza di infiniti tali quadrilateri: potendosi prendere ad

---

(3) In questo scritto, dicendo " complesso lineare ", si potrà sottintendere " di rette ".

(4) A. Voss, *Die Liniengeometrie in ihrer Anwendung auf die Flächen 2ten Grades*, " Math. Annalen ", 10, (1876), p. 143: vedi a pag. 175-176. — Il Voss accenna, in nota a p. 176, ad una comunicazione di R. Sturm.

(5) Voss, loc. cit.; v. anche la fine del n. 18 della mia Memoria citata in (1).

arbitrio un lato (ad esempio g, o c) entro al regolo in cui deve stare. I vertici di quei quadrilateri, come punti comuni a rette di α e di β', stanno tutti sulla quartica d'intersezione delle quadriche A, B. Si tratta di quadrilateri semplici iscritti in questa quartica.

3. — Suppongasi ora che il regolo β s'avvicini indefinitamente ad α, e per conseguenza anche B ad A, β' ad α'. I quadrilateri con due lati opposti in α e gli altri due in β' diventano, al limite, quadrilateri giacenti nella quadrica A, ossia con due lati opposti in α e due in β; ed abbiamo questa proposizione:

Affinchè su una quadrica A *una quartica di 1ª specie, irriducibile, si possa riguardare come l'intersezione di* A *con una quadrica infinitamente vicina, tale che due regoli infinitamente vicini delle due quadriche siano in uno stesso complesso lineare, è necessario e sufficiente che esista un quadrilatero semplice iscritto nella curva, i cui lati stiano in* A. *Dall'esistenza di un siffatto quadrilatero segue l'esistenza d'infiniti, potendosi prendere ad arbitrio un lato tra le generatrici di* A, *od un vertice ad arbitrio sulla quartica.*

Dirò, per brevità, *concatenate* fra loro una quadrica ed una quartica che siano in questa relazione.

Risulta dal n. precedente che in ognuno dei due regoli di A le coppie di lati (opposti) dei detti quadrilateri son le coppie di un'involuzione: nella quale son coniugate le rette che son reciproche rispetto al complesso lineare che congiunge l'altro regolo al regolo infinitamente vicino passante per la stessa quartica.

Osserviamo ancora che, se si prende come lato di uno dei quadrilateri ora nominati una generatrice di A che tenda a diventar tangente alla quartica, i due lati adiacenti a quello tenderanno a coincidere, e quindi anche il lato opposto al primo diverrà tangente alla curva. Si ha dunque quest'altra particolarità per la quadrica e la quartica concatenate: *In ciascun regolo di* A *le* 4 *generatrici che son tangenti alla curva si dividono in due coppie tali che i punti di contatto delle generatrici di una coppia stanno su una stessa generatrice dell'altro regolo di* A.

Il fatto che due generatrici di un regolo di A tocchino la quartica in punti di una stessa retta dell'altro regolo basta, esso pure, a caratterizzare la relazione di concatenamento della quadrica con la quartica ([6]).

4. — Sopra una quadrica Q si abbia un *fascio di quartiche di 1ª specie*: ossia le quartiche segate su Q da un fascio di quadriche (non contenente Q); vale a dire quartiche di 1ª specie giacenti su Q e passanti per 7 punti dati di Q e quindi per un ottavo punto, *associato* a quelli. Domandiamo quante sono, in generale, le curve del fascio concatenate a Q. *Supporremo*, qui e nel seguito, *che il fascio sia a punti base distinti, e che mai quattro di questi sian complanari.*

Diciamo Γ le varie quartiche del fascio. Sia A uno degli 8 punti base, e siano c e g le due generatrici di Q passanti per A. Supporremo che esse non contengano altri punti base. Se una Γ è concatenata a Q, ammetterà un quadrilatero iscritto giacente in Q ed avente un vertice in A, del quale c e g saranno dunque due lati. Il fascio delle Γ sega su c e g (fuori di A) due punteggiate projettive; le ulteriori generatrici h e d di Q uscenti da punti omologhi di quelle descrivono i due diversi regoli, riferiti projettivamente, e quindi s'incontrano nei punti M di una conica μ. Si tratta di vedere quanti sono i punti di μ che stanno sulle Γ da cui provengono: saranno fra essi i vertici opposti ad A dei quadrilateri testè menzionati. Ora i punti M di μ sono in corrispondenza projettiva colle Γ del fascio; e quindi anche colla involuzione delle quaterne di punti che le Γ segano su μ. Vi sono dunque 5 punti M che stanno sulle corrispondenti Γ. Due di essi provengono rispettivamente dalle Γ che toccano in A l'una o l'altra generatrice di Q. Così la Γ tangente in A a g dà origine, come punto M, al punto in cui la Γ stessa sega, fuori di A, la c. La generatrice di Q diversa da c, che passa per quel M, non riesce ivi tangente, in generale, alla Γ: si ottiene un quadrilatero dege-

(6) In A. Harnack, *Ueber die Darstellung der Raumcurve vierter Ordnung erster Species und ihres Secantensystemes durch doppelt periodische Functionen*, "Math. Ann.", 12, (1877), p. 47 (v. in particolare pp. 73-74), si ritrovano gli elementi essenziali dei fatti precedenti, mediante la rappresentazione delle quartiche con parametri ellittici. — Cfr. anche G. Halphen, *Traité des fonctions elliptiques et de leurs applications*, tome 2, (1888), p. 451.

nere che non rende (n. 3) la Γ concatenata a Q. Esclusa questa soluzione e l'analoga, i quadrilateri provenienti dai rimanenti 3 punti uniti M non son più degeneri, e dànno origine ad altrettante Γ concatenate a Q. *In un fascio di quartiche di 1ª specie giacenti su una data quadrica sono in generale tre le quartiche concatenate a questa* (7).

5. — Il teorema precedente si ritrova subito, se si ricorre alla rappresentazione dei regoli coi piani di S_5 (n. 1). I regoli delle quadriche di una rete dànno allora una ∞^2 di piani di S_5 (8). Fissato uno di essi, e quindi la quadrica Q, le quartiche della rete giacenti in Q, ossia le Γ del n. precedente, son le tracce su Q degli altri regoli; e una Γ sarà concatenata a Q, se proviene da un regolo, che sia infinitamente vicino a quello fissato e nello stesso tempo sia legato linearmente con esso. Ciò è come dire che il corrispondente piano di S_5 è infinitamente vicino ed incidente al piano fissato.

Ora (9) nella ∞^2 considerata di piani un dato piano è incidente appunto a 3 piani infinitamente vicini.

I fasci di quartiche, sopra una quadrica, tutte concatenate a questa.

6. — Riprendiamo il ragionamento del n. 4, per cercare quando è che *tutte* le quartiche Γ del fascio ivi considerato sono concatenate alla quadrica Q.

---

(7) Mediante proiezione di Q su un piano da un punto base del fascio, la proposizione risulta equivalente a quest'altra: che in un fascio di cubiche piane sono tre le cubiche, per ognuna delle quali due punti base assegnati son vertici opposti di quadrilateri completi iscritti, ossia punti aventi lo stesso tangenziale.

(8) Si vede facilmente — ma non occorre per il testo — che essi riempiono una V_4 del 9° ordine. Sono incidenti a 8 piani fissi, imagini delle stelle di raggi aventi i centri negli 8 punti base della rete di quadriche. Tra gli ∞^2 piani ve ne sono ∞^1 giacenti in R: quelli che corrispondono alle infinite stelle di raggi contenenti i coni quadrici della data rete.

(9) C. Segre, *Preliminari di una teoria delle varietà luoghi di spazi*, " Rend. Circolo matem.° di Palermo ", t. 30, (1910_2), p. 87: fine del n° 13, applicata a $k = 2$.

Suppongasi ancora, come là si faceva, che le due generatrici c e g di Q non contengano altro punto base del fascio che A. Ogni Γ sega c e g, rispettivamente, in due punti variabili, pei quali passano due ulteriori generatrici h e d di Q, incontrantisi in un punto M, il quale dovrà stare *sempre* sulla Γ, se questa è sempre concatenata a Q. D'altra parte M descrive (n. 4) una conica μ. Sia B un punto base diverso da A, e assumiamo come d la generatrice del sistema di c, che passa per B; ossia consideriamo la Γ che passa pel punto d'incontro di quella generatrice d con g. Poichè questa Γ ha da essere concatenata a Q, essa dovrà, se è irriducibile, passare pel punto in cui c è incontrata dall'altra generatrice di Q passante per B. Ne deriva che B è una posizione del punto variabile M: cioè B sta su μ.

Quanto all'ipotesi ora fatta, che la Γ considerata sia irriducibile, essa si verifica certo, se B è, come A, tale che nessuna delle 2 generatrici passanti per esso contenga un altro punto base. Infatti se quella Γ si spezzasse, sarebbe necessariamente in una retta (generatrice di Q) e una cubica [essendosi escluso (n. 4) che quattro punti base sian complanari]: la retta contenendo 2 punti base, e la cubica i rimanenti 6. Per la condizione imposta tanto ad A quanto a B, la retta componente non può essere una generatrice passante per A, o per B. Dovrebbe dunque pel punto gd, ed insieme per A e per B, passare la cubica: la quale così incontrerebbe in due punti ciascuna delle due generatrici g, d, di diverso sistema, di Q: assurdo.

Se di punti base *isolati*, nel senso che non son congiunti ad altri punti base mediante generatrici di Q, ve ne fossero più di 4, preso uno di essi come A, e gli altri come punti B, questi ultimi starebbero, come ora s'è dimostrato, sulla conica μ; e quindi sarebbero complanari. Essendosi da noi esclusi i fasci in cui 4 degli 8 punti base sono complanari, non potranno dunque essere più che 4 i punti base *isolati* nel detto senso. Per 4 punti base almeno accadrà che ciascuno è su una generatrice di Q contenente un altro punto base.

7. — Siano C, D due tali punti base, situati su una stessa generatrice m di Q; a, b le ulteriori generatrici passanti rispettivamente per C, D. Se una di esse, per es. b, contiene un altro punto base, E, le quartiche irriducibili del fascio, essendo concatenate a Q, e passando per tre vertici CDE di un quadrilatero giacente in Q, passeranno pure pel quarto vertice F, intersezione di a colla generatrice diversa da b, che passa per E. Così anche a conterrà, oltre a C, un secondo punto base F. Su Q starà un quadrilatero semplice, i cui vertici sono quattro degli 8 punti base.

Escluso questo caso, ogni Γ segherà su a e b, fuori di C e D, rispettivamente due punti variabili con essa: e questi punti, per essere la Γ concatenata a Q, saranno sempre su una generatrice (variabile) di Q, del sistema di m. Prendasi in particolare quella tra tali generatrici — e sia n — che passa per un punto base G diverso da C e D. Poichè la Γ deve contenere, oltre G, i due punti di n situati su a e b, ossia tre punti distinti di n, si spezzerà, contenendo n come parte. Quindi in n starà, oltre G, un altro punto base del fascio. Ripetendo ciò per ciascuno dei punti base come G, diversi da C e D, avremo che essi stanno a coppie su generatrici del sistema della generatrice CD.

Concludiamo: *Se un fascio di quartiche di 1ª specie giacenti su una quadrica* Q, *a punti base distinti, fra cui mai quattro complanari, si compone tutto di quartiche " concatenate " (n. 3) a* Q, *si presenterà uno dei due casi seguenti: 1°) quattro degli 8 punti base son vertici di un quadrilatero semplice, i cui lati giacciono su* Q; *2°) gli 8 punti base si distribuiscono a coppie su quattro generatrici di uno stesso sistema di* Q.

8. — Preso sulla quadrica Q un quadrilatero di generatrici, e poi ancora tre punti generici, le quartiche di 1ª specie di Q, passanti per i vertici del quadrilatero e per quei tre punti formeranno un fascio (avranno ancora comune un punto ulteriore, *associato* ai sette nominati); e saranno tutte concatenate a Q, in causa di quel quadrilatero iscritto. Così il 1° caso dell'ultimo enunciato ha luogo effettivamente.

Quanto al 2° caso, diciamo AA', BB', CC', DD' quattro coppie di punti di Q situate rispettivamente su quattro generatrici di uno stesso sistema, e supponiamo che siano 8 punti *associati* per le quadriche, ossia gli 8 punti base di un fascio di quartiche di Q. Tra le quartiche ve ne sarà una spezzata nella retta DD' ed in una cubica passante per gli altri sei punti. Su questa cubica le generatrici di Q del sistema nominato segnano un'involuzione, di cui faran parte le tre coppie di punti AA', BB', CC'. Le generatrici dell'altro regolo di Q (in corrispondenza projettiva coi punti della cubica situati in esse), che contengono queste coppie di punti, daranno dunque anch'esse tre coppie di un'involuzione, entro a quel regolo. Estendendo il risultato alla coppia delle generatrici passanti per D e D', concludiamo: *Affinchè quattro coppie di punti distribuite su quattro generatrici di uno stesso regolo di* Q *siano 8 punti " associati „ (rispetto alle quadriche), occorre che le quattro coppie di generatrici dell'altro regolo di* Q *passanti rispettivamente per esse faccian parte di un'involuzione entro questo regolo.*

Considerando i raggi doppi u, v di quest'involuzione entro al regolo, quella condizione si può anche esprimere così. Le 4 coppie date di punti devon comporsi di punti armonici rispetto a due generatrici determinate u, v del secondo regolo di Q: devon cioè essere coppie di punti omologhi nella involuzione biassiale dello spazio che ha per assi u e v.

Viceversa, sia soddisfatta questa condizione ulteriore dalle quattro coppie di punti AA', ..., DD' di prima. Rispetto ad ogni quadrica S passante per le prime tre di queste coppie, i tre punti in cui le rette che le contengono incontrano u avran per coniugati le tracce su v di quelle stesse rette. Ma le rette u, v, se non sono polari rispetto a S, son riferite projettivamente quando si chiamano omologhi due punti che siano coniugati rispetto a S. Qui la projettività è determinata dalle tre rette nominate, che son del 1° regolo di Q: dunque sono omologhi in quella projettività, e quindi coniugati rispetto a S, anche i punti in cui u e v sono incontrate da un'altra retta qualunque di quel 1° regolo, e in particolare dalla retta DD'. Ciò vale anche nel caso che u e v sian polari rispetto a S. Ora i punti D, D' eran separati armonicamente da u, v. Dunque se S viene ulteriormente costretta a passare per D, passerà di conseguenza per D': cioè gli 8 punti $A\,A' \dots D\,D'$ sono associati. — Inoltre vediamo che la quartica intersezione di S con Q è tale che i due suoi punti d'incontro con una retta del 1° regolo di Q sono sempre separati armonicamente da u e v. Se per due tali punti M, M' della quartica tiriamo le generatrici m, m' di Q del

2° regolo, esse saranno dunque coniugate armoniche rispetto alle generatrici u, v; e se le loro intersezioni ulteriori colla quartica si chiamano N, N', la retta del 1° regolo di Q, passante per N, dovrà incontrare ulteriormente la quartica in un punto di m', ossia precisamente in N'. Così il quadrilatero $MM'N'N$ giacente in Q è iscritto nella quartica: e però questa è concatenata a Q. In conclusione le quattro coppie di punti AA', ... DD' sono i punti base di un fascio di quartiche concatenate a Q.

9. — Le due specie di fasci di quartiche concatenate ad una data quadrica di Q, così ottenute (n[i] 7, 8), dipendono entrambe, *su* Q, da 10 costanti: come subito si vede.

Vi sono fasci (dipendenti da 9 costanti, oltre a quelle di Q) che appartengono all'una e all'altra di quelle due specie. Fra essi meritano menzione quelli (con 8 costanti), i cui punti base sono i vertici di due quadrilateri qualunque giacenti su Q.

10. — Si considerino le quartiche di un fascio concatenato a Q, nella maniera con cui si sono ottenute al n. 3: ossia ognuna come intersezione di Q con una quadrica Q' infinitamente vicina, i cui regoli stanno coi regoli infinitamente prossimi di Q in complessi lineari. Si è visto al n. 3 che, se L è un complesso lineare contenente un 1° regolo di Q e quello infinitamente vicino di Q', i due lati opposti di un quadrilatero giacente in Q e iscritto nella quartica, i quali stanno nel 2° regolo di Q, sono rette reciproche rispetto a L.

Ora supponiamo che L non muti, al variare della quartica nel fascio; e assumiamo un punto base A di questo, come vertice di un quadrilatero giacente in Q ed iscritto in una quartica Γ del fascio. Quel lato a del quadrilatero, che è nel 2° regolo di Q e che passa per A, avrà sempre, qualunque sia Γ, come lato opposto a', la retta del 2° regolo che è reciproca di a rispetto a L. Il vertice del quadrilatero che è adiacente ad A e che sta su a' sarà l'intersezione di questa retta fissa colla generatrice del 1° regolo passante per A: è dunque un punto A' determinato, indipendente da Γ, ossia un punto base del fascio. — Ripetendo per gli altri punti base ciò che s'è detto per A, concludiamo che gli 8 punti base sono a coppie su quattro rette del 1° regolo, mentre le coppie di rette del

2° regolo passanti per quelle coppie di punti sono in un'involuzione (come rette reciproche rispetto a L). Abbiamo la 2ª specie di fasci dei nⁱ 7, 8. Per essa è fisso il complesso lineare contenente il 1° regolo di Q con quello infinitamente vicino: ma sarà variabile in generale il complesso lineare contenente il 2° regolo di Q e quello infinitamente vicino.

Per la 1ª specie di fasci saranno in generale variabili entrambi i complessi lineari. Ma essendo per es. il complesso lineare L dei primi regoli tale che due rette fisse del 2° regolo di Q son sempre reciproche rispetto ad esso (due lati opposti del quadrilatero giacente in Q, i cui vertici son punti base), L varierà in un fascio. E così pure il complesso lineare dei secondi regoli.

Sono fissi ambi i complessi lineari nel caso speciale della fine del n. 9.

I sistemi ∞^1 di quadriche, nei quali ogni quadrica è concatenata alla propria quartica caratteristica.

11. — Passiamo ora a considerare dei particolari sistemi (sottinteso sempre: *continui*) di regoli o di quadriche che, secondo il concetto del n. 1, si ottengono da particolari sistemi infiniti di piani dello S_5.

Un caso che è già stato ampiamente studiato ([10]), e che qui conviene ricordare, è quello dei sistemi ∞^1 di piani di S_5, che si ottengono da una ∞^1 qualunque d'iperpiani, come intersezioni di tre iperpiani infinitamente vicini. Sono i piani tangenti di una superficie sviluppabile; ossia, in generale, i piani osculatori di una curva. Due piani del sistema, infinitamente vicini, si posson riguardare come incidenti secondo una retta. Quindi nel corrispondente sistema ∞^1 di quadriche due quadriche successive si tagliano secondo un quadrilatero. Si tratta allora di una di quelle famiglie ∞^1 di quadriche, nelle quali la *caratteristica* di ogni quadrica (intersezione colla quadrica infini-

---

([10]) C. Segre, *Le congruenze rettilinee* W *aderenti a due superficie rigate*, "Atti Acc. Scienze Torino", 42, (1906-07), p. 539; *Sulle congruenze rettilinee* W, *di cui una od ambe le falde focali sono rigate*, "Atti idem", 49, (1913-14), p. 291.

tamente vicina) è un quadrilatero. Due lati opposti di questo quadrilatero (e così pure gli altri due) descrivono due rigate *trasformate asintotiche* l'una dell'altra, cioè falde focali di una *congruenza W* (composta precisamente di un sistema di regoli della famiglia di quadriche).

Si ottengono tali sistemi di quadriche, o di regoli, partendo, ad esempio, da una ∞^1 di complessi lineari di rette: sono i regoli intersezioni di tre complessi successivi. Le congruenze lineari *caratteristiche*, cioè intersezioni di due complessi successivi, hanno per direttrici due lati opposti dei quadrilateri caratteristici. Ecc. ecc.

12. — Suppongasi invece di avere in S_5 ∞^1 piani *tangenti* (non più osculatori) ad una curva nei suoi vari punti. Ogni piano si potrà riguardare come incidente al suo infinitamente vicino nel punto di contatto colla curva. In conseguenza otterremo nello spazio ordinario un sistema ∞^1 di regoli, tale che ognuno sta in un complesso lineare di rette con quello successivo, ossia una famiglia ∞^1 di quadriche, in cui ogni quadrica è concatenata alla propria quartica caratteristica.

Sarà facile costruire una ∞^1 di regoli che soddisfi alla detta condizione. Possono essere anzi tutto ∞^1 regoli di un complesso lineare fisso, senz'altra particolarità. Se no, si considerino gli ∞^1 complessi lineari, ognun dei quali congiunge un regolo al regolo successivo. Ogni regolo starà in due complessi infinitamente vicini di questa ∞^1, ossia nella loro congruenza lineare. Viceversa, data una ∞^1 di complessi lineari, se si prende ad arbitrio (con continuità) un regolo entro ogni congruenza d'intersezione di due complessi successivi, si otterranno ∞^1 regoli, di cui due successivi stan sempre in un complesso lineare. Concludiamo:

Un sistema ∞^1 di quadriche tale che ogni quadrica sia concatenata alla propria quartica caratteristica si ottiene nei seguenti modi: 1°) ∞^1 quadriche, di cui le generatrici di un sistema stiano in un complesso lineare fisso. 2°) Si fissi ad arbitrio un sistema ∞^1 di complessi lineari, e in ogni sua congruenza lineare caratteristica (intersezione di due complessi infinitamente vicini) si prenda un regolo, si tiri cioè una quadrica per la coppia delle rette direttrici della congruenza: le ∞^1 quadriche così scelte formano il sistema voluto.

Si osservi che le coppie di rette ora nominate son precisamente le coppie di generatrici omologhe di due rigate trasformate asintotiche l'una dell'altra, quali si sono accennate al n. 11.

13. — Abbiasi ora un sistema ∞^2 di quadriche. Dalla nota teoria degl'inviluppi deriva che ogni quadrica Q è incontrata in generale da quelle infinitamente vicine secondo ∞^1 quartiche (caratteristiche) passanti per gli stessi 8 punti, cioè formanti un fascio. Gli 8 punti sono quelli di contatto di Q colla superficie F inviluppo del dato sistema ∞^2.

Se questo sistema è preso in modo generico, per ogni Q il fascio di quartiche caratteristiche conterrà in generale (n. 4) *tre* quartiche concatenate alla Q. Esse rappresentano tre *direzioni* con cui si passa, entro al sistema ∞^2 di quadriche, da una di esse Q ad un'altra infinitamente vicina, i cui regoli son linearmente legati, rispettivamente, ai regoli di Q. Proseguendo la variazione, entro al sistema ∞^2, nelle direzioni così definite, si conclude che: *Un sistema ∞^2 di quadriche si può scomporre in tre modi in ∞^1 famiglie semplicemente infinite della natura di quelle determinate al n. 12: tali cioè che entro ogni famiglia ciascuna quadrica è concatenata alla propria curva caratteristica. Così una superficie* F *inviluppo di ∞^2 quadriche si può in tre modi diversi ottenere come inviluppo di una famiglia semplicemente infinita di altre superficie, le quali a lor volta sono inviluppi di famiglie ∞^1 di quadriche del n. 12.*

Una 1ª categoria di sistemi ∞^2 di quadriche, nei quali ogni quadrica è concatenata a tutte le sue quartiche caratteristiche.

14. — Proponiamoci di stabilire in quali casi un sistema ∞^2 di quadriche è tale che su ogni quadrica Q *tutte* le ∞^1 quartiche caratteristiche siano concatenate a Q [non solo tre, come in generale (n. 13)]: cosicchè gli 8 punti di contatto della Q coll'inviluppo F presentino sempre l'uno o l'altro dei due casi ottenuti ai n.ⁱ 7, 8.

Trasportato il problema in S_5, esso prende questa forma: quando è che un sistema ∞^2 di piani di S_5 è tale che ogni suo piano sia incidente a ciascuno degli ∞^1 piani infinitamente vicini. Ora i sistemi ∞^2 di piani così fatti sono stati determinati nel § 7 dei " *Preliminari* „ citati in (9). Se, anzi tutto, l'S_4 che unisce un piano assegnato del sistema ad uno infinitamente vicino resta fisso al variare di quest'ultimo, si hanno i casi seguenti: 1°) ∞^2 piani di un S_4; 2°) ∞^2 piani giacenti negli S_3 caratteristici di una ∞^1 d'iperpiani (S_4); 3° ∞^2 piani di contatto di una ∞^2 d'iperpiani colla varietà da essi inviluppata (sistema corrispondente per dualità a quello degli ∞^2 piani tangenti di una superficie di S_5). Se invece è fisso su ogni piano il punto d'incontro con ciascun piano infinitamente vicino, abbiamo i sistemi che derivano per dualità dai precedenti. Trattandosi di applicare tutto ciò ai sistemi di ∞^2 quadriche, i due sistemi di regoli di queste si rappresentano in S_5 con due sistemi ∞^2 di piani, polari fra loro rispetto alla varietà quadratica R, e per conseguenza corrispondentisi per dualità. Basta dunque, per quell'applicazione, considerare i sistemi di piani prima enumerati. Concludiamo:

I sistemi ∞^2 di quadriche, pei quali accade che tutte le quartiche caratteristiche sono concatenate alle rispettive quadriche, dànno luogo anzi tutto ai seguenti casi: che son quelli in cui un regolo di ogni quadrica sta in uno stesso complesso lineare con tutti gli ∞^1 regoli infinitamente vicini, delle quadriche del sistema infinitamente prossime a quella:

1°) Sistema delle quadriche contenenti ∞^2 regoli presi ad arbitrio entro uno stesso complesso lineare di rette.

2°) Assunta una ∞^1 di complessi lineari, nella congruenza lineare " caratteristica „ di ciascun complesso (n. 11) si prendano ∞^1 regoli; si otterranno complessivamente ∞^2 regoli, le cui quadriche costituiscono il sistema voluto. Sono dunque ∞^2 quadriche, passanti ognuna per una coppia di generatrici omologhe di due rigate trasformate asintotiche l'una dell'altra, cioè focali per una congruenza W *(n. 11).*

3°) Si prenda una ∞^2 di complessi lineari: ogni complesso avrà comune con tutti quelli infinitamente vicini un regolo; gli ∞^2 regoli così definiti stanno sulle quadriche del sistema cercato.

15. — Al n. 10 s'è dimostrato che, quando il complesso lineare L, che unisce un regolo di Q ad uno infinitamente vicino entro al sistema ∞^2, sta fisso al variar di questo secondo regolo, il fascio di quartiche concatenate a Q deve presentare il 2° caso dei n.[i] 7 e 8. Devono cioè gli 8 punti base stare a coppie su quattro rette di uno stesso regolo di Q. Dunque: *I sistemi* ∞^2 *di quadriche costruiti al numero precedente si possono anche caratterizzare così. Per ogni quadrica del sistema gli 8 punti di contatto colla superficie inviluppo stanno, a coppie, su quattro generatrici di uno stesso regolo della quadrica (e, per conseguenza, sono quattro coppie di punti separati armonicamente da due generatrici dell'altro regolo).*

Si ottengono in tal modo tre classi molto ampie di superficie, caratterizzate da questa particolarità: di ammettere ∞^2 bitangenti situate a quattro a quattro su una stessa quadrica (in uno stesso regolo), tangente alla superficie negli 8 punti di contatto delle quattro bitangenti. Queste 4 coppie di punti saran sempre armoniche rispetto a due trasversali comuni delle 4 bitangenti.

16. — Su ogni quadrica Q di uno degli attuali sistemi ∞^2, il fascio di quartiche caratteristiche, avendo, ad esempio, due punti base A, A' su una generatrice a di Q, conterrà una quartica avente a come parte. Ripetendo ciò per le 4 coppie di punti base, possiamo dire che nel dato sistema stanno 4 quadriche infinitamente vicine a Q, ognuna delle quali ha comune con questa quadrica una generatrice: e si hanno così le quattro generatrici del n. 15. Passando poi ancora da una di quelle 4 quadriche ad una successiva, e così via, vediamo che: *Un sistema* ∞^2 *di quadriche dei n.[i] 14, 15, si può in quattro modi spezzare in* ∞^1 *famiglie semplicemente infinite, ognuna delle quali ha un inviluppo contenente come parte una superficie rigata.* Precisamente: *le quadriche di ciascuna famiglia semplicemente infinita son raccordate alla corrispondente superficie rigata lungo le generatrici rettilinee di questa.* Si può anche dire che la superficie inviluppo delle ∞^2 quadriche ammette una congruenza di bitangenti scomponibile in un sistema (unico) di ∞^1 rigate, tale che ogni quadrica del sistema ∞^2 è raccordata a quattro di quelle rigate lungo quattro generatrici.

Le quattro generatrici singolari di ogni quadrica Q si possono ottenere dallo S_5, così. Nel sistema ∞^2 di piani polare rispetto a R di ciascun sistema delle 3 specie del n. 14, ossia nel sistema ∞^2 in cui ogni piano è incontrato in un punto fisso da tutti i piani infinitamente vicini, il piano stesso è congiunto a quelli infinitamente vicini mediante gli ∞^1 iperpiani di un inviluppo di 2ª classe ([11]). Fra questi iperpiani ve ne saran dunque 4 tangenti a R. Essi corrispondono ai complessi lineari speciali, che han per assi le 4 generatrici singolari di Q.

Un caso più speciale di sistemi doppiamente infiniti di quadriche.

17. — Suppongasi che, per un sistema ∞^2 di quadriche, sì l'uno che l'altro sistema dei regoli contenuti in esse presentino le particolarità dei n.ⁱ 14 e seg.ⁱ. Allora su ogni quadrica Q gli 8 punti base del fascio di quartiche caratteristiche dovranno distribuirsi, a coppie, su 4 rette di un regolo; e ancora, a coppie, su 4 rette dell'altro regolo. Nei due regoli staranno, rispettivamente, due coppie di rette, direttrici di involuzioni assiali, che mutano in sè la configurazione degli 8 punti. Ne segue che questi si scompongono in due quaterne di vertici di 2 quadrilateri giacenti in Q. Si presenterà su ogni Q il caso speciale della fine del n. 9.

Per avere tutti i sistemi ∞^2 di quadriche così fatti si dovrà, risalendo al n. 14, imporre a ciascuna delle 3 specie particolari di sistemi di ∞^2 piani di S_5 là considerate, di esser tale che anche i piani polari rispetto ad R costituiscano un insieme appartenente ad una di quelle 3 specie. Ciò è come dire che un sistema di piani deve appartenere ad una di quelle 3 specie e nello stesso tempo ad una delle specie duali di quelle.

([11]) Se si tratta del 3° caso del n. 14, questo fatto costituisce un noto teorema di Del Pezzo, relativo ai piani tangenti di una superficie iperspaziale. Ma anche nel 1° e nel 2° caso si riconosce subito che il fatto sussiste. Pel sistema ∞^2 di piani, polare rispetto ad R di quello dato dal 2° caso del n. 14, cioè per un sistema ∞^2 di piani tangenti a una curva, l'inviluppo di 2ª classe del testo si spezza sempre in due fasci d'iperpiani, aventi per assi gli S_3 che congiungono il piano ivi considerato, rispettivamente, a quello infinitamente vicino uscente dalla stessa tangente, e al piano osculatore della curva.

Si ottengono così 6 diverse possibilità per il sistema ∞^2 di quadriche.

18. — Fra queste 6 classi limitiamoci, per brevità, a segnalare quella che si ottiene da un sistema ∞^2 di piani che, oltre ad essere l'insieme dei piani tangenti di una superficie di S_5, sia l'insieme dei piani caratteristici di una ∞^2 d'iperpiani (cioè piani di contatto di questi iperpiani col loro inviluppo). Si sa (12) che in tal caso la superficie è una qualunque di quelle speciali (da indicarsi per brevità col simbolo Φ), i cui punti han le coordinate omogenee esprimibili con funzioni di due parametri u v, soluzioni di una stessa equazione a derivate parziali di 2° ordine, lineare e omogenea nella funzione e nelle prime e seconde derivate (equazione di Laplace). Ricorderò che tali superficie son caratterizzate geometricamente dal contenere un *doppio sistema coniugato* di linee, ossia due sistemi ∞^1 di linee, tali che i piani tangenti alla superficie nei punti di una linea dell'un sistema inviluppano una superficie sviluppabile, le cui generatrici rettilinee son tangenti alle linee dell'altro sistema. Questo doppio sistema di linee si ha, integrando quell'equazione differenziale, che Darboux chiama " *equazione delle caratteristiche* „ per la data equazione di Laplace (13).

Per ottenere i sistemi di quadriche rappresentati da siffatti sistemi ∞^2 di piani, si potrà dunque far così. Si considerino gli ∞^2 complessi lineari di rette $\sum c_{ik}\, p_{ik} = 0$, i cui coefficienti c_{ik} son funzioni di due parametri u v, soluzioni linearmente indipendenti di una stessa equazione di Laplace. Le equazioni fra le p_{ik}:

$$(1) \qquad \sum c_{ik} p_{ik} = 0\,, \quad \sum \frac{\partial c_{ik}}{\partial u} p_{ik} = 0\,, \quad \sum \frac{\partial c_{ik}}{\partial v} p_{ik} = 0\,,$$

per ogni coppia u v determinano un regolo; la quadrica di questo, al variare di u v, descrive il sistema ∞^2 voluto.

---

(12) V. il n. 26 della mia Nota: *Su una classe di superficie degl'iperspazii, legate colle equazioni lineari alle derivate parziali di 2° ordine*, " Atti Acc. Scienze Torino „, 42, (1906-07), p. 1047.

(13) *Leçons sur la théorie générale des surfaces*, tome I, (1887), p. 133. — Sulle dette superficie Φ, cfr. anche le citazioni di C. Guichard e di E. E. Levi nella nota (20) dei miei " *Preliminari* „.

Per questa classe di sistemi ∞^2 di quadriche, il fatto che, su ognuna Q di esse, gli 8 punti caratteristici sono i vertici di due quadrilateri giacenti in Q, risulta anche così. Da quel che sopra s'è ricordato, intorno al doppio sistema coniugato di una superficie Φ, segue che un piano tangente a questa si può riguardare come incontrato secondo rette da due piani tangenti infinitamente vicini. Tradotto in geometria delle rette, questo fatto ci dà che ciascun regolo del sistema ∞^2 sarà segato secondo coppie di rette da due diversi regoli infinitamente vicini: ossia che la Q sarà tagliata secondo quadrilateri da due diverse quadriche infinitamente vicine. Gli 8 punti caratteristici saran le intersezioni di questi due quadrilateri di generatrici di Q, e quindi formeranno i vertici di altri due quadrilateri (costituiti dalle stesse coppie di generatrici, ma con uno scambio evidente).

19. — In corrispondenza al doppio sistema coniugato di linee della superficie Φ ed alle sviluppabili circoscritte a questa lungo esse, avremo (in base al n. 11): Integrando l'equazione delle caratteristiche dell'equazione di Laplace, si scompone il sistema ∞^2 di complessi lineari c_{ik} in due varietà ∞^1 di sistemi semplicemente infiniti; a questi corrispondono, col passaggio dato dalle (1), due varietà ∞^1 di sistemi semplicemente infiniti di quadriche, componenti il sistema ∞^2 di quadriche, tali che ogni sistema semplicemente infinito è della natura indicata al n. 11; cioè che entro ciascuno di essi le singole quadriche hanno per caratteristiche dei quadrilateri. In altre parole, il complesso dei *primi* regoli delle ∞^2 quadriche si può spezzare in due modi in ∞^1 congruenze W aderenti a due superficie rigate (e così, di conseguenza, pei *secondi* regoli).

Possiamo anche dire che la superficie F inviluppata dalle ∞^2 quadriche è toccata da ognuna di queste negli 8 vertici di due quadrilateri giacenti nella quadrica stessa. F *ammette ∞^2 quadrilateri sghembi semplici iscritti, tali che ogni lato tocca* F *in ambi i suoi vertici; questi quadrilateri giacendo a due a due su una quadrica.*

20. — Se la superficie Φ considerata è *parabolica* (ossia è tale la corrispondente equazione di Laplace), se cioè in ogni punto della Φ coincidono le due tangenti coniugate, coincideranno in corrispondenza su ogni quadrica del sistema ∞^2 i due quadrilateri i cui vertici sono i punti di contatto della quadrica coll'inviluppo F: F *sarà toccata da ogni quadrica in soli* 4 *punti, ognun dei quali va riguardato come la riunione di due punti di contatto.*

Questo caso speciale si presenta, ad esempio, se la superficie Φ è una *rigata*. Segando questa e i suoi piani tangenti con R, abbiamo nello spazio ordinario un sistema ∞^2 di quadriche che si definisce semplicemente così. *Si assumano, nello spazio ordinario, due rigate* G, H, *con una corrispondenza assegnata tra le loro generatrici. Per ogni coppia di generatrici omologhe* g, h *si prenda il fascio di quadriche determinato dalle due quadriche che contengono* g *ed* h, *e che son raccordate, l'una a* G *lungo* g, *l'altra ad* H *lungo* h. *Si otterranno in tal modo* ∞^2 *quadriche costituenti il sistema voluto.*

La 2ª categoria di sistemi ∞^2 di quadriche, concatenate a tutte le loro quartiche caratteristiche.

21. — Dal n. 14 in poi abbiam considerato la categoria di siffatti sistemi ∞^2 di quadriche, rappresentata da sistemi ∞^2 di piani di S_5, per cui avviene (n. 14) che è fisso l'S_4 congiungente un piano con ciascuno degli ∞^1 infinitamente vicini: oppure accade il fatto duale.

Restan da considerare quei sistemi ∞^2 di piani di S_5, nei quali ogni piano è incontrato da tutti quelli infinitamente vicini in un punto variabile; e in pari tempo è variabile l'S_4 che unisce un piano agli infinitamente vicini.

Per i sistemi corrispondenti di ∞^2 quadriche dovrà (n. 10), su ogni quadrica, il fascio delle ∞^1 quartiche caratteristiche presentare il 1° dei due casi del n. 7. Otterremo dunque così *sistemi di* ∞^2 *quadriche tali che, fra gli* 8 *punti di contatto di ognuna di queste colla superficie inviluppo* F, *quattro sono vertici di un quadrilatero giacente sulla quadrica.* In altre parole: *la superficie* F, *inviluppo di un tal sistema* ∞^2 *di quadriche, ammette* ∞^2 *quadrilateri semplici iscritti, di cui ogni lato la tocca nei suoi due vertici.*

Viceversa: *se una superficie* F *ammette* ∞^2 *quadrilateri sif-*

fatti, sì che ogni suo punto sia vertice di uno di essi ([14]), F *sarà, almeno come parte, fra le superficie che ora consideriamo.* Basta in fatti che per ognuno di quei quadrilateri si conduca una quadrica (variabile con continuità al mutar del quadrilatero): si otterranno ∞^2 quadriche tangenti ad F nelle quaterne di vertici dei quadrilateri; sicchè esse formeranno un sistema quale ora stiamo studiando, ed avranno per inviluppo la data superficie F, con una eventuale superficie residua.

Le superficie del § preced.^e (n. 17 e seg.ⁱ) eran casi particolari di queste. Sono anche tra le superficie attuali gli inviluppi di sole ∞^1 quadriche concatenate alle proprie quartiche caratteristiche (sistemi ∞^1 dell'enunciato finale del n. 12): gli ∞^2 quadrilateri essendo quelli che giacciono nelle ∞^1 quadriche e sono iscritti nelle rispettive quartiche caratteristiche.

22. — Quanto alla effettiva determinazione di tutti i sistemi ∞^2 di quadriche che ora vogliamo, essa deriva da quella dei corrispondenti sistemi ∞^2 di piani di S_5, che si trova fatta al n. 32 e seg.ⁱ dei "*Preliminari*", in particolare al n. 34.

D'altra parte si osservi che ora l'essenziale non sono più le ∞^2 quadriche, bensì gli ∞^2 quadrilateri suddetti, in esse rispettivamente contenuti (i cui vertici han per luogo F, ecc.). Quando questi son noti, abbiam detto testè come si costruiscano infiniti sistemi corrispondenti di quadriche, tirando per ogni quadrilatero (con continuità) una quadrica ad arbitrio.

A conferma di ciò, il citato n. 34 dei "*Preliminari*" dà che nel caso attuale un piano generico G della ∞^2 di piani di S_5 è incontrato da quelli infinitamente vicini nei punti di una retta g, ed è congiunto ad essi dagl'iperpiani passanti per un S_3, Γ. I due punti in cui R è incontrata da quella retta, e quelli in cui è toccata da iperpiani passanti per Γ, rappresentano le due coppie di lati opposti del quadrilatero proveniente dalla quadrica di cui un regolo ha per imagine G. E il fatto che nella costruzione del suddetto n. 34 l'elemento essenziale sono la

([14]) Per una superficie *qualunque*, volendo cercare se esista un tale quadrilatero iscritto, si dovranno imporre ai 4 vertici, ossia ad 8 parametri, precisamente 8 condizioni: sicchè si può pensare, in generale, solo ad un numero finito di quadrilateri siffatti, non a ∞^2.

retta g e l'S_3 Γ, mentre il piano G si può prendere ad arbitrio (con continuità) fra i piani passanti per g entro Γ, risponde all'osservazione fatta sull'arbitrarietà della quadrica passante pel quadrilatero.

Nel caso più generale (" *Preliminari* ", n. 35) si è ricondotti ad una superficie della classe Φ ricordata al n. 18. La retta g è la tangente in un punto P di Φ ad una linea del doppio sistema coniugato; e l'S_3 Γ è quello che unisce il piano tangente in P a Φ col piano osculatore in P alla detta linea. Servendoci di quanto s'è detto al n. 18, ne deduciamo:

Per ottenere nel caso più generale un sistema di ∞^2 *quadrilateri semplici, i cui vertici abbian per luogo una superficie, alla quale sian tangenti nei vertici stessi i quattro lati, ossia le 4 facce, si può procedere come segue. Si fissi una* ∞^2 *di complessi lineari di rette* $\Sigma c_{ik} p_{ik} = 0$, *coi coefficienti* c_{ik} *funzioni di due parametri* u v *soddisfacenti una stessa equazione di* LAPLACE; *per ciascun complesso si avrà un corrispondente regolo* (1) *del n. 18. Entro la* ∞^2 *di complessi si scelga una delle due varietà semplicemente infinite di sistemi* ∞^1 *di complessi, provenienti dall'integrazione della equazione delle caratteristiche dell'equazione di* LAPLACE *(n. 19), composta cioè di sistemi di complessi tali che i corrispondenti regoli dati dalle* (1) *formino sistemi della specie del n. 11. Poi per ognuno,* L, *degli* ∞^2 *complessi si prenda il regolo corrispondente entro la* ∞^2, *ed anche il regolo d'intersezione coi due complessi lineari successivi a* L *entro il sistema* ∞^1, *della varietà considerata, passante per* L. *Le quadriche dei due regoli si taglieranno nel quadrilatero, che al variare di* L *descrive il sistema* ∞^2 *voluto.*

Questa costruzione, come s'è detto, corrisponde al caso generale. Ma vi sono dei casi speciali, pure degni di un cenno. Così (" *Preliminari* ", n. 35), se in S_5 si fissano due curve ad arbitrio, ogni retta appoggiata a queste si può assumere come la g, e l'S_3 delle tangenti alle curve nei due punti d'appoggio come lo spazio Γ. Ne segue questa costruzione:

Si fissino ad arbitrio due sistemi ∞^1 *di complessi lineari di rette. Per ogni coppia di complessi* U, V, *presi rispettivamente entro ai due sistemi, si determini la coppia delle rette comuni alle loro congruenze lineari caratteristiche (intersezioni di* U, V *coi complessi infinitamente vicini), e la coppia delle direttrici della congruenza lineare di* U *e* V. *Si avranno così le due coppie di lati opposti di un quadrilatero, che, al mutare di* U *e* **V**, *descrive coi suoi vertici una superficie a cui son tangenti, nei vertici stessi, le quattro corrispondenti facce del quadrilatero.*

23. — Citerò, terminando, una ben nota superficie, che rientra fra quelle di cui ora ci siamo occupati: la superficie di KUMMER del 4° ordine e 4ª classe. Si fissino in fatti due dei sei sistemi nulli che mutano questa superficie in sè: siano *I* e *II*. Per un punto qualunque A di essa si prendano i piani tangenti β e δ che gli corrispondono in *I* e *II*: i loro punti di contatto, rispettivamente B e D, saranno gli omologhi in *I* e *II* del piano α tangente in A, e quindi giaceranno su questo piano. Il punto che in *II* corrisponde a β e quello che in *I* corrisponde a δ coincideranno in uno stesso punto C della superficie, in causa della permutabilità dei due sistemi nulli. E il piano γ tangente in C sarà l'omologo di B in *II* e di D in *I*, sicchè conterrà B e D. Così il quadrilatero (o tetraedro) $ABCD$ ha i vertici sulla superficie, e come piani tangenti in A, B, C, D rispettivamente le quattro facce DAB, ABC, BCD, CDA. — Variando A, si ottengono ∞^2 tali quadrilateri, o tetraedri ([15]).

Si osserverà che il ragionamento vale, non solo per la superficie di KUMMER, ma per ogni superficie che sia trasformata in sè da due sistemi nulli, fra loro permutabili.

([15]) Questi tetraedri rientrano fra gli ∞^5 tetraedri, in pari tempo iscritti e circoscritti alla superficie di KUMMER, che E. CAPORALI ha ottenuto al n. 47 della Memoria: *Sui complessi e sulle congruenze di 2° grado*, " Mem. R. Acc. Lincei ", (3) 2, (1877-78), p. 749 (= E. CAPORALI, *Memorie di Geometria*, Napoli, 1888, p. 54). Nell'enunciato che ivi s'incontra si parla di soli ∞^4 tetraedri; ma, essendo questi dedotti da uno degli ∞^1 complessi quadratici pei quali la data superficie è singolare, è implicito che in totale i tetraedri sono ∞^5. — Per altra via gli ∞^5 tetraedri di CAPORALI furon incontrati da F. KLEIN: *Ueber Configurationen, welche der Kummer'schen Fläche zugleich eingeschrieben und umgeschrieben sind*, " Math. Ann. ", 27, (1886), p. 106.

Le frazioni continue di Halphen

di FRANCESCO GERBALDI, a Pavia.

Prefazione. — Tra le ricerche memorabili di Abel vi sono quelle che si riferiscono al problema generale, che egli stesso si era proposto, di esprimere, quando è possibile, mediante funzioni algebriche e logaritmiche gli integrali di funzioni irrazionali, che siano composte razionalmente colla variabile indipendente e con una radice qualunque di una funzione intera della stessa variabile. Come appare da una lettera scritta a Legendre pochi mesi prima della sua morte, Abel era arrivato a risultati molto importanti; ma egli non ebbe la fortuna di condurre a termine i proprii lavori, per guisa che nelle memorie pubblicate da lui e dopo la sua morte si trovano trattati soltanto alcuni casi particolari del problema in discorso (¹). — In un primo lavoro che fu pubblicato tra le memorie postume (²) Abel ha studiato il caso in cui l'irrazionalità è la radice quadrata di un polinomio di 4° grado ed è giunto ad un elegante teorema (che egli, in una Memoria pubblicata nel 1826 (³), ha poi esteso al caso in cui l'irrazionalità è la radice quadrata di un polinomio qualunque), cioè: affinchè l'integrale si possa esprimere con funzioni algebriche e logaritmi di funzioni algebriche, è necessario

(¹) Cfr. K. Weierstrass, *Ueber die Integration algebraischer Differentiale vermittelst Logarithmen*; Werke, t. I, p. 227.

(²) Abel, *Théorie des transcendantes elliptiques*; Œuvres (2ème édit.), t. I, p. 87.

(³) Abel, *Sur l'intégration de la formule différentielle* $\frac{\rho\, dx}{\sqrt{R}}$, R *et* ρ *étant des fonctions entières*; Œuvres, t. I, p. 104.

che sia periodica la frazione continua, in cui si può sviluppare la detta radice quadrata.

Nel 1831 JACOBI [4] si è occupato dell'algoritmo per sviluppare in frazione continua la radice quadrata di un polinomio di grado non superiore al 4° ed ha dichiarato che chi segue la via algebrica è fin dal principio arrestato dalla lunghezza ributtante del calcolo; perchè le espressioni algebriche che si incontrano sono così intricate, che è impossibile vedere in esse qualche regolarità e quindi non si può sperare di trovare per induzione una legge generale. — Per questo JACOBI abbandonò la via algebrica e, mettendo a confronto le relazioni che legano i quozienti completi successivi della frazione continua colle relazioni ricorrenti che servono per la moltiplicazione delle funzioni ellittiche, trovò le formole che esprimono i quozienti incompleti in funzioni ellittiche e le pubblicò senza dimostrazione. Tali formole furono poi dimostrate nel 1854 da BORCHARDT [5], il quale, facendo uso delle funzioni Abeliane, le estese al caso dello sviluppo in frazione continua della radice quadrata di una funzione intera qualunque.

Ma le formole di JACOBI sono soggette ad un inconveniente; chè esse presuppongono risoluta l'equazione di 4° grado, risoluzione che per lo sviluppo in discorso si prevede non essere necessaria e che si può evitare facendo uso delle funzioni ellittiche di WEIERSTRASS. È merito di HALPHEN di avere ripresa la questione da questo punto di vista, generalizzando la funzione che si vuole sviluppare in frazione continua colla introduzione di un parametro y; invece di $\sqrt{X}$ egli considerò l'elemento $\frac{\sqrt{X}-\sqrt{Y}}{x-y}$, dove X è un polinomio di 4° grado in x ed Y è il suo valore per un valore y di x. HALPHEN prese come punto di partenza una funzione V_m composta colle funzioni σ di WEIERSTRASS e dipendente da quattro argomenti a, u, v, w e da un indice intero m, doppiamente periodica di 2ª specie rispetto a ciascuno dei detti argomenti e coi diversi moltiplicatori indipendenti da m

---

(4) JACOBI, *Note sur une nouvelle application de l'Analyse des fonctions elliptiques à l'Algèbre*; Werke, t. I, p. 329.

(5) BORCHARDT, *Application des transcendantes abéliennes à la théorie des fractions continues*; Werke, p. 33.

e studiò lo sviluppo del rapporto $\frac{V_m}{V_{m-1}}$ in una frazione continua, della quale stabilì le proprietà generali. Da tali frazioni continue dedusse quelle che servono allo sviluppo della funzione algebrica $\frac{\sqrt{X}-\sqrt{Y}}{x-y}$; per questa via, in particolare, ricavò le formole ricorrenti, che servono al calcolo dei termini della frazione continua che sviluppa $\sqrt{X}$, in dipendenza dalle formole ricorrenti, che servono nel problema della moltiplicazione delle funzioni ellittiche. — Le formole alle quali è arrivato Halphen sono più semplici e più eleganti di quelle date da Jacobi. Vi ha di più: coll'introduzione di siffatte frazioni continue, Halphen ha risoluto per primo in modo generale il problema fondamentale degli integrali pseudo-ellittici; problema che da Abel e da altri matematici era stato trattato in casi molto particolari; a siffatte questioni Halphen dedicò nel 2° volume del suo " Traité des fonctions elliptiques „ tutto un lungo capitolo, il XIV, originale ed ingegnosissimo ([6]).

Da quanto precede risulta chiara l'importanza che hanno in Analisi le frazioni continue di Halphen; a me sembrò degno di interesse di ritornare sul loro studio, per renderlo del tutto indipendente dalla teoria delle funzioni ellittiche. I termini di tali frazioni continue sono funzioni razionali, sia nella variabile x, sia nei coefficienti della biquadratica X. Malgrado la complicazione dei calcoli, che a chi segua senza direttiva la via algebrica impedisce di vedere la loro legge di formazione e che indusse Jacobi ad adoperare lo strumento potente delle funzioni ellittiche, ora che per opera di Halphen sono venuti in luce i risultati ai quali si deve arrivare, questi risultati si devono poter stabilire per la via puramente algebrica iniziata da Abel. Io mi sono proposto questo scopo e le mie ricerche non solo mi hanno condotto a ritrovare per la detta via le proprietà già note, ma ancora a trovarne delle altre che io credo nuove; così mi è

([6]) Cfr. Poincaré, *Notice sur* Halphen [Œuvres de G. H. Halphen; t. I, pag. xlii]. — V. anche Halphen, *Sur les intégrales pseudo-elliptiques*; " Comptes Rendus... „, t. CVI, (1888, 1° sem.), p. 1263.

Nelle citazioni che dovremo fare in seguito del *Traité des fonctions elliptiques*, adopreremo l'abbreviazione *F. E.*

riuscito di mostrare come da considerazioni algebriche, relative alla periodicità delle frazioni continue di HALPHEN, con sviluppi di solo calcolo algebrico, si deducono quei polinomii Υ_n, che si presentano nelle formole ricorrenti per la moltiplicazione delle funzioni ellittiche insieme alle loro notevoli proprietà aritmetiche; e ciò mi sembra interessante.

Queste ricerche io dedico al mio venerato Maestro, senatore prof. ENRICO D'OVIDIO, in occasione del suo LXXV genetliaco. Per la estensione che esse hanno preso, le pubblico divise in tre parti: delle quali la prima nella presente raccolta di " Scritti matematici offerti ad E. D'OVIDIO ", la seconda nel vol. LIII degli " Atti della R. Accademia delle Scienze di Torino " e la terza nel vol. LI dei " Rendiconti del R. Istituto Lombardo ".

§ 1. — Le frazioni continue di Halphen regolari.

1. — L'elemento $\frac{\sqrt{X}-\sqrt{Y}}{x-y}$. — Dato un polinomio di 4° grado

$$X = X(x) = a_0 x^4 + 4a_1 x^3 + 6a_2 x^2 + 4a_3 x + a_4,$$

dato inoltre un valore ξ che non annulla X, la $\sqrt{X}$ è una funzione a due valori, ciascuno dei quali nell'intorno di ξ si può sviluppare in una serie di potenze intere, crescenti, di $x - \xi$.

Pongasi: $x = s + \xi$; all'intorno del punto ξ per la variabile x corrisponde l'intorno del punto 0 per la variabile s e si ha:

$$X = S(s) = p_0 + 4p_1 s + 6p_2 s^2 + 4p_3 s^3 + p_4 s^4,$$

dove i coefficienti p_i sono espressi da

$$p_0 = X(\xi), \qquad p_1 = \frac{1}{4}X'(\xi), \qquad p_2 = \frac{1}{12}X''(\xi),$$
$$p_3 = \frac{1}{24}X'''(\xi), \qquad p_4 = a_0;$$

il coefficiente p_0 è per ipotesi diverso da 0.

La funzione $\sqrt{X}$ nell'intorno di ξ si sviluppa in una serie:

$$(a) \qquad \sqrt{X} = \sqrt{p_0}\,(1 + q_1 s + q_2 s^2 + q_3 s^3 + \ldots);$$

essa si compone di due rami, ciascuno dei quali nell'intorno di ξ resta fissato, quando nella (a) si assegna a $\sqrt{p_0}$ uno dei suoi due valori. I coefficienti $q_1, q_2, q_3, \ldots$ della serie sono funzioni razionali dei coefficienti p_i, che si determinano mediante le relazioni:

$$(1) \quad \left\{ \begin{array}{ll} 2p_1 = p_0 q_1, & 2p_3 = p_0(q_1 q_2 + q_3), \\ 6p_2 = p_0(2q_2 + q_1^2), & p_4 = p_0(2q_1 q_3 + q_2^2 + 2q_4), \\ \multicolumn{2}{c}{0 = q_1 q_4 + q_2 q_3 + q_5, \quad \text{ecc.}} \end{array} \right.$$

ed i primi di essi sono dati da [7]

$$(2) \quad \left\{ \begin{array}{ll} q_1 = \dfrac{2p_1}{p_0}, & q_3 = \dfrac{1}{p_0^3}(2p_0 p_3 - 6p_0 p_1 p_2 + 4p_1^3), \\ q_2 = \dfrac{1}{p_0^2}(3p_0 p_2 - 2p_1^2), & q_4 = \dfrac{1}{2}\dfrac{p_4}{p_0} - q_1 q_3 - \dfrac{1}{2}q_2^2; \end{array} \right.$$

inoltre notiamo la

$$(3) \qquad \frac{X}{p_0} = (1 + q_1 s + q_2 s^2)^2 + 2q_3 s^3 + 2(q_1 q_3 + q_4) s^4.$$

Quando si esclude che X si abbassi al 3° grado ($a_0 \neq 0$), $\sqrt{X}$ si può anche sviluppare nell'intorno del punto $\xi = \infty$ in serie di potenze intere, discendenti, di x:

$$(b) \qquad \sqrt{X} = \sqrt{a_0}\,x^2\left(1 + \frac{q_1}{x} + \frac{q_2}{x^2} + \frac{q_3}{x^3} + \ldots\right),$$

ed i coefficienti q_1, q_2, q_3, q_4 son dati dalle formole (2), se in queste si cambia p_k in a_k, $(k = 0, 1, \ldots 4)$; i due rami della funzione $\sqrt{X}$, nell'intorno $x = \infty$, son dati dalla (b) assegnando in questa a $\sqrt{a_0}$ l'uno o l'altro dei suoi due valori.

---

(7) Cfr. Halphen, *F. E.*, t. II, p. 607.

Sia ora y un valore qualunque di x e si ponga: $X(y) = Y$. In particolare y può essere radice dell'equazione $X = 0$. Si fissi uno qualunque dei due valori della radice quadrata di Y e lo si denoti con $\sqrt{Y}$; così pure fissato un valore $\sqrt{p_0}$, si consideri il ramo $\sqrt{X}$ individuato dalla (α). Ciò posto, consideriamo l'elemento di funzione analitica, che nello intorno del punto ξ è espresso da

$$\frac{\sqrt{X}-\sqrt{Y}}{x-y},$$

che diremo elemento di HALPHEN [8]; ci proponiamo di studiare lo sviluppo di quest'elemento in frazione continua.

In questo § supporremo sempre y e ξ finiti; supporremo inoltre $y \neq \xi$.

TEOREMA FONDAMENTALE. — *È sempre possibile, ed in un solo modo, trovare tre polinomi* A, B, C *il primo di 2° grado e gli altri due di 1° grado in* x, *per guisa che si abbia identicamente:*

$$\frac{\sqrt{X}-\sqrt{Y}}{x-y} - C = \frac{B(x-\xi)^2}{\sqrt{X}+A}. \tag{4}$$

Fatta la sostituzione: $x = s + \xi$, sia t il valore di s che corrisponde al valore y di x; quindi: $t = y - \xi$ e $x - y = s - t$. Tre polinomi A, B, C dei gradi 2, 1, 1 in x, ordinati secondo le potenze di s, si scrivono:

$$A = A(s) = A_0 + 2A_1 s + A_2 s^2, \qquad B = B(s) = B_0 + B_1 s,$$
$$C = C(s) = C_0 + C_1 s;$$

cerchiamo di determinare i loro coefficienti in modo da soddisfare identicamente alla (4). Tenendo presente che $\sqrt{X}$ è irrazionale, si dovrà porre separatamente:

$$A - \sqrt{Y} - C(s-t) = 0, \tag{5}$$
$$X - A\sqrt{Y} - AC(s-t) - Bs^2(s-t) = 0;$$

---

(8) Cfr. la Nota di HALPHEN già citata (6).

come conseguenza di queste due equazioni si ha la seguente, che sostituiamo alla seconda:

$$(6) \qquad X - A^2 = Bs^2(s - t).$$

Mostriamo che si può, in uno ed in un sol modo, determinare i coefficienti di A, B, C, in guisa da soddisfare identicamente le (5) e (6). — Anzitutto dalla (4) ponendo $x = \xi$, ossia $s = 0$, si trae:

$$C_0 = \frac{1}{t}(\sqrt{Y} - \sqrt{p_0});$$

poi dalla (5), ponendo ancora $s = 0$, si ricava:

$$A_0 = - C_0 t + \sqrt{Y} = \sqrt{p_0};$$

questo risultato è d'accordo colla (6), la quale mostra che, per $s = 0$, A^2 prende il valore p_0. Indi, dovendo essere nullo il coefficiente di s in $X - A^2$, in virtù della (6), si deduce:

$$2p_1 - A_0 A_1 = 0;$$

dalla (5), per $s = t$, si ha:

$$A_0 + 2A_1 t + A_2 t^2 = \sqrt{Y},$$

e confrontando i coefficienti di s^2, si ricava: $C_1 = A_2$.

Dai risultati precedenti si ottengono le formole

$$(7) \quad A_0 = \sqrt{p_0}, \quad 2A_1 = q_1\sqrt{p_0}, \quad A_2 = \frac{1}{t^2}[\sqrt{Y} - (1 + q_1 t)\sqrt{p_0}],$$

$$(8) \qquad C_0 = \frac{1}{t}(\sqrt{Y} - \sqrt{p_0}), \qquad C_1 = A_2.$$

Resta a calcolare B. Osserviamo che coi valori trovati di A_0, A_1 il polinomio $X - A^2$ risulta divisibile per s^2; inoltre si è calcolato A_2 in modo che si ha: $\sqrt{Y} - A(t) = 0$, ossia: $X - A^2 = 0$ per $s = t$; segue che $X - A^2$ è divisibile per $s - t$. Si conchiude che esiste un polinomio B di 1° grado in s, che insieme al polinomio A già calcolato soddisfa alla (6).

I coefficienti di B si ottengono confrontando i coefficienti di s^3 e s^4 nella (6) e sostituendo per A_1, A_2 i valori (7); si trova:

$$(9)\quad \begin{cases} B_0 = \frac{2p_0}{t^3}\left[\frac{\sqrt{Y}}{\sqrt{p_0}} - (1 + q_1 t + q_2 t^2)\right], \\ B_1 = \frac{2p_0}{t^4}\left[(1+q_1 t)\frac{\sqrt{Y}}{\sqrt{p_0}} - \{1+2q_1 t+(q_1^2+q_2)t^2+(q_1 q_2+q_3)t^3\}\right]. \end{cases}$$

Con ciò il teorema è dimostrato e sono calcolati i polinomi A, B, C. — Si è visto inoltre che per i due valori $s = 0$, $s = t$ (corrispondenti a $x = \xi$, $x = y$), il polinomio A prende quei due valori $\sqrt{p_0}$, $\sqrt{Y}$ che sono stati assegnati per individuare l'elemento analitico $\frac{\sqrt{X} - \sqrt{Y}}{x - y}$.

Importa ancora notare la relazione

$$(10)\qquad B_0(1 + q_1 t) - B_1 t = 2p_0 q_3,$$

che si deduce facilmente dalle (9) e che ci sarà utile in seguito.

2. — Frazioni continue di Halphen. — Supponiamo ora che i coefficienti B_0, B_1 siano entrambi diversi da zero; per guisa che l'equazione $B_0 + B_1 s = 0$ ha una radice finita e diversa da 0; denotiamo con t_1 il valore di questa radice e con y_1 il corrispondente valore di x; si ha: $y_1 - \xi = t_1$; si può scrivere:

$$B = B_1(s - t_1) = B_1(x - y_1).$$

Pongasi ora $X(y_1) = Y_1$; risulta subito dalla (6) che, per $s = t_1$, A prende uno dei due valori della radice quadrata di Y_1; conveniamo di denotare con $\sqrt{Y_1}$ quello di questi due valori che è uguale e di segno contrario a $A(t_1)$; cioè poniamo:

$$(11)\qquad A_0 + 2A_1 t_1 + A_2 t_1^2 = -\sqrt{Y_1};$$

deduciamo:

$$\frac{A + \sqrt{X}}{s - t_1} = 2A_1 + A_2(s + t_1) + \frac{\sqrt{X} - \sqrt{Y_1}}{x - y_1}.$$

Ed ora ritorniamo alla (4); denotiamo con Q_0 il primo membro:

$$(12)\qquad Q_0 = \frac{\sqrt{X} - \sqrt{Y}}{x - y} - C,$$

e dividiamo i due termini della frazione che è al secondo membro per $s - t_1 = x - y_1$, abbiamo:

$$Q_0 = \frac{B_1 s^2}{2A_1 + A_2(s + t_1) + \frac{\sqrt{X} - \sqrt{Y_1}}{x - y_1}}. \tag{12bis}$$

A questo punto nasce l'algoritmo che serve a sviluppare in frazione continua l'elemento dato $\frac{\sqrt{X} - \sqrt{Y}}{x - y}$; invero la (12bis) introduce un nuovo elemento $\frac{\sqrt{X} - \sqrt{Y_1}}{x - y_1}$ analogo al dato; e per il nuovo elemento si possono ripetere gli stessi calcoli.

Anzitutto calcoliamo i polinomi $A^{(1)}$, $B^{(1)}$, $C^{(1)}$ dei gradi 2, 1, 1 in s tali che si abbia identicamente:

$$\frac{\sqrt{X} - \sqrt{Y_1}}{x - y_1} - C^{(1)} = \frac{B^{(1)} s^2}{\sqrt{X} + A^{(1)}};$$

allora, denotando con Q_1 il primo membro di questa identità e con β_1, α_1 i seguenti polinomii di 2° e 1° grado in s:

$$\beta_1 = B_1 s^2, \qquad \alpha_1 = 2A_1 + A_2(s + t_1) + C^{(1)}, \tag{13}$$

la (12bis) si può scrivere

$$Q_0 = \frac{\beta_1}{\alpha_1 + Q_1}. \tag{14}$$

In secondo luogo, supposto che i coefficienti $B_0^{(1)}$ e $B_1^{(1)}$ di $B^{(1)}$ siano entrambi diversi da 0, denotiamo con t_2 la radice dell'equazione $B^{(1)} = B_0^{(1)} + B_1^{(1)} s = 0$ (t_2 è finito e diverso da 0); con y_2 il valore di x corrispondente al valore t_2 di s, e $X(y_2) = Y_2$.

In modo analogo alla (12bis) si stabilisce la

$$Q_1 = \frac{B_1^{(1)} s^2}{2A_1^{(1)} + A_2^{(1)}(s + t_2) + \frac{\sqrt{X} - \sqrt{Y_2}}{x - y_2}}.$$

Qui sorge un nuovo elemento $\frac{\sqrt{X} - \sqrt{Y_2}}{x - y_2}$; per questo costruiremo i polinomi $A^{(2)}$, $B^{(2)}$, $C^{(2)}$ in guisa si abbia:

$$\frac{\sqrt{X} - \sqrt{Y_2}}{x - y_2} - C^{(2)} = \frac{B^{(2)} s^2}{\sqrt{X} + A^{(2)}};$$

denoteremo con Q_2 il primo membro di questa identità e con β_2, α_2 i seguenti polinomi di 2° e 1° grado in s:

$$\beta_2 = B_1^{(1)} s^2, \qquad \alpha_2 = 2A_1^{(1)} + A_2^{(1)}(s + t_2) + C^{(2)};$$

avremo:

$$Q_1 = \frac{\beta_2}{\alpha_2 + Q_2};$$

e sostituendo nella (14) deduciamo:

$$\frac{\sqrt{X} - \sqrt{Y}}{x - y} = C + \cfrac{\beta_1}{\alpha_1 + \cfrac{\beta_2}{\alpha_2 + Q_2}}.$$

Così continuando, si ottiene lo sviluppo dell'elemento dato in frazione continua [9]:

$$(15) \qquad \frac{\sqrt{X} - \sqrt{Y}}{x - y} = C + \frac{\beta_1 |}{| \alpha_1} + \frac{\beta_2 |}{| \alpha_2} + \frac{\beta_3 |}{| \alpha_3} + \ldots$$

nella quale il termine iniziale C ed i denominatori parziali α_i sono di 1° grado in s ed i numeratori parziali β_i sono di 2° grado della forma $k_i s^2$ (k_i costanti). Chiameremo *frazioni continue di Halphen* siffatte frazioni continue.

In questo § supponiamo che i coefficienti dei polinomii B, $B^{(1)}$, $B^{(2)}$, ... siano tutti diversi da 0; nel qual caso le frazioni continue si diranno *regolari*; quando si presentino polinomii $B^{(h)}$ che non soddisfacciano alla condizione di avere i coefficienti diversi da 0, si avranno nella frazione continua termini *irregolari*, dei quali ci occuperemo nel § 2.

Intanto, da quanto si è esposto appare che nel formare la frazione continua (15) interviene una successione di elementi

$$\frac{\sqrt{X} - \sqrt{Y_i}}{x - y_i} \qquad \text{per } i = 0, 1, 2, \ldots \qquad (y_0 = y, \; Y_0 = Y).$$

---

[9] In questo lavoro, per le frazioni continue facciamo uso della notazione di A. Pringsheim. V. ad es. " Encyclopédie des Sciences Mathématiques ", t. I, vol. I, p. 284.

Per ognuno di questi elementi esistono tre polinomii $A^{(i)}$, $B^{(i)}$, $C^{(i)}$ dei gradi 2, 1, 1 in s, che soddisfano identicamente alle equazioni:

$$A^{(i)} = C^{(i)}(s - t_i) + \sqrt{Y_i} \tag{16}$$

$$X - A^{(i)2} = B^{(i)} s^2 (s - t_i), \tag{17}$$

dove per $i = 0$ riteniamo $A^{(0)} = A$, $B^{(0)} = B$, $C^{(0)} = C$, $t_0 = t$. In tali equazioni t_i è il valore di s che corrisponde al valore y_i di x nella sostituzione $x = s + \xi$ e, per $i > 0$, t_i è radice dell'equazione $B^{(i-1)} = 0$; chiameremo *parametri* queste costanti $t_0, t_1, t_2, \ldots$ Abbiamo denotato con Y_i il valore $X(y_i)$ e con $\sqrt{Y_i}$ quello dei due valori della radice quadrata di Y_i che coincide con $A_i(t_i)$; allora si ha: $A^{(i)}(t_{i+1}) = -\sqrt{Y_{i+1}}$. I valori che per $s = t_i$ assumono $A^{(i)}$ e $A^{(i-1)}$ sono eguali e di segno contrario e coincidono coi due valori della radice quadrata di Y_i.

Si noti intanto che *i valori dei radicali quadratici* $\sqrt{\mathrm{Y}_i}$ *si esprimono tutti razionalmente per mezzo dei coefficienti di* X *e delle quantità assegnate* $\xi, \mathrm{y}, \sqrt{\mathrm{p}_0}, \sqrt{\mathrm{Y}}$.

Ciò posto, l'algoritmo, che conduce allo sviluppo dell'elemento dato in frazione continua di Halphen (1), è basato sulle formole seguenti:

$$\beta_i = B_1^{(i-1)} s^2, \quad \alpha_i = 2A_1^{(i-1)} + A_2^{(i-1)}(s + t_i) + C^{(i)}, \quad (i > 0) \tag{18}$$

e la (15) va intesa come se fosse scritta:

$$\frac{\sqrt{X} - \sqrt{Y}}{x - y} = C + \frac{\beta_1|}{|\alpha_1} + \frac{\beta_2|}{|\alpha_2} + \ldots + \frac{\beta_i|}{|\alpha_i + Q_i}, \tag{15bis}$$

dove Q_i, che diremo *resto* di rango i, è espresso da

$$Q_i = \frac{\sqrt{X} - \sqrt{Y_i}}{x - y_i} - C^{(i)} = \frac{B^{(i)} s^2}{\sqrt{X} + A^{(i)}}, \quad (i = 0, 1, 2, \ldots) \tag{19}$$

e si ha:

$$Q_i = \frac{\beta_{i+1}}{\alpha_{i+1} + Q_{i+1}}. \tag{19bis}$$

3. — Formole ricorrenti per lo sviluppo di un elemento in frazione continua. — Passiamo ora a stabilire le formole ricorrenti, che servono per il calcolo dei termini β_i, α_i della frazione continua (15) di Halphen. Partiamo dalle formole che si deducono dalla (17) per due valori successivi $i-1$, i dell'indice ($i>0$); tenendo presente che $B^{(i-1)}$ ha il fattore $s-t_i$ e che $B^{(i)}$ ha il fattore $s-t_{i+1}$, scriviamole nel modo seguente:

$$(20)\quad \begin{cases} X - A^{(i-1)2} = k s^2 (s-t_{i-1})(s-t_i), \\ X - A^{(i)2} = l s^2 (s-t_i)(s-t_{i+1}), \end{cases}$$

(k, l costanti). Da esse si vede che se denotiamo con $\mathcal{A}$, $\mathcal{B}$ due polinomii incogniti dei gradi 2° e 1° in s e tra essi poniamo la relazione

$$(21)\qquad X - \mathcal{A}^2 = \mathcal{B} s^2 (s-t_i),$$

troviamo due soluzioni, che sono: l'una $\mathcal{A} = A^{(i)}$, $\mathcal{B} = B^{(i)}$, l'altra $\mathcal{A} = A^{(i-1)}$, $\mathcal{B} = B^{(i-2)}$.

Le due soluzioni per $\mathcal{A}$ sono date dalle formole (7), quando in queste si scriva t_i in luogo di t, Y_i in luogo di Y e si attribuiscano a $\sqrt{Y_i}$ i due valori di cui il radicale è suscettibile; per guisa che abbiamo:

$$A^{(i)} = \sqrt{p_0}\left[1 + q_1 s - (1+q_1 t_i)\frac{s^2}{t_i^2}\right] + \sqrt{Y_i}\,\frac{s^2}{t_i^2},$$

$$A^{(i-1)} = \sqrt{p_0}\left[1 + q_1 s - (1+q_1 t_i)\frac{s^2}{t_i^2}\right] - \sqrt{Y_i}\,\frac{s^2}{t_i^2};$$

$$A^{(i)}(t_i) = \sqrt{Y_i}, \qquad A^{(i-1)}(t_i) = -\sqrt{Y_i}.$$

Il coefficiente di s ed il termine noto in $A^{(i)}$ sono indipendenti da t_i e sono:

$$(22)\qquad A_0^{(i)} = \sqrt{p_0}, \qquad 2A_1^{(i)} = q_1\sqrt{p_0} \qquad (i=0,1,2\ldots).$$

Denotiamo con λ_i il coefficiente di s^2 in $A^{(i)}$ diviso per $\sqrt{p_0}$, per guisa che:

$$(23)\qquad A_2^{(i)} = \sqrt{p_0}\,\lambda_i;$$

dalle espressioni precedenti di $A^{(i)}$ e $A^{(i-1)}$ ricaviamo:

$$(24)\quad \begin{cases} \lambda_i = -\dfrac{1}{t_i^2}\left(1+q_1 t_i - \dfrac{\sqrt{Y_i}}{\sqrt{p_0}}\right), & (i \geq 0) \\ \lambda_{i-1} = -\dfrac{1}{t_i^2}\left(1+q_1 t_i + \dfrac{\sqrt{Y_i}}{\sqrt{p_0}}\right), & (i > 0). \end{cases}$$

Ponendo nella seconda di queste $i+1$ in luogo di i e confrontando colla prima, si deduce la relazione:

$$t_i^2\sqrt{Y_{i+1}} + t_{i+1}^2\sqrt{Y_i} = \sqrt{p_0}\,(t_{i+1} - t_i)\,(t_i + t_{i+1} + q_1 t_i t_{i+1}).$$

Inoltre dalle (23) si deducono le formole:

$$(25)\qquad \lambda_{i-1} + \lambda_i = -\frac{2}{t_i^2}\,(1+q_1 t_i), \qquad (i>0)$$

$$(26)\qquad \lambda_{i-1}\lambda_i = -\frac{1}{p_0 t_i^2}\,(2p_0 q_2 + 4p_3 t_i + p_4 t_i^2);$$

la deduzione della prima è immediata; la deduzione della seconda si fa giovandosi della identità:

$$(p_0 + 2p_1 t_i)^2 + p_0 t_i^2 (p_0 q_2 + p_3 t_i + p_4 t_i^2) = p_0 Y_i.$$

Intanto per $A^{(i)}$ si ha la formola:

$$(27)\qquad A_i = \sqrt{p_0}\,(1 + q_1 s + \lambda_i s^2),$$

dove λ_i è dato dalla (24). Sostituiamo questa espressione di $A^{(i)}$ nella seconda delle formole (20); deduciamo:

TEOREMA. — *I due parametri successivi* t_i, t_{i+1} *sono le radici dell'equazione di* 2° *grado in* s:

$$(28)\quad (p_4 - p_0\lambda_i^2)s^2 + 4(p_3 - p_1\lambda_i)s + 2p_0(q_2 - \lambda_i) = 0, \quad (i=0,1,2,\ldots).$$

Per conseguenza si ha, per $i \geq 0$:

$$(29)\quad t_i + t_{i+1} = -\frac{4(p_1\lambda_i - p_3)}{p_0\lambda_i^2 - p_4}, \qquad (30)\quad t_i t_{i+1} = 2p_0\,\frac{\lambda_i - q_2}{p_0\lambda_i^2 - p_4};$$

in virtù di queste, la relazione trovata sopra tra $\sqrt{Y_i}$ e $\sqrt{Y_{i+1}}$ si può scrivere:

$$(31)\quad t_i^2\sqrt{Y_{i+1}} + t_{i+1}^2\sqrt{Y_i} = 2\sqrt{p_0}\,q_3\,\frac{t_{i+1} - t_i}{p_0\lambda_i^2 - p_4} \qquad (i = 0, 1, 2, \ldots).$$

Ritornando alla (28), se in questa poniamo $s = t_i$ e scriviamo λ invece di λ_i, otteniamo un'equazione di 2° grado in λ:

$$(32) \quad p_0 t_i^2 \lambda^2 + 2(2p_1 t_i + p_0)\lambda - (p_4 t_i^2 + 4p_3 t_i + 2p_0 q_2) = 0,$$

per la quale abbiamo:

TEOREMA. — *L'equazione* (32) *di* 2° *grado in* λ *ha per radici* λ_{i-1} e λ_i, $(i > 0)$.

Stabilite le formole precedenti, passiamo a mostrare come si calcolino i termini β_i, α_i della frazione continua di HALPHEN.

Anzitutto dalla (17), confrontando i termini in s^4 e tenendo presente la prima delle (18), si ha:

$$(33) \quad B_1^{(i)} = p_4 - p_0 \lambda_i^2, \qquad \beta_{i+1} = (p_4 - p_0 \lambda_i^2) s^2.$$

In secondo luogo, tenendo presenti le

$$A^{(i)} = \sqrt{p_0}\,(1 + q_1 s + \lambda_i s^2), \qquad \sqrt{Y_i} = \sqrt{p_0}\,(1 + q_1 t_i + \lambda_i t_i^2),$$

dalla (16) si ricava:

$$(34) \quad C^{(i)} = \sqrt{p_0}\,[q_1 + \lambda_i (s + t_i)], \qquad (i = 0, 1, 2, \ldots).$$

In terzo luogo, sostituendo quest'espressione di $C^{(i)}$ nella seconda delle (18) insieme ai valori di $A_0^{(i-1)}$, $A_1^{(i-1)}$ dati dalle (22), si deduce:

$$(35) \quad \alpha_i = \sqrt{p_0}\,[2q_1 + (\lambda_{i-1} + \lambda_i)(s + t_i)], \qquad (i > 0)$$

e finalmente, tenendo presente la (25), si ha:

$$(36) \quad \alpha_i = -\frac{2\sqrt{p_0}}{t_i}\left(1 + \frac{1 + q_1 t_i}{t_i}\, s\right), \qquad (i = 1, 2, 3, \ldots).$$

Ora siamo in possesso dell'algoritmo per sviluppare l'elemento $\dfrac{\sqrt{X} - \sqrt{Y}}{x - y}$ in frazione continua di HALPHEN. Esso consiste nelle formole seguenti:

Si parte dai valori iniziali

$$(37) \quad t_0 = t, \qquad \lambda_0 = \frac{1}{t^2}\left[\frac{\sqrt{Y}}{\sqrt{p_0}} - (1 + q_1 t)\right],$$

e si calcolano successivamente i parametri t_i *ed i coefficienti* λ_i *nell'ordine*

$$t_1,\ \lambda_1,\ t_2,\ \lambda_2,\ \dots\ t_i,\ \lambda_i,\ t_{i+1},\ \lambda_{i+1},\ \dots,$$

facendo uso delle formole ricorrenti:

$$(38)\quad t_{i+1} = -t_i - 4\frac{p_1\lambda_i - p_3}{p_0\lambda_i^2 - p_4}, \qquad (39)\quad \lambda_{i+1} = -\lambda_i - 2\frac{1+q_1 t_{i+1}}{t^2_{i+1}}.$$

Sostituendo nella (33) *i valori* $\lambda_0, \lambda_1, \lambda_2, \dots$ *si calcolano i numeratori* $\beta_1, \beta_2, \beta_3, \dots$

Sostituendo nella (36) *i valori* $t_1, t_2, t_3, \dots$ *si calcolano i denominatori* $\alpha_1, \alpha_2, \alpha_3, \dots$

Il termine iniziale della frazione continua è dato da

$$(40)\qquad C = \sqrt{p_0}[q_1 + \lambda_0(s+t)].$$

In quanto precede si suppone, come si è già espressamente avvertito, che i parametri $t_1, t_2, \dots t_i$ che si considerano siano tutti finiti e diversi da 0.

4. — Frazioni continue di Halphen ascendenti e discendenti. — Osserviamo che le formole (38), (39) si possono anche scrivere:

$$(41)\quad \lambda_{i-1} = -\lambda_i - 2\frac{1+q_1 t_i}{t_i^2}, \qquad t_{i-1} = -t_i - 4\frac{p_1\lambda_{i-1} - p_3}{p_0\lambda^2_{i-1} - p_4}.$$

Quando siano noti i valori λ_i, t_i per $i > 0$, la prima serve a calcolare λ_{i-1}, indi la seconda serve a far conoscere t_{i-1}; supposto $i > 1$, scambiando i con $i-1$ si deducono altre formole che servono a dare i valori di λ_{i-2} e t_{i-2}; così continuando, si ritrovano in ordine inverso i valori delle λ e delle t che hanno indici minori di i e si risale ai valori iniziali λ_0, t_0.

Quest'algoritmo che ha per base le formole ricorrenti (41) si può continuare attribuendo all'indice anche valori negativi. Tenendo fermi i valori iniziali t_0, λ_0 dati dalle (37), calcoliamo colle (41) ordinatamente i valori:

$$\lambda_{-1},\ t_{-1},\ \lambda_{-2},\ t_{-2},\ \lambda_{-3},\ \dots;$$

e per l'indice i nullo o negativo definiamo i polinomii α_i, β_i colle formole (36) e (33), che hanno servito a calcolare α_i, β_i coll'indice positivo. Poscia introduciamo il simbolo:

$$\dots + \cfrac{\beta_{-3}}{\alpha_{-3} + \cfrac{\beta_{-2}}{\alpha_{-2} + \cfrac{\beta_{-1}}{\alpha_{-1} + \cfrac{\beta_0}{\alpha_0}}}} = \dots + \frac{\beta_{-3}|}{|\alpha_{-3}} + \frac{\beta_{-2}|}{|\alpha_{-2}} + \frac{\beta_{-1}|}{|\alpha_{-1}} + \frac{\beta_0|}{|\alpha_0},$$

che chiamiamo *frazione continua ascendente* in contrapposto a quelle considerate prima, che diremo *discendenti*. Colle due frazioni continue, la ascendente e la discendente, ne possiamo formare una illimitata nei due sensi, che diremo *completa*; essa è

$$\dots + \frac{\beta_{-2}|}{|\alpha_{-2}} + \frac{\beta_{-1}|}{|\alpha_{-1}} + \frac{\beta_0|}{|\alpha_0} + \frac{\beta_1|}{|\alpha_1} + \frac{\beta_2|}{|\alpha_2} + \dots$$

dalla quale si possono staccare infinite frazioni continue discendenti, a cominciare da un termine qualunque; e per un indice qualunque i (positivo, nullo, o negativo) si stabiliscono le formole:

$$(42) \quad Q_i = \frac{\beta_{i+1}|}{|\alpha_{i+1}} + \frac{\beta_{i+2}|}{|\alpha_{i+2}} + \dots = \frac{\sqrt{X} - \sqrt{Y_i}}{x - y_i} - \sqrt{p_0}[q_1 + \lambda_i(s + t_i)],$$

$$(43) \quad \alpha_i + \frac{\beta_{i+1}|}{|\alpha_{i+1}} + \frac{\beta_{i+2}|}{|\alpha_{i+2}} + \dots = \frac{\sqrt{X} - \sqrt{Y_i}}{x - y_i} + \sqrt{p_0}[q_1 + \lambda_{i-1}(s + t_i)],$$

le quali si deducono dalle (19), (19bis).

Volendo ora occuparci della periodicità o della simmetria delle frazioni continue di Halphen, per rendere più spediti i ragionamenti, gioverà sempre pensare alla frazione continua completa e tenere presenti le equazioni ricorrenti (38), (39) per tutti i valori interi (positivi, negativi, zero) dell'indice ed estendere al sistema completo di indici anche le equazioni di 2° grado (28) e (32).

Ciò posto, consideriamo il caso in cui per due valori diversi h, k dell'indice si abbia $t_h = t_k$; allora le due equazioni, che si ottengono dalla (32) ponendo in questa $t_i = t_h$, t_k coincidono; quindi, per quanto sappiamo sulle radici dell'equazione (32), conchiudiamo che coincidono le due coppie di valori: λ_{h-1}, λ_h; λ_{k-1}, λ_k. Ora qui si possono presentare due casi:

$$\text{I)} \qquad \lambda_{h-1} = \lambda_{k-1}, \; \lambda_h = \lambda_k;$$

$$\text{II)} \qquad \lambda_{h-1} = \lambda_k, \quad \lambda_h = \lambda_{k-1};$$

che dobbiamo discutere separatamente (Supporremo $h > k$).

5. — Frazioni continue di Halphen periodiche e simmetriche. — I. *Periodicità.* — Supponiamo che insieme a $t_h = t_k$ si abbia $\lambda_{h-1} = \lambda_{k-1}$ e quindi $\lambda_h = \lambda_k$; in questo caso dimostreremo che la frazione continua è periodica e che un periodo consta di $h - k$ frazioni parziali. Tenendo presenti le (33), (36), basta dimostrare che per qualunque valore intero di θ si ha:

$$(a) \qquad t_{h+\theta} = t_{k+\theta} \quad \text{e} \quad \lambda_{h+\theta} = \lambda_{k+\theta}.$$

Queste relazioni sussistono per ipotesi per $\theta = 0$; è facile vedere che, se si ammettono per un valore θ sono vere anche per $\theta \pm 1$. A questo scopo scriviamo le due formole, che si deducono ponendo $i = h + \theta$, $k + \theta$ nella (38); esse mostrano che, in virtù delle ipotesi (a), si ha:

$$(b) \qquad t_{h+\theta+1} = t_{k+\theta+1};$$

indi scriviamo le due formole, che si deducono dalla (39) ponendo $i = h + \theta$, $k + \theta$; esse mostrano che, in virtù delle ipotesi (a) e della conseguenza (b), si ha ancora:

$$(c) \qquad \lambda_{h+\theta+1} = \lambda_{k+\theta+1}.$$

Similmente si vede che, se le (a) sussistono per θ, sussistono anche per $\theta - 1$.

Posto dunque $h - k = p$, si ha:

$$\beta_r = \beta_s \text{ e } \alpha_r = \alpha_s \quad \text{quando} \quad r \equiv s \pmod{p};$$

la frazione continua è periodica, ed un suo periodo è

$$\frac{\beta_r|}{|\alpha_r} + \frac{\beta_{r+1}|}{|\alpha_{r+1}} + \dots + \frac{\beta_{r+p-1}|}{|\alpha_{r+p-1}}.$$

Esaminiamo in questo caso la frazione continua discendente, che sviluppa l'elemento $\frac{\sqrt{X}-\sqrt{Y}}{x-y}$, arrestata al termine di rango p. Ora si ha: $t_p = t$, $\lambda_p = \lambda_0$; quindi:

$$\alpha_p = -\frac{2\sqrt{p_0}}{t}\left(1 + \frac{1+q_1 t}{t}s\right), \qquad C^{(p)} = C = \sqrt{p_0}\,[q_1 + \lambda_0(s+t)].$$

Tenendo presente il valore di λ_0 dato dalla (37), si deduce:

$$\alpha_p - 2C^{(p)} = -\frac{2\sqrt{Y}}{t^2}(s+t);$$

quindi, ponendo

$$C^* = C - \frac{2\sqrt{Y}}{t^2}(s+t), \tag{44}$$

per la (19) si ha:

$$\alpha_p + Q_p = C^* + \frac{\sqrt{X}-\sqrt{Y}}{x-y};$$

e ora, risalendo alla (15bis) si vede che *nel caso in cui la frazione continua sia periodica con un periodo di* p *frazioni parziali, si ha:*

$$\frac{\sqrt{X}-\sqrt{Y}}{x-y} = C + \frac{\beta_1|}{|\alpha_1} + \frac{\beta_2|}{|\alpha_2} + \dots + \frac{\beta_p|}{\left|C^* + \frac{\sqrt{X}-\sqrt{Y}}{x-y}\right.}, \tag{45}$$

dove C^* si deduce da C colla formola (44).

Nel caso particolare in cui y sia radice di X, si ha $Y=0$ e $C^* = C$.

II). *Simmetria.* — Passiamo ora ad occuparci del caso in cui si abbia: $t_h = t_k$ insieme a $\lambda_{h-1} = \lambda_k$ e quindi $\lambda_h = \lambda_{k-1}$; in questo caso dimostreremo che la frazione continua è simmetrica. Tenendo presenti le (33), (36), basta dimostrare che per qualunque valore intero θ si ha:

$$t_{h+\theta} = t_{k-\theta}, \quad \text{e} \quad \lambda_{h+\theta} = \lambda_{k-\theta-1}. \tag{A}$$

Queste relazioni sussistono per ipotesi per $\theta = 0$; è facile vedere che se si ammettono per un valore θ sono vere anche per $\theta \pm 1$. A questo scopo scriviamo le due formole, che si deducono dalla (38) ponendo $i = h + \theta$, $k - \theta - 1$; esse mostrano che, in virtù dell'ipotesi (A), si ha:

$$(B) \qquad t_{h+\theta+1} = t_{k-\theta-1};$$

indi scriviamo le due formole, che si deducono dalla (39) ponendo $i = h + \theta$, $k - \theta - 2$; esse mostrano che in virtù dell'ipotesi (A) e della conseguenza (B), si ha ancora:

$$(C) \qquad \lambda_{h+\theta+1} = \lambda_{k-\theta-2};$$

similmente si vede che se le (A) sussistono per θ sussistono anche per $\theta - 1$.

A questo punto distinguiamo: il numero $h + k$ può essere pari o dispari:

1°) Sia $h + k = 2n$; allora si ha: $\alpha_{n-i} = \alpha_{n+i}$, $\beta_{n-i} = \beta_{n+i+1}$ per tutti i valori di i; per guisa che la successione dei numeratori e denominatori

$$\ldots, \beta_{n-i}, \ldots \beta_{n-1}, \alpha_{n-1}, \beta_n, \alpha_n, \beta_{n+1}, \alpha_{n+1}, \beta_{n+2}, \ldots, \beta_{n+i+1}, \ldots$$

della frazione continua completa è simmetrica, e centro di simmetria è il denominatore α_n; in questo caso diremo con Halphen ([10]) che si ha *simmetria pari.*

2°) Sia $h + k = 2n + 1$; allora si ha: $\beta_{n-i} = \beta_{n+i}$, $\alpha_{n-i} = \alpha_{n+i-1}$ per tutti i valori di i; per guisa che la successione dei numeratori e denominatori

$$\ldots \beta_{n-i}, \ldots \alpha_{n-2}, \beta_{n-1}, \alpha_{n-1}, \beta_n, \alpha_n, \beta_{n+1}, \alpha_{n+1}, \ldots, \beta_{n+i}, \ldots$$

della frazione continua completa è simmetrica, e centro di simmetria è il numeratore β_n; in questo caso diremo che si ha *simmetria impari.*

Sulla simmetria importa osservare: *a)* quando sia $\lambda_i = \lambda_{i-1}$, si ha sempre il caso della simmetria pari; *b)* quando sia $t_i = t_{i+1}$, si ha sempre il caso della simmetria impari.

Infatti: *a)* Per quanto si è detto delle radici dell'equazione (28), quando $\lambda_i = \lambda_{i-1}$, coincidono le due coppie: t_i, t_{i-1};

([10]) V. Halphen, *F. E.*, t. II, p. 592.

t_i, t_{i+1} e quindi si ha necessariamente $t_{i-1} = t_{i+1}$. Similmente: *b)* Per quanto si è detto delle radici dell'equazione (32), quando $t_i = t_{i+1}$, coincidono le due coppie: λ_{i-1}, λ_i; λ_i, λ_{i+1} e quindi si ha necessariamente $\lambda_{i-1} = \lambda_{i+1}$.

6. — Teoremi sulla periodicità e sulla simmetria. — Una frazione continua di Halphen può essere periodica senza essere simmetrica e viceversa.

Una frazione continua, che sia ad un tempo periodica e simmetrica, è doppiamente simmetrica [11]; e precisamente sussistono le proposizioni seguenti:

1°) Se la frazione continua è periodica con un periodo di $2r$ frazioni parziali e ad un tempo è simmetrica pari rispetto al denominatore α_n; essa è anche simmetrica pari rispetto al denominatore α_{n+r}.

2°) Se la frazione continua è periodica con un periodo di $2r$ frazioni parziali e ad un tempo è simmetrica impari rispetto al numeratore β_n; essa è anche simmetrica impari rispetto al numeratore β_{n+r}.

3°) Se la frazione continua è periodica con un periodo di $2r - 1$ frazioni parziali e ad un tempo è simmetrica pari rispetto al denominatore α_n; essa è anche simmetrica impari rispetto al numeratore β_m; essendo $m - n = r$; e viceversa.

Per dimostrare il teorema 1°, si parte dalle ipotesi; cioè si ha:

$$\alpha_{n-i} = \alpha_{n+i} \quad \text{e} \quad \beta_{n-i} = \beta_{n+i+1}\,; \qquad \alpha_h = \alpha_{h+2r} \quad \text{e} \quad \beta_h = \beta_{h+2r}$$

per tutti i valori di i e di h; da esse si trae:

$$\alpha_{n+r-i} = \alpha_{n-r+i} = \alpha_{n-r+i+2r}\,,$$

ossia: $\alpha_{n+r-i} = \alpha_{n+r+i}$, per ogni valore di i;

$$\beta_{n+r-i} = \beta_{n-r+i+1} = \beta_{n-r+i+1+2r}\,,$$

ossia: $\beta_{n+r-i} = \beta_{n+r+i+1}$, per ogni valore di i;

si conchiude la simmetria rispetto a α_{n+r}.

In modo analogo si dimostrano i teoremi 2°) e 3°).

---

(11) Cfr. Halphen, *F. E.*, t. II, p. 587.

Dal teorema 3°) risulta che la frazione continua può essere ad un tempo simmetrica pari e simmetrica impari.

4°) Se la frazione continua è doppiamente simmetrica, essa è necessariamente periodica ([12]); e precisamente: *a)* se è simmetrica rispetto a α_m e rispetto a α_n, supposto $n < m$, il periodo è di $2(m-n)$ frazioni parziali; *b)* se è simmetrica rispetto a β_m e rispetto a β_n; supposto $n < m$, il periodo è ancora di $2(m-n)$ frazioni parziali; *c)* se è simmetrica rispetto a α_n e rispetto a β_m, il periodo è di $2(m-n)-1$ frazioni parziali, se $m > n$; è di $2(n-m)+1$ frazioni parziali, se $m \leq n$.

Nel caso della doppia simmetria, un periodo che cominci con un numeratore, centro di simmetria per la frazione continua completa, è simmetrico rispetto ad un altro numeratore, o rispetto ad un denominatore, secondochè il numero delle frazioni parziali del periodo è rispettivamente pari o dispari; un periodo, che termini con un denominatore, centro di simmetria per la frazione continua completa, è simmetrico rispetto ad un altro denominatore, o rispetto ad un numeratore, secondochè il numero delle frazioni parziali del periodo è rispettivamente pari o dispari.

7. — Forma normale della frazione continua di Halphen. — La frazione continua discendente (15) si può trasformare in altra *equivalente*:

$$C + \frac{c_1\beta_1|}{|c_1\alpha_1} + \frac{c_1c_2\beta_2|}{|c_2\alpha_2} + \frac{c_2c_3\beta_3|}{|c_3 \;{}_3} + \dots + \frac{c_{i-1}c_i\beta_i|}{|c_i\alpha_i} + \dots,$$

dove $c_1, c_2, \dots c_i, \dots$ sono costanti arbitrarie diverse da 0. Ora queste si possono scegliere in modo che i termini noti di tutti i denominatori risultino eguali all'unità; a tale scopo basta assumere:

$$c_i = -\frac{t_i}{2\sqrt{p_0}}; \tag{46}$$

allora dalla (36) si ha:

$$c_i\alpha_i = 1 + \frac{1+q_1t_i}{t_i}\,s, \qquad (i = 1, 2, 3, \dots);$$

([12]) Cfr. HALPHEN, *F. E.*, t. II, p. 587.

inoltre dalla (33), tenendo presente la relazione (30), si ha:

$$c_i c_{i+1} \beta_{i+1} = \frac{1}{2}(q_2 - \lambda_i) s^2, \quad i > 0; \quad c_1 \beta_1 = \frac{\sqrt{p_0}}{t}(\lambda_0 - q_2) s^2.$$

Si conclude che alla (15) si può sostituire la seguente:

$$\frac{\sqrt{X} - \sqrt{Y}}{x - y} = C + \frac{\beta_1'|}{|\alpha_1'} + \frac{\beta_2'|}{|\alpha_2'} + \dots + \frac{\beta_i'|}{|\alpha_i'} + \dots,$$

essendo:

$$(47) \left\{ \begin{array}{ll} C = \sqrt{p_0}(q_1 + \lambda_0 t + \lambda_0 s), & \alpha_i' = 1 + \left(q_1 + \frac{1}{t_i}\right)s \\ \beta_1' = \frac{\sqrt{p_0}}{t}(\lambda_0 - q_2)s^2, & \beta_{i+1}' = \frac{1}{2}(q_2 - \lambda_i)s^2 \end{array} \right\} (i = 1, 2, 3, \dots).$$

Queste formole suggeriscono di porre:

$$(48) \qquad V_1 = \frac{1}{t}(\lambda_0 - q_2),$$

$$(49) \quad u_i = -\left(q_1 + \frac{1}{t_i}\right), \quad v_{i+1} = c_i c_{i+1} B_1^{(i)} = \frac{1}{2}(q_2 - \lambda_i); \quad (i = 1, 2, \dots).$$

Chiameremo *coefficienti normali* le costanti u_i, v_i e scriveremo la frazione continua (15) nella forma seguente:

$$(50) \qquad \frac{\sqrt{X} - \sqrt{Y}}{x - y} =$$
$$= \sqrt{p_0} \left\{ q_1 + \lambda_0(s + t) + \frac{V_1 s^2|}{|1 - u_1 s} + \frac{v_2 s^2|}{|1 - u_2 s} + \dots + \frac{v_i s^2|}{|1 - u_i s} + \dots \right\},$$

che diremo *forma normale.*

Quando il secondo membro si voglia arrestare al termine di rango i, l'ultima frazione parziale che si scrive è

$$\frac{v_i s^2|}{|1 - u_i s + c_i Q_i},$$

dove Q_i è definita dalla (19).

Ora è facile stabilire le formole ricorrenti, che servono per il calcolo dei coefficienti normali v_i, u_i. Anzitutto esprimiamo le t_i, λ_i mediante le v_i, u_i; dalle (48), (49) si ha:

$$(51) \quad \lambda_0 = q_2 + V_1 t; \quad t_i = -\frac{1}{q_1 + u_i}, \quad \lambda_i = q_2 - 2v_{i+1}; \quad (i = 1, 2, 3, \dots).$$

Poscia nella equazione (28) facciamo la sostituzione:

$$s = \frac{-1}{q_1 + u}, \quad \lambda_i = q_2 + \mu,$$

ordinando rispetto a u e tenendo presente la relazione:

$$p_0 q_2^2 - p_4 + 2 p_0 q_1 q_3 = -2 q_4,$$

quell'equazione si può scrivere:

$$(52) \qquad \mu u^2 + (q_1 \mu + q_3) u + \frac{1}{2} \mu^2 + q_2 \mu - q_4 = 0,$$

ordinandola invece rispetto a μ, la stessa si scrive:

$$(53) \qquad \frac{1}{2} \mu^2 + (u^2 + q_1 u + q_2) \mu + q_3 u - q_4 = 0.$$

E ora, tenendo presenti i teoremi stabiliti al N. 3 sulle radici delle equazioni (28), (32) insieme alle precedenti relazioni (51), concludiamo:

1°) Se nella (52) si pone $\mu = -2 v_i$ $(i > 1)$, si ha una equazione di 2° grado in u, che ha per radici: $u = u_i$, u_{i-1}; quindi sussistono le relazioni seguenti, valide per $i > 1$:

$$(54) \qquad u_i + u_{i-1} = -q_1 + \frac{q_3}{2 v_i},$$

$$(55) \qquad v_i + u_i u_{i-1} = q_2 + \frac{q_4}{2 v_i}.$$

2°) Se nella (53) si pone $u = u_i$ $(i > 1)$, si ottiene una equazione di 2° grado in μ, che ha per radici: $\mu = -2 v_i$, $-2 v_{i+1}$; quindi sussistono le relazioni seguenti, valide per $i > 1$:

$$(56) \qquad v_{i+1} + v_i = u_i^2 + q_1 u_i + q_2,$$

$$(57) \qquad 2 v_{i+1} v_i = q_3 u_i - q_4.$$

Quando siano noti i coefficienti u_{i-1}, v_i $(i > 1)$, una qualunque delle equazioni (54) o (55) serve a determinare il valore di u_i; indi, essendo noti v_i, u_i, una qualunque delle (56) o (57) serve a determinare il valore di v_{i+1}. Per calcolare in questo modo ricorrente tutti i coefficienti v_i, u_i, occorre conoscere i valori iniziali V_1, v_2, u_1.

Giova introdurre le costanti u_0, v_1 definite da

$$(58) \qquad u_0 = -q_1 - \frac{1}{t}, \qquad v_1 = -\frac{1}{2} t V_1 = \frac{1}{2}(q_2 - \lambda_0);$$

sostituendo a λ_0 il valore (37), si ha anche:

$$(59) \qquad v_1 = \frac{1}{2t^2}\left(1 + q_1 t + q_2 t^2 - \frac{\sqrt{Y}}{\sqrt{p_0}}\right).$$

Ora osserviamo che se nella (52) si pone: $\mu = V_1 t = -2v_1$, si ha un'equazione di 2° grado in u, che ha per radici $u = u_0$ e $u = u_1$; si deduce che le (54), (55) sussistono anche per $i = 1$. E ancora osserviamo che se nella (53) si pone $u = u_1$, si ha una equazione di 2° grado in μ, le radici della quale sono

$$\mu = t V_1 = -2v_1 \quad \text{e} \quad \mu = -2 v_2,$$

e si deduce che le (56), (57) sussistono anche per $i = 1$.

Conchiudiamo:

Teorema. — *Per calcolare i coefficienti*

$$u_1, v_2, u_2, v_3, u_3, \ldots, v_i, u_i, \ldots$$

della frazione continua di Halphen (50) *in forma normale, si fa uso delle relazioni ricorrenti* (54) [*oppure* (55)] *e* (56) [*oppure* (57)]; *attribuendo successivamente all'indice* i *i valori* 1, 2, 3 ... *e tenendo presenti i valori iniziali* u_0, v_1 *dati dalle* (58) *e* (59).

Intanto conviene subito far rilevare che tutti i coefficienti v_i, u_i si esprimono razionalmente mediante i coefficienti di X e le quantità che si assegnano per individuare l'elemento: ξ, y, $\sqrt{p_0}$, $\sqrt{Y}$.

In generale v_1 è diverso da 0. Esso è nullo, quando sia

$$\sqrt{Y} - \sqrt{p_0}\,(1 + q_1 t + q_2 t^2) = 0,$$

ossia, per la (3),

$$q_3 t^3 + (q_1 q_3 + q_4)\, t^4 = 0;$$

donde, essendo $t \neq 0$, si ricava: $t = -\dfrac{q_3}{q_1 q_3 + q_4}$; allora si ha $t_1 = 0$. Questo caso sarà studiato al N. 11, formola (34).

Le cose dette relativamente alla forma normale d'una frazione continua discendente si estendono ad una frazione continua completa, la quale si scriverà come segue:

$$(60) \quad \ldots + \frac{v_{-2}s^2|}{|1-u_{-2}s} + \frac{v_{-1}s^2|}{|1-u_{-1}s} + \frac{v_0 s^2|}{|1-u_0 s} + \frac{v_1 s^2|}{|1-u_1 s} + \frac{v_2 s^2|}{|1-u_2 s} + \ldots;$$

i coefficienti normali v_i, u_i sono legati agli antichi λ_i, t_i dalle formole

$$u_i = -\left(q_1 + \frac{1}{t_i}\right), \qquad v_{i+1} = \frac{1}{2}(q_2 - \lambda_i);$$

e tra u_i, v_i sussistono le relazioni ricorrenti (54)-(57), le quali ora si estendono a tutti i valori interi (positivi, negativi, zero incluso) dell'indice.

Calcoliamo v_0; sostituendo a v_1 il valore dato dalla (59) nella

$$v_1 + v_0 = u_0^2 + q_1 u_0 + q_2,$$

e osservando che

$$u_0^2 + q_1 u_0 + q_2 = \frac{1}{t^2}(1 + q_1 t + q_2 t^2),$$

ricaviamo:

$$(61) \qquad v_0 = \frac{1}{2t^2}\left(1 + q_1 t + q_2 t^2 + \frac{\sqrt{Y}}{\sqrt{p_0}}\right).$$

Si deduce che la frazione continua completa (60) è individuata quando si dà l'elemento $\frac{\sqrt{X}-\sqrt{Y}}{x-y}$; basta calcolare i coefficienti iniziali u_0, v_0 colle formole (58), (61) e poi dedurre gli altri u_i, v_i facendo uso delle formole ricorrenti.

D'altra parte alla stessa frazione continua è associata la successione di elementi

$$\frac{\sqrt{X}-\sqrt{Y_i}}{x-y_i} \qquad (i=0, \pm 1, \pm 2, \ldots),$$

ciascuno dei quali si sviluppa in una frazione continua discendente, come mostra la formola (42). Trasformando una qualunque di esse in forma normale e ponendo:

$$(62) \qquad V_{i+1} = -\frac{2v_{i+1}}{t},$$

si ricava:

$$(63)\qquad \frac{\sqrt{X}-\sqrt{Y_i}}{x-y_i}=$$

$$=\sqrt{p_0}\left\{q_1+\lambda_i(s+t_i)+\frac{V_{i+1}s^2|}{|1-u_{i+1}s}+\frac{v_{i+2}s^2|}{|1-u_{i+2}s}+\frac{v_{i+3}s^2|}{|1-u_{i+3}s}+\dots\right\},$$

donde si vede [13] che *la frazione continua discendente che sviluppa l'elemento di rango* i, *associato ad una frazione continua completa in forma normale* (60), *si deduce da questa facendola cominciare dal denominatore di rango* i *e modificando simultaneamente tale denominatore ed il numeratore seguente, in questo modo: in luogo di* $1-\mathrm{u}_i\mathrm{s}$ *si scrive:* $\sqrt{\mathrm{p}_0}[\mathrm{q}_1+\lambda_i(\mathrm{s}+\mathrm{t}_i)]$ *e si moltiplica* v_{i+1} *per* $-\frac{2\sqrt{\mathrm{p}_0}}{\mathrm{t}_i}$.

Importa ancora osservare che la (63), quando il suo secondo membro si arresta al termine di rango $i+k$, si può anche scrivere come segue:

$$(64)\qquad c_iQ_i=\frac{v_{i+1}s^2|}{|1-u_{i+1}s}+\frac{v_{i+2}s^2|}{|1-u_{i+2}s}+\dots+\frac{v_{i+k}s^2|}{|1-u_{i+k}s+c_{i+k}Q_{i+k}}.$$

8. — Relazioni ricorrenti tra i soli coefficienti v_i, o tra i soli coefficienti u_i. — In quel che segue supporremo $q_3 \neq 0$ e porremo per brevità:

$$I=q_1^2-4q_2,\quad J=q_1q_3+2q_4,\quad K=q_1q_3q_4+q_2q_3^2+q_4^2,$$

notando le relazioni:

$$4K=J^2-q_3^2I,\qquad K=q_4^2-q_3q_5.$$

Volendo stabilire le relazioni ricorrenti tra i soli coefficienti v_i, partiamo dalla (57); abbiamo:

$$(a)\qquad 2v_iv_{i+1}=q_3u_i-q_4,\qquad 2v_{i-1}v_i=q_3u_{i-1}-q_4;$$

donde, sommando membro a membro e tenendo presente la (54), deduciamo:

$$(65)\qquad v_{i-1}+v_{i+1}=-\frac{J}{2v_i}+\frac{q_3^2}{4v_i^2}.$$

---

[13] Cfr. Halphen, *F. E.*, t. II, p. 590.

Moltiplicando invece le (a) membro a membro e tenendo presenti le (54), (55), ricaviamo:

$$(66) \qquad 4\, v_{i-1}\, v_{i+1} = -\frac{q_3^2}{v_i} + \frac{K}{v_i^2}\,.$$

Ciascuna delle formole (65), (66) serve a calcolare il valore di un coefficiente v_{i+1}, quando si conoscono i valori dei due coefficienti precedenti: v_i, v_{i-1}.

Inoltre dalle equazioni (65), (66) si vede che l'equazione di 2° grado in x

$$4y^2x^2 + (2Jy - q_3^2)x + K - q_3^2 y = 0,$$

quando si ponga $y = v_i$, ha per radici $x = v_{i-1}$, v_{i+1}. Intanto quest'equazione si può scrivere:

$$(67) \qquad 4x^2y^2 + 2Jxy - q_3^2(x + y) + K = 0\,;$$

essa rappresenta una corrispondenza (2, 2), simmetrica, tra le due variabili x, y. Ciò posto, vediamo come, data questa corrispondenza, si possa costruire una successione di valori v_i che soddisfano ad un tempo ai due sistemi di equazioni ricorrenti (65) e (66).

Partendo da un valore dato $y = v_0$ e risolvendo l'equazione (67), si trovano i due valori corrispondenti di x, uno dei quali si denota con v_1. Si attribuisce a y il valore v_1; a questo corrispondono due valori di x, uno dei quali è v_0; l'altro si denota con v_2. Poi si attribuisce a y il valore v_2; uno dei corrispondenti valori di x è v_1; l'altro si denota con v_3, ecc. In generale, noti due valori successivi v_{i-1}, v_i, l'ultimo trovato v_i ha due corrispondenti, dei quali uno è il precedente v_{i-1} noto, l'altro è il seguente v_{i+1}, che si calcola. Così procedendo, si costruisce una successione di v_i che soddisfa ad entrambe le equazioni ricorrenti (65) e (66). — Una seconda analoga successione si ottiene, se, come successivo di v_0, invece del valore v_1 si considera l'altro valore che corrisponde a v_0.

Costruita una successione di v_i, si calcola una successione u_i, facendo uso della formola (a). Indi si considera la frazione continua completa, che ha per coefficienti normali i valori v_i, u_i

alcolati nel modo che si è detto; essa serve a sviluppare, nel enso spiegato alla fine del N. 7, gli infiniti elementi associati, lei quali i parametri t_i si deducono dai coefficienti u_i colla ormola:

$$t_i = -\frac{1}{q_1 + u_i}.$$

La frazione continua completa è individuata, se, insieme alla biquadratica X, si dànno per i coefficienti successivi v_i, v_{i+1} due valori, che sostituiti a x e y nella (67) la soddisfano. — Se si dà uno dei coefficienti v_i si deducono due frazioni continue complete.

Una stessa successione di coefficienti v_i può essere ottenuta con infinite biquadratiche. Infatti da quanto si è detto risulta che la detta successione è individuata dai valori di J, q_3^2, K, insieme ad una coppia di coefficienti v_i, v_{i+1} che soddisfi la (67). Tenendo presenti le definizioni di J, K, si vede che si può prendere ad arbitrio il valore di q_4, insieme al valore dato di q_3^2, indi calcolare i valori di q_1 e q_2 colle formole:

$$(68) \qquad q_1 = \frac{1}{q_3}(J - 2q_4), \qquad q_2 = \frac{1}{q_3^2}(q_4^2 - Jq_4 + K);$$

dopo di che i coefficienti p_i della biquadratica si calcolano colle formole (1).

Passiamo ora a stabilire le relazioni ricorrenti tra i soli coefficienti u_i. Per semplicità, nelle formole al posto delle u_i conviene introdurre le w_i definite da

$$(69) \qquad w_i = q_3 u_i - q_4.$$

Allora le (56) e (57) diventano:

$$(a) \qquad q_3^2(v_i + v_{i+1}) = w_i^2 + Jw_i + K, \qquad 2v_i v_{i+1} = w_i,$$

inoltre dalle (54), (55) si ricavano le

$$(b) \qquad w_i + w_{i-1} + J = \frac{q_3^2}{2v_i}, \qquad w_i w_{i-1} = K - q_3^2 v_i.$$

Se nella seconda di queste equazioni si scambia i con $i+1$ e poi le due equazioni si sommano, o si moltiplicano membro a membro, tenendo presenti le (a) si deducono le

$$w_{i-1}+w_i+w_{i+1}=\frac{K}{w_i}-J, \tag{70}$$

$$2\,w_{i-1}\,w_i\,w_{i+1}=q_3^4-2JK-2Kw_i, \tag{71}$$

che sono le relazioni cercate tra le w_i.

9. — Significato di $q_3=0$ e relazioni invariantive. — Esaminiamo a parte il caso fin qui escluso, in cui sia $q_3=0$. Allora la (3) mostra che X è della forma:

$$X=p_0\left[(1+q_1 s+q_2 s^2)^2+2\,q_4 s^4\right].$$

Supponiamo che X non sia quadrato esatto e quindi $q_4 \neq 0$. In tal caso dalle formole ricorrenti (54) e (57) si ricavano le

$$u_{i-1}=u_{i+1}=-q_1-u_i, \qquad v_{i-1}=v_{i+1}=-\frac{q_4}{2\,v_i};$$

donde:

$$u_{2k}=u_0=-\frac{1+q_1 t}{t}, \qquad u_{2k+1}=u_1=\frac{1}{t};$$

$$v_{2k}=v_0, \qquad v_{2k+1}=v_1=-\frac{q_4}{2\,v_0}.$$

Si conchiude che la frazione continua completa è periodica qualunque sia il valore del parametro (esclusi per ora i valori $t=0$, $t=\infty$, che saranno esaminati al N. 14) e che il periodo consta delle due frazioni parziali

$$\frac{v_0 s^2|}{|1-u_0 s}+\frac{v_1 s^2|}{|1-u_1 s}.$$

D'altra parte teniamo presente che il coefficiente del 1° termine *(source)* del covariante sestico di X è $a_0^2 a_3-3a_0 a_1 a_2+2a_1^3$ e che q_3 (V. formole (2)) si deduce da questo, a meno del fattore $\frac{2}{p_0^3}$, rimpiazzando i coefficienti a_i di X colle quantità p_i, le quali sono definite da

$$p_i=\frac{1}{i!}X^{(i)}(\xi), \qquad (i=0,1,\dots 4);$$

per un noto teorema, si conchiude che, a meno del detto fattore, q_3 è il valore che prende nel punto ξ il covariante sestico di X. E così concludiamo:

TEOREMA. — *Se un elemento* $\frac{\sqrt{X}-\sqrt{Y}}{x-y}$ *si sviluppa in frazione continua di Halphen nello intorno d'un punto* ξ, *che sia radice del covariante sestico di* X, *la frazione continua è periodica, con un periodo di due frazioni parziali, qualunque sia il valore del parametro.*

Consideriamo ξ come variabile, e, seguendo la notazione di CLEBSCH, denotiamo con f la biquadratica $X(\xi)$ e con i, j, H, T i suoi invarianti e covarianti.

Abbiamo, come ora si è visto:

$$(72) \qquad p_0 = X(\xi) = f, \qquad p_0^3 q_3 = 2T.$$

Similmente, essendo

$$p_0^2(q_1^2 - 4q_2) = 12(p_1^2 - p_0 p_2),$$

si deduce:

$$(73) \qquad p_0^2 I = -6H.$$

Poscia, essendo

$$12(p_0 p_4 - 4p_1 p_3 + 3p_2^2) = p_0^2(q_1^4 - 8q_1^2 q_2 + 12 q_1 q_3 + 16 q_2^2 + 24 q_4),$$

si deduce:

$$(74) \qquad 6i = p_0^2(I^2 + 12J),$$

e per conseguenza:

$$(75) \qquad 2p_0^4 J = if^2 - 6H^2.$$

Ancora, osservando la relazione che lega I, J, K, dalle (72), (73), (75) si ricava:

$$(76) \qquad 16 p_0^8 K = (if^2 - 6H^2)^2 + 96 H T^2.$$

Tenendo presente la nota sizigia

$$6H^3 - 3iHf^2 + 2jf^3 + 12T^2 = 0,$$

si deduce:

(77) $$j = -\frac{1}{36} p_0^3 (I^3 + 18 IJ + 54 q_3^2),$$

(78) $$16 p_0^8 K = -12 H^4 + 12 i H^2 f^2 - 16 j H f^3 + i^2 f^4 \text{ (14)}.$$

Infine il discriminante della biquadratica $X(\xi)$ è espresso da

(79) $$2(i^3 - 6j^2) = p_0^6 (16 J^3 + I^2 J^2 - 18 IJ q_3^2 - I^3 q_3^2 - 27 q_3^4).$$

§ 2. — Le frazioni continue di Halphen irregolari. Sviluppo di $\sqrt{X}$.

10. — Elementi eccezionali. — Caso $t_h = \infty$. — Le frazioni continue di HALPHEN, invece di pensarle generate dall'elemento analitico $\frac{\sqrt{X} - \sqrt{Y}}{x - y}$, possiamo anche pensarle generate dall'elemento $\frac{B(x-\xi)^2}{\sqrt{X} + A}$, dove per A, B si intendono due polinomii, dei gradi 2°, 1° in x, legati dalla relazione:

(1) $$X - A^2 = B(x - \xi)^2 (x - y),$$

nella quale ξ, y denotano costanti assegnate ad arbitrio. Per $x = y$ il polinomio A prende un valore che è radice quadrata di Y; posto $A(y) = \sqrt{Y}$, $A - \sqrt{Y}$ è divisibile per $x - y$; chiamando C il quoziente, questo è un binomio di 1° grado in x e si ha la relazione:

(2) $$\frac{B(x-\xi)^2}{\sqrt{X} + A} + C = \frac{\sqrt{X} - \sqrt{Y}}{x - y}.$$

L'osservazione fatta è importante, perchè l'elemento nella forma $\frac{B(x-\xi)^2}{\sqrt{X} + A}$, restando fissa la relazione fondamentale (1),

---

(14) Questa formola è d'accordo con una formola di HALPHEN (*F. E.*, t. II, p. 609, nota), se si tien presente che si ha $K = q_4^2 - q_3 q_5$ e che le nostre notazioni f, i, j, H, T corrispondono alle Ψ, $2C_2$, $6C_3$, $2H$, $2T$ di HALPHEN.

si presta a generare frazioni continue di HALPHEN anche nei casi in cui alle costanti ξ, y si attribuiscano valori infiniti.

In questo N. supporremo ξ finito e y infinito. Affinchè si presenti questo caso, risalendo alla (1) si vede che l'equazione $X-A^2=0$, di 4° grado in x, deve avere una radice infinita; in essa perciò sarà nullo il coefficiente di x^4. Se poniamo, come nel § 1, $x=s+\xi$, e supponiamo che X, A, B siano ordinati secondo le potenze di s, all'identità (1) bisogna, nella nostra ipotesi, sostituire la seguente:

$$X-A^2=Bs^2. \tag{3}$$

Dalle equazioni che si hanno confrontando i termini colle potenze simili di s, si ricava:

$$\left\{\begin{array}{lll} A_0=\sqrt{p_0}, & 2A_1=q_1\sqrt{p_0}, & A_2=\sqrt{p_4}, \\ B_0=2p_0(q_2-\lambda), & B_1=2p_0\left(\frac{2p_3}{p_0}-q_1\lambda\right), & \lambda=\frac{\sqrt{p_4}}{\sqrt{p_0}}. \end{array}\right. \tag{4}$$

Poniamo ancora:

$$C=\sqrt{p_0}\,(1+q_1 s), \tag{5}$$

e dalla (3) deduciamo:

$$\sqrt{X}-\sqrt{p_4}\,s^2=C+\frac{Bs^2}{\sqrt{X}+A}. \tag{6}$$

Nelle formole precedenti $\sqrt{p_4}$ indica uno dei valori della radice quadrata di p_4 fissato ad arbitrio, e $\sqrt{p_0}$, che è pure prefissato, individua il ramo di $\sqrt{X}$, che si vuol considerare nello intorno di $s=0$.

A questo punto si considera l'elemento definito da $\frac{Bs^2}{\sqrt{X}+A}$, tenendo presente che A e B soddisfano identicamente alla (3); esso si può sviluppare in frazione continua coll'algoritmo esposto al § 1. Così vediamo, mediante la (6), che quando si considera il valore $y=\infty$ e quindi il parametro $t=\infty$, alla forma analitica generale $\frac{\sqrt{X}-\sqrt{Y}}{x-y}$ bisogna sostituire la forma analitica $\sqrt{X}-\sqrt{p_4}\,s^2$ (elemento eccezionale); o, ciò che è lo stesso, dopo la sostituzione $s = x - \xi$, la forma analitica $\sqrt{X} - \sqrt{a_0}\, x^2$. [Cfr. Halphen, *F. E.*, t. II, pag. 594].

Pertanto, determinati i polinomii A, B, C colle formole (4) e (5), la frazione continua che serve a sviluppare l'elemento (6) è della forma:

$$\sqrt{X} - \sqrt{p_4}\, s^2 = C + \frac{\beta_1 |}{| \alpha_1} + \frac{\beta_2 |}{| \alpha_2} + \ldots$$

dove (come in generale per t finito e diverso da zero), $C, \alpha_1, \alpha_2, \ldots$ sono di 1° grado in s e $\beta_1, \beta_2, \ldots$ sono di 2° grado della forma $k s^2$.

Sviluppiamo il calcolo della frazione continua nella forma normale. — Abbiamo anzitutto:

(7) $$t_1 = -\frac{B_0}{B_1} = \frac{p_0(q_2 - \lambda)}{2p_3 - p_0 q_1 \lambda},$$

donde:

(8) $$u_1 = -\left(q_1 + \frac{1}{t_1}\right) = \frac{q_3}{q_2 - \lambda};$$

in questo N. supponiamo, con $t = \infty$, t_1 finito e diverso da 0. Per sviluppare l'elemento $\frac{B s^2}{\sqrt{X} + A}$ possiamo applicare le formole (13), (14), (36) del § 1; per cui si ha:

$$\frac{B s^2}{\sqrt{X} + A} = \frac{\beta_1}{\alpha_1 + Q_1}, \quad \beta_1 = B_1 s^2, \quad \alpha_1 = -\frac{2\sqrt{p_0}}{t_1}(1 - u_1 s);$$

$$c_1 \beta_1 = -\frac{B_1 t_1}{2\sqrt{p_0}} s^2 = \frac{B_0}{2\sqrt{p_0}} s^2 = \sqrt{p_0}(q_2 - \lambda) s^2, \qquad c_1 \alpha_1 = 1 - u_1 s;$$

quindi:

(9) $$\frac{B s^2}{\sqrt{X} + A} = \frac{\sqrt{p_0}(q_2 - \lambda) s^2}{1 - u_1 s + c_1 Q_1}.$$

Ora bisogna sostituire a Q_1 lo sviluppo in frazione continua che si deduce dalla (50) § 1, attribuendo il valore t_1 al parametro; cioè:

(10) $$c_1 Q_1 = \frac{v_1' s^2 |}{| 1 - u_1' s} + \frac{v_2' s^2 |}{| 1 - u_2' s} + \ldots,$$

dove i coefficienti v_i', u_i' si calcolano col procedimento esposto al N. 7. Dalle (58), (59) § 1, tenuto presente che

$$-\sqrt{Y_1} = A(t_1) = \sqrt{p_0}(1 + q_1 t_1 + \lambda t_1^2), \qquad \frac{1}{t_1^2}(1 + q_1 t_1) = u_1^2 + q_1 u_1,$$

si deduce:

$$(a)\qquad u_0' = -\left(q_1 + \frac{1}{t_1}\right) = u_1, \qquad v_1' = u_1^2 + q_1 u_1 + \frac{1}{2}(\lambda + q_2);$$

i successivi v_i', u_i' si ricavano colle formole ricorrenti; così u_1' si ricava dalla

$$(b)\qquad u_1' + u_0' + q_1 = \frac{q_3}{2 v_1'}.$$

A questo punto restano noti i primi coefficienti della frazione continua, che dà lo sviluppo dello elemento eccezionale:

$$(11)\qquad \sqrt{X} - \sqrt{p_4}\,s^2 = \sqrt{p_0}\left\{1 + q_1 s + \frac{V_1 s^2|}{|1 - u_1 s} + \frac{v_2 s^2|}{|1 - u_2 s} + \dots\right\};$$

essa si deduce dalle equazioni (6), (5), (9), (10), dalle quali si vede che si ha:

$$V_1 = 2v_1, \quad v_1 = \frac{1}{2}(q_2 - \lambda), \quad u_1 = \frac{q_3}{2 v_1}, \quad v_2 = v_1', \quad u_2 = u_1', \dots;$$

Intanto dalle (a), (b) si vede che v_2, u_2 verificano le

$$v_1 + v_2 = u_1^2 + q_1 u_1 + q_2, \qquad u_2 + u_1 + q_1 = \frac{q_3}{2 v_2};$$

donde si conclude che *basta aver calcolati* v_1, u_1 *colle formole*:

$$(12)\qquad v_1 = \frac{1}{2}(q_2 - \lambda), \qquad u_1 = \frac{q_3}{q_2 - \lambda},$$

per dedurre poi colle formole ricorrenti tutti gli altri coefficienti. In particolare, per la frazione continua completa, troviamo i valori iniziali:

$$(13)\qquad u_0 = -q_1, \qquad v_0 = \frac{1}{2}(q_2 + \lambda),$$

essendo, per le (4): $\lambda = \dfrac{\sqrt{p_4}}{\sqrt{p_0}}$.

Passiamo ora ad esaminare il caso in cui nella successione dei parametri ve ne sia uno $t_h = \infty$ (h indice positivo qualunque), e che i precedenti siano finiti e diversi da 0. Allora si ha: $B_1^{(h-1)} = 0$, $u_h = -q_1$. In questo caso l'equazione (32) § 1 per

$i = h$, si riduce a $p_0 \lambda^2 - p_4 = 0$ ed ha per radici λ_{h-1}, λ_h. Quindi, posto come sopra $\lambda = \frac{\sqrt{p_4}}{\sqrt{p_0}}$, si ha:

$$(a) \qquad \lambda_h = -\lambda_{h-1} = \lambda, \qquad v_h = \frac{1}{2}(q_2 + \lambda),$$
$$A^{(h-1)} = \sqrt{p_0}\,(1 + q_1 s - \lambda s^2);$$

inoltre, dalla relazione $u_{h-1} + u_h + q_1 = \frac{q_3}{2v_h}$, si ricava:

$$(b) \qquad u_{h-1} = \frac{q_3}{q_2 + \lambda}; \quad \text{e di qui:} \quad -\frac{t_{h-1}}{1 + q_1 t_{h-1}} = \frac{q_2 + \lambda}{q_3}.$$

Ciò posto, pensiamo costruite (col procedimento indicato al § 1) le frazioni parziali (regolari) fino a quella di rango $h - 1$ incluso e scriviamo:

$$(14) \qquad c_0 Q_0 = \frac{v_1 s^2|}{|1 - u_1 s} + \ldots + \frac{v_{h-1} s^2|}{|1 - u_{h-1} s + c_{h-1} Q_{h-1}},$$

dove si ha:

$$Q_{h-1} = \frac{B_0^{(h-1)} s^2}{\sqrt{X} + A^{(h-1)}}.$$

Nel nostro caso $(B_1^{(h-1)} = 0)$, dalla (10) § 1, tenendo presente la (b), ricaviamo:

$$B_0^{(h-1)}(1 + q_1 t_{h-1}) = 2 p_0 q_3, \qquad c_{h-1} B_0^{(h-1)} = \sqrt{p_0}(q_2 + \lambda),$$

per guisa che, sostituendo l'espressione di $A^{(h-1)}$ data dalla (a), otteniamo:

$$(15) \qquad c_{h-1} Q_{h-1} = \frac{(q_2 + \lambda) s^2}{1 + q_1 s + \frac{1}{\sqrt{p_0}}(\sqrt{X} - \sqrt{p_4}\, s^2)}.$$

Ed ora per scrivere la frazione continua che dà lo sviluppo dell'elemento dato basta sostituire quest'espressione di $c_{h-1} Q_{h-1}$ nella (14) e nello stesso tempo sostituire all'elemento eccezionale lo sviluppo in frazione continua dato dalla (11). Si conchiude:

Teorema. — *Quando nella successione dei parametri ve ne ha uno* $t_h = \infty$ $(h > 0)$ *ed i precedenti sono finiti e diversi da zero; i termini della frazione continua in forma normale si calcolano regolarmente, facendo uso delle relazioni ricorrenti tra i coefficienti* v_i, u_i. *Il caso è caratterizzato dal valore* $-q_1$ *del coefficiente* u_h*; ed è eccezionale il suo elemento associato, che è* $\sqrt{X}-\sqrt{p_4}\,s^2$; si trova inoltre:

$$(16)\quad \begin{cases} u_{h-1}=\dfrac{q_3}{q_2+\lambda}, \quad v_h=\dfrac{1}{2}(q_2+\lambda), \quad u_h=-q_1, \\ v_{h+1}=\dfrac{1}{2}(q_2-\lambda), \quad u_{h+1}=\dfrac{q_3}{q_2-\lambda}. \end{cases}$$

Per il caso particolare $t_1=\infty$ (t finito e diverso da zero), i primi termini dello sviluppo sono:

$$(17)\quad \frac{\sqrt{X}-\sqrt{Y}}{x-y}=\sqrt{p_0}\left\{q_1+\lambda(s+t)-\frac{\frac{1}{t}(q_2+\lambda)s^2|}{|1+q_1s}+\frac{\frac{1}{t}(q_2-\lambda)s^2|}{|1-u_2s}+\ldots\right\}.$$

In quanto precede si è supposto $q_2\pm\lambda\neq 0$. Il caso in cui sia $q_2\pm\lambda=0$, ossia $p_0q_2^2-p_4=0$, ossia $q_1q_3+q_4=0$, sarà studiato in seguito (N. 15, c).

Dalle (16) si vede facilmente che, quando in una frazione continua (completa) di Halphen il parametro di rango h è infinito, condizione necessaria e sufficiente, affinchè essa sia simmetrica pari, col centro nel denominatore di rango h, è che il polinomio dato X sia di 3° grado; invero, dovendo essere $v_h=v_{h+1}$, segue $\lambda=0$ e quindi: $p_4=0$. — Il caso in cui essa risulta simmetrica impari, col centro nel numeratore di rango $h+1$, sarà esaminato al N. 15, b.

11. — Sviluppo di $\sqrt{X}$. — Caso $t_h=0$. — Nel § 1 abbiamo supposto che i due valori assegnati ξ, y siano diversi e quindi $t\neq 0$. Vediamo ora come si modificano le formole nel caso $t=0$; supponendo sempre $p_0\neq 0$ e $q_3\neq 0$. Posto: $x=s+\xi$, e fissato uno dei due rami di $\sqrt{X}$, nell'intorno di ξ, colla serie (a) N. 1, consideriamo ora l'elemento $\dfrac{\sqrt{X}-\sqrt{p_0}}{x-\xi}$.

Le formole (4), (5), (6) del § 1 diventano:

$$(18)\quad \frac{\sqrt{X}-\sqrt{p_0}}{x-\xi}-C=\frac{B(x-\xi)^2}{\sqrt{X}+A},$$

$$(19)\quad A=Cs+\sqrt{p_0}, \qquad (20)\quad X-A^2=Bs^3.$$

Dalla (19), ponendo $s=0$, si ricava: $A_0=\sqrt{p_0}$. Dalla (20), col confronto dei termini colle potenze simili di s, si ricavano gli altri coefficienti di A e quelli di B; si ottiene:

(21) $$A=A(s)=\sqrt{p_0}\,(1+q_1 s+q_2 s^2),$$

(22) $$B=B(s)=2p_0\,[q_3+(q_1 q_3+q_4)s];$$

e poi dalla (19) si ha:

(23) $$C=\sqrt{p_0}\,(q_1+q_2 s).$$

Intanto la (18) si può scrivere:

(24) $$\sqrt{X}=A+\frac{Bs^3}{\sqrt{X}+A},$$

dove A, B sono espressi dalle (21), (22).

A questo punto chiamiamo t_1 il valore di s che annulla B; al valore t_1 di s corrisponde un valore y_1 di x; poniamo $X(y_1)=Y_1$. Dalla (20) si vede che $A(t_1)$ è uguale a uno dei due valori della radice quadrata di Y_1; denotiamo con $\sqrt{Y_1}$ il valore $-A(t_1)$. Allora, colle considerazioni svolte al N. 2, si stabilisce la formola:

(25) $$\sqrt{X}=A+\frac{B_1 s^3}{2A_1+A_2(s+t_1)+\dfrac{\sqrt{X}-\sqrt{Y_1}}{x-y_1}}.$$

Di qui ha origine lo sviluppo di $\sqrt{X}$ in frazione continua di Halphen nell'intorno del punto ξ.

Supposto $q_3 \neq 0$, si ha $B_0 \neq 0$ e $t_1 \neq 0$; e si è ridotti a sviluppare in frazione continua l'elemento di parametro t_1 coll'algoritmo esposto al § 1. Posto che si abbia:

$$\frac{\sqrt{X}-\sqrt{Y_1}}{x-y_1}=C^{(1)}+\frac{\beta_2|}{|\alpha_2}+\frac{\beta_3|}{|\alpha_3}+\dots,$$

e si ponga:

$$\alpha_1=2A_1+A_2(s+t_1)+C^{(1)},$$

si conchiude che la frazione continua discendente, che serve a sviluppare $\sqrt{X}$ nell'intorno di ξ, è

$$\sqrt{X}=\sqrt{p_0}\,(1+q_1 s+q_2 s^2)+\frac{B_1 s^3|}{|\alpha_1}+\frac{\beta_2|}{|\alpha_2}+\dots$$

Osserviamo subito la differenza che distingue la frazione continua ottenuta in questo caso per lo sviluppo di $\sqrt{X}$ da quella studiata al § 1 per lo sviluppo dell'elemento, quando $y \neq \xi$. Ora il termine iniziale è di 2° grado in s ed il primo numeratore è della forma $B_1 s^3$; precedentemente il termine iniziale era di 1° grado in s ed il primo numeratore era della forma $B_1 s^2$.

Passiamo allo sviluppo del calcolo.

Anzitutto risolvendo l'equazione $B(s)=0$, troviamo:

$$t_1 = -\frac{q_3}{q_1 q_3 + q_4}; \tag{26}$$

donde:

$$u_1 = -\frac{1+q_1 t_1}{t_1} = \frac{q_4}{q_3}, \qquad c_1 B_1 = -\frac{B_1 t_1}{2\sqrt{p_0}} = q_3\sqrt{p_0}. \tag{26bis}$$

Qui escludiamo che sia $q_1 q_3 + q_4 = 0$, caso che sarà esaminato al N. 15, c).

In secondo luogo abbiamo dalle (37) e (40) del § 1:

$$\lambda_1 = \frac{1}{t_1^2}\left[\frac{\sqrt{Y_1}}{\sqrt{p_0}} - (1+q_1 t_1)\right], \qquad C^{(1)} = \sqrt{p_0}\,[q_1 + \lambda_1(s+t_1)],$$

inoltre:

$$\sqrt{Y_1} = -A(t_1) = -\sqrt{p_0}\,(1+q_1 t_1 + q_2 t_1^2);$$

per conseguenza:

$$\alpha_1 = \sqrt{p_0}\,[2q_1 + (q_2+\lambda_1)(s+t_1)], \qquad q_2 + \lambda_1 = -\frac{2}{t_1^2}(1+q_1 t_1),$$

donde:

$$\alpha_1 = -\frac{2\sqrt{p_0}}{t_1}(1-u_1 s). \tag{27}$$

E ora ponendo:

$$Q_0^* = \frac{1}{2\sqrt{p_0}}[\sqrt{X} - \sqrt{p_0}\,(1+q_1 s + q_2 s^2)],$$

$$Q_1 = \frac{\sqrt{X}-\sqrt{Y_1}}{x-y_1} - C^{(1)}, \qquad Q_1' = c_1 Q_1,$$

la (25) si può scrivere:

$$\sqrt{X} = \sqrt{p_0}\,(1+q_1 s + q_2 s^2) + \frac{B_1 s^3}{\alpha_1 + Q_1};$$

e in virtù delle (26bis), (27) diventa:

$$(28) \qquad \sqrt{X} = \sqrt{p_0}\left[1 + q_1 s + q_2 s^2 + \frac{q_3 s^3}{1 - u_1 s + Q_1'}\right],$$

$$(28^{bis}) \qquad Q_0^* = \frac{\frac{1}{2} q_3 s^3}{1 - \frac{q_4}{q_3} s + Q_1'}.$$

In queste formole resta a sostituire per $c_1 Q_1$ la frazione continua che si deduce dalla (64) § 1, considerando l'elemento corrispondente al parametro t_1; cioè:

$$(29) \qquad Q_1' = \frac{v_2' s^2|}{|1 - u_2' s} + \frac{v_3' s^2|}{|1 - u_3' s} + \dots + \frac{v_m' s^2|}{|1 - u_m' s} + \dots,$$

dove i coefficienti si calcolano colle formole ricorrenti del N. 7; assumendo per valori iniziali u_1', v_2' quelli che si ottengono colle formole (58) § 1, quando in esse si ponga t_1 in luogo di t e si mutino u_0, v_1 in u_1', v_2'. Si deduce subito: $u_1' = \frac{q_4}{q_3}$; poi:

$$v_2' = \frac{1}{2}(q_2 - \lambda_1) = \frac{1}{t_1^2}(1 + q_1 t_1 + q_2 t_1^2) = u_1^2 + q_1 u_1 + q_2;$$

ossia:

$$(30) \qquad u_1' = \frac{q_4}{q_3}, \qquad v_2' = \frac{1}{q_3^2}(q_1 q_3 q_4 + q_2 q_3^2 + q_4^2) = \frac{K}{q_3^2},$$

dove K è la quantità già introdotta al N. 8.

È utile calcolare ancora il coefficiente u_2'. Dalla relazione $u_2' + u_1' + q_1 = \frac{q_3}{2 v_2'}$ si ricava:

$$(31) \qquad u_2' = -\frac{q_1 q_3 + q_4}{q_3} + \frac{q_3^2}{2K} = -\frac{q_4}{q_3} + \frac{q_3^3 + 2 q_1 q_3 q_5 - 2 q_1 q_4^2}{2(q_4^2 - q_3 q_5)};$$

o ancora, osservando che si ha identicamente:

$$q_3^3 + 2 q_1 q_3 q_5 - 2 q_1 q_4^2 = 2 q_4 q_5 - 2 q_3 q_6,$$

si può scrivere:

$$(31^{bis}) \qquad u_2' = -\frac{q_4}{q_3} + \frac{q_4 q_5 - q_3 q_6}{q_4^2 - q_3 q_5}.$$

Si conchiude che i primi termini dello sviluppo cercato sono ([15]):

$$(32)\qquad \sqrt{X}=\sqrt{p_0}\left[1+q_1 s+q_2 s^2+\frac{q_3 s^3 |}{|1-u_1' s}+\frac{v_2' s^2 |}{|1-u_2' s}+\ldots\right]$$

dove u_1', v_2', u_2' son dati dalle formole (30), (31). Da queste e dalle formole ricorrenti si deduce intanto che i coefficienti v_i, u_i sono funzioni razionali di q_1, q_2, q_3, q_4.

Passiamo ora ad esaminare il caso, in cui nella successione dei parametri ve ne sia uno t_h che è zero (essendo h un indice positivo) e che i precedenti siano finiti e diversi da 0. — Tenendo presenti le definizioni delle v_i, u_i date dalle (49) § 1, si vede che allora u_{h-1} è finito e u_h è infinito. Dalla (54) per $i=h$ si deduce $v_h=0$ e quindi $\lambda_{h-1}=q_2$; per conseguenza:

$$A^{(h-1)}=\sqrt{p_0}\,(1+q_1 s+q_2 s^2).$$

Poscia la (56) § 1, per $i=h-1$, mostra che v_{h-1} è finito e dà:

$$v_{h-1}=u_{h-1}^2+q_1 u_{h-1}+q_2\,;$$

indi dalla (57) § 1, per $i=h-1$, si trae: $u_{h-1}=\frac{q_4}{q_3}$, perchè v_{h-1} è finito e $v_h=0$. Sostituendo questo valore di u_{h-1} nella espressione precedente di v_{h-1}, si ricava ancora:

$$v_{h-1}=\frac{1}{q_3^2}\,(q_4^2+q_1 q_3 q_4+q_2 q_3^2)=\frac{K}{q_3^2}\,.$$

Inoltre dal valore trovato di u_{h-1} si deduce:

$$t_{h-1}=-\frac{q_3}{q_1 q_3+q_4}\,;$$

e per aver supposto t_{h-1} finito e diverso da 0, dovremo ritenere $q_3 \neq 0$ e $q_1 q_3+q_4 \neq 0$; supporremo inoltre $K \neq 0$. — Il caso $K=0$ sarà studiato al N. 14, *d*).

Applicando poscia la (10) § 1 al polinomio $B^{(h-1)}$; e ricordando che, per aver supposto $t_h=0$, deve essere $B_0^{(h-1)}=0$, si deduce:

$$B_1^{(h-1)}=-\frac{2p_0 q_3}{t_{h-1}}=2p_0\,(q_1 q_3+q_4).$$

([15]) Cfr. Halphen, *F. E.*, t. II, pp. 607-609.

Infine consideriamo il resto Q_{h-1}; sostituendo nella (19) § 1, per $i=h-1$, le espressioni soprascritte di $A^{(h-1)}$ e $B_1^{(h-1)}$, troviamo:

$$(a)\qquad c_{h-1}\,Q_{h-1}=\frac{q_3\,s^3}{1+q_1 s+q_2 s^2+\dfrac{\sqrt{X}}{\sqrt{p_0}}}=\frac{\dfrac{1}{2}\,q_3\,s^3}{1+q_1 s+q_2 s^2+Q_0^*}.$$

Dopo questa preparazione lo sviluppo dell'elemento dato in frazione continua è ricondotto allo sviluppo (32) di $\sqrt{X}$. Basta a questo scopo far uso della (50) § 1, arrestando il secondo membro al termine di rango $h-1$, che è

$$\frac{v_{h-1}\,s^2}{1-u_{h-1}\,s+c_{h-1}\,Q_{h-1}};$$

indi sostituire a $c_{h-1}\,Q_{h-1}$ l'espressione (a) e nello stesso tempo a Q_0^* la (28bis); arriviamo così allo sviluppo seguente, valido per $h>1$:

$$(33)\qquad \frac{1}{\sqrt{p_0}}\,\frac{\sqrt{X}-\sqrt{Y}}{x-y}=q_1+\lambda_0\,(s+t)+\frac{V_1\,s^2}{|1-u_1\,s}+\dots+\frac{v_{h-1}\,s^2}{\left|1-\dfrac{q_4}{q_3}\,s\right.}+$$

$$+\frac{\dfrac{1}{2}\,q_3\,s^3}{|1+q_1 s+q_2 s^2}+\frac{\dfrac{1}{2}\,q_3\,s^3}{\left|1-\dfrac{q_4}{q_3}\,s+Q_1'\right.},$$

dove Q_1' va sostituito colla frazione continua (29).

Nel caso di $h=1$, si ha:

$$t=-\frac{q_3}{q_1\,q_3+q_4},\qquad t_1=0,\qquad \lambda_0=q_2,$$

e la (33) va modificata nel modo seguente:

$$(34)\qquad \frac{1}{\sqrt{p_0}}\,\frac{\sqrt{X}-\sqrt{Y}}{x-y}=q_1+q_2\,(s+t)-\frac{\dfrac{1}{t}\,q_3\,s^3}{|1+q_1 s+q_2 s^2}+\frac{\dfrac{1}{2}\,q_3\,s^3}{\left|1-\dfrac{q_4}{q_3}\,s+Q_1'\right.}.$$

È importante per il seguito stabilire una opportuna convenzione, per far rientrare i tipi precedenti di frazioni continue nella forma del solito tipo normale. Supposto che i coefficienti

$v_1, v_2, \dots v_{h-1}$ siano finiti e diversi da O, mentre si ha $v_h = 0$, le prime frazioni parziali che si presentano nella frazione continua discendente, fino a quella di rango $h-1$ inclusa, sono regolari.

Vediamo che cosa accade, quando si continuino a calcolare i successivi coefficienti, facendo uso delle formole ricorrenti del N. 7. Si ha, come si è visto sopra, u_{h-1} finito, $v_h = 0$, $u_h = \infty$. — Dalla $u_{h-1} + u_h + q_1 = \frac{q_3}{2v_h}$ si deduce: $2v_h u_h = q_3$. — Dalla $v_h + v_{h+1} = u_h^2 + q_1 u_h + q_2$ si deduce: $\frac{v_{h+1}}{u_h^2} = 1$ e $v_{h+1} = \infty$. — Dalla $u_{h+1} + u_h + q_1 = \frac{q_3}{2v_{h+1}}$, essendo $u_h = \infty$ e $v_{h+1} = \infty$, si ricava: $\frac{u_{h+1}}{u_h} = -1$, e $u_{h+1} = \infty$. — Dalle $\frac{v_{h+1}}{u_h^2} = 1$, $\frac{u_{h+1}}{u_h} = -1$, si ha: $\frac{u^2_{h+1}}{v_{h+1}} = 1$, $\frac{u_{h+1}}{v_{h+1}} = 0$; allora dalla $2v_{h+1}v_{h+2} = q_3 u_{h+1} - q_4$, che si può scrivere: $2u_{h+1}v_{h+2} = q_3 \frac{u^2_{h+1}}{v_{h+1}} - q_4 \frac{u_{h+1}}{v_{h+1}}$, si ricava: $2u_{h+1}v_{h+2} = q_3$ ed essendo $u_{h+1} = \infty$ si ha per conseguenza: $v_{h+2} = 0$. Dopo di che, dalla $u_{h+1}u_{h+2} + v_{h+2} = q_2 + \frac{q_4}{2v_{h+2}}$, si deduce: $u_{h+2} = \frac{q_4}{2u_{h+1}v_{h+2}} = \frac{q_4}{q_3}$. — Infine dalla $v_{h+2} + v_{h+3} = u^2_{h+2} + q_1 u_{h+2} + q_2$, si ricava: $v_{h+3} = \frac{K}{q_3^2}$.

Proseguendo, si ritrovano d'ora in poi i coefficienti dello sviluppo (32) di $\sqrt{X}$; e precisamente:

$$u_{h+2} = \frac{q_4}{q_3} = u'_1, \quad v_{h+3} = v'_2, \quad u_{h+3} = u'_2, \quad v_{h+4} = v'_3, \text{ ecc.}$$

Da quanto precede risulta che, se nello sviluppare un elemento in frazione continua sotto forma normale, dopo di avere ottenuto alcuni coefficienti $v_1, v_2, \dots v_{h-1}$, finiti e diversi da 0, se ne trova un primo v_h nullo, si può costruire la illimitata successione di frazioni parziali *formalmente regolari*, cioè della forma $\frac{v_i s^2}{1 - u_i s}$, calcolando indefinitamente i coefficienti v_i, u_i colle formole ricorrenti del N. 7. Così facendo, si trova una parte, composta di *tre* frazioni parziali

$$\frac{v_h s^2 |}{|1 - u_h s} + \frac{v_{h+1} s^2 |}{|1 - u_{h+1} s} + \frac{v_{h+2} s^2 |}{|1 - u_{h+2} s},$$

la quale è priva di significato, perchè i valori che si ottengono per i suoi coefficienti sono, come si è visto:

$$(35) \qquad v_h = 0, \quad u_h = \infty, \quad v_{h+1} = \infty, \quad u_{h+1} = \infty, \quad v_{h+2} = 0.$$

Facciamo la convenzione di sostituire a tal parte l'espressione seguente, composta di *due* sole frazioni parziali, *irregolari*:

$$\left| \frac{\frac{1}{2} q_3 s^3}{1 + q_1 s + q_2 s^2} \right| + \left| \frac{\frac{1}{2} q_3 s^3}{1 - u_{h+2} s} \right|,$$

e allora la frazione continua che si sarà ottenuta, coincide con quella che dà la (33). Intanto abbiamo anche trovato:

$$(36) \qquad u_{h-1} = \frac{q_4}{q_3}, \quad u_{h+2} = \frac{q_4}{q_3}, \quad v_{h-1} = \frac{K}{q_3^2}, \quad v_{h+3} = v_2' = \frac{K}{q_3^2};$$

quindi si ha: $u_{h-1} = u_{h+2}$, $v_{h-1} = v_{h+3}$; e per conseguenza $t_{h-1} = t_{h+2}$, $\lambda_{h-2} = \lambda_{h+2}$. Di qui segue, per quanto si è esposto al N. 5, che la frazione continua formalmente regolare è simmetrica impari col numeratore centrale β_{h+1}; quindi la (33) risulta simmetrica rispetto al suo denominatore irregolare. Si conchiude: Supposto: $q_3 \neq 0$, $q_1 q_3 + q_4 \neq 0$, $K \neq 0$; quando v_{h-1} è finito e diverso da 0 e $v_h = 0$, si deducono i valori (35) e (36) dei coefficienti; allora si ha t_{h-1} finito e diverso da 0, con $t_h = 0$. E viceversa. Dunque:

Teorema. — *Nelle ipotesi fatte* [16], *la condizione necessaria e sufficiente, affinchè sia* $t_h = 0$, *è che sia* $v_{h+1} = \infty$. — *Allora la frazione parziale di rango* h — 1 *è regolare; le due frazioni parziali successive hanno irregolari i numeratori, che sono eguali a* $\frac{1}{2} q_3 s^3$ *e la prima di esse ha irregolare anche il denominatore, che è uguale a* $1 + q_1 s + q_2 s^2$. — *Rispetto a questo denominatore la frazione continua (completa) è simmetrica.*

La frazione parziale che succede alle due irregolari è di nuovo regolare. — A questa attribuiremo il rango $h + 3$, che le spet-

---

[16] I casi in cui non sussistono le ipotesi $q_3 \neq 0$, $q_1 q_3 + q_4 \neq 0$, $K \neq 0$ sono esaminati al N. 15.

terebbe nella frazione continua formalmente regolare [17]. Per quanto riguarda i ranghi delle due frazioni parziali irregolari, attribuiremo alla prima il rango $h+1$ e alla seconda il rango $h+2$; porremo cioè:

$$\beta_{h+1}=\beta_{h+2}=\frac{1}{2}q_3 s^3, \quad \alpha_{h+1}=1+q_1 s+q_2 s^2, \quad \alpha_{h+2}=1-\frac{q_4}{q_3}s;$$

osservando che in questo modo, quando da una frazione parziale regolare si discende ad una irregolare, il rango fa un *salto*, aumentando di due unità.

Lo stesso faremo per il caso particolare $t=0$, relativo allo sviluppo di $\sqrt{X}$; allora si ha $v_0=\infty$, $v_1=0$, come risulta dalle (59), (61) § 1; qui si ha: $h=-1$; la prima frazione parziale *regolare*, nella frazione continua discendente che sviluppa $\sqrt{X}$, ha il rango $h+3=2$ e $v_2=\frac{K}{q_3^2}$.

12. — Sviluppi nell'intorno $\xi=\infty$. — Proponiamoci ora di sviluppare un elemento nell'intorno del punto $\xi=\infty$; per il che è necessario che sia $a_0 \neq 0$. Supporremo dapprima y finito. Conformemente a quanto si disse al N. 10, introduciamo due polinomii

$$A=A_0x^2+2A_1x+A_2, \qquad B=B_0x+B_1,$$

che soddisfacciano identicamente alla (1), la quale, nell'ipotesi $\xi=\infty$, va scritta nel modo seguente:

$$X-A^2=B(x-y). \tag{37}$$

Sviluppando ed ordinando rispetto a x, dal confronto dei termini colle potenze simili si ricavano equazioni, che servono a determinare i coefficienti di A e B. Conviene però trasformare l'equazione precedente nella (6) § 1 e giovarci dei risultati ottenuti al N. 1. A questo scopo facciamo la sostituzione $x=\frac{1}{s}$, e poniamo $t=\frac{1}{y}$; donde: $x-y=-\frac{1}{t}(s-t)$; poi:

$$X'=a_0+4a_1s+..+a_4s^4=s^4X, \quad A'=A_0+2A_1s+A_2s^2,$$
$$Y'=a_0+4a_1t+..+a_4t^4=t^4Y, \quad B'=B_0+B_1s;$$

---

[17] Per siffatte convenzioni cfr. HALPHEN, *F. E.*, t. II, pp. 580-581.

allora la (37) diventa:

$$X' - A'^2 = -\frac{1}{t} B' s^2 (s - t).$$

Confrontiamo questa colla (6) § 1; dalle formole (7), (9), (10) § 1 ricaviamo:

$$(38)\quad A_0 = \sqrt{a_0}, \quad 2A_1 = q_1\sqrt{a_0}, \quad A_2 = \sqrt{a_0}\left[\frac{\sqrt{Y}}{\sqrt{a_0}} - (y^2 + q_1 y)\right];$$

$$(39)\quad \begin{cases} B_0 = -2a_0\left[\frac{\sqrt{Y}}{\sqrt{a_0}} - (y^2 + q_1 y + q_2)\right] \\ B_1 = -2a_0\left[(y + q_1)\frac{\sqrt{Y}}{\sqrt{a_0}} - \{y^3 + 2q_1 y^2 + (q_1^2 + q_2)y + q_1 q_2 + q_3\}\right]; \end{cases}$$

$$(40)\quad B_1 - (y + q_1) B_0 = 2a_0 q_3;$$

dove le q_i sono definite dalle (2) § 1, supposto che in queste a p_k si sostituisca a_k $(k = 0, 1, \ldots 4)$.

In queste formole $\sqrt{a_0}$ denota quel valore che si è fissato nella formola (*b*) N. 1 per individuare il ramo di $\sqrt{X}$ nell'intorno $x = \infty$ e $\sqrt{Y}$ denota uno, prefissato, dei due valori della radice quadrata di Y. Intanto dalle (38) si ha:

$$A_0 y^2 + 2A_1 y + A_2 = \sqrt{Y};$$

$$(41)\quad A = \sqrt{Y} + C(x - y), \qquad (42)\quad C = \sqrt{a_0}(x + y + q_1);$$

$$(43)\quad \frac{\sqrt{X} - \sqrt{Y}}{x - y} - C = \frac{B}{\sqrt{X} + A};$$

quest'ultima è la formola fondamentale, che coi polinomii A, B, C individuati dalle (38), (39), (41) prende il posto della (4) § 1, quando si suppone ξ infinito.

Sia y_1 la radice dell'equazione $B = 0$; $B = B_0(x - y_1)$; e pongasi $X(y_1) = Y_1$; tenuta presente la (37), porremo:

$$A_0 y_1^2 + 2A_1 y_1 + A_2 = -\sqrt{Y_1};$$

ne segue:

$$\frac{A + \sqrt{Y}}{x - y_1} = \sqrt{a_0}(x + y_1 + q_1);$$

indi la (43) si può scrivere nella forma:

$$\frac{\sqrt{X}-\sqrt{Y}}{x-y}-\sqrt{a_0}(x+y+q_1)=\frac{B_0}{\sqrt{a_0}(x+y+q_1)+\frac{\sqrt{X}-\sqrt{Y_1}}{x-y_1}}.$$

Ed ora, ripetendo il ragionamento fatto al N. 2, si vede come dall'elemento dato si deduce una successione di elementi $\frac{\sqrt{X}-\sqrt{Y_i}}{x-y_i}$ $(i=1,2,3,...)$; per guisa che, se si pone:

$$(44)\quad u_i=-y_i-q_1,\quad \frac{\sqrt{X}-\sqrt{Y_i}}{x-y_i}-\sqrt{a_0}(x-u_i)=Q_i\quad (i=0,1,2...),$$

nasce la frazione continua:

$$(45)\quad \frac{\sqrt{X}-\sqrt{Y}}{x-y}=C+\frac{B_0}{|2\sqrt{a_0}(x-u_1)}+\frac{B_0^{(1)}}{|2\sqrt{a_0}(x-u_2)}+\dots$$
$$+\frac{B_0^{(i-1)}}{|2\sqrt{a_0}(x-u_i)+Q_i};$$

e si conchiude:

Teorema. — *Sviluppando un elemento dato (con* y *finito) nell'intorno* x $=\infty$, *si ottiene una frazione continua, nella quale (fino a che i parametri* y_i *che s'incontrano nello sviluppo sono finiti) il termine iniziale ed i denominatori sono di 1° grado in* x, *ed i numeratori sono costanti.*

Nello stesso tempo si vede che il termine iniziale, ed il primo numeratore sono:

$$(46)\quad C=\sqrt{a_0}(x+y+q_1),\quad V_1=\frac{B_0}{2\sqrt{a_0}}=\sqrt{a_0}\left(y^2+q_1y+q_2-\frac{\sqrt{Y}}{\sqrt{a_0}}\right).$$

Quando si vogliano calcolare gli altri coefficienti della frazione continua in forma normale, possiamo ricondurre il calcolo a quello che si fa nel caso dell'intorno del punto 0.

A questo scopo si comincia a fare la sostituzione $x=\frac{1}{s}$ e si sviluppa nell'intorno $s=0$ l'elemento $\frac{\sqrt{X'}-\sqrt{Y'}}{s-t}$, colle formole stabilite al N. 7; anzitutto si ricorre alla (50) § 1:

$$(47)\quad \frac{\sqrt{X'}-\sqrt{Y'}}{s-t}=\sqrt{a_0}\left\{q_1+\lambda'_0(s+t)+\frac{V_1's^2}{|1-u_1's}+\dots\right\};$$

tenendo presente che $\sqrt{Y'} = t^2 \sqrt{Y}$, la (37) § 1 applicata al polinomio X' dà:

$$(48) \qquad \sqrt{a_0}\,\lambda_0' = \sqrt{Y} - y\,(y+q_1)\sqrt{a_0}\,;$$

indi dalle formole (58), (59) § 1 si ha:

$$(49) \left\{ \begin{array}{l} u_0' = -y - q_1, \qquad v_1' = \dfrac{1}{2}\left(y^2 + q_1 y + q_2 - \dfrac{\sqrt{Y}}{\sqrt{a_0}}\right), \\ \qquad\qquad V_1' = -2 v_1' y\,; \end{array} \right.$$

gli altri coefficienti della (47) si deducono colle formole ricorrenti; dappertutto le q_i si calcolano colle (2) § 1, ponendo in queste $p_k = a_k$ $(k = 0, 1, \ldots 4)$.

Poscia nella (47) si fa la sostituzione $s = \dfrac{1}{x}$ ed essa diventa:

$$\frac{y^2\sqrt{X} - x^2\sqrt{Y}}{y - x} = \sqrt{a_0}\left\{ q_1 xy + \lambda_0'(x+y) + \frac{V_1' y}{|x - u_1'} + \frac{v_2'}{|x - u_2'} + \ldots \right\}.$$

Da questa, se si osserva l'identità:

$$(\mathrm{I}) \qquad y^2\,\frac{\sqrt{X} - \sqrt{Y}}{x - y} = (x+y)\sqrt{Y} + \frac{y^2\sqrt{X} - x^2\sqrt{Y}}{x - y},$$

e si sostituiscono a λ_0', V_1' i valori (48), (49), si deduce:

$$(50) \quad \frac{\sqrt{X} - \sqrt{Y}}{x - y} = \sqrt{a_0}\left\{ x + y + q_1 + \frac{2 v_1'}{|x - u_1'} + \frac{v_2'}{|x - u_2'} + \ldots \right\}.$$

Così per il termine iniziale e per il primo numeratore ritroviamo le espressioni precedentemente ottenute, come mostrano le (46), (49). Si vede inoltre:

Teorema. — *Quando si sviluppa l'elemento* $\dfrac{\sqrt{X} - \sqrt{Y}}{x - y}$ *colla* (50) *nell'intorno del punto* $\mathrm{x} = \infty$, *i coefficienti* v_i', u_i', *per* $i > 1$, *e* u_1' *sono quelli stessi che si incontrano quando si sviluppa l'elemento* $\dfrac{\sqrt{X'} - \sqrt{Y'}}{s - t}$ *nell'intorno* $\mathrm{s} = 0$ [18].

---

[18] Cfr. Halphen, *F. E.*, t. II, p. 591.

In quanto precede abbiamo supposto ξ infinito e y finito. I risultati sono validi in particolare per $y=0$; allora basta porre: $\sqrt{Y}=\sqrt{a_0}$.

Supponiamo ora che le costanti y, ξ siano entrambe infinite. Attenendoci alle considerazioni svolte in principio del N. 10, introduciamo i due polinomii

$$A=A_0x^2+2A_1x+A_2, \qquad B=B_0x+B_1,$$

che soddisfacciano identicamente alla (1); questa nell'ipotesi $\xi=\infty$ deve essere scritta come segue:

$$X-A^2=B\,; \tag{51}$$

allora si ottiene lo sviluppo in frazione continua nell'intorno $\xi=\infty$ dell'elemento eccezionale: $\sqrt{X}-\sqrt{a_0}\,x^2$.

Si trova facilmente:

$$A_0=\sqrt{a_0}, \qquad 2A_1=q_1\sqrt{a_0}, \qquad A_2=q_2\sqrt{a_0}\,; \tag{52}$$

$$B_0=2a_0q_3\,, \qquad B_1=a_4-a_0q_2^2\,; \tag{53}$$

$$\sqrt{X}-\sqrt{a_0}\,x^2=\sqrt{a_0}\,(q_1x+q_2)+\frac{B}{\sqrt{X}+A}. \tag{54}$$

Ora resta a sviluppare l'elemento $\dfrac{B}{\sqrt{X}+A}$ nell'intorno $x=\infty$. Chiamiamo y_1 la radice della equazione $B=0$; supposto $a_0 \neq 0$ e $q_3 \neq 0$, si ha $B_0 \neq 0$ e y_1 è finito. Posto: $Y_1=X(y_1)$, si fa comparire nel secondo membro della (54) il nuovo elemento $\dfrac{\sqrt{X}-\sqrt{Y_1}}{x-y_1}$ che poi si sviluppa nell'intorno $x=\infty$ col procedimento sopra esposto. — Si arriva speditamente al risultato, applicando la formola (32) per sviluppare $\sqrt{X'}$ nell'intorno $s=0$, e poi facendo in essa la sostituzione $s=\dfrac{1}{x}$. Si conchiude:

Teorema. — *Per sviluppare* $\sqrt{\mathrm{X}}$ *nell'intorno* $\mathrm{x}=\infty$ *si ha la frazione continua*

$$\sqrt{X}=\sqrt{a_0}\left\{x^2+q_1x+q_2+\frac{q_3|}{\left|x-\dfrac{q_4}{q_3}\right.}+\frac{v_2'|}{|x-u_2'}+\dots+\frac{v_i'|}{|x-u_i'}+\dots\right\} \tag{55}$$

dove v'_i, u'_i, *per* $i > 1$, *sono i coefficienti della frazione continua che sviluppa* $\sqrt{X'}$ *nell'intorno* $s = 0$ [19].

Più generalmente, quando, sviluppando nell'intorno $x = \infty$ un elemento qualunque, si incontra un parametro y_h infinito, mentre i precedenti $y, y_1, \dots y_{h-1}$ sono finiti ($h > 1$), la frazione continua è

$$(56) \quad \frac{1}{\sqrt{a_0}} \frac{\sqrt{X} - \sqrt{Y}}{x - y} = x + y + q_1 + \frac{2v_1'|}{|x - u_1'} + \frac{v_2'|}{|x - u_2'} + \dots + \frac{v'_{h-1}|}{|x - u'_{h-1}} + \\ + \frac{\frac{1}{2} q_3|}{|x^2 + q_1 x + q_2} + \frac{\frac{1}{2} q_3|}{|x - u'_{h+2}} + \frac{v'_{h+3}|}{|x - u'_{h+3}} + \dots$$

Infatti basta sviluppare nell'intorno $s = 0$, col mezzo della (33), l'elemento $\frac{\sqrt{X'} - \sqrt{Y'}}{s - t}$, poi fare la sostituzione $s = \frac{1}{x}$ e tener presente la identità (I).

13. — Caso del polinomio X di 3° grado. — Quando il polinomio dato X è di 3° grado, sussiste a meno di una eccezione, quanto abbiamo fin qui esposto; non c'è altro da fare che porre $a_0 = 0$, ossia $p_4 = 0$, nelle formole trovate, le quali si semplificheranno. L'eccezione riguarda il valore $\xi = \infty$; questo è un punto di diramazione per $\sqrt{X}$; allora non esiste una serie di potenze intere, che sviluppi $\sqrt{X}$ nell'intorno $\xi = \infty$; e non si può neppure parlare di frazioni continue di Halphen nell'intorno $\xi = \infty$, quando $a_0 = 0$.

Supposto pertanto che X sia di 3° grado e ξ finito, tra gli elementi corrispondenti ai varii valori di y ve ne sono due che conducono allo sviluppo di $\sqrt{X}$ in frazione continua di Halphen nell'intorno del punto dato ξ; uno di essi si ha assumendo $y = \xi$ e l'altro $y = \infty$ [20].

I *Modo di sviluppare* $\sqrt{X}$. — Quando si attribuisce a y il valore ξ, si applica la formola (32), supposto che X sia scritta nella forma

$$X = p_0 + 4p_1 s + 6p_2 s^2 + 4p_3 s^3 \quad \text{con } p_0 \neq 0,$$

---

[19] Cfr. Halphen, *F. E.*, t. II, p. 609.

[20] Cfr. Halphen, *F. E.*, t. II, pp. 595 e 598.

e che le q_i si calcolino colle formole (2) § 1, nelle quali si ponga $p_4 = 0$.

II *Modo di sviluppare* $\sqrt{X}$. — Quando si attribuisce a y il valore ∞, si applica la (11), cioè:

$$(11^{bis}) \qquad \sqrt{X} = \sqrt{p_0} \left\{ 1 + q_1 s + \frac{2 v_1 s^2 |}{|1 - u_1 s} + \frac{v_2 s^2 |}{|1 - u_2 s} + \dots \right\},$$

coi valori iniziali: $u_0 = -q_1$, $v_1 = \frac{1}{2} q_2$; donde poi si ricavano, col mezzo delle formole ricorrenti, gli altri coefficienti:

$$u_1 = \frac{q_3}{q_2}, \qquad v_2 = \frac{q_3^2 - q_2 q_4}{2 q_2^2}, \text{ ecc.}$$

È notevole il caso particolare in cui si ha $q_2 = 0$. Allora le formole cadono in difetto.

In tal caso X è della forma: $X = p_0 [(1 + q_1 s)^2 + 2 q_3 s^3]$; è facile vedere che le due frazioni continue, in generale distinte, ricavate nei sopradetti due modi coincidono in una [21] che si deduce facilmente dalla identità:

$$(a) \qquad \sqrt{X} - \sqrt{p_0}\,(1 + q_1 s) = \frac{4 p_3 s^3}{\sqrt{X} + \sqrt{p_0}\,(1 + q_1 s)},$$

ed è:

$$(57) \quad \frac{1}{2\sqrt{p_0}} \left\{ \sqrt{X} - \sqrt{p_0}(1 + q_1 s) \right\} = \frac{\theta s^3 |}{|1 + q_1 s} + \frac{\theta s^3 |}{|1 + q_1 s} + \dots, \quad \theta = \frac{p_3}{p_0};$$

frazione continua periodica, col periodo di una sola frazione parziale e coi numeratori irregolari.

14. — **Sviluppi di $\sqrt{X}$ nel caso $q_3 = 0$.** — *a)* Supposto $t = 0$, consideriamo il caso $q_3 = 0$, che al N. 11 abbiamo escluso; essendo t_1 radice dell'equazione $B(s) = 0$, la (22) mostra che nel caso considerato si ha $t_1 = 0$; e viceversa: se $t_1 = 0$, si ha $q_3 = 0$. Segue che in questo caso tutti i parametri t_i sono nulli. Inoltre dalla identità (3) § 1 si ha:

$$\frac{\sqrt{X}}{\sqrt{p_0}} - (1 + q_1 s + q_2 s^2) = \frac{2 q_4 s^4}{\dfrac{\sqrt{X}}{\sqrt{p_0}} + 1 + q_1 s + q_2 s^2};$$

---

[21] Cfr. Halphen, *F. E.*, t. II, p. 599.

donde si vede che la frazione continua (completa) che sviluppa $\sqrt{X}$ è periodica, con un periodo composto di una sola frazione parziale irregolare:

$$\frac{\frac{1}{2} q_4 s^4}{1 + q_1 s + q_2 s^2};$$

qui, per una osservazione già fatta al N. 9, bisogna supporre $q_4 \neq 0$. — Per lo sviluppo di $\sqrt{X}$ nell'intorno $x = \infty$ si ha una analoga frazione continua periodica; il periodo essendo di una sola frazione parziale:

$$\frac{\frac{1}{2} q_4}{x^2 + q_1 x + q_2}.$$

b) Esaminiamo ora l'elemento col parametro $t = \infty$, nel caso $q_3 = 0$. Dalle (8), (12) si ha:

$$u_0 = -q_1, \quad u_1 = 0, \quad v_1 = \frac{1}{2}(q_2 - \lambda), \quad \lambda = \frac{\sqrt{p_4}}{\sqrt{p_0}};$$

poi, applicando le formole ricorrenti, si deduce:

$$u_{2k} = -q_1, \quad u_{2k+1} = 0, \quad v_{2k} = v_0 = -\frac{q_4}{q_2 - \lambda}, \quad v_{2k+1} = \frac{1}{2}(q_2 - \lambda);$$

indi la (11) diventa:

$$\text{(58)} \qquad \frac{1}{2\sqrt{p_0}}(\sqrt{X} - \sqrt{p_4}\,s^2) = \frac{1}{2}(1 + q_1 s) + \frac{v_1 s^2|}{|1} + \frac{v_0 s^2|}{|1 + q_1 s} + \dots,$$

frazione continua periodica, col periodo composto di due frazioni parziali.

15. — Casi di parametri eccezionali consecutivi:

a) Il caso in cui tutti i parametri t_i sono nulli è stato considerato al N. precedente; in tal caso si ha $q_3 = 0$.

b) Esaminiamo il caso in cui siano infiniti due parametri successivi: $t_h = \infty$, $t_{h+1} = \infty$. Allora si ha: $u_h = u_{h+1} = -q_1$. Risalendo al N. 10, dove è stato studiato il caso $t_h = \infty$, con t_{h-1} finito e diverso da 0, dalle formole (16) si trae: $\frac{q_3}{q_2 - \lambda} = -q_1$, donde segue: $\lambda = \frac{p_3}{p_1}$; siccome poi λ è definito da $\frac{\sqrt{p_4}}{\sqrt{p_0}}$, così si conchiude che, affinchè il caso in discorso si verifichi, è necessario che si abbia:

$$(59)\quad p_0 p_3^2 - p_1^2 p_4 = 0, \quad \text{ossia:} \quad q_3(2q_1q_2+q_3) - 2q_1^2(q_1q_3+q_4) = 0.$$

Inoltre si deduce:

$$v_{h+1} = -\frac{q_3}{2q_1};$$

poscia, applicando le formole ricorrenti, si trova:

$$v_{h+2} = v_h = \frac{2q_1q_2+q_3}{2q_1}.$$

Escludiamo per ora che sia $q_1 = 0$ oppure $2q_1q_2 + q_3 = 0$; avendo trovato $u_h = u_{h+1}$ e $v_h = v_{h+2}$, concludiamo che la frazione continua ha simmetria impari e v_{h+1} è il coefficiente del numeratore centrale.

Esaminiamo se dopo $t_h = \infty$, $t_{h+1} = \infty$ possa essere ancora $t_{h+2} = \infty$; ossia se possa essere $u_h = u_{h+1} = u_{h+2} = -q_1$. Dalla $u_{h+1} + u_{h+2} + q_1 = \frac{q_3}{2v_{h+2}}$, sostituendo a u_{h+1}, u_{h+2}, v_{h+2} i loro valori, si ricava $q_1(q_1q_2 + q_3) = 0$.

Supposto $q_1 \neq 0$, si deduce: $q_1q_2 + q_3 = 0$, ossia: $p_1 \neq 0$, $p_3 = 0$; indi per la (59) $p_4 = 0$; per conseguenza X sarebbe di 2° grado, ciò che escludiamo; dunque:

TEOREMA. — *Se* X *è di grado superiore al* 2°, *e se* $q_1 \neq 0$, *non vi possono essere più di due parametri successivi* t_h, t_{h+1} *infiniti.*

Se poi supponiamo $q_1 = 0$, e quindi $p_1 = 0$, dalla (59) si deduce $p_3 = 0$, e quindi $q_3 = 0$; cadiamo in un caso particolare di uno studiato al N. precedente; X allora è della forma:

$$X = p_0 + 6p_2s^2 + p_4s^4,$$

e dalla (58) si ha:

$$(60)\quad \frac{1}{2\sqrt{p_0}}(\sqrt{X} - \sqrt{p_4}s^2 - \sqrt{p_0}) = \frac{v_1s^2|}{|1} + \frac{v_0s^2|}{|1} + \frac{v_1s^2|}{|1} + \frac{v_0s^2|}{|1} + \ldots$$

Si conchiude:

TEOREMA. — *Quando* X *ha la forma* $p_0 + 6p_2s^2 + p_4s^4$, *e si assume* $t = \infty$, *tutti i parametri sono infiniti,* e la frazione continua che sviluppa l'elemento nell'intorno $s=0$ è periodica, con un periodo di due frazioni parziali.

Si osservi che nessuno dei v si annulla, perchè $q_2^2-\lambda^2=$ $=\frac{1}{p_0^2}(9p_2^2-p_0p_4)\neq 0$, per avere supposto che X non sia quadrato esatto.

c) Esaminiamo il caso particolare, in cui si abbia $q_1q_3+q_4=0$ e si voglia sviluppare $\sqrt{X}$ in frazione continua, caso che si è escluso al N. 11. In tal caso X è della forma:

$$X=p_0[(1+q_1s+q_2s^2)^2+2q_3s^3].$$

Come si è visto al N. 11, allora si ha: $t=0$, $t_1=\infty$, $B=2p_0q_3$; si ha inoltre $p_4=p_0q_2^2$, per guisa che possiamo assumere $\lambda=\frac{\sqrt{p_4}}{\sqrt{p_0}}=-q_2$, e poi in virtù della (24):

$$\frac{\sqrt{X}}{\sqrt{p_0}}=1+q_1s+q_2s^2+\frac{2q_3s^3}{1+q_1s+\frac{1}{\sqrt{p_0}}(\sqrt{X}-\sqrt{p_4}s^2)}.$$

Basta ora qui sostituire a $\frac{1}{\sqrt{p_0}}(\sqrt{X}-\sqrt{p_4}s^2)$ la frazione continua (11), col valore $-q_2$ di λ, per ottenere lo sviluppo cercato. Dunque, nel caso in cui sia $q_1q_3+q_4=0$, lo sviluppo di $\sqrt{X}$ è dato da

$$(61)\quad \frac{1}{2\sqrt{p_0}}\sqrt{X}=\frac{1}{2}(1+q_1s+q_2s^2)+\frac{\frac{1}{2}q_3s^3|}{|1+q_1s}+\frac{q_2s^2|}{\left|1-\frac{q_3}{2q_2}s\right.}+\ldots,$$

dove per ora supponiamo $q_2\neq 0$. I coefficienti si calcolano colle formole ricorrenti N. 7 e coi valori iniziali: $u_1=-q_1$, $v_2=q_2$. La (61) è caso particolare della (32), essendo ora:

$$\frac{q_4}{q_3}=-q_1,\quad K=q_2q_3^2,\quad \text{e quindi:}\quad u_1=-q_1,\quad v_2=q_2.$$

La frazione continua completa, dalla quale si stacca la frazione continua discendente (61), è simmetrica (come sappiamo N. 11) rispetto al denominatore irregolare; quindi se a questo attribuiamo il rango $h+1$, abbiamo:

$$u_h=\infty,\ u_{h+1}=\infty,\ u_{h+2}=u_{h-1}=-q_1,\quad v_{h+3}=v_{h-1}=q_2,\ \text{ecc.};$$

donde si conclude:

$$t_{h-1} = \infty, \ t_h = 0, \ t_{h+1} = 0, \ t_{h+2} = \infty.$$

Per $h = -1$ dalla frazione continua completa si stacca la precedente frazione continua (61).

Per $h = +1$ si stacca la frazione continua discendente che sviluppa l'elemento $\sqrt{X} - \sqrt{p_4}\,s^2$ nel caso particolare in cui si ha $q_1 q_3 + q_4 = 0$, che è stato escluso al N. 11; perchè in questo caso si ha: $t_0 = \infty$, $t_1 = 0$. Dunque, quando $q_1 q_3 + q_4 = 0$, si ha lo sviluppo seguente:

$$(62) \qquad \frac{1}{2\sqrt{p_0}}\left[\sqrt{X} - \sqrt{p_4}\,s^2\right] =$$

$$= \frac{1}{2}(1 + q_1 s) + \frac{\frac{1}{2} q_3 s^3 |}{|1 + q_1 s + q_2 s^2} + \frac{\frac{1}{2} q_3 s^3 |}{|1 + q_1 s} + \frac{q_2 s^2 |}{\left|1 - \frac{q_3}{2 q_2} s\right.} + \cdots$$

Quando si consideri il sottocaso, sopra escluso, in cui insieme a $q_1 q_3 + q_4 = 0$ si abbia anche $q_2 = 0$, ne viene di conseguenza $p_4 = 0$; le (61), (62) cadono in difetto; ma allora il polinomio X è di 3° grado e si presenta il caso notevole ($q_2 = 0$) considerato al N. 13; ora le (61), (62) vanno sostituite colla (57) N. 13, e la successione dei parametri t_i è la seguente:

$$\ldots 0, \ 0, \ \infty, \ 0, \ 0, \ \infty, \ 0, \ 0, \ \infty, \ldots$$

È ancora notevole un altro sottocaso, quello in cui sussistono entrambe le relazioni: $q_1 q_3 + q_4 = 0$ e $2 q_1 q_2 + q_3 = 0$; sottocaso che abbiamo escluso nella discussione del caso *b)*. In tale ipotesi, la frazione continua completa, di cui fan parte le due frazioni continue discendenti (61), (62), è periodica, con un periodo di tre frazioni parziali, che sono:

$$\frac{-q_1 q_2 s^3 |}{|1 + q_1 s + q_2 s^2} + \frac{-q_1 q_2 s^3 |}{|1 + q_1 s} + \frac{q_2 s^2 |}{|1 + q_1 s},$$

e la successione dei parametri t_i è la seguente:

$$\ldots 0, \ 0, \ \infty, \ \infty, \ 0, \ 0, \ \infty, \ \infty, \ldots$$

d) Esaminiamo infine il caso, in cui, pur essendo $q_3 \neq 0$ e $q_1 q_3 + q_4 \neq 0$, sia $K = 0$; posto che si voglia sviluppare $\sqrt{X}$ in frazione continua; tal caso è stato escluso nella discussione fatta al N. 11. Invero allora t_1 è finito e diverso da 0, come mostra la (26); ma le (30), (31) dànno $v'_2 = 0$, $u'_2 = \infty$; nella frazione continua (32) diventa irregolare la seconda frazione parziale. Intanto per essere $u'_2 = \infty$ si conchiude $t_2 = 0$; quindi ci troviamo nel caso in cui si ha: $t = 0$, t_1 finito e diverso da 0, $t_2 = 0$. Possiamo applicare la (28) ed anche la (a) del N. 11, quest'ultima per $h = 2$; cioè:

$$\frac{\sqrt{X}}{\sqrt{p_0}} = 1 + q_1 s + q_2 s^2 + \frac{q_3 s^3}{1 - \frac{q_4}{q_3} s + Q_1'}, \qquad Q'_1 = \frac{q_3 s^3}{1 + q_1 s + q_2 s^2 + \frac{\sqrt{X}}{\sqrt{p_0}}},$$

dalle quali si deduce:

$$(63) \qquad Q_0^* = \frac{\frac{1}{2} q_3 s^3 \Big|}{\Big| 1 - \frac{q_4}{q_3} s} + \frac{\frac{1}{2} q_3 s^3 \Big|}{\Big| 1 + q_1 s + q_2 s^2 + Q_0^*},$$

e di qui si conchiude:

TEOREMA. — *La frazione continua completa che nasce dallo sviluppo di* $\sqrt{\mathrm{X}}$, *quando:* $\mathrm{q}_3 \neq 0$, $\mathrm{q}_1\mathrm{q}_3 + \mathrm{q}_4 \neq 0$ *e* $\mathrm{K} = 0$, *ha tutte le frazioni parziali irregolari ed è periodica con un periodo di due frazioni parziali; inoltre è simmetrica rispetto ad uno qualunque dei suoi denominatori.*

16. — Caso generico delle frazioni continue irregolari di HALPHEN. — In quel che segue supporremo sempre $q_3 \neq 0$ e $K \neq 0$, ed in questa ipotesi (caso generico) consideriamo le frazioni continue di HALPHEN, che hanno frazioni parziali irregolari. Dalla discussione svolta ai NN. 7, 10, 11 risulta che tutte le frazioni parziali della frazione continua in forma normale, che sviluppa un elemento dato nell'intorno di un punto ξ, si ottengono calcolando successivamente i coefficienti v_i, u_i col mezzo delle formole ricorrenti stabilite al N. 7. A questo scopo:

1°) si fa uso dei valori iniziali u_0, v_1 dati dalle formole (58), (59) § 1, quando t è finito e diverso da 0;

2°) si assume (N. 10): $u_0 = -q_1$, $v_1 = \frac{1}{2}\left(q_2 - \frac{\sqrt{p_4}}{\sqrt{p_0}}\right)$, quando $t = \infty$;

3°) si assume (N. 11): $v_1 = 0$, $u_1 = \frac{q_4}{q_3}$, quando $t = 0$.

Per ogni v_m finito e diverso da 0, si ha una frazione parziale regolare, di rango m, la quale ha per numeratore $\beta_m = v_m s^2$ e per denominatore $\alpha_m = 1 - u_m s$, dove u_m è finito. Quando sia $u_m \neq -q_1$; il parametro t_m è finito e diverso da 0; quando sia $u_m = -q_1$, si ha t_m infinito.

Quando nella frazione continua vi sono frazioni parziali irregolari, nella successione $v_0, v_1, v_2, \ldots$ vi sono valori nulli e valori infiniti. Se $v_{h+1} = \infty$, saranno v_h e v_{h+2} entrambi nulli, inoltre v_{h-1} e v_{h+3} saranno finiti e diversi da zero; allora u_h e u_{h+1} sono infiniti, u_{h-1} e u_{h+2} sono finiti; per conseguenza i parametri t_h e t_{h+1} sono nulli; e i parametri t_{h-1}, t_{h+2} sono diversi da zero. — Allora le frazioni dei ranghi $h-1$ e $h+3$ sono regolari, e tra esse vi sono due frazioni irregolari, alle quali si attribuiscono i ranghi $h+1$, $h+2$ e precisamente:

$$\frac{\beta_{h+1}}{\alpha_{h+1}} = \frac{\frac{1}{2} q_3 s^3}{1 + q_1 s + q_2 s^2}, \qquad \frac{\beta_{h+2}}{\alpha_{h+2}} = \frac{\frac{1}{2} q_3 s^3}{1 - \frac{q_4}{q_3} s};$$

si salta la frazione parziale di rango h.

Se $h+1$, $h'+1$, $h''+1, \ldots$ sono, in ordine crescente, gli indici di quelle v che sono infinite, si ha:

$$h' > h + 3, \quad h'' > h' + 3, \ldots.$$

Quando un elemento dato $\frac{\sqrt{X} - \sqrt{Y}}{x - y} = f$ si voglia sviluppare nell'intorno del punto ∞, teniamo presente quanto si è esposto al N. 12. Si fa la sostituzione $x = \frac{1}{s}$, $y = \frac{1}{t}$; si pone:

$$X' = a_0 + 4a_1 s + 6a_2 s^2 + 4a_3 s^3 + a_4 s^4;$$

poi si sviluppa l'elemento $\frac{\sqrt{X'} - \sqrt{Y'}}{s - t} = f'$ in frazione continua nell'intorno $s = 0$. Basta in quest'ultima fare la sostituzione $s = \frac{1}{x}$, per dedurre da essa tutti i termini della frazione continua domandata, fatta eccezione del termine iniziale e del primo numeratore, che del resto si calcolano direttamente colle formole (46), e così dalla frazione parziale regolare $\frac{v_i s^2}{1-u_i s}$, che si presenta nella sviluppo di f', si deduce la frazione parziale $\frac{v_i}{s-u_i}$ per la frazione continua domandata.

Supponiamo ora che la frazione continua che sviluppa f' abbia frazioni parziali irregolari e consideriamo la parte

$$\ldots + \frac{v_{h-1} s^2}{|1-u_{h-1}s} + \frac{\frac{1}{2} q_3 s^3}{|1+q_1 s+q_2 s^2} + \frac{\frac{1}{2} q_3 s^3}{|1-u_{h+2}s} + \frac{v_{h+3} s^2}{|1-u_{h+3}s} + \ldots;$$

quando si fa la sostituzione $s=\frac{1}{x}$, questa parte diviene:

$$\ldots + \frac{v_{h-1}}{|x-u_{h-1}} + \frac{\frac{1}{2} q_3}{|x^2+q_1 x+q_2} + \frac{\frac{1}{2} q_3}{|x-u_{h+2}} + \frac{v_{h+3}}{|x-u_{h+3}} + \ldots.$$

Concludiamo: Quando si sviluppa un elemento qualunque nell'intorno $\xi=\infty$ in frazione continua (in forma normale): *a)* tutti i numeratori sono costanti; *b)* il denominatore della frazione regolare di rango m è $x-u_m$; *c)* i denominatori irregolari sono di 2° grado in x ed ognuno di essi è uguale a $x^2+q_1x+q_2$; *d)* il denominatore che precede un denominatore irregolare è eguale a $x-\frac{q_4}{q_3}$; *e)* la frazione continua è simmetrica rispetto ad ogni denominatore irregolare; *f)* le frazioni parziali irregolari si presentano, quando nella successione delle v_i esistono valori infiniti.

Nel caso particolare, in cui si abbia: $q_1q_3+q_4=0$, con $q_2 \neq 0$, dalle formole (61), (62) si deducono le formole seguenti: l'una, che dà lo sviluppo di $\sqrt{X}$ nell'intorno $\xi=\infty$:

$$(64) \quad \frac{1}{2\sqrt{a_0}}\sqrt{X}=\frac{1}{2}(x^2+q_1x+q_2)+\frac{\frac{1}{2}q_3}{|x+q_1}+\frac{q_2}{\left|x-\frac{q_3}{2q_2}\right.}+\ldots;$$

l'altra, che dà lo sviluppo nell'intorno $\xi=\infty$ dell'elemento con parametro $y=0$:

$$(65)\qquad \frac{1}{2\sqrt{a_0}}\,\frac{\sqrt{X}-\sqrt{a_4}}{x}=$$

$$=\frac{1}{2}(x+q_1)+\frac{\frac{1}{2}q_3|}{|x^2+q_1x+q_2}+\frac{\frac{1}{2}q_3|}{|x+q_1}+\frac{q_2|}{|x-\frac{q_3}{2q_2}}+\dots$$

Quando poi si abbia insieme: $q_1q_3+q_4=0$ e $q_2=0$, e per conseguenza: $a_4=0$; dalla formola (a) N. 13 si ha:

$$\sqrt{X}=\sqrt{p_0}x(x+q_1)+\frac{4p_3x}{\sqrt{p_0}x(x+q_1)+\sqrt{X}},$$

e da queste si deducono facilmente le seguenti:

$$(66)\qquad k\sqrt{X}=\frac{1}{2}x(x+q_1)+\frac{l|}{|x+q_1}+\frac{l|}{|\frac{1}{2}x(x+q_1)+k\sqrt{X}},$$

$$(67)\qquad k\frac{\sqrt{X}}{x}=\frac{1}{2}(x+q_1)+\frac{l|}{|x(x+q_1)}+\frac{l|}{|\frac{1}{2}(x+q_1)+k\frac{\sqrt{X}}{x}};$$

dove si è posto: $k=\frac{1}{2\sqrt{a_0}}$, $l=\frac{a_3}{a_0}$, e così si hanno due frazioni continue periodiche, nell'intorno $\xi=\infty$; la prima dà lo sviluppo di $\sqrt{X}$ (elemento con $y=\infty$), la seconda dà lo sviluppo di $\frac{\sqrt{X}}{x}$ (elemento con $y=0$); il periodo è per entrambe di 3 frazioni parziali. Tali sviluppi sussistono nelle ipotesi: $a_4=0$ e $q_2=0$ ([22]).

17. — Le frazioni continue di Abel. — Le frazioni continue di Halphen, nel caso particolare in cui si sviluppa $\sqrt{X}$ nell'intorno $\xi=\infty$, sono *equivalenti* a quelle introdotte la prima volta da Abel ([23]); invero anche queste hanno i numeratori costanti ed i denominatori di 1° grado in x; la differenza tra le une e le altre consiste in ciò, che nelle frazioni continue di

---

([22]) V. esempi in Halphen, *F. E.*, t. II, p. 626.

([23]) *Théorie des transcendantes elliptiques*, N.i 53-58; Œuvres, 2ème éd., t. I, p. 87.

Abel sono eguali a 1 tutti i numeratori; mentre nelle frazioni continue di Halphen sono eguali a 1 i coefficienti di x in tutti i denominatori.

Vediamo quali dei risultati fin qui esposti sono contenuti nella memoria di Abel. Egli scriveva la biquadratica data nella forma:

$$R = r^2 + s, \quad \text{con} \quad r = x^2 + ax + b, \quad s = c + px;$$

quindi:

$$R = X \text{ con } p_0 = 1; \quad a = q_1, \quad b = q_2, \quad c = 2(q_1 q_3 + q_4), \quad p = q_3.$$

Le frazioni continue di cui fece uso Abel sono del tipo:

$$\sqrt{R} = r + \frac{1|}{|2\upsilon} + \frac{1|}{|2\upsilon_1} + \frac{1|}{|2\upsilon_2} + \dots,$$

dove:

$$\upsilon_m = \frac{1}{p_m}(g_m + x).$$

È facile vedere che questa frazione continua è equivalente alla (32), quando si ponga:

$$g_m = -u_{m+1}, \qquad p_m p_{m-1} = 4 v_{m+1};$$

e per conseguenza:

$$p_{2m-1} = 2\,\frac{v_2 v_4 \dots v_{2m-2} v_{2m}}{q_3 v_3 \dots v_{2m-3} v_{2m-1}}, \qquad p_{2m} = 2\,q_3\,\frac{v_3 v_5 \dots v_{2m+1}}{v_2 v_4 \dots v_{2m}}.$$

Dalla relazione di Abel

$$p_m p_{m-1} = 2\,(b - b_m)$$

si ricava allora:

$$b - b_m = 2\,v_{m+1};$$

e però la quantità, che Abel designa con q_m, coincide colla nostra $2\,v_{m+1}$.

Inoltre, essendo $b = q_2$, segue dalla (49) § 1:

$$b_m = \lambda_m, \qquad \text{indi:} \qquad r_m = x^2 + ax + b_m = A^{(m)}.$$

Dopo ciò, la relazione

$$g_m = a - \frac{c_m + q_m q_{m+1}}{p}$$

di Abel coincide colla nostra (57) § 1.

L'altra relazione di Abel

$$b_m = 2b - b_{m-2} - \frac{ap - 2c}{b - b_{m-1}} - \frac{1}{2}\frac{p^2}{(b - b_{m-1})^2}$$

coincide colla nostra (65) § 1; ed ancora la formola di Abel

$$q_1 = 2\frac{bp^2 - acp + c^2}{p^2}$$

coincide colla seconda delle (30) § 2.

Le altre semplici relazioni ricorrenti (54), (55), (56) § 1 non si trovano nella citata Memoria di Abel; colle notazioni ivi usate si scriverebbero:

$$g_m + g_{m-1} = a - \frac{1}{2}\frac{p}{b - b_m}, \qquad 2g_m g_{m-1} = b + b_{m-1} + \frac{1}{2}\frac{c - ap}{b - b_{m-1}};$$

$$b_m + b_{m-1} = 2g_m(a - g_m).$$

Le cubiche gobbe
aventi ciascuna all'infinito tre punti reali e distinti,

di GINO LORIA, a Genova.

La teoria delle cubiche gobbe, inaugurata nel 1827 dal MÖBIUS, ha raggiunto il suo pieno sviluppo e conseguito un assetto presumibilmente definitivo nel mezzo secolo che seguì la comparsa del *Barycentrische Calcul.* Una trattazione esauriente di tale teoria è contenuta nell'importante lavoro del professore E. D'OVIDIO intitolato *Studio delle cubiche gobbe mediante la notazione simbolica delle forme binarie,* presentato all'Accademia delle Scienze di Torino nell'adunanza del 9 marzo 1879 e pubblicato nel T. XXXII (2ª Serie) delle *Memorie.* Esso, unito ad un'addizione fattavi poco dopo dall'illustre autore (1), costituisce oggi ancora, dopo quasi otto lustri, la più sicura guida per coloro che intendono famigliarizzarsi con le applicazioni geometriche della teoria delle forme algebriche e rispecchia nel modo più chiaro e fedele le tendenze ed i gusti dell'epoca nella quale fu scritta, sia tenendo conto degli strumenti analitici adoperati, sia per il bando assoluto di qualunque considerazione estranea alla pura Geometria di posizione.

Ora, da circa un ventennio, venne da varie parti avvertito che, volendo accrescere la collezione delle nostre cognizioni sopra quelle notevoli forme geometriche, fosse consigliabile tenere costantemente presente il loro contegno all'infinito e prestare la debita attenzione ai fenomeni di indole metrica. Scelto tale punto di vista, parve opportuno considerare anzitutto le cubiche

---

(1) *Nota sopra alcuni iperboloidi annessi alla cubica gobba* (“ Collectanea mathematica „, Milano, 1881).

gobbe seganti il piano all'infinito in tre punti reali e distinti, le quali, per la perfetta simmetria di contegno, dànno luogo a proposizioni di singolare eleganza. Però, nei lavori a noi noti ispirati a tali concetti (²), i relativi teoremi sono o semplicemente enunciati o dimostrati, vuoi con svariate considerazioni sintetiche, vuoi con artifici analitici, che sembrano più complicati di quanto esige la natura del soggetto. Parvemi, pertanto, opportuno di coordinare e completare i risultati sinora ottenuti, servendomi regolarmente dei metodi propri dell'ordinaria Geometria analitica, nella speranza di dar così un lontano e modesto complemento alla succitata Memoria del mio venerato Maestro. Giova però dichiarare subito che gli algoritmi da me adoperati sono diversi — più elementari — da quelli costantemente usati nel prelodato *Studio*; chè sono tratti dall'Algebra ordinaria, applicata mediante la considerazione simultanea di due sestuple di costanti e di due rappresentazioni parametriche delle curve in esame, e rafforzata dall'impiego di opportune identità. Per tale via si giunge naturalmente ad aggregare ad una qualunque delle curve considerate, anzitutto, una seconda che, per il legame di reciprocanza che la unisce alla data, merita il nome di sua *conjugata*, con cui viene designata, e poi altre tre coppie di conjugate, le quali costituiscono con quelle un tutto perfettamente omogeneo.

Nel presente saggio ci siamo limitati a quanto reputammo essenziale (sorvolando in particolare sopra tutte le proprietà delle curve in questione che non differiscono da quelle di cui fruiscono tutte le cubiche gobbe); ma all'attento lettore non sfuggirà certamente come parecchi passi possano venire scelti come punti di partenza per ulteriori ricerche.

(²) Heinrichs, *Einige metrischen Eigenschaften der cubischen räumlichen Hyperbel* (" Zeitschr. f. Math. und Phys. „, T. XXXIX, 1894, pp. 213-227 e 273-289); G. Majcen, *Einige Sätze über die räumliche Hyperbel* (" Arch. f. Mathem. und Phys. „, 3. Ser., T. XIII, 1908, pp. 144-149); W. Vogt, *Metrische Untersuchungen der kubischen Hyperbel, insbesondere der gleichseitigen* (" Journ. f. die reine und angew. Mathematik „, T. 141, 1912, pp. 303-317); citeremo in seguito questi lavori col semplice nome del relativo autore. Va notato (non fosse altro a titolo di curiosità) che essi sono fra loro totalmente indipendenti, tanto che nulla dà a divedere che il Majcen ed il Vogt conoscessero i lavori precedenti sull'argomento.

§ I. — Rappresentazione analitica d'un'iperbole gobba; i due sistemi di costanti.

1. — Chiamasi *iperbole gobba* qualunque curva a doppia curvatura di terz'ordine che sia segata dal piano all'infinito in tre punti reali e distinti. Per ottenerne una conveniente rappresentazione analitica fisseremo un sistema cartesiano (in generale obliquo) avente per origine un punto arbitrario della curva e per assi tre rette passanti per i punti all'infinito di questa. In virtù di un noto teorema, la linea in questione si potrà generare col mezzo di tre fasci proiettivi, costituiti ciascuno da piani paralleli ai piani di riferimento, epperò rappresentabili col mezzo di equazioni della seguente forma:

$$x = \frac{a_1 - a_0 t}{a - t}, \quad y = \frac{b_1 - b_0 t}{b - t}, \quad z = \frac{c_1 - c_0 t}{c - t},$$

ove supporremo le costanti tutte reali; queste formole, esprimendo le coordinate di un punto arbitrario della curva in funzione della variabile indipendente t, porgono una rappresentazione parametrica di essa. Introducendo l'ipotesi che l'origine delle coordinate sia il punto della curva che corrisponde al valore ∞ del parametro, si vede che le costanti a_0, b_0, c_0 debbono essere nulle; ciò porta alle formole

$$(1) \qquad x = \frac{a_1}{a - t}, \quad y = \frac{b_1}{b - t}, \quad z = \frac{c_1}{c - t},$$

che porremo a fondamento delle considerazioni seguenti; esse mostrano subito che i punti all'infinito dell'iperbole data corrispondono ai valori a, b, c del parametro.

Eliminando t fra le equazioni (1) prese due a due si ottengono le seguenti equazioni per rappresentare i tre cilindri di 2° ordine su cui sta la curva

$$(2) \qquad \begin{cases} c_1 y - b_1 z + (b - c)\, yz = 0 \\ a_1 z - c_1 x + (c - a)\, zx = 0 \\ b_1 x - a_1 y + (a - b)\, xy = 0\,, \end{cases}$$

mentre il cono quadrico che la proietta dall'origine ha per equazione

$$(3)\qquad a_1(b-c)\,yz+b_1(c-a)\,zx+c_1(a-b)\,xy=0\,.$$

2. — Scriviamo la prima delle equazioni (2) sotto la forma seguente:

$$\left(y-\frac{b_1}{b-c}\right)\left(z-\frac{c_1}{c-b}\right)+\frac{b_1c_1}{(b-c)^2}=0\,;$$

vedremo così che essa rappresenta un cilindro iperbolico avente per asse la retta

$$y=\frac{b_1}{b-c}\,,\qquad z=\frac{c_1}{c-b}\,;$$

analogamente per le altre due equazioni (2). Quest'osservazione suggerisce di usare, assieme alle sei *primitive costanti* a, b, c, a_1, b_1, c_1, sei *nuove costanti* definite dalle formole seguenti:

$$(\mathrm{I})\qquad \left\{\begin{aligned}\alpha'&=\frac{a_1}{a-b}\,, & \beta'&=\frac{b_1}{b-c}\,, & \gamma'&=\frac{c_1}{c-a}\\ \alpha''&=\frac{a_1}{a-c}\,, & \beta''&=\frac{b_1}{b-a}\,, & \gamma''&=\frac{c_1}{c-b}\,.\end{aligned}\right.$$

Inoltre, per abbreviare, porremo:

$$(\mathrm{II})\qquad D=(b-c)(c-a)(a-b)=-\begin{vmatrix}a^2, & a, & 1\\ b^2, & b, & 1\\ c^2, & c, & 1\end{vmatrix}$$

$$(\mathrm{III})\qquad L=\frac{a_1b_1c_1}{(b-c)(c-a)(a-b)}\,.$$

Giova notare subito alcune relazioni esistenti fra le primitive e le nuove costanti, o fra queste ultime, perchè avremo occasione di farne uso frequente:

$$(\mathrm{IV})\left\{\begin{aligned}\alpha'+\alpha''&=\frac{a_1(b+c-2a)}{(c-a)(a-b)}\,,\\ \beta'+\beta''&=\frac{b_1(c+a-2b)}{(a-b)(b-c)}\,,\\ \gamma'+\gamma''&=\frac{c_1(a+b-2c)}{(b-c)(c-a)}\,;\end{aligned}\right.\qquad (\mathrm{V})\left\{\begin{aligned}\alpha'-\alpha''&=-\frac{a_1(b-c)^2}{D}\,,\\ \beta'-\beta''&=\frac{b_1(c-a)^2}{D}\,,\\ \gamma'-\gamma''&=\frac{c_1(a-b)^2}{D}\,;\end{aligned}\right.$$

$$
\text{(VI)}\begin{cases}\beta'\gamma''=-\dfrac{b_1c_1}{(b-c)^2}, \\ \gamma'\alpha''=-\dfrac{c_1a_1}{(c-a)^2}, \\ \alpha'\beta''=-\dfrac{a_1b_1}{(a-b)^2};\end{cases}
\qquad
\text{(VII)}\begin{cases}\beta''\gamma'=-\dfrac{b_1c_1}{(c-a)(a-b)}, \\ \gamma''\alpha'=-\dfrac{c_1a_1}{(a-b)(b-c)}, \\ \alpha''\beta'=-\dfrac{a_1b_1}{(b-c)(c-a)};\end{cases}
$$

$$
\text{(VIII)}\quad (\beta'-\beta'')(\gamma'-\gamma'')=-\beta'\gamma'',\quad (\gamma'-\gamma'')(\alpha'-\alpha'')=-\gamma'\alpha'',
$$
$$
(\alpha'-\alpha'')(\beta'-\beta'')=-\alpha'\beta'',
$$

ovvero

$$
(\text{VIII}^{bis})\quad \frac{\beta'}{\beta''}+\frac{\gamma''}{\gamma'}=1,\quad \frac{\gamma'}{\gamma''}+\frac{\alpha''}{\alpha'}=1,\quad \frac{\alpha'}{\alpha''}+\frac{\beta''}{\beta'}=1;
$$

$$
\text{(IX)}\quad \alpha'\beta'\gamma'=-\alpha''\beta''\gamma''=-(\alpha'-\alpha'')(\beta'-\beta'')(\gamma'-\gamma'')=L;
$$

$$
\text{(X)}\quad \frac{\alpha'+\alpha''}{\alpha'-\alpha''}+\frac{\beta'+\beta''}{\beta'-\beta''}+\frac{\gamma'+\gamma''}{\gamma'+\gamma''}=\frac{(\alpha'+\alpha'')(\beta'+\beta'')(\gamma'+\gamma'')}{L}=
$$
$$
-\frac{2(a^3+b^3+c^3)+12abc-3(b^2c+bc^2+c^2a+ca^2+a^2b+ab^2)}{(b-c)(c-a)(a-b)}.
$$

In funzione delle nuove costanti gli assi dei tre cilindri proiettanti la curva (che, per brevità, chiameremo *assi* di questa) sono rappresentati come segue:

$$
(4)\quad y=\beta',\ z=\gamma'';\qquad z=\gamma',\ x=\alpha'';\qquad x=\alpha',\ y=\beta''.
$$

3. — Prima di svolgere le conseguenze di queste formole, applicheremo la rappresentazione parametrica (1) *alla ricerca del luogo geometrico dei baricentri degli* ∞^1 *triangoli che nascono tagliando la data curva con i piani aventi una giacitura assegnata.* A tale scopo consideriamo l'equazione

$$
ux+vy+wz+\theta=0
$$

e supponiamo che in essa θ sia un parametro variabile; assegnato a questo un valore, chiamiamo t_1, t_2, t_3 i valori di t che competono alle intersezioni del corrispondente piano con la curva, cioè le radici dell'equazione:

$$
\frac{a_1u}{a-t}+\frac{b_1v}{b-t}+\frac{c_1w}{c-t}+\theta=0.
$$

Se x_0, y_0, z_0 sono le coordinate del baricentro del triangolo avente per vertici quelle intersezioni, avremo evidentemente:

$$\begin{cases} 3x_0 = a_1\left(\dfrac{1}{a-t_1} + \dfrac{1}{a-t_2} + \dfrac{1}{a-t_3}\right) \\ 3y_0 = b_1\left(\dfrac{1}{b-t_1} + \dfrac{1}{b-t_2} + \dfrac{1}{b-t_3}\right) \\ 3z_0 = c_1\left(\dfrac{1}{c-t_1} + \dfrac{1}{c-t_2} + \dfrac{1}{c-t_3}\right). \end{cases}$$

Ora, per le fatte ipotesi, sussiste la seguente identità (rispetto a t):

$$a_1 u (b-t)(c-t) + b_1 v (c-t)(a-t) + c_1 w (a-t)(b-t) + \\ + \theta (a-t)(b-t)(c-t) = -\theta (t-t_1)(t-t_2)(t-t_3),$$

nonchè la seguente che se ne deduce mediante differenziazione logaritmica:

$$-\frac{a_1 u (b+c-2t) + \dots + \theta[(b-t)(c-t) + \dots]}{a_1 u (b-t)(c-t) + \dots + \theta (a-t)(b-t)(c-t)} = \\ = \frac{1}{t-t_1} + \frac{1}{t-t_2} + \frac{1}{t-t_3};$$

facendo ivi $t = a$ se ne trae quest'altra:

$$\frac{1}{a-t_1} + \frac{1}{a-t_2} + \frac{1}{a-t_3} = \\ -\frac{a_1 u (b+c-2a) + b_1 v (c-a) + c_1 w (b-a) + \theta (b-a)(c-a)}{a_1 u (b-a)(c-a)};$$

donde consegue:

$$3x_0 = -\frac{a_1 u (b+c-2a) + b_1 v (c-a) + c_1 w (b-a)}{u (b-a)(c-a)} + \frac{\theta}{u};$$

analoghe espressioni si trovano per $3y_0$ e $3z_0$; eliminando θ fra tutte tre si giunge alla seguente equazione a tre membri:

$$(5)\quad \begin{cases} u\left\{3x_0 + \dfrac{a_1 u (b+c-2a) + b_1 v (c-a) + c_1 w (b-a)}{u (b-a)(c-a)}\right\} \\ = v\left\{3y_0 + \dfrac{a_1 u (c-b) + b_1 v (c+a-2b) + c_1 w (a-b)}{v (c-b)(a-b)}\right\} \\ = w\left\{3z_0 + \dfrac{a_1 u (b-c) + b_1 v (a-c) + c_1 w (a+b-2c)}{w (a-c)(b-c)}\right\}; \end{cases}$$

siccome queste, nelle cordinate x_0, y_0, z_0 rappresentano una retta, così resta dimostrato che *è una retta il luogo geometrico dei baricentri degli ∞^1 triangoli in cui un'iperbole gobba è tagliata da tutti i piani di giacitura assegnata.*

§ II. — Corde, tangenti, asintoti.

4. — La retta (*corda della curva*) che unisce i punti dell'iperbole cubica corrispondenti ai valori t_1, t_2 del parametro t può rappresentarsi mediante le equazioni che si ottengono annullando due dei determinanti di 3° ordine tratti dalla matrice

$$\left|\begin{matrix} x\ , & y\ , & z\ , & 1 \\ \frac{a_1}{a-t_1}\ , & \frac{b_1}{b-t_1}\ , & \frac{c_1}{c-t_1}\ , & 1 \\ \frac{a_1}{a-t_2}\ , & \frac{b_1}{b-t_2}\ , & \frac{c_1}{c-t_2}\ , & 1 \end{matrix}\right| ;$$

ora cancellando la prima verticale si ottiene, dopo qualche facile trasformazione e la soppressione del fattore non nullo $t_1 - t_2$,

$$\frac{y}{b_1}(b-t_1)(b-t_2) - b = \frac{z}{c_1}(c-t_1)(c-t_2) - c ;$$

donde è agevole dedurre che la corda in questione si può rappresentare mediante la seguente equazione a tre membri:

$$\text{(6)} \quad \frac{x}{a_1}(a-t_1)(a-t_2) - a = \frac{y}{b_1}(b-t_1)(b-t_2) - b = \\ = \frac{z}{c_1}(c-t_1)(c-t_2) - c .$$

Segue da ciò che la tangente nel punto t alla data iperbole ha per equazioni:

$$\text{(7)} \quad \frac{x}{a_1}(a-t)^2 - a = \frac{y}{b_1}(b-t)^2 - b = \frac{z}{c_1}(c-t)^2 - c .$$

In particolare, facendo $t = \infty$, si ha come rappresentazione analitica della tangente nell'origine

$$\frac{x}{a_1} = \frac{y}{b_1} = \frac{z}{c_1} ,$$

mentre, per rappresentare gli asintoti, si hanno le tre coppie di equazioni seguenti:

$$(8)\qquad \begin{cases} y=\dfrac{b_1}{b-a}, & z=\dfrac{c_1}{c-a} \\[2ex] z=\dfrac{c_1}{c-b}, & x=\dfrac{a_1}{a-b} \\[2ex] x=\dfrac{a_1}{a-c}, & y=\dfrac{b_1}{b-c}. \end{cases}$$

5. — Introducendo in queste le nuove costanti definite dalle relazioni (I) si ottiene:

$$(8')\qquad y=\beta'',\ z=\gamma';\qquad z=\gamma'',\ x=\alpha';\qquad x=\alpha'',\ y=\beta'.$$

Il paragone di queste con le equazioni (4) fa vedere che *ogni asintoto dell'iperbole gobba è parallelo ad uno dei suoi assi ed incontra gli altri due*; e viceversa che *ogni asse di quella curva è parallelo ad uno degli asintoti ed incontra gli altri due*; assi ed asintoti costituiscono, quindi, un esagono gobbo avente per lati opposti tre coppie di rette parallele.

I sei piani

$$x=\alpha',\ x=\alpha'';\qquad y=\beta',\ y=\beta'';\qquad z=\gamma',\ z=\gamma''$$

individuano un parallelepipedo — che diremo *parallelepipedo satellite* dell'iperbole gobba — di cui tre spigoli sghembi sono gli asintoti della curva ed altri tre ne sono gli assi; i vertici dell'anzidetto esagono gobbo sono i punti

$$A'(\alpha'',\beta',\gamma'),\quad B'(\alpha',\beta'',\gamma'),\quad C'(\alpha',\beta',\gamma''),$$
$$A''(\alpha',\beta'',\gamma''),\quad B''(\alpha'',\beta',\gamma''),\quad C''(\alpha'',\beta'',\gamma');$$

i rimanenti vertici del parallelepido satellite sono i punti

$$D'(\alpha',\beta',\gamma'),\qquad D''(\alpha'',\beta'',\gamma'')$$

che diremo *vertici parassiti* del parallelepipedo stesso. La loro congiungente ha per punto medio il punto $C\left(\frac{\alpha'+\alpha''}{2},\frac{\beta'+\beta''}{2},\frac{\gamma'+\gamma''}{2}\right)$, che (per ragioni che risulteranno in seguito) si chiama *centro della curva*, e coefficienti direttivi proporzionali alle differenze $\alpha' - \alpha''$, $\beta' - \beta''$, $\gamma' - \gamma''$, onde ha per equazioni:

$$\text{(9)} \qquad \frac{x - \dfrac{\alpha' + \alpha''}{2}}{\alpha' - \alpha''} = \frac{y - \dfrac{\beta' + \beta''}{2}}{\beta' - \beta''} = \frac{z - \dfrac{\gamma' + \gamma''}{2}}{\gamma' - \gamma''} ;$$

dovendo nominarla spesso, la chiameremo *diagonale principale* del parallelepipedo satellite.

I punti medi dei lati dell'esagono gobbo $A' C'' B' A'' C' B''$ stanno in un piano passante per il punto C e che è il bisettore dello strato compreso fra i due piani $A' B' C'$, $A'' B'' C''$; per trovarne l'equazione notiamo che il primo di questi piani è rappresentato come segue

$$\begin{vmatrix} x, & y, & z, & 1 \\ \alpha'', & \beta', & \gamma', & 1 \\ \alpha', & \beta'', & \gamma', & 1 \\ \alpha', & \beta', & \gamma'', & 1 \end{vmatrix} = 0,$$

ossia

$$\frac{x - \alpha'}{\alpha'' - \alpha'} + \frac{y - \beta'}{\beta'' - \beta'} + \frac{z - \gamma'}{\gamma'' - \gamma'} - 1 = 0 ;$$

similmente l'equazione del piano $A'' B'' C''$ è

$$\frac{x - \alpha''}{\alpha' - \alpha''} + \frac{y - \beta''}{\beta' - \beta''} + \frac{z - \gamma''}{\gamma' - \gamma''} - 1 = 0 ;$$

se ne deduce che l'anzidetto piano bisettore ha per equazione:

$$\text{(10)} \qquad \frac{x - \dfrac{\alpha' + \alpha''}{2}}{\alpha' - \alpha''} + \frac{y - \dfrac{\beta' + \beta''}{2}}{\beta' - \beta''} + \frac{z - \dfrac{\gamma' + \gamma''}{2}}{\gamma' - \gamma''} = 0 ;$$

lo chiameremo *piano mediano* dell' iperbole gobba. Esso è tagliato dagli asintoti e dagli assi della data curva secondo i due triangoli:

$$\left\{ \begin{matrix} \dfrac{\alpha' + \alpha''}{2}, & \beta'', & \gamma' \\ \alpha', & \dfrac{\beta' + \beta''}{2}, & \gamma'' \\ \alpha'', & \beta', & \dfrac{\gamma' + \gamma''}{2} \end{matrix} \right. \qquad \left\{ \begin{matrix} \dfrac{\alpha' + \alpha''}{2}, & \beta', & \gamma'' \\ \alpha'', & \dfrac{\beta' + \beta''}{2}, & \gamma' \\ \alpha', & \beta'', & \dfrac{\gamma' + \gamma''}{2} \end{matrix} \right. ;$$

ora siccome questi hanno per comune baricentro il punto $\left(\frac{\alpha'+\alpha''}{2}, \frac{\beta'+\beta''}{2}, \frac{\gamma'+\gamma''}{2}\right)$ così possiamo dire: *il piano mediano d'un' iperbole gobba ne taglia gli asintoti e gli assi secondo due triangoli aventi per comune baricentro il centro della curva.*

6. — Introducendo le nuove costanti α', ..., γ'' nelle equazioni (2) dei cilindri proiettanti la data iperbole, queste assumono il seguente aspetto:

$$(2') \qquad (y-\beta')(z-\gamma'')=\beta'\gamma'', \qquad (z-\gamma')(x-\alpha'')=\gamma'\alpha'',$$
$$(x-\alpha')(y-\beta'')=\alpha'\beta''.$$

Facciamo ora un cambiamento di coordinate, assumendo come nuova origine un vertice parassita del triedro satellite, per es. il punto $D'(\alpha', \beta', \gamma')$, e mantenendo immutata la direzione degli assi; dette x', y', z' le nuove coordinate del punto (x, y, z) sussisteranno le equazioni:

$$(11) \qquad x-\alpha'=x', \qquad y-\beta'=y', \qquad z-\gamma'=z',$$

e le equazioni precedenti diverranno:

$$y'(z'+\gamma'-\gamma'')=\beta'\gamma'', \qquad z'(x'+\alpha'-\alpha'')=\gamma'\alpha'',$$
$$x'(y'+\beta'-\beta'')=\alpha'\beta''.$$

Ora da queste, tenendo conto delle relazioni (VIII) e (IX), si trae:

$$x'y'z'=-x'y'(\gamma'-\gamma'')-(\beta'-\beta'')(\gamma'-\gamma'')x'=$$
$$=-(\gamma'-\gamma'')\{x'y'+(\beta'-\beta'')x'\}=-(\gamma'-\gamma'')\alpha'\beta''=$$
$$=(\alpha'-\alpha'')(\beta'-\beta'')(\gamma'-\gamma'')=-L.$$

Se invece si fosse scelta come nuova origine il punto $D''(\alpha'', \beta'', \gamma'')$, ponendo:

$$(12) \qquad x-\alpha''=x'', \qquad y-\beta''=y'', \qquad z-\gamma''=z'',$$

si sarebbe trovato similmente:

$$x''y''z''=+L.$$

Dunque: *Assunto un sistema di coordinate cartesiane avente per origine un vertice parassita del parallelepipedo satellite d'una iperbole gobba e gli assi paralleli agli asintoti, per tutti i punti della curva è costante il prodotto delle tre coordinate* (MAJCEN, p. 145; VOGT, p. 309).

7. — Se nelle equazioni (6) noi supponiamo date x, y, z ed incogniti i valori t_1, t_2 del parametro, esse potranno servire a determinare la corda della curva che esce dal punto (x, y, z). Per eseguire il calcolo relativo, chiamiamo u il valore comune dei tre membri della (6); le (6) stesse possono allora scriversi come segue:

$$a^2 - \frac{a a_1}{x} - (t_1 + t_2) a + t_1 t_2 - \frac{a_1}{x} u = 0$$
$$b^2 - \frac{b b_1}{y} - (t_1 + t_2) b + t_1 t_2 - \frac{b_1}{y} u = 0$$
$$c^2 - \frac{c c_1}{z} - (t_1 + t_2) c + t_1 t_2 - \frac{c_1}{z} u = 0;$$

considerando poi anche l'equazione

$$\omega^2 - (t_1 + t_2)\,\omega + t_1 t_2 = 0;$$

avente per radici i cercati valori del parametro, si potranno eliminare linearmente le quantità $t_1 + t_2$, t_1, t_2, u; si giunge così alla seguente equazione risolutrice del problema:

$$\text{(13)} \qquad \begin{vmatrix} \omega^2 \,, & \omega\,, & 1\,, & 0 \\ a^2 - \frac{a a_1}{x}\,, & a\,, & 1\,, & \frac{a_1}{x} \\ b^2 - \frac{b b_1}{y}\,, & b\,, & 1\,, & \frac{b_1}{y} \\ c^2 - \frac{c c_1}{z}\,, & c\,, & 1\,, & \frac{c_1}{z} \end{vmatrix} = 0,$$

ossia:

$$\text{(13')} \quad \left\{ \begin{aligned} &\frac{a_1}{x}(b-c)(\omega-b)(\omega-c) + \frac{b_1}{y}(c-a)(\omega-c)(\omega-a) + \\ &\qquad\qquad + \frac{c_1}{z}(a-b)(\omega-a)(\omega-b) \\ &= \frac{b_1 c_1}{yz}(b-c)(\omega-a) + \frac{c_1 a_1}{zx}(c-a)(\omega-b) + \frac{a_1 b_1}{xy}(a-b)(\omega-c). \end{aligned} \right.$$

Se ora immaginiamo che il punto (x, y, z) si allontani indefinitamente nella direzione (l, m, n), si ottiene, per determinare la corda della data curva avente appunto tale direzione, la seguente equazione quadratica in ω:

$$(14) \qquad \frac{a_1(b-c)}{l(\omega-a)} + \frac{b_1(c-a)}{m(\omega-b)} + \frac{c_1(a-b)}{n(\omega-c)} = 0 .$$

§ III. — Iperboli gobbe fra loro coniugate.

8. — Una cubica gobba è notoriamente individuata da sei dei suoi punti, non tutti necessariamente distinti; supponendo coincidano a coppie, se ne deduce che una cubica gobba è determinata da tre punti e dalle corrispondenti tangenti; in particolare *un'iperbole gobba è determinata dai suoi tre asintoti.* Ciò prova che noi possiamo considerare, accanto alla data iperbole, una seconda curva analoga avente per asintoti gli assi della data; allora gli assi dei cilindri proiettanti questa nuova curva saranno tre rette, ognuna delle quali è parallela ad uno degli asintoti della data ed incontra gli altri due, onde coincide con uno dei suoi assi; le due curve sono, dunque, fra loro in una situazione reciproca, epperò si chiamano fra loro *conjugate* (HEINRICHS, p. 224; VOGT, p. 309); indicheremo la data col simbolo Γ_d e la sua conjugata con $\overline{\Gamma}_d$.

Due iperboli conjugate hanno comune il centro ed il piano mediano.

Il paragone delle formole (4) e (8′) mostra che *dalle formole relative all'una si passa a quelle concernenti l'altra col semplice scambio delle lettere* α', β', γ' *risp. con* $\alpha'', \beta'', \gamma''$.

Esiste evidentemente un'iperboloide ad una falda contenente gli assi e gli asintoti delle due curve Γ_d, $\overline{\Gamma}_d$; lo si chiama *iperboloide asintotico* delle stesse; per trovarne l'equazione, basta osservare che esso può intendersi generato dai due fasci di piani che proiettano i punti del primo asintoto della data curva dagli altri due. Questo concetto guida facilmente alla seguente equazione dell'iperboloide asintotico:

$$(15) \qquad \begin{aligned} &\alpha' yz + \beta' zx + \gamma' xy - \beta'\gamma' x - \gamma'\alpha' y - \alpha'\beta' z + \alpha'\beta'\gamma' = \\ &\alpha'' yz + \beta'' zx + \gamma'' xy - \beta''\gamma'' x - \gamma''\alpha'' y - \alpha''\beta'' z + \alpha''\beta''\gamma'', \end{aligned}$$

la cui forma mette in evidenza che *due iperboli conjugate hanno lo stesso iperboloide asintotico.*

Tenendo presenti le equazioni (9), (10) si dimostra facilmente che *il piano mediano del parallelepipedo è conjugato alla direzione della sua diagonale principale rispetto all'iperboloide asintotico.*

Questo, essendo circoscritto all'esagono gobbo $A'C''B'A''C'B''$, ha per diametri le rette $A'A''$, $B'B''$, $C'C''$, epperò è concentrico al parallelepipedo satellite. Preso il centro C di questo per origine e tenuta fissa la direzione degli assi, l'equazione della superficie assumerà l'aspetto seguente:

$$(\alpha'-\alpha'')YZ+(\beta'-\beta'')ZX+(\gamma'-\gamma'')XY+M=0;$$

dove M è il risultato della sostituzione delle coordinate $\left(\frac{\alpha'+\alpha''}{2}, \frac{\beta'+\beta''}{2}, \frac{\gamma'+\gamma''}{2}\right)$ della nuova origine nel primo membro della (15), cioè:

$$M=\frac{(\alpha'-\alpha'')(\beta'+\beta'')(\gamma'+\gamma'')+\dots}{4}-\frac{(\beta'\gamma'-\beta''\gamma'')(\alpha'+\alpha'')+\dots}{2}+2L.$$

Per semplificare quest'espressione notiamo che dalla (IX) si trae:

$$(\alpha'\beta''\gamma''+\dots)-(\alpha''\beta'\gamma'+\dots)=-3L;$$

in conseguenza:

$$(\alpha'-\alpha'')(\beta'+\beta'')(\gamma'+\gamma'')+\dots=$$
$$3(\alpha'\beta'\gamma'-\alpha''\beta''\gamma'')+(\alpha''\beta'\gamma'+\dots)-(\alpha'\beta''\gamma''+\dots)=9L,$$
$$(\beta'\gamma'-\beta''\gamma'')(\alpha'+\alpha'')+\dots=$$
$$3(\alpha'\beta'\gamma'-\alpha''\beta''\gamma'')+(\alpha''\beta'\gamma'+\dots)-(\alpha'\beta''\gamma''+\dots)=9L.$$

Ciò prova che:

$$M=\frac{9L}{4}-\frac{9L}{2}+2L=-\frac{L}{4}=\frac{(\alpha'-\alpha'')(\beta'-\beta'')(\gamma'-\gamma'')}{4}.$$

Concludiamo, quindi, che l'equazione dell'iperboloide asintotico riferita al centro è

$$(15')\qquad (\alpha'-\alpha'')YZ+(\beta'-\beta'')ZX+(\gamma'-\gamma'')XY+$$
$$+\frac{(\alpha'-\alpha'')(\beta'-\beta'')(\gamma'-\gamma'')}{4}=0.$$

9. — Da un punto qualunque P della data curva conduciamo tre piani, ognuno dei quali sia parallelo a due asintoti e determiniamone l'intersezione col terzo. I tre punti P_1, P_2, P_3 così risultanti determinano un piano, la cui equazione si trova facilmente essere la seguente:

$$(16)\qquad \begin{vmatrix} x\,, & y\,, & z\,, & 1 \\ \frac{a_1}{a-t}\,, & \frac{b_1}{b-a}\,, & \frac{c_1}{c-a}\,, & 1 \\ \frac{a_1}{a-b}\,, & \frac{b_1}{b-t}\,, & \frac{c_1}{c-b}\,, & 1 \\ \frac{a_1}{a-c}\,, & \frac{b_1}{b-c}\,, & \frac{c_1}{c-t}\,, & 1 \end{vmatrix} = 0\,.$$

Da questa si possono dedurre parecchie notevoli prerogative del corrispondente piano. Infatti, sostituiamo nel primo membro della (16) alle x, y, z le coordinate $\frac{a_1}{a-b}, \frac{b_1}{b-c}, \frac{c_1}{c-a}$ del vertice parassita D' del parallelepipedo satellite: otterremo:

$$a_1 b_1 c_1 \begin{vmatrix} \frac{1}{a-b}\,, & \frac{1}{b-c}\,, & \frac{1}{c-a}\,, & 1 \\ \frac{1}{a-t}\,, & \frac{1}{b-a}\,, & \frac{1}{c-a}\,, & 1 \\ \frac{1}{a-b}\,, & \frac{1}{b-t}\,, & \frac{1}{c-b}\,, & 1 \\ \frac{1}{a-c}\,, & \frac{1}{b-c}\,, & \frac{1}{c-t}\,, & 1 \end{vmatrix} =$$

$$= \frac{a_1 b_1 c_1}{(b-c)(c-a)(a-b)} \begin{vmatrix} 0\,, & \frac{t-b}{a-t}\,, & \frac{a-c}{b-a} \\ \frac{b-a}{c-b}\,, & 0\,, & \frac{t-c}{b-t} \\ \frac{t-a}{c-t}\,, & \frac{c-b}{a-c} & 0 \end{vmatrix} = 0\,.$$

Dunque il piano $P_1 P_2 P_3$ passa per D'. Similmente si dimostra che passa per D''.

Inoltre se nel determinante (16) togliamo dalle verticali 1ª, 2ª e 3ª l'ultima moltiplicata risp. per $\frac{a_1}{a-t}, \frac{b_1}{b-t}, \frac{c_1}{c-t}$

otterremo, dopo qualche trasformazione:

$$(16') \quad b_1 c_1 \left(x - \frac{a_1}{a-t}\right) \frac{a-t}{b-c} + c_1 a_1 \left(y - \frac{b_1}{b-t}\right) \frac{b-t}{c-a} + \\ + a_1 b_1 \left(z - \frac{c_1}{c-t}\right) \frac{c-t}{a-b} = 0,$$

e questa pone in evidenza che il piano P_1, P_2, P_3 passa per il punto P dal quale prendemmo le mosse.

Da tutto ciò emerge la seguente descrizione di un'iperbole gobba determinata dai suoi asintoti: *Si costruisca completamente il parallelepipedo satellite della curva e si conduca ad arbitrio un piano per la sua diagonale principale; di tal piano si trovino le intersezioni con gli asintoti; i piani condotti dai punti risultanti parallelamente alle facce del parallelepipedo satellite s'incontreranno in un punto della curva* (Majcen, p. 145).

10. — Traducendo in formole tale costruzione si perviene ad una nuova rappresentazione parametrica della curva in questione, nella quale entrano esplicitamente le nuove costanti α', β', γ', α'', β'', γ''. Ricordando, infatti, l'equazione (9) della diagonale principale del parallelepipedo satellite, si vede che ogni piano passante per essa ha un'equazione della forma:

$$\lambda \frac{x - \frac{\alpha'+\alpha''}{2}}{\alpha'-\alpha''} + \mu \frac{y - \frac{\beta'+\beta''}{2}}{\beta'-\beta''} + \nu \frac{z - \frac{\gamma'+\gamma''}{2}}{\gamma'-\gamma''} = 0,$$

purchè i parametri λ, μ, ν soddisfino alla condizione

$$(17) \qquad \lambda + \mu + \nu = 0.$$

Tale piano taglia il primo asintoto della curva nel punto di coordinate:

$$\frac{\alpha'+\alpha''}{2} + \frac{\mu-\nu}{2\lambda}(\alpha'-\alpha''),\ \beta'',\ \gamma';$$

perciò il piano condotto per questo punto parallelamente agli altri due asintoti ha per equazione:

$$x = \frac{\alpha'+\alpha''}{2} + \frac{\mu-\nu}{2\lambda}(\alpha'-\alpha'');$$

ragionando similmente sopra gli altri due asintoti, si vede che il punto comune ai tre piani, di cui parla il teorema, ha le seguenti coordinate:

$$(18_d)\qquad \begin{cases} x = \dfrac{\alpha' + \alpha''}{2} + \dfrac{\mu - \nu}{2\lambda}(\alpha' - \alpha'') \\ y = \dfrac{\beta' + \beta''}{2} + \dfrac{\nu - \lambda}{2\mu}(\beta' - \beta'') \\ z = \dfrac{\gamma' + \gamma''}{2} + \dfrac{\lambda - \mu}{2\nu}(\gamma' - \gamma'') \end{cases}$$

e queste formole, al variare dei parametri λ, μ, ν legati dalla relazione (17), costituiscono la nuova rappresentazione parametrica della curva data. P. es. i punti all'infinito corrispondono alle seguenti terne di valori dei parametri:

$$0, 1, -1; \qquad -1, 0, 1; \qquad 1, -1, 0.$$

Se nelle formole (18_d) si scambiano le costanti α', β', γ' rispett. con α'', β'', γ'', si otterrà l'analoga rappresentazione parametrica della curva $\overline{\Gamma}_d$ conjugata di Γ_d; è la seguente:

$$(\overline{18_d})\qquad \begin{cases} \bar{x} = \dfrac{\alpha' + \alpha''}{2} - \dfrac{\mu - \nu}{2\lambda}(\alpha' - \alpha'') \\ \bar{y} = \dfrac{\beta' + \beta''}{2} - \dfrac{\nu - \lambda}{2\mu}(\beta' - \beta'') \\ \bar{z} = \dfrac{\gamma' + \gamma''}{2} - \dfrac{\lambda - \mu}{2\nu}(\gamma' - \gamma'') . \end{cases}$$

Ora dal paragone delle omologhe formole (18_d) e ($\overline{18_d}$) si trae:

$$\frac{x + \bar{x}}{2} = \frac{\alpha' + \alpha''}{2}, \qquad \frac{y + \bar{y}}{2} = \frac{\beta' + \beta''}{2}, \qquad \frac{z + \bar{z}}{2} = \frac{\gamma' + \gamma''}{2},$$

relazioni che dicono: *due iperboli gobbe conjugate sono simmetriche rispetto al loro centro comune* (Heinrichs, p. 226).

11. — Se, mantenendo fissa la direzione degli assi, scegliamo per origine il centro C della data curva, dovremo effettuare la trasformazione di coordinate determinata dalle formole:

$$(19)\qquad X = x - \frac{\alpha' + \alpha''}{2}, \quad Y = y - \frac{\beta' + \beta''}{2}, \quad Z = z - \frac{\gamma' + \gamma''}{2};$$

se di più poniamo per brevità:

$$(20)\qquad \frac{\alpha'-\alpha''}{2}=\alpha\,,\qquad \frac{\beta'-\beta''}{2}=\beta\,,\qquad \frac{\gamma'-\gamma''}{2}=\gamma$$

otterremo, per rappresentare la curva Γ_d, le formole:

$$(21)\qquad X=\alpha\frac{\mu-\nu}{\lambda}\,,\qquad Y=\beta\frac{\nu-\lambda}{\mu}\,,\qquad Z=\gamma\frac{\lambda-\mu}{\nu}\,,$$

le quali ne dànno quella che può ben dirsi *rappresentazione parametrica canonica.*

Assumendo invece per origine uno dei vertici parassiti del parallelepipedo satellite, dovremo eseguire la trasformazione indicata dalle formole (11) o (12); le (18_d) diverranno allora (tenendo conto della identità fondamentale (17)):

$$x'=(\alpha'-\alpha'')\frac{\mu}{\lambda}\,,\qquad y'=(\beta'-\beta'')\frac{\nu}{\mu}\,,\qquad z'=(\gamma'-\gamma'')\frac{\lambda}{\nu}\,,$$

oppure:

$$x''=(\alpha''-\alpha')\frac{\mu}{\lambda}\,,\qquad y''=(\beta''-\beta')\frac{\nu}{\lambda}\,,\qquad z''=(\gamma''-\gamma')\frac{\lambda}{\mu}\,;$$

ora da queste si trae:

$$x'y'z'=-L\,,\qquad x''y''z''=+L\,,$$

e si ritrova così il teorema già stabilito nel n. 6.

Giova rilevare che questa dimostrazione è indipendente dalla precedente, perchè riposa sopra la nuova rappresentazione parametrica, a cui si giunse senza ricorrere alle (1).

12. — Per ottenere direttamente le equazioni del cilindro, che proietta la curva Γ_d parallelamente all'asse delle x, basta eliminare λ, μ, ν fra la (17) e le (20, 2ª e 3ª), nelle quali quei parametri entrano linearmente; si giunge così all'equazione:

$$(Y-\beta)(Z+\gamma)+4\beta\gamma=0.$$

Similmente si trovano le equazioni degli altri due cilindri di 2° ordine proiettanti la data curva. Se nelle equazioni risultanti si scambiano α', β', γ' risp. con α'', β'' γ'' (in altre parole se si mutano i segni delle α, β, γ) si otterranno le analoghe equazioni relative all'iperbole conjugata. In totale si arriva alle due seguenti terne di equazioni:

$$(22_d) \quad \begin{cases} (Y-\beta)(Z+\gamma)+4\beta\gamma=0 \\ (Z-\gamma)(X+\alpha)+4\gamma\alpha=0 \\ (X-\alpha)(Y+\beta)+4\alpha\beta=0 \end{cases}$$

$$(\overline{22}_d) \quad \begin{cases} (Y+\beta)(Z-\gamma)+4\beta\gamma=0 \\ (Z+\gamma)(X-\alpha)+4\gamma\alpha=0 \\ (X+\alpha)(Y-\beta)+4\alpha\beta=0\,. \end{cases}$$

Emerge da queste che le equazioni delle reti di quadriche aventi per basi le due iperboli Γ_d e $\overline{\Gamma}_d$ hanno risp. per equazioni (se Λ, M, N sono parametri arbitrari):

$$(23) \quad \begin{cases} \Lambda(YZ+\gamma Y-\beta Z+3\beta\gamma)+M(ZX+\alpha Z-\gamma X+3\gamma\alpha)+ \\ \qquad +N(XY+\beta X-\alpha Y+3\alpha\beta)=0 \\ \Lambda(YZ-\gamma Y+\beta Z+3\beta\gamma)+M(ZX-\alpha Z+\gamma X+3\gamma\alpha)+ \\ \qquad +N(XY-\beta X+\alpha Y+3\alpha\beta)=0\,. \end{cases}$$

Un facile calcolo mostra che i centri delle quadriche di ciascuna di queste reti stanno sulla superficie di equazione:

$$(24) \quad (X-\alpha)(Y-\beta)(Z-\gamma)+(X+\alpha)(Y+\beta)(Z+\gamma)=0,$$

ovvero:

$$(24') \qquad 2XYZ+\beta\gamma X+\gamma\alpha Y+\alpha\beta Z=0\,;$$

chiamando *superfice centrale* di una rete di quadriche il luogo geometrico dei centri delle superficie in essa contenute, potremo dire che *due iperboli conjugate hanno la medesima superficie centrale.* Studieremo meglio più avanti (n. 28) questa notevole superficie; pel momento limitiamoci a rilevare che la (27) mostra che *la superficie centrale di due iperboli gobbe coniugate contiene gli asintoti delle due curve* (il che potevasi prevedere, avendo presente che gli asintoti di una di esse sono assi dei cilindri proiettanti l'altra).

Ritorniamo alle equazioni (23) per notare che, facendo in entrambe $\mathsf{\Lambda} = \alpha$, $\mathsf{M} = \beta$, $\mathsf{N} = \gamma$, esse si identificano nella seguente:

$$\alpha YZ + \beta ZX + \gamma XY + 9\alpha\beta\gamma = 0\,; \tag{25}$$

dunque *due iperboli conjugate appartengono alla stessa quadrica*, di cui la (25) è l'equazione; esse costituiscono la completa intersezione di questa superficie con un cono cubico avente per vertice il centro di quella.

Per meglio caratterizzare la detta quadrica, osserviamo che, grazie alla (20), l'equazione (15') dell'iperboloide asintotico può scriversi:

$$\alpha YZ + \beta ZX + \gamma XY + \alpha\beta\gamma = 0. \tag{15''}$$

Dunque: *la quadrica contenente due iperboli conjugate è concentrica ed omotetica al loro comune iperboloide asintotico, essendo eguale a 3 il coefficiente di dilatazione che muta questa in quella.*

13. — Dalle equazioni (21) si può far scomparire il parametro λ mediante la (17); posto poi

$$\frac{\nu}{\mu} = \vartheta,$$

esse divengono:

$$\frac{X}{\alpha} = \frac{\vartheta - 1}{\vartheta + 1}, \quad \frac{Y}{\beta} = 1 + 2\vartheta, \quad \frac{Z}{\gamma} = -\left(1 + \frac{2}{\vartheta}\right). \tag{26}$$

Similmente dimostrasi che l'iperbole $\overline{\Gamma_d}$ coniugata di Γ_d è rappresentabile mediante le equazioni

$$\frac{X}{\alpha} = -\frac{\vartheta - 1}{\vartheta + 1}, \quad \frac{Y}{\beta} = -(1 + 2\vartheta), \quad \frac{Z}{\gamma} = 1 + \frac{2}{\vartheta}. \tag{$\overline{26}$}$$

Ora se scriviamo l'equazione (25) sotto la forma:

$$\left(\frac{X}{\alpha} + \frac{Y}{\beta}\right)\left(\frac{X}{\alpha} + \frac{Z}{\gamma}\right) = \left(\frac{X}{\alpha} + 3\right)\left(\frac{X}{\alpha} - 3\right),$$

vedremo che di quella quadrica è una generatrice la retta r rappresentata dalle equazioni:

$$\frac{X}{\alpha}+\frac{Y}{\beta}=0\,, \qquad \frac{X}{\alpha}+3=0\,,$$

ossia:

$$\frac{X}{\alpha}+3=0\,, \qquad \frac{Y}{\beta}-3=0\,.$$

Un piano arbitrario π per r ha un'equazione della forma:

$$\left(\frac{X}{\alpha}+3\right)+\rho\left(\frac{Y}{\beta}-3\right)=0\,,$$

onde i punti in cui esso taglia la curva (26) fuori della retta r corrispondono ai valori di ϑ che soddisfano l'equazione:

$$\frac{\vartheta-1}{\vartheta+1}+3+2\rho(\vartheta-1)=0\,,$$

ossia

(*) $$\rho\vartheta^2+2\vartheta+(1-\rho)=0.$$

Essendo questa un'equazione quadratica in ϑ, r è una unisecante della curva Γ_d e lo stesso accade di tutte le generatrici dell'iperboloide (25) facenti parte del sistema definito dalla retta r; sul piano π si trova ancora la corda della stessa curva che unisce i punti corrispondenti ai valori ϑ_1, ϑ_2 del parametro che sono radici della (*). Notiamo che

(**) $$\vartheta_1+\vartheta_2=-\frac{2}{\rho}\,, \qquad \vartheta_1\vartheta_2=\frac{1}{\rho}-1\,,$$

che di quella corda il punto medio è sempre reale e che le coordinate X_0, Y_0, Z_0 di questo sono date dalle formole:

$$\frac{X_0}{\alpha}=\frac{1}{2}\left(\frac{\vartheta_1-1}{\vartheta_1+1}+\frac{\vartheta_2-1}{\vartheta_2+1}\right)=\frac{\vartheta_1\vartheta_2-1}{\vartheta_1\vartheta_2+(\vartheta_1+\vartheta_2)+1}$$

$$\frac{Y_0}{\beta}=1+(\vartheta_1+\vartheta_2)$$

$$\frac{Z_0}{\gamma}=-\left(1+\frac{\vartheta_1+\vartheta_2}{\vartheta_1\vartheta_2}\right),$$

ossia per le (**):

$$\frac{X_0}{\alpha}=2\rho-1\,, \qquad \frac{Y_0}{\beta}=\frac{\rho-2}{\rho}\,, \qquad \frac{Z_0}{\gamma}=\frac{1+\rho}{1-\rho}\,.$$

Ora se a ρ noi sostituiamo il parametro σ definito dalla relazione

$$\rho = \frac{1}{1+\sigma},$$

trasformeremo le precedenti equazioni in queste altre:

$$\frac{X_0}{\alpha} = -\frac{\sigma-1}{\sigma+1}, \qquad \frac{Y_0}{\beta} = -1+2\sigma, \qquad \frac{Z_0}{\gamma} = 1+\frac{2}{\sigma};$$

e queste, avuto riguardo alle $(\overline{26})$, mostrano che il punto (X_0, Y_0, Z_0) è quello che, sulla curva $\overline{\Gamma}_d$, corrisponde al valore σ del parametro ϑ.

Se, finalmente, si tiene presente la perfetta reciprocità esistente fra le curve Γ_d, $\overline{\Gamma}_d$ si è autorizzati a concludere: *I punti medi delle corde d'un'iperbole cubica che sono situate sopra l'iperboloide passante anche per l'iperbole conjugata, appartengono a questa; e viceversa* (VOGT, p. 311).

Le generatrici di un sistema di quell'iperboloide sono, quindi, unisecanti rispetto a Γ_d, bisecanti rispetto a $\overline{\Gamma}_d$ e l'opposto avviene per l'altro sistema; le due iperboli avranno, quindi, comuni 5 punti; tre si trovano all'infinito; i due altri verranno determinati più avanti (v. n. 20).

§ IV. — Le quattro coppie di iperboli gobbe conjugate aventi il medesimo parallelepipedo satellite.

14. — Gli asintoti e gli assi delle due iperboli gobbe sinora considerate costituiscono un esagono gobbo avente per vertici tutti quelli del parallelepipedo satellite, esclusi i vertici parassiti D', D''. Ma è evidente che altre tre analoghe coppie di curve, aventi lo stesso centro e gli stessi punti all'infinito, si possono ottenere sopprimendo successivamente ciascuna delle coppie A', A''; B', B''; C', C''; come chiamammo Γ_d, $\overline{\Gamma}_d$ le prime due iperboli gobbe, designeremo con Γ_a, $\overline{\Gamma}_a$; Γ_b, $\overline{\Gamma}_b$; Γ_c, $\overline{\Gamma}_c$ queste tre nuove coppie. Nel quadro seguente sono compendiate le equazioni delle quattro sestuple di rette, che funzionano da asintoti ed assi per le quattro coppie di iperboli gobbe annesse al parallelepipedo sinora considerato:

$$(a)\quad \begin{cases} y=\beta'', & z=\gamma' \\ x=\alpha'', & z=\gamma'' \\ x=\alpha'', & y=\beta' \end{cases} \qquad \begin{cases} y=\beta', & z=\gamma'' \\ x=\alpha', & z=\alpha' \\ x=\alpha'', & y=\beta'' \end{cases}$$

$$(b)\quad \begin{cases} y=\beta', & z=\gamma' \\ x=\alpha', & z=\gamma'' \\ x=\alpha'', & y=\beta'' \end{cases} \qquad \begin{cases} y=\beta'', & z=\gamma'' \\ x=\alpha'', & z=\gamma' \\ x=\alpha', & y=\beta' \end{cases}$$

$$(c)\quad \begin{cases} y=\beta'', & z=\gamma'' \\ x=\alpha', & z=\gamma' \\ x=\alpha'', & y=\beta' \end{cases} \qquad \begin{cases} y=\beta', & z=\gamma' \\ x=\alpha'', & z=\gamma'' \\ x=\alpha', & y=\beta'' \end{cases}$$

$$(d)\quad \begin{cases} y=\beta', & z=\gamma'' \\ x=\alpha'', & z=\gamma' \\ x=\alpha', & y=\beta'' \end{cases} \qquad \begin{cases} y=\beta'', & z=\gamma' \\ x=\alpha', & z=\gamma' \\ x=\alpha'', & y=\beta' \end{cases}$$

L'ultima sestupla è quella che compete alle due iperboli Γ_d e $\overline{\Gamma_d}$ già considerate; paragonandola alle altre tre, si vede che *dalle formole concernenti la coppia* (d) *si ottengono quelle relative alla coppia*:

(*a*) *scambiando* β' *con* β'' *e* γ' *con* γ'', *cioè mutando i segni di* β *e* γ;

(*b*) " γ' " γ'' " α' " α'', " " " γ " α;

(*c*) " α' " α'' " β' " β'', " " " α " β.

15. — Applicando questo procedimento alle equazioni (18_d) e $(\overline{18_d})$, si ottengono subito le rappresentazioni parametriche delle tre nuove coppie di iperboli gobbe coniugate, cioè:

$$(18_a)\qquad \begin{cases} x=\dfrac{\alpha'+\alpha''}{2}+\dfrac{\mu-\nu}{2\lambda}(\alpha'-\alpha'') \\[2ex] y=\dfrac{\beta'+\beta''}{2}-\dfrac{\nu-\lambda}{2\mu}(\beta'-\beta'') \\[2ex] z=\dfrac{\gamma'+\gamma''}{2}-\dfrac{\lambda-\mu}{2\nu}(\gamma'-\gamma'') \end{cases}$$

$$(\overline{18^a})\qquad \begin{cases} \bar{x}=\dfrac{\alpha'+\alpha''}{2}-\dfrac{\mu-\nu}{2\lambda}(\alpha'-\alpha'') \\[2ex] \bar{y}=\dfrac{\beta'+\beta''}{2}+\dfrac{\nu-\lambda}{2\mu}(\beta'-\beta'') \\[2ex] \bar{z}=\dfrac{\gamma'+\gamma''}{2}+\dfrac{\lambda-\mu}{2\nu}(\gamma'-\gamma'') \end{cases}$$

$$(18_b)\quad \begin{cases} x = \dfrac{\alpha'+\alpha''}{2} - \dfrac{\mu-\nu}{2\lambda}(\alpha'-\alpha'') \\ y = \dfrac{\beta'+\beta''}{2} + \dfrac{\nu-\lambda}{2\mu}(\beta'-\beta'') \\ z = \dfrac{\gamma'+\gamma''}{2} - \dfrac{\lambda-\mu}{2\nu}(\gamma'-\gamma'') \end{cases}$$

$$(\overline{18_b})\quad \begin{cases} \bar{x} = \dfrac{\alpha'+\alpha''}{2} + \dfrac{\mu-\nu}{2\lambda}(\alpha'-\alpha'') \\ \bar{y} = \dfrac{\beta'+\beta''}{2} - \dfrac{\nu-\lambda}{2\mu}(\beta'-\beta'') \\ \bar{z} = \dfrac{\gamma'+\gamma''}{2} + \dfrac{\lambda-\mu}{2\nu}(\gamma'-\gamma'') \end{cases}$$

$$(18_c)\quad \begin{cases} x = \dfrac{\alpha'+\alpha''}{2} - \dfrac{\mu-\nu}{2\lambda}(\alpha'-\alpha'') \\ y = \dfrac{\beta'+\beta''}{2} - \dfrac{\nu-\lambda}{2\mu}(\beta'-\beta'') \\ z = \dfrac{\gamma'+\gamma''}{2} + \dfrac{\lambda-\mu}{2\nu}(\gamma'-\gamma'') \end{cases}$$

$$(\overline{18_c})\quad \begin{cases} \bar{x} = \dfrac{\alpha'+\alpha''}{2} + \dfrac{\mu-\nu}{2\lambda}(\alpha'-\alpha'') \\ \bar{y} = \dfrac{\beta'+\beta''}{2} + \dfrac{\nu-\lambda}{2\mu}(\beta'-\beta'') \\ \bar{z} = \dfrac{\gamma'+\gamma''}{2} - \dfrac{\lambda-\mu}{2\nu}(\gamma'-\gamma''), \end{cases}$$

essendo i parametri λ, μ, ν sempre legati dalla relazione (17).

Dalla semplice ispezione di queste formole si desume che *i punti delle otto curve considerate, che corrispondono ad una stessa terna di parametri, sono vertici di un parallelepipedo concentrico al dato parallelepipedo satellite e con gli spigoli paralleli agli spigoli di questo*; noto, quindi, uno dei vertici, gli altri si costruiscono agevolmente.

Applicando il medesimo procedimento all'equazione (15″) si ottengono lo seguenti equazioni dei tre iperboloidi asintotici delle tre nuove coppie di iperboli conjugate:

$$\alpha YZ - \beta ZX - \gamma XY + \alpha\beta\gamma = 0$$
$$-\alpha YZ + \beta ZX - \gamma XY + \alpha\beta\gamma = 0$$
$$-\alpha YZ - \beta ZX + \gamma XY + \alpha\beta\gamma = 0,$$

donde emerge che *due qualunque dei quattro iperboloidi considerati si tagliano in una coppia di coniche* (cioè sono fra loro bitangenti), ecc.

Lo stesso procedimento, applicato alle equazioni (22_d) e ($\overline{22_d}$), conduce alle seguenti equazioni dei cilindri proiettanti le curve Γ_a, $\overline{\Gamma}_a$; Γ_b, $\overline{\Gamma}_b$; Γ_c, $\overline{\Gamma}_c$:

$$(22_a)\left\{\begin{array}{l}(Y+\beta)(Z-\gamma)+4\beta\gamma=0\\(Z+\gamma)(X+\alpha)-4\gamma\alpha=0\\(X-\alpha)(Y-\beta)-4\alpha\beta=0\end{array}\right. \qquad (\overline{22_a})\left\{\begin{array}{l}(Y-\beta)(Z+\gamma)+4\beta\gamma=0\\(Z-\gamma)(X-\alpha)-4\gamma\alpha=0\\(X+\alpha)(Y+\beta)-4\alpha\beta=0\end{array}\right.$$

$$(22_b)\left\{\begin{array}{l}(Y-\beta)(Z-\gamma)-4\beta\gamma=0\\(Z+\gamma)(X-\alpha)+4\gamma\alpha=0\\(X+\alpha)(Y+\beta)-4\alpha\beta=0\end{array}\right. \qquad (\overline{22_b})\left\{\begin{array}{l}(Y+\beta)(Z+\gamma)-4\beta\gamma=0\\(Z-\gamma)(X+\alpha)+4\gamma\alpha=0\\(X-\alpha)(Y-\beta)-4\alpha\beta=0\end{array}\right.$$

$$(22_c)\left\{\begin{array}{l}(Y+\beta)(Z+\gamma)-4\beta\gamma=0\\(Z-\gamma)(X-\alpha)-4\gamma\alpha=0\\(X+\alpha)(Y-\beta)+4\alpha\beta=0\end{array}\right. \qquad (\overline{22_c})\left\{\begin{array}{l}(Y-\beta)(Z-\gamma)-4\beta\gamma=0\\(Z+\gamma)(X+\alpha)-4\alpha\gamma=0\\(X-\alpha)(Y+\beta)+4\alpha\beta=0\end{array}\right.$$

Esaminando le 24 equazioni (22), si rileva facilmente che esse si identificano due a due, onde i cilindri di 2° ordine proiettanti le otto iperboli considerate coincidono a coppie; e ciò val quanto dire che *le otto iperboli gobbe relative ad uno stesso parallelepipedo stanno due a due sopra 12 cilindri quadrici aventi le generatrici parallele agli asintoti di quelle curve.* Più precisamente, sopra cilindri con le generatrici parallele a

Ox si trovano le coppie di curve: $\Gamma_a\overline{\Gamma}_d$, $\overline{\Gamma}_a\Gamma_d$, $\Gamma_b\overline{\Gamma}_c$, $\overline{\Gamma}_b\Gamma_c$
Oy " " " $\Gamma_b\overline{\Gamma}_d$, $\overline{\Gamma}_b\Gamma_d$, $\Gamma_c\overline{\Gamma}_a$, $\overline{\Gamma}_c\Gamma_a$
Oz " " " $\Gamma_c\overline{\Gamma}_d$, $\overline{\Gamma}_c\Gamma_d$, $\Gamma_a\overline{\Gamma}_b$, $\overline{\Gamma}_a\Gamma_b$.

Le basi sul piano XOY dei cilindri a generatrici parallele a OZ hanno per equazioni:

$$(X+\alpha)(Y-\beta)+4\alpha\beta=0, \qquad (X-\alpha)(Y+\beta)+4\alpha\beta=0$$
$$(X-\alpha)(Y-\beta)-4\alpha\beta=0, \qquad (X+\alpha)(Y+\beta)-4\alpha\beta=0,$$

onde sono iperboli con gli asintoti paralleli agli assi coordinati ed a coppie simmetriche rispetto al comune centro, ecc.

§ V. — Piani trisecanti, piani osculatori, piani asintotici.

16. — Il piano determinato dai tre punti dell'iperbole (1) che corrisponde ai valori t_1, t_2, t_3 del parametro ha per equazione:

$$(27) \qquad \begin{aligned} &\frac{x}{a_1}(b-c)(a-t_1)(a-t_2)(a-t_3)+ \\ &+\frac{y}{b_1}(c-a)(b-t_1)(b-t_2)(b-t_3)+ \\ &+\frac{z}{c_1}(a-a)(c-t_1)(c-t_2)(c-t_3)+ \\ &+(b-c)(c-a)(a-b)=0, \end{aligned}$$

risultato di cui è agevole verificare l'esattezza, sostituendo nel primo membro a x, y, z le coordinate dei tre punti scelti sulla curva.

Supponendo poi che questi coincidano fra loro, si trova come equazione del piano che oscula la curva nel punto corrispondente al valore t del parametro, la seguente:

$$(28) \qquad \begin{aligned} &\frac{b-c}{a_1}(t-a)^3 x+\frac{c-a}{b_1}(t-b)^3 y+\frac{a-b}{c_1}(t-c)^3 z- \\ &-(b-c)(c-a)(a-b)=0. \end{aligned}$$

Ad esempio, il piano osculatore nell'origine delle coordinate (cioè nel punto per cui $t=\infty$) è:

$$(29) \qquad \frac{b-c}{a_1}x+\frac{c-a}{b_1}y+\frac{a-b}{c_1}z=0,$$

mentre i tre primi asintotici (piani osculatori nei punti all'infinito) hanno risp. per equazioni:

$$(30) \qquad \left\{ \begin{aligned} &\frac{y}{b_1(c-a)^2}-\frac{z}{c_1(a-b)^2}-\frac{(b-c)^3}{D^2}=0 \\ &\frac{z}{c_1(a-b)^2}-\frac{x}{a_1(b-c)^2}-\frac{(c-a)^3}{D^2}=0 \\ &\frac{x}{a_1(b-c)^2}-\frac{y}{b_1(c-a)^2}-\frac{(a-b)^3}{D^2}=0. \end{aligned} \right.$$

Queste ultime equazioni mostrano che i detti piani sono paralleli alla retta:

$$\frac{x}{a_1(b-c)^2}=\frac{y}{b_1(c-a)^2}=\frac{z}{c_1(a-b)^2},$$

ossia, per la (V),

$$\frac{x}{\alpha'-\alpha''}=\frac{y}{\beta'-\beta''}=\frac{z}{\gamma'-\gamma''};$$

e questa è parallela alla diagonale principale del parallepipedo satellite. Dunque: *I piani asintotici d'un'iperbole gobba sono i piani condotti per gli asintoti parallelamente alla diagonale principale del parallelepipedo satellite.* Tali piani limitano una superficie prismatica aperta con gli spigoli diretti al punto I, polo del piano all'infinito rispetto al sistema nullo individuato dalla data curva.

Notiamo che nelle equazioni (30) si possono far comparire le costanti $\alpha', \ldots \gamma''$; infatti la prima, in virtù delle relazioni (V) può scriversi:

$$\frac{y}{\beta'-\beta''}-\frac{z}{\gamma'-\gamma''}+\frac{(b-c)^3}{D}=0;$$

ora applicando altre delle relazioni fra le antiche e le nuove costanti, si trova:

$$\frac{\beta'+\beta''}{\beta'-\beta''}-\frac{\gamma'+\gamma''}{\gamma'-\gamma''}=-\frac{2(\beta'\gamma''-\beta''\gamma')}{(\beta'-\beta'')(\gamma'-\gamma'')}=$$

$$=\frac{2(\beta'\gamma''-\beta''\gamma')}{\beta'\gamma''}=2-2\frac{\beta''\gamma'}{\beta'\gamma''}=2-\frac{2(b-c)^3}{D},$$

ossia:

$$\frac{1}{2}\frac{\beta'+\beta''}{\beta'-\beta''}-\frac{1}{2}\frac{\gamma'+\gamma''}{\gamma'-\gamma''}-1+\frac{(b-c)^3}{D}=0.$$

Sottraendo quest'identità dall'equazione precedente si perviene al risultato voluto; ciò abilita a sostituire alle equazioni (30) le seguenti:

$$(30')\quad \left\{\begin{array}{l} \dfrac{y-\dfrac{\beta'+\beta''}{2}}{\beta'-\beta''}-\dfrac{z-\dfrac{\gamma'+\gamma''}{2}}{\gamma'-\gamma''}+1=0 \\ \dfrac{z-\dfrac{\gamma'+\gamma''}{2}}{\gamma'-\gamma''}-\dfrac{x-\dfrac{\alpha'+\alpha''}{2}}{\alpha'-\alpha''}+1=0 \\ \dfrac{x-\dfrac{\alpha'+\alpha''}{2}}{\alpha'-\alpha''}-\dfrac{y-\dfrac{\beta'+\beta''}{2}}{\beta'-\beta''}+1=0. \end{array}\right.$$

17. — Giova in parecchi casi di conoscere le espressioni delle coordinate della retta passante per due punti della curva rappresentata dall'equazione (21) (in particolare della tangente) e l'equazione del piano passante per tre punti (in particolare del piano osculatore di essa).

Per risolvere il primo di tali problemi consideriamo i punti M', M'' della curva che corrispondono alle terne (λ', μ', ν') e $(\lambda'', \mu'', \nu'')$ dei parametri λ, μ, ν e notiamo che essendo $\lambda'+\mu'+\nu'=0$ e $\lambda''+\mu''+\nu''=0$ i tre determinanti che si possono estrarre dalla matrice

$$\left|\begin{array}{ccc} \lambda', & \mu', & \nu' \\ \lambda'', & \mu'', & \nu'' \end{array}\right|$$

sono fra loro eguali; ne indicheremo con Δ il valore comune. Ora le coordinate p_{ik} della retta $M'M''$ sono proporzionali ai determinanti estratti dalla matrice

$$\left|\begin{array}{cccc} 1, & \alpha\dfrac{\mu'-\nu'}{\lambda'}, & \beta\dfrac{\nu'-\lambda'}{\mu'}, & \gamma\dfrac{\lambda'-\mu'}{\nu'} \\ 1, & \alpha\dfrac{\mu''-\nu''}{\lambda''}, & \beta\dfrac{\nu''-\lambda''}{\mu''}, & \gamma\dfrac{\lambda''-\mu''}{\nu''} \end{array}\right|;$$

perciò si ha anzitutto:

$$p_{01}\equiv\beta\gamma\left|\begin{array}{cc} 1, & \dfrac{\mu'-\nu'}{\lambda'} \\ 1, & \dfrac{\mu''-\nu''}{\lambda''} \end{array}\right|=-\frac{\alpha}{\lambda\lambda'}\left|\begin{array}{cc} \mu'+\nu', & \mu'-\nu' \\ \mu''+\nu'', & \mu''-\nu'' \end{array}\right|=$$

$$=\frac{2\alpha(\mu\nu'-\mu'\nu)}{\lambda\lambda'}=\frac{2\alpha\Delta}{\lambda\lambda'};$$

analoghe espressioni si hanno per p_{02}, p_{03}. Inoltre:

$$\begin{aligned} p_{23} &\equiv \beta\gamma \left\{ \frac{(\nu'-\lambda')(\lambda''-\mu'')}{\mu'\nu''} - \frac{(\nu''-\lambda'')(\lambda'-\mu')}{\mu''\nu''} \right\} \\ &= \beta\gamma \frac{-(\mu'\nu'+2\nu'^2)(2\mu''^2+\mu''\nu'')+(\mu''\nu''+2\nu''^2)(2\mu'^2+\mu'\nu')}{\mu'\mu''\nu'\nu''} \\ &= \frac{2\beta\gamma\Delta(\mu'\mu''+\nu'\nu''+2\mu'\nu''+2\mu''\nu')}{\mu'\mu''\nu'\nu''}; \end{aligned}$$

similmente dicasi riguardo a p_{23} e p_{31}. Concludiamo, pertanto, che le coordinate della retta $M'M''$ sono proporzionali alle quantità:

$$(31)\quad \frac{\alpha}{\lambda'\lambda''},\ \frac{\beta}{\mu'\mu''},\ \frac{\gamma}{\nu'\nu''},\ \begin{aligned} &\frac{\beta\gamma}{\mu'\mu''\nu'\nu''}(\mu'\mu''+\nu'\nu''+2\mu'\nu''+2\mu''\nu'), \\ &\frac{\gamma\alpha}{\nu'\nu''\lambda'\lambda''}(\nu'\nu''+\lambda'\lambda''+2\nu'\lambda''+2\nu''\lambda'), \\ &\frac{\alpha\beta}{\lambda'\lambda''\mu'\mu''}(\lambda'\lambda''+\mu'\mu''+2\lambda'\mu''+2\lambda''\mu'). \end{aligned}$$

Si desume da ciò che le coordinate della tangente all'iperbole cubica nel punto (λ, μ, ν) sono numeri proporzionali alle sei quantità

$$\alpha\mu^2\nu^2,\quad \beta\nu^2\lambda^2,\quad \gamma\lambda^2\mu^2,\quad 2\beta\gamma\lambda^4,\quad 2\gamma\alpha\mu^4,\quad 2\alpha\beta\nu^4.$$

18. — Per trovare l'equazione del piano che passa pei punti M, M', M'' della curva (21), indichiamo con Δ, Δ', Δ'' il valore comune dei determinanti binari, che si possono estrarre dalla 1ª, dalla 2ª o dalla 3ª delle matrici seguenti:

$$\left\| \begin{matrix} \lambda', & \mu', & \nu' \\ \lambda'', & \mu'', & \nu'' \end{matrix} \right\|,\quad \left\| \begin{matrix} \lambda'', & \mu'', & \nu'' \\ \lambda, & \mu, & \nu \end{matrix} \right\|,\quad \left\| \begin{matrix} \lambda, & \mu, & \nu \\ \lambda', & \mu', & \nu' \end{matrix} \right\|,$$

e notiamo che l'equazione del piano M, M', M'' può scriversi immediatamente sotto la forma:

$$\left| \begin{matrix} \frac{X}{\alpha}, & \frac{Y}{\beta}, & \frac{Z}{\gamma}, & 1 \\ \mu\nu(\mu-\nu), & \nu\lambda(\nu-\lambda), & \lambda\mu(\lambda-\mu), & \lambda\mu\nu \\ \mu'\nu'(\mu'-\nu'), & \nu'\lambda'(\nu'-\lambda'), & \lambda'\mu'(\lambda'-\mu'), & \lambda'\mu'\nu' \\ \mu''\nu''(\mu''-\nu''), & \nu''\lambda''(\nu''-\lambda''), & \lambda''\mu''(\lambda''-\mu''), & \lambda''\mu''\nu'' \end{matrix} \right| = 0,$$

la quale, divisa per $4\Delta\Delta'\Delta''$, diviene:

$$(32)\quad \frac{X}{\alpha}\lambda\lambda'\lambda''+\frac{Y}{\beta}\mu\mu'\mu''+\frac{Z}{\gamma}\nu\nu'\nu''+2(\nu\nu'\nu''-\mu\mu'\mu'')+ \\ +(\mu\nu'\nu''+\mu'\nu''\nu+\mu''\nu\nu')-(\nu\mu'\mu''+\nu'\mu''\mu+\nu''\mu\mu')=0;$$

si può notare che al termine noto è lecito sostituire la media aritmetica di esso e delle due espressioni che se ne traggono permutando circolarmente le lettere λ, μ, ν.

Facciamo ora coincidere i tre punti M, M', M''. Il termine noto dell'equazione (32) diviene:

$$2(\nu^3-\mu^3)+3\mu\nu(\nu-\mu)=(\nu-\mu)(2\nu^2+5\nu\mu+2\mu^2)= \\ =(\nu-\mu)(\mu+2\nu)(2\mu+\nu)=(\mu-\nu)(\nu-\lambda)(\lambda-\mu).$$

Concludiamo, dunque, che l'equazione generale del piano osculatore della curva (21) è:

$$(33)\quad \frac{X}{\alpha}\lambda^3+\frac{Y}{\beta}\mu^3+\frac{Z}{\gamma}\nu^3+(\mu-\nu)(\nu-\lambda)(\lambda-\mu)=0;$$

nelle antiche coordinate, quando cioè la curva è rappresentata dalle equazioni (18), il medesimo piano ha per equazione:

$$(33')\quad \frac{x-\frac{\alpha'+\alpha''}{2}}{\alpha'-\alpha''}\lambda^3+\frac{y-\frac{\beta'+\beta''}{2}}{\beta'-\beta''}\mu^3+\frac{z-\frac{\gamma'+\gamma''}{2}}{\gamma'-\gamma''}\nu^3+ \\ +\frac{(\mu-\nu)(\nu-\lambda)(\lambda-\mu)}{2}=0.$$

Se nella (33) cambiamo i segni delle costanti α, β, γ, si ottiene:

$$(\overline{33})\quad \frac{X}{\alpha}\lambda^3+\frac{Y}{\beta}\mu^3+\frac{Z}{\gamma}\nu^3-(\mu-\nu)(\nu-\lambda)(\lambda-\mu)=0,$$

equazione la quale mostra che, come è chiaro, *i piani osculatori in due punti corrispondenti di due iperboli gobbe conjugate sono fra loro paralleli.*

Consideriamo in particolare i punti P, Q, R in cui la data curva taglia il piano mediano; servendosi delle formole (10) e (18), si vede facilmente che essi sono analiticamente carat terizzati dall'annullare il prodotto $(\mu - \nu)(\nu - \lambda)(\lambda - \mu)$, onde ad essi competono le seguenti terne di valori dei parametri:

$$-2,\ 1,\ 1\,; \qquad 1,\ -2,\ 1\,; \qquad 1,\ 1,\ -2.$$

In conseguenza il piano che oscula in P la data curva ha per equazione:

$$-8\,\frac{x - \frac{\alpha' + \alpha''}{2}}{\alpha' - \alpha''} + \frac{y - \frac{\beta' + \beta''}{2}}{\beta' - \beta''} + \frac{z - \frac{\gamma' + \gamma''}{2}}{\gamma' - \gamma''} = 0\,,$$

e questa pone in evidenza che detto piano passa per il punto $C\left(\frac{\alpha' + \alpha''}{2}, \frac{\beta' + \beta''}{2}, \frac{\gamma' + \gamma''}{2}\right)$. Della stessa proprietà godono i punti Q, R. Ciò mostra che: *Il centro d'un'iperbole gobba corrisponde al suo piano mediano rispetto al sistema nullo individuato dalla curva* (Heinrichs, p. 217). Lo stesso dicasi riguardo alla iperbole coniugata.

§ VI. — **Applicazioni delle formole precedenti.**

19. — È noto che i piani osculatori di una cubica gobba toccano le ∞^2 quadriche di un sistema lineare doppiamente infinito (o *tessuto* di quadriche), il quale è determinato da tre suoi elementi, purchè non appartenenti alla stessa schiera. Ora come tali possono eleggersi le tre coniche (considerate come inviluppi di piani), in cui tre piani osculatori della curva ne tagliano la sviluppabile osculatrice. Quando si tratta di un'iperbole cubica, giova dare la preferenza alle coniche — che designeremo risp. con Σ_a, Σ_b, Σ_c — secondo le quali quella sviluppabile è tagliata dai piani asintotici. Ora, se nella (33) sostituiamo a λ, $-(\mu + \nu)$, essa diviene:

$$(\mu + \nu)^3 \frac{X}{\alpha} - \mu^3 \frac{Y}{\beta} - \nu^3 \frac{Z}{\gamma} - (\mu - \nu)(\mu + 2\nu)(2\mu + \nu) = 0\,;$$

in particolare, se $\lambda = 0$, $\mu = 1$, $\nu = -1$, si ottiene (d'accordo con le (30')), per rappresentare il primo piano asintotico, la equazione:

$$\frac{Y}{\beta} - \frac{Z}{\gamma} + 2 = 0 .$$

Ogni piano osculatore dell'iperbole taglia questo piano in una tangente della conica Σ_a; onde, se U, V, W sono le coordinate plückeriane di un piano condotto ad arbitrio per la tangente rappresentata dalle due ultime equazioni scritte, saranno nulli tutti i determinanti estratti dalla seguente matrice:

$$\left| \begin{array}{cccc} U , & V , & W , & 1 \\ -\frac{(\mu+\nu)^3}{\alpha} , & \frac{\mu^3}{\beta} , & \frac{\nu^3}{\gamma} , & (\nu-\mu)(\mu+2\nu)(2\mu+\nu) \\ 0 , & \frac{1}{\beta} , & -\frac{1}{\gamma} , & 2 \end{array} \right| .$$

Affinchè ciò accada è sufficiente siano eguali a 0 due di essi; scegliendo quelli che risultano sopprimendo prima la 3ª e poi la 2ª verticale, si ottengono due equazioni divisibili per $\mu+\nu$; tolto questo fattore, rimangono le seguenti:

$$\alpha U(4\mu^2 - \mu\nu - 2\nu^2) + (2\beta V - 1)(\mu+\nu)^2 = 0$$
$$\alpha U(-2\mu^2 - \mu\nu + 4\nu^2) + (2\gamma W + 1)(\mu+\nu)^2 = 0.$$

L'equazione inviluppo della conica Σ_a altro non è che il risultato della eliminazione di μ, ν fra queste equazioni, onde è:

$$3\alpha^2 U^2 + \beta^2 V^2 + \gamma^2 W^2 -$$
$$- 8\beta\gamma VW + 6\gamma\alpha WU + 6\alpha\beta UV - 2\beta V + 2\gamma W + 1 = 0 .$$

Similmente si trova che le equazioni di Σ_b e Σ_c sono:

$$\alpha^2 U^2 + 3\beta^2 V^2 + \gamma^2 W^2 +$$
$$+ 6\beta\gamma VW - 8\gamma\alpha WU + 6\alpha\beta UV - 2\gamma W + 2\alpha U + 1 = 0 ,$$
$$\alpha^2 U^2 + \beta^2 V^2 + 3\gamma^2 W^2 +$$
$$+ 6\beta\gamma VW + 6\gamma\alpha WU - 8\alpha\beta UV - 2\alpha U + 2\beta V + 1 = 0 .$$

Addizionando queste equazioni, dopo averle moltiplicate per tre costanti arbitrarie Λ, M, N si otterrà l'equazione del tessuto di quadriche individuato dalla data iperbole; assumendo, in particolare, tutte queste costanti fra loro eguali, si vede che i piani osculatori di questa toccano la quadrica:

$$(34)\qquad 5(\alpha^2 U^2 + \beta^2 V^2 + \gamma^2 W^2) - \\ - 2(\beta\gamma VW + \gamma\alpha WU + \alpha\beta UV) + 3 = 0;$$

ora siccome questa non muta cambiando i segni delle costanti α, β, γ così è lecito asserire: *I piani osculatori di due iperboli gobbe fra loro conjugate toccano una stessa quadrica* (VOGT, p. 310) *concentrica a tali curve.*

Un facile calcolo conduce alle seguenti espressioni per le coordinate del centro della quadrica del tessuto, che corrisponde ai valori Λ, M, N delle costanti arbitrarie:

$$X = \frac{\alpha(\mathrm{M} - \mathrm{N})}{\Lambda + \mathrm{M} + \mathrm{N}}, \quad Y = \frac{\beta(\mathrm{N} - \Lambda)}{\Lambda + \mathrm{M} + \mathrm{N}}, \quad Z = \frac{\gamma(\Lambda - \mathrm{M})}{\Lambda + \mathrm{M} + \mathrm{N}};$$

da queste si trae:

$$\frac{X}{\alpha} + \frac{Y}{\beta} + \frac{Z}{\gamma} = 0,$$

cioè:

$$\frac{x - \dfrac{\alpha' + \alpha''}{2}}{\alpha' - \alpha''} + \frac{y - \dfrac{\beta' + \beta''}{2}}{\beta' - \beta''} + \frac{z - \dfrac{\gamma' + \gamma''}{2}}{\gamma' - \gamma''} = 0,$$

dunque: *Il luogo geometrico dei centri delle quadriche del tessuto determinato da un'iperbole cubica è il relativo piano mediano*; perciò non muta passando da un'iperbole alla sua conjugata.

20. — Siccome per il punto I (v. n. 16), polo del piano all'infinito rispetto al sistema nullo individuato dalla data iperbole, passano tre piani osculatori reali (cioè i relativi piani asintotici), così per esso passerà una corda ideale della curva; i suoi estremi I_1, I_2 saranno immaginari conjugati, onde il loro punto medio sarà reale: questo punto è importante, perchè (assieme alla direzione già nota) completa la determinazione della corda, onde giova determinarne le coordinate.

A tale scopo ricorreremo all'equazione (14) e vi introdurremo l'ipotesi che l, m, n valgono risp.: $a_1(b - c)^2$, $b_1(c - a)^2$,

$c_1(a-b)^2$; per determinare i valori t_1 e t_2 del parametro t, che competono ai punti I_1, I_2, avremo così l'equazione:

$$(35)\qquad \frac{1}{(b-c)(\omega-a)}+\frac{1}{(c-a)(\omega-b)}+\frac{1}{(a-b)(\omega-c)}=0,$$

ossia:

$$(35')\qquad \begin{aligned}&[3(bc+ca+ab)-(a+b+c)^2]\,\omega^2-\\ &-[9abc-(a+b+c)(ba+ca+ab)]\,\omega+\\ &+[3abc(a+b+c)-(bc+ca+ab)^2]=0,\end{aligned}$$

o anche:

$$(35'')\qquad \begin{vmatrix}\omega^2, & \omega, & 1\\ 3abc, & bc+ca+ab, & a+b+c\\ bc+ca+ab, & a+b+c, & 3\end{vmatrix}=0.$$

Le coordinate del centro del segmento $I_1 I_2$ sono evidentemente:

$$x_0=\frac{a_1}{2}\left(\frac{1}{a-t_1}+\frac{1}{a-t_2}\right),\quad y_0=\frac{b_1}{2}\left(\frac{1}{b-t_1}+\frac{1}{b-t_2}\right),$$
$$z_0=\frac{c_1}{2}\left(\frac{1}{c-t_1}+\frac{1}{c-t_2}\right).$$

Ora, posto per brevità:

$$(36)\qquad K=bc+ca+ab-a^2-b^2-c^2,$$

in forza della (35), sussisterà rispetto a ω la seguente identità:

$$\begin{aligned}f(\omega)\equiv(c-a)(a-b)(\omega-b)(\omega-c)+(a-b)(b-c)(\omega-c)(\omega-a)+\\ +(b-c)(c-a)(\omega-a)(\omega-b)=K(\omega-t_1)(\omega-t_2),\end{aligned}$$

nonchè la seguente, che se ne desume mediante differenziazione logaritmica:

$$\frac{(c-a)(a-b)(2\omega-b-c)+(a-b)(b-c)(2\omega-c-a)+(b-c)(c-a)(2\omega-a-b)}{(c-a)(a-b)(\omega-b)(\omega-c)+(a-b)(b-c)(\omega-c)(\omega-a)+(b-c)(c-a)(\omega-a)(\omega-b)}=$$
$$=\frac{1}{\omega-t_1}+\frac{1}{\omega-t_2}.$$

Facendo ivi $\omega = a$, se ne deduce:

$$\frac{1}{a - t_1} + \frac{1}{a - t_2} = \frac{2a - b - c}{(a - b)(a - c)};$$

onde:

$$x_0 = \frac{a_1(b + c - 2a)}{2(c - a)(a - b)} = \frac{\alpha' + \alpha''}{2}.$$

Similmente:

$$y_0 = \frac{\beta' + \beta''}{2}, \qquad z_0 = \frac{\gamma' + \gamma''}{2},$$

onde il punto medio del segmento $I_1 I_2$ non differisce dal centro della data curva. Dunque: *la diagonale principale del parallelepipedo satellite contiene una corda ideale della data iperbole.* Siccome la conjugata è simmetrica di questa curva rispetto al centro, così anche di essa la retta $I_1 I_2$ è una corda; gli estremi di questa sono dunque quei due punti comuni alle due iperboli Γ_a, $\overline{\Gamma_a}$ dei quali erasi già preveduta l'esistenza (v. n. 13); emerge da ciò che *due iperboli gobbe conjugate non hanno comune alcun punto proprio e reale.*

21. — Chiamando, come d'uso, *asse* d'una curva l'intersezione di due suoi piani osculatori, è noto che gli assi d'una cubica gobba costituiscono una congruenza di 1ª classe (e 3° ordine); onde si presenta il problema: " determinare l'asse d'un'iperbole cubica situato in un piano arbitrario dello spazio ".

Per risolverlo col minimo dispendio di calcoli, osserviamo che, se una cubica gobba è rappresentata in coordinate omogenee dalle formole:

$$(*) \qquad \rho x_0 = 1, \quad \rho x_1 = \lambda, \quad \rho x^2 = \lambda^2, \quad \rho x_3 = \lambda^3,$$

ove ρ è un fattore di proporzionalità e λ un parametro, i suoi piani osculatori hanno per equazione generale:

$$(**) \qquad \lambda^3 x_0 - 3\lambda^2 x_1 + 3\lambda x_2 - x_3 = 0,$$

e quelli fra essi, che si tagliano sul piano

$$\xi_0 x_0 + \xi_1 x_1 + \xi_2 x_2 + \xi_3 x_3 = 0,$$

hanno per parametri le radici dell'equazione seguente:

$$(36)\qquad \begin{vmatrix} \omega^2 & -\omega & 1 \\ 3\xi_0 & \xi_1 & \xi_2 \\ \xi_1 & \xi_2 & 3\xi_3 \end{vmatrix} = 0 .$$

Ciò premesso, ricorriamo all'equazione (28) e sostituiamo alle coordinate cartesiane le coordinate omogenee definite come segue:

$$(37)\qquad \begin{cases} \frac{b-c}{a_1} x + \frac{c-a}{b_1} y + \frac{a-b}{c_1} z = \sigma x_0 \\ \frac{b-c}{a_1} ax + \frac{c-a}{b_1} by + \frac{a-b}{c_1} cz = \sigma x_1 \\ \frac{b-c}{a_1} a^2 x + \frac{c-a}{b_1} b^2 y + \frac{a-b}{c_1} c^2 z = \sigma x_2 \\ \frac{b-c}{a_1} a^3 x + \frac{c-a}{b_1} b^3 y + \frac{a-b}{c_1} c^3 z - D = \sigma x_3 , \end{cases}$$

σ essendo un fattore di proporzionalità. In conseguenza fra le coordinate plückeriane u, v, w di un piano e le coordinate omogenee sussisteranno le relazioni:

$$(38)\qquad \begin{cases} -(a_1bcu + b_1cav + c_1abw) + abc = s\xi_0 \\ a_1(b+c)u + b_1(c+a)v + a_1(a+b)w - (bc+ca+ab) = s\xi_1 \\ -(a_1u + b_1v + c_1w) + (a+b+c) = s\xi_2 \\ -1 = s\xi_3 , \end{cases}$$

s essendo un secondo fattore di proporzionalità, e l'equazione generica del piano osculatore assume questo aspetto:

$$(28')\qquad t^3x_0 - 3t^2x_1 + 3tx_2 - x_3 = 0 .$$

Ora il paragone di questa equazione con la (**) mostra che *l'equazione che determina i valori del parametro* t, *relativi ai due punti dell'iperbole cubica soddisfacenti alla condizione che i relativi piani osculatori si taglino sul piano*

$$ux + vy + wz + 1 = 0,$$

sono le radici dell'equazione che nasce dalla (36) *sostituendovi alle* ξ *i valori dati dalle formole* (38).

In particolare, se il piano considerato si trova all'infinito ($u=v=w=0$), i valori chiesti dal parametro sono radici dell'equazione:

$$\begin{vmatrix} \omega^2 \;, & -\omega \;, & 1 \\ 3abc \;, & -(bc+ca+ab)\,, & a+b+c \\ -(bc+ca+ab)\,, & a+b+c \;, & -3 \end{vmatrix} = 0\,;$$

ora, siccome questa non differisce dalla (35''), così si può concludere: *I piani che osculano un'iperbole cubica negli estremi della sua corda situata sulla diagonale principale del parallelepipedo satellite, costituiscono l'unica coppia di piani osculatori fra loro paralleli della curva.* Perciò, *nel campo reale, la curva non ammette alcuna coppia di piani osculatori fra loro paralleli.*

22. — Supposto che t_1 e t_2 siano le radici dell'equazione (35), i due piani

$$\frac{b-c}{a_1}(t_1-a)^3x+\frac{c-a}{b_1}(t_1-b)^3y+\frac{a-b}{c_1}(t_1-c)^3z-D=0$$

$$\frac{b-c}{a_1}(t_2-a)^3x+\frac{c-a}{b_1}(t_2-b)^3y+\frac{a-b}{c_1}(t_2-c)^3z-D=0$$

sono fra loro paralleli ed individuano uno strato, il cui piano bisettore passa per il punto medio del segmento I_1, I_2, cioè per il centro della curva; per completarne la determinazione basta assegnarne la giacitura, la quale sarà nota, quando lo saranno, in funzione di $a, \dots c_1$, le quantità

$$l=\frac{b-c}{a_1}\left[(t_1-a)^3+(t_2-a)^3\right]$$

$$m=\frac{c-a}{b_1}\left[(t_1-b)^3+(t_2-b)^3\right]$$

$$n=\frac{a-b}{c_1}\left[(t_1-c)^3+(t_2-c)^3\right].$$

Conservando le notazioni usate nel n. 20, si ha identicamente rispetto a ω:

$$f(\omega)=K(\omega-t_1)(\omega-t_2)\,;$$

differenziando logaritmicamente se ne trae:

$$\frac{f'}{f}=\frac{1}{\omega-t_1}+\frac{1}{\omega-t_2};$$

una nuova differenziazione dà:

$$\frac{f''}{f}-\left(\frac{f'}{f}\right)^2=-\frac{1}{(\omega-t_1)^2}-\frac{1}{(\omega-t_2)^2},$$

ove va rilevato essere $f''=2K$; una terza differenziazione dà:

$$\frac{2f'^3-3ff'f''}{f^3}=\frac{2}{(\omega-t_1)^3}+\frac{2}{(\omega-t_2)^3},$$

ossia:

$$2K^3\{(\omega-t_1)^3+(\omega-t_2)^3\}=2f'^3-3ff'f''.$$

Facciamo ivi $\omega=a$; notando che

$$f(a)=-(c-a)^2(a-b)^2, \qquad f'(a)=(c-a)(a-b)(2a-b-c);$$

se ne trae:

$$K^3\{(a-t_1)^3+(a-t_2)^3\}=$$
$$=(c-a)^3(a-b)^3(2a-b-c)(2b-c-a)(2c-a-b);$$

per conseguenza:

$$l=-\frac{D^3(2a-b-c)(2b-c-a)(2c-a-b)}{a_1(b-c)^2},$$

ossia, applicando la prima delle relazioni (IV):

$$l=\frac{D^2(2a-b-c)(2b-c-a)(2c-a-b)}{\alpha'-\alpha''}.$$

Similmente:

$$m=\frac{D^2(2a-b-c)(2b-c-a)(2c-a-b)}{\beta'-\beta''},$$

$$n=\frac{D^2(2a-b-c)(2b-c-a)(2c-a-b)}{\gamma'-\gamma''}.$$

Ciò abilita a scrivere l'equazione del piano bisettore dello strato anzidetto sotto la forma (10) ed a concludere che *esso non differisce dal piano mediano della data curva.*

Osservando ancora che il piano bisettore dello strato limitato dai piani osculatori fra loro paralleli dell'iperbole gobba è il piano congiunto rispetto a questa del piano all'infinito, si può enunciare questo risultato dicendo che: *il piano mediano d'un'iperbole gobba è il piano congiunto del piano all'infinito rispetto alla curva.* Della stessa proprietà esso gode rispetto alla iperbole coniugata.

23. — I piani paralleli al piano mediano tagliano la data curva in ∞^1 triangoli i cui centri stanno sopra una retta (v. n. 3). Per meglio caratterizzare tale retta, noteremo che fra i detti piani si trovano quelli che osculano la curva nei punti I_1, I_2; per ciascuno il triangolo sezione si riduce al relativo punto di contatto; quella retta passa quindi per I_1, I_2, onde coincide con la congiungente dei vertici parassiti del parallelepipedo satellite; possiamo pertanto asserire che: *i piani paralleli al mediano di una iperbole cubica tagliano la curva in ∞^1 triangoli, i cui baricentri appartengono alla diagonale principale del parallelepipedo satellite* (VOGT, p. 307). La stessa proprietà sussiste per l'iperbole conjugata.

Questo risultato (che giova avvicinare all'osservazione con cui si chiude il n. 5) si connette ad un altro che ora stabileremo.

Consideriamo il triangolo secondo cui il piano mediano è tagliato dai piani asintotici; assunto per origine il centro della curva i detti quattro piani hanno risp. per equazioni:

$$\frac{X}{\alpha}+\frac{Y}{\beta}+\frac{Z}{\gamma}=0,$$

$$\frac{Y}{\beta}-\frac{Z}{\gamma}+2=0, \qquad \frac{Z}{\gamma}-\frac{X}{\alpha}+2=0; \qquad \frac{X}{\alpha}-\frac{Y}{\beta}+2=0;$$

perciò quel triangolo ha per vertici i punti di coordinate:

$$0,\ 2\beta,\ -2\gamma; \qquad -2\alpha,\ 0,\ 2\gamma; \qquad 2\alpha,\ -2\beta,\ 0;$$

onde ha per baricentro l'origine delle coordinate, cioè il centro della curva. Dunque: *i piani asintotici determinano sul piano mediano di una iperbole cubica un triangolo avente per baricentro il centro della curva.* Epperò: *La diagonale principale del parallelepipedo satellite di una iperbole gobba è l'asse baricentrico della superficie prismatica limitata dai piani osculatori della curva.*

Segue da ciò che la proiezione della curva fatta su un piano arbitrario parallelamente a questa direzione è una curva di 3° ordine, avente per punto isolato la traccia della diagonale principale e per tangenti di flesso le tracce dei piani osculatori (HEINRICHS, p. 214). — Analoghe proposizioni sussistono per l'iperbole conjugata.

§ VII. — Relazioni metriche connesse ai piani asintotici.

24. — La considerazione dei piani asintotici guida ad una relazione metrica del genere di quelle stabilite nel n. 16. Per trovarla ricorriamo alla rappresentazione canonica (21) dell'iperbole gobba. La distanza di un punto qualunque P della curva dal primo dei piani asintotici, cioè dal piano

$$\frac{Y}{\beta}-\frac{Z}{\gamma}+Z=0,$$

è data da

$$\frac{1}{A}\left(\frac{\nu-\lambda}{\mu}-\frac{\lambda-\mu}{\nu}+2\right)=\frac{1}{A}\left\{\frac{\nu^2-\lambda(\mu+\nu)+\mu^2+2\mu\nu}{\mu\nu}\right\}=\frac{1}{A}\,\frac{2\lambda^2}{\mu\nu},$$

A essendo una nota funzione delle costanti β, γ e degli angoli formati dagli assi coordinati. Se B e C sono analoghe funzioni, le distanze dello stesso punto P dagli altri due piani coordinati saranno $2\,\mu^2/B\nu\lambda$ e $2\,\nu^2/C\lambda\mu$, onde il prodotto delle dette distanze vale $8/ABC$, epperò è indipendente dalla posizione del punto P; ciò prova che *è costante il prodotto delle distanze di un punto arbitrario di un'iperbole cubica dai suoi piani asintotici* (MAJCEN, p. 146). In conseguenza, la proiezione ortogonale della curva fatta sopra un piano σ perpendicolare alla diagonale principale del parallelepipedo satellite può rappresentarsi mediante una equazione della forma:

$$pqr=\text{cost.},$$

p, q, r essendo le distanze della proiezione di un punto arbitrario della curva dalle tracce sul piano σ dei piani asintotici (HEINRICHS, p. 214).

25. — Come ultima applicazione della rappresentazione canonica d'un'iperbole gobba dimostreremo il seguente teorema enunciato dal Majcen (p. 146):

Sopra un piano osculatore arbitrario d'un'iperbole cubica gli asintoti ed i piani asintotici determinano due triangoli tali che l'area del primo è doppia di quella del secondo.

Chiamiamo infatti T_a e T_p le aree dei due triangoli, di cui parla il teorema; siccome questi appartengono allo stesso piano, così il rapporto $\frac{T_a}{T_p}$ non differisce da quello dei volumi dei tetraedri che li hanno per basi, mentre hanno per comune vertice un punto arbitrario dello spazio. Assumendo per semplicità quale punto ausiliare il centro della curva (che è l'origine delle coordinate), si vede facilmente che il rapporto di quei volumi è a sua volta eguale al rapporto dei determinanti Δ_a, Δ_p formati dalle coordinate dei vertici di quei triangoli (che indicheremo, gli uni con P_1, P_2, P_3, gli altri con P', P'', P'''). Ora, siccome il primo asintoto ha per equazioni:

$$Y = -\beta, \qquad Z = \gamma,$$

così esso taglia il piano osculatore

$$\frac{X}{\alpha}\lambda^3 + \frac{Y}{\beta}\mu^3 + \frac{Z}{\gamma}\nu^3 + (\mu - \nu)(\nu - \lambda)(\lambda - \mu) = 0$$

nel punto P_1 di coordinate:

$$\frac{3\alpha(\mu - \nu)}{\lambda}, \qquad -\beta, \qquad +\gamma.$$

Analoghe espressioni si hanno per le coordinate dei punti P_2, P_3; perciò:

$$\Delta_a = \frac{24\alpha\beta\gamma(\mu - \nu)(\nu - \lambda)(\lambda - \mu)}{\lambda\mu\nu}. \tag{39}$$

Passiamo alle coordinate (X', Y', Z'), (X'', Y'', Z''), (X''', Y''', Z''') dei vertici del triangolo $P'P''P'''$. Il 2° ed il 3° piano asintotico avendo per equazioni risp.:

$$\frac{Z}{\gamma} - \frac{X}{\alpha} + 2 = 0, \qquad \frac{X}{\alpha} - \frac{Y}{\beta} + 2 = 0,$$

si trova:

$$\frac{X'}{\alpha}=\frac{(\mu-\nu)(\lambda^2+2\mu\nu)}{3\lambda\mu\nu}, \qquad \frac{Y'}{\beta}=\frac{X'}{\alpha}+2, \qquad \frac{Z'}{\gamma}=\frac{X'}{\alpha}-2;$$

Similmente si calcolano le coordinate di P'' e P'''. Perciò:

$$\Delta_p=12\alpha\beta\gamma\left\{\frac{X'}{\alpha}+\frac{Y''}{\beta}+\frac{Z'''}{\gamma}\right\},$$

ossia, grazie ai valori trovati di X', Y''. Z''':

$$\Delta_p=-\frac{12\alpha\beta\gamma(\mu-\nu)(\nu-\lambda)(\lambda-\mu)}{\lambda\mu\nu}. \tag{40}$$

Il paragone delle espressioni (39), (40) mostra che il valore assoluto Δ_a è doppio di Δ_p, c. v. d.

§ VIII. — Il complesso lineare e la superficie centrale relativi ad un'iperbole gobba.

26. — Riprendiamo l'equazione (27), che rappresenta il piano condotto per i tre punti della curva (1) corrispondenti ai valori t_1, t_2, t_3 del parametro t. Poniamo per brevità:

$$\left\{\begin{aligned} l_k &= \frac{b-c}{a_1}a^k x+\frac{c-a}{b_1}b^k y+\frac{a-b}{c_1}c^k y \\ \lambda_k &= \frac{b-c}{a_1}a^k \xi+\frac{c-a}{b_1}b^k \eta+\frac{a-b}{c_1}c^k \zeta \end{aligned}\right. \quad (\text{ove } k=0,1,2,3). \tag{41}$$

Allora la citata equazione può scriversi:

$$l_0t_1t_2t_3-l_1(t_2t_3+t_3t_1+t_1t_2)+l_2(t_1+t_2+t_3)-l_3-D=0. \tag{27'}$$

Se ora supponiamo che i punti t_1, t_2, t_3 siano quelli in cui la data curva è toccata dai piani osculatori uscenti dal punto (ξ, η, ζ), avremo:

$$\frac{b-c}{a_1}(t-a)^3\xi+\frac{c-a}{b_1}(t-b)^3\eta+\frac{a-b}{c_1}(t-c)^3\zeta-D=0.$$

cioè, per le (41):

$$\lambda_0 t^3 - 3\lambda_1 t^2 + 3\lambda_2 t - \lambda_3 = 0 .$$

Sarà quindi:

$$t_1 + t_2 + t_3 = \frac{3\lambda_1}{\lambda_0}, \qquad t_2 t_3 + t_3 t_1 + t_1 t_2 = \frac{3\lambda_2}{\lambda_0}, \qquad t_1 t_2 t_3 = \frac{\lambda_3}{\lambda_0};$$

e la (27') diverrà:

$$D(l_0 - \lambda_0) + 3(l_2\lambda_1 - l_1\lambda_2) + (l_0\lambda_3 - l_3\lambda_0) = 0. \tag{42}$$

Indichiamo con p_{01}, p_{02}, p_{03}, p_{23}, p_{31}, p_{12} i determinanti estratti dalla matrice

$$\begin{vmatrix} 1, & x, & y, & z \\ 1, & \xi, & \eta, & \zeta \end{vmatrix}$$

e precisamente:

$$p_{01} = \xi - x, \qquad p_{02} = \eta - y, \qquad p_{03} = \zeta - z,$$
$$p_{23} = y\zeta - z\eta, \qquad p_{31} = z\xi - x\zeta, \qquad p_{12} = x\eta - y\xi;$$

avremo:

$$\begin{aligned} l_0 - \lambda_0 &= \frac{b-c}{a_1}(x-\xi) + \frac{c-a}{b_1}(y-\eta) - \frac{a-b}{c_1}(z-\zeta) \\ &= \left\{ \frac{b-c}{a_1} p_{01} + \frac{c-a}{b_1} p_{02} + \frac{a-b}{c_1} p_{03} \right\}, \end{aligned}$$

$$\begin{aligned} l_2\lambda_1 - l_1\lambda_2 &= \begin{vmatrix} \frac{b-c}{a_1} a, & \frac{c-a}{b_1} b, & \frac{a-b}{c_1} \\ \frac{b-c}{a_1} a^2, & \frac{c-a}{b_1} b^2, & \frac{a-b}{c_1} \end{vmatrix} \begin{vmatrix} \xi, & \eta, & \zeta \\ x, & y, & z \end{vmatrix} \\ &= -\frac{D}{a_1 b_1 c_1} \begin{vmatrix} \frac{a_1}{b-c} p_{23}, & \frac{b_1}{c-a} p_{31}, & \frac{c_1}{a-b} p_{12} \\ a, & b, & c \\ a^2, & b^2, & c^2 \end{vmatrix} \\ &= D \left\{ \frac{bc}{b_1 c_1} p_{23} + \frac{ca}{c_1 a_1} p_{31} + \frac{ab}{a_1 b_1} p_{12} \right\}; \end{aligned}$$

$$l_0\lambda_3 - l_3\lambda_0 = \begin{Vmatrix} \frac{b-a}{a_1}a^3, & \frac{c-a}{b_1}b^3, & \frac{a-b}{c_1}c^3 \\ \frac{b-c}{a_1}, & \frac{c-a}{b_1}, & \frac{a-b}{c_1} \end{Vmatrix} \begin{vmatrix} \xi, & \eta, & \zeta \\ x, & y, & z \end{vmatrix}$$

$$= -D\left\{\frac{b^2+bc+c^2}{b_1c_1}p_{23} + \frac{c^2+ca+a^2}{c_1a_1}p_{31} + \frac{a^2+ab+b^2}{a_1b_1}p_{12}\right\}.$$

Sostituendo nell'equazione (42), dopo avere soppresso il fattore D, si conclude:

$$(43) \qquad \frac{b-c}{a_1}p_{01} + \frac{c-a}{b_1}p_{02} + \frac{a-b}{c_1}p_{03} + \\ + \frac{(b-c)^2}{b_1c_1}p_{23} + \frac{(c-a)^2}{c_1a_1} + \frac{(a-b)^2}{a_1b_1} = 0$$

è l'equazione del complesso lineare determinato dalla data iperbole. Essa mette in evidenza che tutti i suoi diametri sono paralleli alla diagonale principale del parallepipedo satellite.

27. — Nell'equazione (43) si possono far comparire le nuove costanti $\alpha', \ldots \gamma''$. Applicando infatti le (VI), (VII), si trova anzitutto:

$$\frac{\beta''\gamma' p_{01} + \gamma''\alpha' p_{02} + \alpha''\beta'}{\alpha'\beta'\gamma'} + \frac{p_{23}}{\beta'\gamma''} + \frac{p_{31}}{\gamma'\alpha''} + \frac{p_{12}}{\alpha'\beta''} = 0,$$

ma per le (VIII) e (VIIIbis) si ha:

$$\beta'\gamma'' = -(\beta'-\beta'')(\gamma'-\gamma''), \qquad \gamma'\alpha'' = -(\gamma'-\gamma'')(\alpha'-\alpha''),$$

$$\alpha'\beta'' = -(\alpha'-\alpha'')(\beta'-\beta''),$$

$$\frac{\beta''\gamma'}{\alpha'\beta'\gamma'} = \frac{1}{\alpha'}\left(1 - \frac{\alpha'}{\alpha''}\right) = -\frac{\alpha'-\alpha''}{\alpha'\alpha''},$$

$$\frac{\gamma''\alpha'}{\alpha'\beta'\gamma'} = -\frac{\beta'-\beta''}{\beta'\beta''}, \qquad \frac{\alpha''\beta'}{\alpha'\beta\gamma'} = -\frac{\gamma'-\gamma''}{\gamma'\gamma''};$$

perciò l'equazione precedente si può scrivere:

$$(44) \qquad \frac{\alpha'-\alpha''}{\alpha'\alpha''}p_{01} + \frac{\beta'-\beta''}{\beta'\beta''}p_{02} + \frac{\gamma'-\gamma''}{\gamma'\gamma''}p_{03} + \\ + \frac{(\alpha'-\alpha'')p_{23} + (\beta'-\beta'')p_{31} + (\gamma'-\gamma'')p_{12}}{(\alpha'-\alpha'')(\beta'-\beta'')(\gamma'-\gamma'')} = 0;$$

è l'equazione richiesta.

Scambiando α', β', γ' risp. con α'', β'', γ'' si arriva all'equazione del complesso lineare determinato dall'iperbole gobba $\overline{\Gamma}_d$ coniugata di Γ_d; è la seguente:

$$\overline{(44)} \qquad \frac{\alpha'-\alpha''}{\alpha'\alpha''}p_{01}+\frac{\beta'-\beta''}{\beta'\beta''}p_{02}+\frac{\gamma'-\gamma''}{\gamma'\gamma''}p_{03}- \\ -\frac{(\alpha'-\alpha'')p_{23}+(\beta'-\beta'')p_{31}+(\gamma'-\gamma'')p_{12}}{(\alpha'-\alpha'')(\beta'-\beta'')(\gamma'-\gamma'')}=0.$$

L'invariante del primo complesso vale:

$$\frac{1}{(\alpha'-\alpha'')(\beta'-\beta'')(\gamma'-\gamma'')}\left\{\frac{(\alpha'-\alpha'')^2}{\alpha'\alpha''}+\frac{(\beta'-\beta'')^2}{\beta'\beta''}+\frac{(\gamma'-\gamma'')^2}{\gamma'\gamma''}\right\};$$

mentre quello del secondo è espressa da questa stessa quantità mutata di segno; invece il loro invariante simultaneo risulta nullo. Dunque: *I complessi lineari determinati da due iperboli gobbe fra loro coniugate sono in involuzione* (VOGT, p. 310). Essi determinano un fascio di complessi lineari, nel quale se ne trovano due speciali; sono quelli aventi per equazioni:

$$(\alpha'-\alpha'')p_{23}+(\beta'-\beta'')p_{31}+(\gamma'-\gamma'')p_{12}=0;$$
$$\left(\frac{1}{\alpha'}-\frac{1}{\alpha''}\right)p_{01}+\left(\frac{1}{\beta'}-\frac{1}{\beta''}\right)p_{02}+\left(\frac{1}{\gamma'}-\frac{1}{\gamma''}\right)p_{03}=0;$$

i loro assi sono uno la retta $\frac{x}{\alpha'-\alpha''}=\frac{y}{\beta'-\beta''}=\frac{z}{\gamma'-\gamma''}$ ed una retta all'infinito, ecc.

È appena necessario avvertire che a tre nuove coppie di complessi involutori dànno luogo le altre tre coppie di iperboli conjugate relative al dato parallelepipedo asintotico; le loro equazioni si traggono dalla (42) applicando quanto esponemmo nel n. 14.

28. — L'ultimo elemento di cui introdurremo la considerazione (3) è la superficie luogo dei centri delle corde della data iperbole gobba; la chiameremo *superficie centrale* perchè vedremo che non differisce da quella incontrata nel n. 12.

---

(3) Di altri ci occuperemo in altra occasione.

Ricordando le formole di partenza (1) si ottiene subito la seguente rappresentazione analitica della superficie in questione:

$$(45)\quad x=\frac{a_1}{2}\left(\frac{1}{a-u}+\frac{1}{a-v}\right),\qquad y=\frac{b_1}{2}\left(\frac{1}{b-u}+\frac{1}{b-v}\right),$$

$$z=\frac{c_1}{2}\left(\frac{1}{c-u}+\frac{1}{c-v}\right),$$

onde la superficie è razionale. Per trovarne l'equazione scriviamo le precedenti sotto la forma seguente:

$$2a\left(\frac{ax}{a_1}-1\right)+\left(1-\frac{2ax}{a_1}\right)(u+v)+\frac{2x}{a_1}uv=0$$

$$2b\left(\frac{bx}{b_1}-1\right)+\left(1-\frac{2bx}{b_1}\right)(u+v)+\frac{2y}{b_1}uv=0$$

$$2c\left(\frac{cx}{c_1}-1\right)+\left(1-\frac{2cx}{b_1}\right)(u+v)+\frac{2z}{c_1}uv=0;$$

fra queste si possono eliminare linearmente $u+v$ e uv; si giunge così all'equazione:

$$(46)\quad -2(b-c)(c-a)(a-b)+\frac{a_1(b-c)(b+c-2a)}{x}+$$
$$+\frac{b_1(c-a)(c+a-2b)}{y}+\frac{c_1(a-b)(a+b-2c)}{z}+$$
$$+\frac{b_1c_1(b-c)}{yz}+\frac{c_1a_1(c-a)}{zx}+\frac{a_1b_1(a-b)}{xy}=0,$$

e questa dice che *la superficie centrale è di terzo ordine ed ha per punti doppi i punti all'infinito della data iperbole.*

29. — Questa evidentemente appartiene alla superficie centrale (sulla quale essa è rappresentata dall'equazione $v=u$); per meglio chiarire l'ufficio che disimpegna sopra di essa, consideriamone un punto qualunque e la relativa tangente; se t è il valore del parametro relativo a quel punto e ρ una variabile affatto libera, le coordinate di un punto arbitrario di quella tangente, in forza delle (7), avranno la forma:

$$\frac{(a+\rho)a_1}{(a-t)^2},\qquad \frac{(b+\rho)b_1}{(b-t)^2},\qquad \frac{(c+\rho)c_1}{(c-t)^2};$$

in particolare il punto di contatto si ha per $\rho = -t$. Le intersezioni di quella tangente con la superficie (46) sono date dai valori di ρ che soddisfano l'equazione:

$$\begin{vmatrix} \frac{a^2(a+\rho)}{(a-t)^2} - a, & 1 - \frac{2a(a+\rho)}{(a-t)^2}, & \frac{a+\rho}{(a-t)^2} \\ \frac{b^2(b+\rho)}{(b-t)^2} - b, & 1 - \frac{2b(b+\rho)}{(b-t)^2}, & \frac{b+\rho}{(b-t)^2} \\ \frac{c^2(c+\rho)}{(c-t)^2} - c, & 1 - \frac{2c(c+\rho)}{(c-t)^2}, & \frac{c+\rho}{(c-t)^2} \end{vmatrix} = 0.$$

Ora, tolti i denominatori, questa si può scrivere:

$$\begin{vmatrix} a^2, & a, & 1 \\ b^2, & b, & 1 \\ c^2, & c, & 1 \end{vmatrix} \begin{vmatrix} \rho+2t, & -t^2, & 0 \\ -1, & -2(\rho+t), & t^2 \\ 0, & 1, & \rho \end{vmatrix} = 0,$$

cioè $(\rho+t)^3 = 0$. Ciò prova che quella tangente dell'iperbole è una tangente principale della superficie centrale; e siccome si tratta di una tangente qualunque così si conclude: *un'iperbole gobba è una linea asintotica della corrispondente superficie centrale* (VOGT, p. 311).

30. — Introducendo le nuove costanti $\alpha', \ldots, \gamma''$, la (46') diviene:

$$2xyz - (\alpha'+\alpha'')yz - (\beta'+\beta'')zx - (\gamma'+\gamma'')xy + \\ + \beta''\gamma'x + \gamma''\alpha'y + \alpha''\beta'z = 0.$$

Riferendo la superficie al centro della data curva, con applicazione delle formole (19), si trova, tenendo presente la (X):

$$2XYZ - \alpha'\beta'\gamma'\left(\frac{X}{\alpha'-\alpha''} + \frac{Y}{\beta'-\beta''} + \frac{Z}{\gamma'-\gamma''}\right) = 0,$$

o anche per la (IX):

$$(46'') \quad 2XYZ + (\beta'-\beta'')(\gamma'-\gamma'')X + (\gamma'-\gamma'')(\alpha'-\alpha'')Y + \\ + (\alpha'-\alpha'')(\beta'-\beta'')Z = 0;$$

e, poichè questa equazione non differisce dalla (24'), resta dimostrato che le due superficie denominate *centrali* coincidono.

La (46'') non muta scambiando α', β', γ' risp. con $\alpha'', \beta'', \gamma''$; dunque: *due iperboli gobbe conjugate hanno la stessa superficie centrale* (VOGT, p. 311); entrambe ne sono linee asintotiche. La stessa equazione (46'') fa vedere che il centro comune delle due iperboli è anche centro della superficie centrale; il corrispondente piano tangente, avendo per equazione

$$\frac{X}{\alpha'-\alpha''}+\frac{Y}{\beta'-\beta''}+\frac{Z}{\gamma'-\gamma''}=0,$$

è il piano mediano delle due curve; esso taglia la superficie secondo tre rette concorrenti nel centro, ecc.

§ IX. — Cenno intorno al caso in cui gli asintoti siano mutuamente ortogonali.

31. — Se gli asintoti dell'iperbole cubica considerata sono fra loro scambievolmente ortogonali, la curva si dice *equilatera*; Γ_a supposta in tali condizioni, lo sono evidentemente non soltanto $\bar{\Gamma}_a$ ma anche le altre sei iperboli connesse al dato parallelepipedo. Le formole stabilite valgono naturalmente anche in tali ipotesi, ma conducono a nuove conclusioni. Fissiamo in particolare la nostra attenzione sopra le equazioni (6) e (27), che rappresentano la retta che unisce due punti della curva ed il piano che passa per tre.

Dalla prima emerge che la condizione d'ortogonalità delle corde $t_1 t_2$ e $t_3 t_4$ è

$$(47) \qquad \Sigma \frac{a_1^2}{(a-t_1)(a-t_2)(a-t_3)(a-t_4)}=0,$$

la somma essendo estesa ai tre termini che nascono da quello scritto mutando a in b e c.

Similmente dalla seconda si desume che la condizione di ortogonalità dei piani $t_1\, t_2\, t_3$ e $t_4\, t_5\, t_6$ è:

$$(48) \quad \Sigma \frac{(b-c)^2}{a_1}(a-t_1)(a-t_2)(a-t_3)(a-t_4)(a-t_5)(a-t_6)=0,$$

ove gli altri due termini della somma si ottengono da quello scritto permutando circolarmente le lettere a, b, c.

Ora, siccome entrambe le formole (47), (48) godono la proprietà di essere simmetriche nei valori del parametro t dai quali dipendono, così si può dire:

I. *Se le corde* $P_1 P_2$, $P_3 P_4$ *d'un'iperbole gobba equilatera sono fra loro ortogonali, lo stesso accadrà per le corde* $P_2 P_3$, $P_1 P_4$ *e* $P_3 P_1$, $P_2 P_4$ (4).

II. *Se i sei punti* P_1, P_2, ... P_6 *d'un'iperbole gobba equilatera sono scelti in modo che i piani* $P_1 P_2 P_3$ *e* $P_4 P_5 P_6$ *siano fra loro ortogonali, lo stesso accadrà riguardo alle altre nove coppie di piani, che si possono far passare per quegli stessi punti* (VOGT, p. 317).

Queste proposizioni dànno luogo a numerose conseguenze, sulle quali però non è concesso di dilungarci.

---

(4) C. BIOCHE, *Sur les cubiques gauches équilatères* [" Proc. of the Edinburgh Math. Society ", T. XIII (1895), pp. 146-149].

Intorno ad un tipo notevole di sistemi lineari di reciprocità degeneri tra spazî ad n dimensioni,

di EUGENIO G. TOGLIATTI, a Torino.

In una Nota recente, dedicata a sistemi lineari di reciprocità degeneri [1], ho avviato lo studio di quei sistemi lineari completi di S_0-reciprocità, tra un S_n ed un S'_n, per i quali accade che i luoghi dei punti singolari delle reciprocità d'un fascio generico contenuto nel sistema sono in S_n una retta ed in S'_n una C^{n-1} razionale normale. Dopo aver dimostrato che il determinante d'un tale sistema, che indicavo brevemente col simbolo $(1, n-1)_0$, si può porre sotto la forma:

$$(1)\qquad \begin{vmatrix} a_{00} & 0 & a_{02} & . & a_{0,n-1} & a_{0n} \\ a_{10} & -a_{02} & -a_{03} & . & -a_{0n} & 0 \\ a_{20} & a_{21} & a_{22} & . & a_{2,n-1}+a_{00} & a_{2n}+a_{10} \\ . & . & . & . & . & . \\ a_{n0} & a_{n1}+a_{00} & a_{n2}+a_{10} & . & a_{n,n-1} & a_{nn} \end{vmatrix},$$

---

(1) " Atti Acc. Torino ,, 52 (1916-17), pp. 759-778. Manterrò qui le notazioni ed abbreviazioni allora introdotte: così seguiterò a chiamare S_n, S'_n gli spazî ambiente, x_i ed y_i $(i = 0, 1, \dots, n)$ le coordinate proiettive omogenee di punto rispett. in S_n ed S'_n, S_h-reciprocità una reciprocità degenere (di specie $h+1$) tra S_n ed S'_n avente come spazî singolari un S_h ed un S'_h, sistema lineare completo di S_h-reciprocità un sistema lineare di reciprocità il cui elemento generico è di specie $h+1$, e non contenuto in un sistema lineare della stessa specie e di dimensione maggiore, ecc. Le citazioni relative a detta Nota saranno precedute da una S.

ove siano verificate le condizioni:

$$Q_r \equiv a_{nr} a_{02} + a_{n,r-1} a_{03} + \dots + a_{2r} a_{0n} = 0 \qquad (r = 0, 1, \dots, n),$$

ho classificato detti sistemi, a seconda della dimensione, in n tipi: Ω_0, $\Omega_1, \dots, \Omega_{n-1}$, studiando in particolare il tipo Ω_0. Nella Nota presente mi occupo degli altri tipi, e dell'applicazione che se ne può fare alla ricerca dei sistemi completi $(l+1, n-1)_l$ (con $0 < l < n-1$), cioè dei sistemi completi di specie $l+1$ il cui fascio generico ha come luoghi degli spazî singolari in S_n un fascio di S_l entro un S_{l+1} ed in S'_n una V_{l+1}^{n-l-1} entro un S'_{n-1} (2).

Sistemi completi $(l+1, n-1)_l$. — **1.** Sia dato anzitutto tra S_n, S'_n un sistema completo di S_l-reciprocità, appartenente al tipo $(l+1, n-1)_l$, con $l \leq n-2$ e *non contenente reciprocità di specie* n (3), sistema che chiameremo Σ_{n-l}.

Congiungendolo col sistema di tutte le S_{n-l}-reciprocità che hanno in S_n uno stesso S_{n-l} singolare (generico) si ottiene un sistema (di 1ª specie) del tipo $(1, n-1)_0$, studiato in S nⁱ 14 e seg., e precisamente uno di quelli allora indicati con Ω_l (per $l \leq n-2$). Tali sistemi Σ_{n-l} si potranno quindi determinare tutti cercandoli entro i sistemi Ω_l.

Quanto ai sistemi $(l+1, n-1)_l$ contenenti delle S_{n-1}-reciprocità, essi si otterranno (S n° 4) congiungendo dei sistemi di ugual tipo, ma corrispondenti a valori maggiori di l, con sistemi completi di specie n.

Scriviamo dunque l'equazione d'un sistema Ω_l, e perciò riprendiamo la quadrica Q_r (S n° 15):

$$\text{(2)} \qquad Q_r \equiv a_{nr} a_{02} + a_{n-1,r} a_{03} + \dots + a_{2r} a_{0n} = 0$$

(ove r può valere $0, 1, \dots, n$), e su essa i due S_{n-2}: τ_r ($a_{02} = \dots = a_{0n} = 0$), τ'_r ($a_{2r} = \dots = a_{nr} = 0$). Per giungere al sistema Ω_l $(0 < l < n-1)$ dobbiamo scrivere le equazioni d'un S_{n-2}

(2) V. un'altra mia Nota in "Atti Acc. Torino", 52 (1916-17), pp. 628-643.

(3) Con ciò si esclude il sistema di tutte le S_l-reciprocità che ad un S_{l+1} di S_n fanno corrispondere uno stesso iperpiano di S'_n (S n° 4), sistema che intenderemo escluso anche nel seguito.

di Q_r, σ_r, che seghi τ_r in un S_{l-1}, ϵ; perciò possiamo supporre che tra le equazioni di σ_r ve ne siano l, fra loro lin. ind., che contengano solo $a_{02}, \ldots, a_{0n}$:

$$(3) \qquad \nu_{i2} a_{02} + \nu_{i3} a_{03} + \ldots + \nu_{in} a_{0n} = 0 \qquad (i = 2, 3, \ldots, l+1).$$

Queste equazioni (che saranno le stesse per tutte le quadriche Q_r) rappresentano lo spazio congiungente $\sigma_r \tau_r$, ed interpretate in τ'_r ne dànno lo S_{n-l-2} intersezione con $\sigma_r \tau_r$. Si avranno poi, per completare la rappresentazione analitica di σ_r, altre $n-l-1$ equazioni:

$$(4) \qquad \mu_{2i}^{(r)} a_{2r} + \ldots + \mu_{ni}^{(r)} a_{nr} = \nu_{i2}^{(r)} a_{02} + \ldots + \nu_{in}^{(r)} a_{0n} \qquad (i = 2, 3, \ldots, n-l),$$

lin. ind. fra loro e dalle precedenti, quindi tali che non sia nulla la matrice delle $\mu^{(r)}$; annullandone i primi membri:

$$(5) \qquad \mu_{2i}^{(r)} a_{2r} + \ldots + \mu_{ni}^{(r)} a_{nr} = 0 \qquad (i = 2, 3, \ldots, n-l),$$

si avranno le equazioni, in τ_r, dell'intersezione ϵ di σ_r con τ_r.

Ora, la quadrica Q_r determina tra τ_r, τ'_r una reciprocità, rappresentata dall'equazione bilineare (2); e Q_r risulta luogo degli S_{n-2} congiungenti spazî omologhi nella reciprocità, tra i quali vi è l'S_{n-2} che congiunge ϵ al suo omologo ϵ'. D'altra parte, lo spazio ϵ, intersezione di σ_r e τ_r, ha per polare rispetto a Q_r lo spazio congiungente $\sigma_r \tau_r$, il quale dovrà pertanto contenere anche lo spazio $\epsilon\epsilon'$ di Q_r (che passa per ϵ). Ne segue che ϵ' coincide con l'intersezione di τ'_r e di $\sigma_r \tau_r$; ossia le equazioni (3) e (5), interpretate rispett. in τ'_r e τ_r, rappresentano spazî omologhi nella reciprocità (2). Dunque le $\mu_{ni}^{(r)}, \ldots, \mu_{2i}^{(r)}$, prese in quest'ordine, saranno (per $i = 2, 3, \ldots, n-l$) le coordinate $a_{02}, \ldots, a_{0n}$ di $n-l-1$ punti lin. ind. di ϵ', rispett. omologhi nella reciprocità degli $n-l-1$ S_{n-3} di equazioni (5); sicchè la matrice delle $\nu_{i2}, \ldots, \nu_{in}$ e quella delle $\mu_{ni}^{(r)}, \ldots, \mu_{2i}^{(r)}$ ci daranno entrambe, coi loro minori principali, le coordinate di ϵ' entro lo spazio di Q_r. Ne segue la proporzionalità di detti minori principali, in ordine opportuno [4]. Perciò, se le (3) si possono

---

[4] Bertini, *Introd. alla geom. proiettiva degli iperspazî*, Cap. 2°, n° 15.

risolvere ad es. rispetto ad $a_{0,n-l+1}, \dots, a_{0n}$ [5], le (4) si potranno risolvere, *per tutti i valori di* r, rispetto ad $a_{l+2,r}, \dots, a_{nr}$; e se nelle (4) sostituiamo inoltre ad $a_{0,n-l+1}, \dots, a_{0n}$ le espressioni ricavate dalle (3), si vede che, per tutti i valori di r, le equazioni di σ_r si possono scrivere:

$$(6)\quad \begin{cases} a_{0,n-l+1} = m_{22}a_{02} + m_{23}a_{03} + \dots + m_{2,n-l}a_{0,n-l} \\ \dots\dots\dots \\ a_{0n} = m_{l+1,2}a_{02} + m_{l+1,3}a_{03} + \dots + m_{l+1,n-l}a_{0,n-l} \end{cases}$$

$$\begin{cases} a_{nr} = h^{(r)}_{22}a_{l+1,r} + \dots + h^{(r)}_{l+1,2}a_{2r} + l^{(r)}_{22}a_{02} + \dots + l^{(r)}_{2,n-l}a_{0,n-l} \\ \dots\dots\dots \\ a_{l+2,r} = h^{(r)}_{2,n-l}a_{l+1,r} + \dots + h^{(r)}_{l+1,n-l}a_{2r} + l^{(r)}_{n-l,2}a_{02} + \dots + l^{(r)}_{n-l,n-l}a_{0,n-l} \end{cases}$$

Sostituendo ora questi valori di $a_{0,n-l+1}, \dots, a_{0n}$; $a_{l+2,r}, \dots, a_{nr}$ nell'equazione di Q_r, e richiedendo che essa divenga un'identità rispetto ad $a_{02}, \dots, a_{0,n-l}$; $a_{2r}, \dots, a_{l+1,r}$, si trovano le condizioni:

$$(7)\quad \begin{array}{ll} m_{ij} + h^{(r)}_{ij} = 0 & (i = 2, 3, \dots, l+1;\ j = 2, 3, \dots, n-l); \\ l^{(r)}_{ii} = 0;\ l^{(r)}_{ij} + l^{(r)}_{ji} = 0 & (i, j = 2, 3, \dots, n-l). \end{array}$$

2. Le equazioni (6), al variare di r da 0 ad n, sono in numero di $l + (n+1)(n-l-1)$, tutte lin. ind.; la dimensione di Ω_l risulta $n(l+1)$.

I parametri del sistema sono a_{00}, a_{10}; $a_{02}, \dots, a_{0,n-l}$ ed $a_{2r}, \dots, a_{l+1,r}$ $(r = 0, 1, \dots, n)$. Se poniamo fra essi le $l(n+1)$ equazioni: $a_{20} = a_{21} = \dots = a_{2,n-1} + a_{00} = a_{2n} + a_{10} = 0$; $a_{30} = a_{31} = \dots = a_{3,n-1} + a_{10} = a_{3n} = 0$; ...; $a_{l+1,0} = a_{l+1,1} = \dots = a_{l+1,n-l} + a_{00} = a_{l+1,n-l+1} + a_{10} = \dots = a_{l+1,n} = 0$, cioè se annulliamo tutti gli elementi delle orizzontali 3ª, 4ª, ..., $(l+2)$ª del determinante di Ω_l, otteniamo un sistema lineare Σ_{n-l}, contenuto in Ω_l, di specie $l+1$, di dimensione $n(l+1) - l(n+1) = n - l$, e i cui parametri sono a_{00}, a_{10}, $a_{02}, \dots, a_{0,n-l}$.

---

[5] A questo caso possiamo sempre ridurci mutando, se occorre, gli indici delle a_{ij}, il che equivale a mutar l'ordine delle x_i e delle y_j.

Presa in esso una reciprocità generica α, un ragionamento analogo a quello fatto in S n° 15 prova che ad un punto generico y_i di S'_n corrisponde in α un S_{n-1} di S_n le cui coordinate u_i verificano le equazioni:

$$u_2 = u_3 = \ldots = u_{l+1} = -a_{10}u_0 + a_{00}u_1 + a_{0,n-l}u_{l+2} + \ldots + a_{02}u_n = 0;$$

perciò l'S_l singolare di α (in S_n) congiunge l'S_{l-1} fondam.le $A_2A_3 \ldots A_{l+1}$ col punto (dell' S_{n-l} fondam.le opposto) di coordinate $-a_{10}, a_{00}, 0, \ldots, 0, a_{0,n-l}, \ldots, a_{02}$; si ottengono anzi in S_n tutti gli S_l passanti per quell' S_{l-1}, in modo inoltre che questi S_l corrispondono omograficamente alle relative reciprocità di Σ_{n-l}. D'accordo col fatto che i punti singolari in S_n delle S_0-reciprocità di Ω_l riempiono l'S_{n-l}, ρ, le cui equazioni sono le (3), ove però alle $a_{02}, \ldots, a_{0n}$ si sostituiscano rispett. $x_n, \ldots, x_2$.

Ne segue che Σ_{n-l} non contiene alcuna S_{n-1}-reciprocità, perchè questa starebbe in Ω_l e sarebbe diversa da quelle che Ω_l già contiene ed i cui S_{n-1} singolari passano per ρ e non per $A_2A_3 \ldots A_{l+1}$. Ne segue pure che Σ_{n-l} è completo, altrimenti il sistema completo che lo contiene starebbe in Ω_l (che è completo); perciò Σ_{n-l} si potrebbe ampliare, senza mutarne la specie, congiungendolo con una reciprocità avente in S_n uno spazio singolare passante per ρ e per $A_2A_3 \ldots A_{l+1}$, il che è assurdo essendo ρ sghembo con $A_2A_3 \ldots A_{l+1}$. Perciò Σ_{n-l} è uno dei sistemi $(l+1,\ n-1)_l$ che cercavamo: Ω_l unisce Σ_{n-l} al sistema T delle S_{n-l}-reciprocità aventi ρ come S_{n-l} singolare.

Sia Φ un altro sistema del tipo di Σ_{n-l} che unito a T dia Ω_l; gli S_l singolari di Φ passano per un S_{l-1} ([6]) sghembo con ρ, perciò anche Φ è ∞^{n-l}. Un punto P di ρ è singolare per infinite S_0-recipr. di Ω_l, i cui punti singolari in S'_n formano l'S'_l singolare di quell'elemento α di Σ_{n-l} (o β di Φ) il cui S_l singolare passa per P. Dunque gli spazî singolari di Σ_{n-l} e di Φ in S'_n coincidono e in S_n dànno due stelle omografiche; e a due S_{l+1} omologhi di tali stelle (seganti ρ nella stessa retta) corrisponde in α e β lo stesso S'_{n-1}. Perciò Σ_{n-l} e Φ sono proiettiv.te identici.

([6]) Essi stanno a due a due, ma non tutti, in un S_{l+1}; v. nota ([3]).

Concludendo, se poniamo $k = n - l$, abbiamo: *Un sistema lineare completo di* S_{n-k}*-reciprocità,* Σ_k*, del tipo* $(n - k + 1, n - 1)_{n-k}$ *(ove* $k \geq 2$*) e non contenente* S_{n-1}*-reciprocità, ha la dimensione* k*, e le sue reciprocità corrispondono omograficamente ai loro spazî singolari in* S_n*, che sono tutti gli* S_{n-k} *per un* S_{n-k-1}*. Il determinante del sistema si può porre sotto la forma* (1)*, ove siano verificate le condizioni:*

$$
(8)\quad
\begin{cases}
a_{0,k+1} = m_{22} a_{02} + m_{23} a_{03} + \ldots + m_{2k} a_{0k} \\
\cdot\ \cdot\ \cdot\ \cdot\ \cdot\ \cdot\ \cdot\ \cdot\ \cdot\ \cdot\ \cdot\ \cdot\ \cdot\ \cdot\ \cdot \\
a_{0n} = m_{n-k+1,2}\, a_{02} + m_{n-k+1,3}\, a_{03} + \ldots + m_{n-k+1,k}\, a_{0k}
\end{cases}
\begin{cases}
a_{20} = a_{21} = \ldots = a_{2,n-1} + a_{00} = a_{2n} + a_{10} = 0 \\
\cdot\ \cdot\ \cdot\ \cdot\ \cdot\ \cdot\ \cdot\ \cdot\ \cdot\ \cdot\ \cdot\ \cdot\ \cdot\ \cdot\ \cdot \\
a_{n-k+1,0} = a_{n-k+1,1} = \ldots = a_{n-k+1,k} + a_{00} = a_{n-k+1,k+1} + a_{10} = \ldots \\
\qquad = a_{n-k+1,n} = 0
\end{cases}
\begin{cases}
a_{nr} = - m_{22} a_{n-k+1,r} - \ldots - m_{n-k+1,2}\, a_{2r} + l_{22}^{(r)} a_{02} + \ldots + l_{2k}^{(r)} a_{0k} \\
\cdot\ \cdot\ \cdot\ \cdot\ \cdot\ \cdot\ \cdot\ \cdot\ \cdot\ \cdot\ \cdot\ \cdot\ \cdot\ \cdot\ \cdot \\
a_{n-k+2,r} = - m_{2k} a_{n-k+1,r} - \ldots - m_{n-k+1,k}\, a_{2r} + l_{k2}^{(r)} a_{02} + \ldots + l_{kk}^{(r)} a_{0k}
\end{cases}
$$

$$
l_{ii}^{(r)} = l_{ij}^{(r)} + l_{ji}^{(r)} = 0 \qquad (r = 0, 1, \ldots, n).
$$

Fissati n, k i diversi sistemi Σ_k si otterranno mutando i valori delle costanti numeriche m_{ij}, $l_{ij}^{(r)}$.

3. Determiniamo la varietà degli spazî singolari in S_n' delle reciprocità di Σ_k (7). Perciò poniamo:

$$
\begin{aligned}
L_{ij} &= l_{ij}^{(0)} y_0 + \ldots + l_{ij}^{(n)} y_n && (i, j = 2, 3, \ldots, k) \\
M_h &= y_h + m_{2h} y_{k+1} + \ldots + m_{n-k+1,\,h}\, y_n && \\
M_h' &= y_{h-1} + m_{2h} y_k + \ldots + m_{n-k+1,\,h}\, y_{n-1} && (h = 2, 3, \ldots, k) \\
N_s &= a_{s0} y_0 + \ldots + a_{sn} y_n && (s = 2, 3, \ldots, n - k + 1),
\end{aligned}
$$

e rileviamo che il determinante delle L_{ij} risulta emisimmetrico.

(7) Essa è la stessa che per il sistema Ω_l, come risulta, oltre che dalla relazione geometrica tra Σ_k e Ω_l, dal modo com'è presentato il calcolo che segue, il quale prescinde dal secondo gruppo delle equazioni (8).

Le coordinate dei punti singolari in S'_n della reciprocità generica di Σ_k verificano allora le equazioni:

$$a_{00}y_0 + a_{02}M_2 + a_{03}M_3 + \dots + a_{0k}M_k = 0$$
$$a_{10}y_0 - a_{02}M'_2 - a_{03}M'_3 - \dots - a_{0k}M'_k = 0$$
$$N_s + a_{00}y_{n-s+1} + a_{10}y_{n-s+2} = 0 \qquad (s = 2, 3, \dots, n-k+1)$$
$$a_{00}y_1 + a_{10}y_2 - m_{22}N_{n-k+1} - \dots - m_{n-k+1,2}N_2 + L_{22}a_{02} + \dots + L_{2k}a_{0k} = 0$$
$$\dots\dots\dots\dots$$
$$a_{00}y_{k-1} + a_{10}y_k - m_{2k}N_{n-k+1} - \dots - m_{n-k+1,k}N_2 + L_{k2}a_{02} + \dots + L_{kk}a_{0k} = 0.$$

Di qui, eliminando le N_s, si hanno le equazioni:

$$(9)\qquad \begin{aligned} & a_{00}y_0 + a_{02}M_2 + a_{03}M_3 + \dots + a_{0k}M_k = 0 \\ & a_{10}y_0 - a_{02}M'_2 - a_{03}M'_3 - \dots - a_{0k}M'_k = 0 \\ & a_{00}M'_2 + a_{10}M_2 \qquad + L_{23}a_{03} + \dots + L_{2,k-1}a_{0,k-1} + L_{2k}a_{0k} = 0 \\ & \dots\dots\dots\dots \\ & a_{00}M'_k + a_{10}M_k + L_{k2}a_{02} + L_{k3}a_{03} + \dots + L_{k,k-1}a_{0,k-1} \qquad = 0, \end{aligned}$$

le quali permettono di studiare la varietà degli S'_{n-k} singolari.

Così, dalle equazioni precedenti si possono eliminare a_{00}, a_{10} (in modo analogo ad S n° 17); chiamando $\varphi_{ij}^{(k)}$ i minori di 2° ordine della matrice $\begin{Vmatrix} M_2 & M_3 & . & M_k \\ M'_2 & M'_3 & . & M'_k \end{Vmatrix}$, le cui colonne si numerino da 2 a k, si trovano le equazioni:

$$a_{03}(y_0L_{23} + \varphi_{23}^{(k)}) + \dots + a_{0k}(y_0L_{2k} + \varphi_{2k}^{(k)}) = 0$$
$$a_{02}(y_0L_{32} + \varphi_{32}^{(k)}) \qquad + \dots + a_{0k}(y_0L_{3k} + \varphi_{3k}^{(k)}) = 0$$
$$\dots\dots\dots\dots$$
$$a_{02}(y_0L_{k2} + \varphi_{k2}^{(k)}) + a_{03}(y_0L_{k3} + \varphi_{k3}^{(k)}) + \dots \qquad = 0.$$

In esse i coefficienti di $a_{02}, \dots, a_{0k}$ formano un determinante emisimmetrico di ordine $k-1$, perciò: *Gli spazî singolari in* S'_n *delle reciprocità di un sistema lineare* Σ_k *riempiono* S'_n *se* k *è pari, non lo riempiono (in generale) se* k *è dispari*. In questo secondo caso, se $k = 2m + 1$, si prova come in S n° 17 che quegli spazî singolari formano un'ipersuperficie d'ordine $m + 1$.

4. Risulta dalle (9) che se in S'_n gli $\frac{1}{2} k (k + 1)$ iperpiani di equazioni:

$$(10) \qquad y_0 = 0, \quad M_i = 0, \quad M'_i = 0, \quad L_{ij} = 0 \qquad (i, j = 2, 3, \ldots, k)$$

hanno in comune un S'_ω $(0 \leq \omega \leq n - k - 1)$ (8), questo sta sugli spazî singolari di tutte le reciprocità di Σ_k, onde Σ_k si può costruire proiettando, da S'_ω e da un S_ω di S_n (contenuto nell'S_{n-k-1} comune a tutti gli S_{n-k} singolari), un sistema dello stesso tipo esistente fra spazî di dimensione $< n$. Viceversa, se gli spazî singolari in S'_n delle reciprocità di Σ_k passano tutti per un S'_ω, le coordinate dei punti di S'_ω verificano le (9), per valori arbitrarî di $a_{00}, a_{10}, a_{02}, \ldots, a_{0k}$, da cui segue facilmente che S'_ω sta su tutti gli iperpiani (10).

Lo spazio S'_ω esiste certo quando sia $n - \frac{1}{2} k (k + 1) \geq 0$; dunque: *Per* $n \geq \frac{1}{2} k (k + 1)$, *qualunque sistema* Σ_k *è proiezione d'un sistema dello stesso tipo esistente fra spazî di dimensione minore di* $\frac{1}{2} k (k + 1)$.

---

(8) Coi coefficienti delle y_i nelle (10) si forma la matrice:

coeff. di: $y_0 = 0$	1	0	0	.	0	0	0	.	0	0
id. $M_2 = 0$	0	0	1	.	0	0	m_{22}	.	$m_{n-k,2}$	$m_{n-k+1,2}$
. . .	.	.	.	.	.	.	.	.	.	.
id. $M_k = 0$	0	0	0	.	0	1	m_{2k}	.	$m_{n-k,k}$	$m_{n-k+1,k}$
id. $M_2' = 0$	0	1	0	.	0	m_{22}	m_{32}	.	$m_{n-k+1,2}$	0
. . .	.	.	.	.	.	.	.	.	.	.
id. $M_k' = 0$	0	0	0	.	1	m_{2k}	m_{3k}	.	$m_{n-k+1,k}$	0
id. $L_{23} = 0$	$l_{23}^{(0)}$	.	.	.	.	.	.	.	.	$l_{23}^{(n)}$
. . .	.	.	.	.	.	.	.	.	.	.
id. $L_{k-1,k} = 0$	$l_{k-1,k}^{(0)}$	.	.	.	.	.	.	.	.	$l_{k-1,k}^{(n)}$

In essa le prime $k + 1$ orizzontali e le prime $k + 1$ verticali formano un determinante che vale $(-1)^{k-1}$, perciò $S'\omega$ è al più un S'_{n-k-1}. Ed è facile verificare per quali valori speciali delle m_{ij}, $l_{ij}^{(r)}$ esso ha proprio la dimensione $n - k - 1$.

5. Supponiamo ora $n = \frac{1}{2} k(k+1) - 1$; allora, per valori generici delle m_{ij}, $l_{ij}^{(r)}$, gli iperpiani (10) risultano lin. ind. Infatti, gli iperpiani $M_i = 0$ segano lo spazio fondam.le $A'_0 A'_1 \dots A'_k$ secondo $k-1$ S'_{k-1} lin. ind. e passanti per $A'_0 A'_1$, perciò, per valori generici delle m_{ij}, hanno in comune un S'_{n-k+1} generico passante per $A'_0 A'_1$; così, gli $M'_i = 0$ hanno in comune un S'_{n-k+1} generico passante per $A'_0 A'_n$, e che sega il precedente in un S'_{n-2k+2} generico uscente da A'_0 (si noti che, essendo $k \geq 2$, risulta $n = \frac{1}{2} k(k+1) - 1 \geq 2k - 2$). Questo sega $y_0 = 0$ in un S'_{n-2k+1} (non esistente per $k=2$) generico, perciò sghembo (se si escludono valori particolari delle $l_{ij}^{(r)}$) con l'S'_{2k-3} comune ad $y_0 = 0$ ed agli iperpiani $L_{ij} = 0$. Dunque il più generale sistema Σ_k che si ha per $n = \frac{1}{2} k(k+1) - 1$ non è proiezione d'un altro fra spazî di dimensione minore (9).

Per riconoscerne la natura, prendiamo in Σ_k un fascio f, che congiunga le reciprocità di parametri rispett. $a'_{00}, a'_{10}, a'_{02}, \dots, a'_{0k}$; $a''_{00}, a''_{10}, a''_{02}, \dots, a''_{0k}$. Gli S_{n-k} singolari in S_n degli elementi di f formano un fascio g di S_{n-k} entro una stella di centro un S_{n-k-1}; e come coordinate di g entro la stella si possono assumere i

---

(9) Ciò risulta anche dall'esame della matrice scritta nella nota (8), la quale è ora una matrice quadrata. Per l'arbitrarietà delle $l_{ij}^{(r)}$ essa è nulla solo se son nulli tutti i minori d'ordine $2k-1$ estratti dalla matrice Δ delle prime $2k-1$ orizzontali. Ora, le prime $k+1$ verticali di Δ formano una matrice Δ_1 i cui minori d'ordine $k+1$, non identicamente nulli, valgono (a meno dei segni): $1, m_{23}, m_{24}, \dots, m_{2k}$ (lo si vede, ad es., calcolando il quadrato di Δ_1); perciò aggiungendo a Δ_1 altre $k-2$ verticali di Δ si ha un minore di Δ non nullo per valori generici delle m_{ij}. Se $k=2$, non esistono le m_{ij}, $l_{ij}^{(r)}$, e Δ_1 è un determinante che vale -1.

Rileviamo, per servircene tra poco, che, se $k > 2$, Δ non è nulla neanche se son nulle tutte le $m_{h2}, m_{h3}, \dots, m_{hk}$ per *un* certo valore di h; ciò è evidente se $h > 2$, perchè le $k-2$ verticali di Δ aggiunte a Δ_1 si possono ancora scegliere in modo da formare una matrice non nulla (anche per $h = n-k+1$, perchè $k-2$ non raggiunge il numero $n-k = \frac{1}{2}k(k-1)-1$ delle verticali disponibili); ed è vero pure se $h=2$, perchè allora, essendovi ancora in Δ_1 dei minori non nulli, per es. quello delle prime $k+1$ orizzontali, basterà che tra le $k-2$ verticali aggiunte a Δ_1 non vi sia l'ultima (il che è possibile essendo $k \geq 3$).

minori p_{ij} della matrice $\begin{Vmatrix} -a'_{10} & a'_{00} & a'_{0k} & . & a'_{02} \\ -a''_{10} & a''_{00} & a''_{0k} & . & a''_{02} \end{Vmatrix}$, le cui colonne intenderemo numerate da 0 a k. Se a_{00}, a_{10}, a_{02}, ..., a_{0k} sono i valori dei parametri che dànno un elemento generico di f, sarà nulla la matrice $\begin{Vmatrix} -a_{10} & a_{00} & a_{0k} & . & a_{02} \\ -a'_{10} & a'_{00} & a'_{0k} & . & a'_{02} \\ -a''_{10} & a''_{00} & a''_{0k} & . & a''_{02} \end{Vmatrix}$, quindi sussisteranno in particolare le relazioni:

$$a_{10} p_{1s} + a_{00} p_{0s} = a_{0,k-s+2} p_{01} \qquad (s = 2, 3, \dots, k).$$

Sostituendo i valori di a_{02}, ..., a_{0k} dati da queste formole nelle (9) moltiplicate per p_{01}, si hanno le equazioni:

$$a_{00}(p_{01} y_0 + p_{0k} M_2 + \dots + p_{02} M_k) + a_{10}(p_{1k} M_2 + \dots + p_{12} M_k) = 0$$

$$a_{00}(p_{0k} M'_2 + \dots + p_{02} M'_k) - a_{10}(p_{01} y_0 - p_{1k} M'_2 - \dots - p_{12} M'_k) = 0$$

$$a_{00}(p_{01} M'_2 + p_{0,k-1} L_{23} + \dots + p_{02} L_{2k}) + a_{10}(p_{01} M_2 + p_{1,k-1} L_{23} + \dots + p_{12} L_{2k}) = 0$$

. . . .

$$a_{00}(p_{01} M'_k + p_{0k} L_{k2} + \dots + p_{03} L_{k,k-1}) + a_{10}(p_{01} M_k + p_{1k} L_{k2} + \dots + p_{13} L_{k,k-1}) = 0,$$

le quali sono verificate dai punti degli S'_{n-k} singolari delle reciprocità di f. Moltiplicando le ultime $k-1$ di queste equazioni rispett. per p_{0k}, ..., p_{02}, e sommandole tenendo conto della seconda, si ottiene, dopo aver diviso per a_{10}:

$$p_{01}(p_{01} y_0 - p_{1k} M'_2 - \dots - p_{12} M'_k + p_{0k} M_2 + \dots + p_{02} M_k) + \\ + \Sigma (p_{0i} p_{1j} - p_{0j} p_{1i}) L_{k-i+2,\, k-j+2} = 0 \qquad (i, j = 2, 3, \dots, k).$$

D'altra parte è noto che: $p_{0i} p_{1j} - p_{0j} p_{1i} = p_{01} p_{ij}$; perciò, sostituendo, e dividendo per p_{01}, troviamo infine:

$$p_{01} y_0 + p_{0k} M_2 + \dots + p_{02} M_k - p_{1k} M'_2 - \dots - p_{12} M'_k + \\ + \Sigma p_{ij} L_{k-i+2,\, k-j+2} = 0.$$

È questa l'equazione dell'iperpiano di S'_n che contiene gli S'_{n-k} singolari delle reciprocità di f; essa è una combinazione lineare delle (10) che sono ora lin. ind.; e poichè i coefficienti sono le coordinate p_{ij} del fascio g, ne segue che, al variare di f entro Σ_k, quindi al variare di g, si ottiene una rappresentazione biunivoca dei fasci g con iperpiani di S'_n: duale della nota rappresentazione di GRASSMANN delle rette d'un S_k coi punti d'una varietà d'uno $\left[\frac{1}{2}k(k+1)-1\right]$ (10).

6. Viceversa, dati un S_n ed un S'_n con $n=\frac{1}{2}k(k+1)-1$, assumiamo in S_n una stella ∞^k di centro un S_{n-k-1} generico, e rappresentiamo i fasci di S_{n-k} esistenti nella stella (o se si vuole le rette d'un S_k generico sezione della stella) con iperpiani di S'_n al modo di GRASSMANN. Agli ∞^{k-1} di quei fasci che contengono uno stesso elemento α corrispondono in S'_n iperpiani d'una stella ∞^{k-1} di centro un $S'_{n-k}:\alpha'$; e ne risulta tra le stelle di centri α, α' una reciprocità in cui ad ogni S_{n-k+1} passante per α corrisponde un S'_{n-1} passante per α', e a tutti gli S_{n-k+1} per α giacenti in uno stesso S_{n-k+2} corrispondono ∞^1 S'_{n-1} d'un fascio. Tra S_n ed S'_n si hanno così ∞^k reciprocità degeneri di specie $n-k+1$, i cui spazî singolari in S_n sono tutti gli S_{n-k} per un S_{n-k-1} ed in S'_n sono tutti gli S'_{n-k} analoghi ad α'; il loro insieme è un sistema lineare ∞^k: Z_k. Lo si può vedere, ad es., per via analitica. Perciò assumiamo in S_n il sostegno della stella ∞^k come spazio fondam.le $A_{k+1}\dots A_n$ in modo che un S_{n-k} singolare del sistema, α, si determina dando le coordinate $\lambda_0, \lambda_1, \dots, \lambda_k$ della sua intersezione con lo spazio $A_0A_1\dots A_k$. Fissato α, cioè fissate $\lambda_0, \lambda_1, \dots, \lambda_k$, un punto generico $P(x_i)$ di S_n determina con α un S_{n-k+1} le cui coordinate entro la stella ∞^k sono i minori della matrice $\left\|\begin{matrix}\lambda_0\,\lambda_1\,.\,\lambda_k\\ x_0\,x_1\,.\,x_k\end{matrix}\right\|$, ossia: $p_{ij}=\lambda_i x_j-\lambda_j x_i$; e se un punto Q di S'_n è reciproco di P nella reciprocità di cui α è l' S_{n-k} singolare, dovrà Q appartenere all'S'_{n-1} di coordinate p_{ij}, per cui, dicendo y_{ij} le coordinate di Q, dovrà sussistere la relazione:

$$\Sigma y_{ij}(\lambda_i x_j-\lambda_j x_i)=0 \quad . \quad (i,j=0,1,\dots,k).$$

Variando $\lambda_0, \lambda_1, \dots, \lambda_k$ si ottengono tutte le reciprocità di Z_k, che risulta pertanto un sistema lineare ∞^k.

(10) V. ad es. BERTINI, loc. cit. nella nota (4), cap. 2°, n° 18.

7. Il ragionamento del n° 5 è fondato solo sull'ipotesi che gli iperpiani (10) siano lin. ind.; ne segue che, se tale condizione è verificata, qualunque siano del resto i valori delle m_{ij}, $l_{ij}^{(r)}$, i sistemi Σ_k che si ottengono per $n = \frac{1}{2} k(k+1) - 1$, e che non saranno proiezioni di sistemi analoghi fra spazî minori, sono tutti fra loro proiettivamente identici. Ciò risulta chiaro quando si facciano, in S_n ed S_n' rispett., le seguenti trasformazioni di coordinate:

$$\begin{cases} X_0 = x_0, \; X_1 = x_1; \; X_2 = x_n, \ldots, X_k = x_{n-k+2}; \\ X_{k+1} = x_2, \ldots, X_n = x_{n-k+1}; \end{cases}$$

$$\begin{cases} Y_{01} = y_0; \; Y_{02} = M_2, \ldots, Y_{0k} = M_k; \\ Y_{12} = -M_2', \ldots, Y_{1k} = -M_k'; \; Y_{ij} = L_{ij} \quad (i, j = 2, 3, \ldots, k). \end{cases}$$

Se inoltre i parametri a_{00}, a_{10}, a_{02}, ..., a_{0k} di Z_k si chiamano rispett. λ_1, $-\lambda_0$, λ_2, ..., λ_k, l'equazione di Z_k diviene, per le (9):

$$\begin{aligned} X_0(\lambda_1 Y_{01} + \lambda_2 Y_{02} + \ldots + \lambda_k Y_{0k}) + X_1(-\lambda_0 Y_{01} + \lambda_2 Y_{12} + \ldots + \lambda_k Y_{1k}) + \\ + X_2(-\lambda_1 Y_{12} - \lambda_0 Y_{02} + \lambda_3 Y_{23} + \ldots + \lambda_k Y_{2k}) + \ldots \\ + X_k(-\lambda_1 Y_{1k} - \lambda_0 Y_{0k} + \lambda_2 Y_{k2} + \ldots + \lambda_{k-1} Y_{k,k-1}) = 0, \end{aligned}$$

ossia:

$$\Sigma Y_{ij}(\lambda_i X_j - \lambda_j X_i) = 0 \quad (i, j = 0, 1, \ldots, k).$$

Quest'equazione, che coincide con quella del n° 6, si può dunque scrivere tutte le volte che gli iperpiani (10) sono lin. ind.; ed in essa non figurano più le m_{ij}, $l_{ij}^{(r)}$. Concludiamo dunque: *Per* $\mathrm{n} = \frac{1}{2}\mathrm{k}(\mathrm{k}+1) - 1$, *qualunque sistema* Σ_k *tra* S_n, S_n', *non proiezione d'un sistema dello stesso tipo fra spazî di dimensione inferiore, è proiettivamente identico al sistema* Z_k *di specie* $\mathrm{n} - \mathrm{k} + 1$, *descritto al n° 6, e di equazione:*

$$\Sigma y_{ij}(\lambda_i x_j - \lambda_j x_i) = 0 \quad (i, j = 0, 1, \ldots, k). \tag{11}$$

8. Supponiamo infine $k \leq n < \frac{1}{2} k(k+1) - 1$ (il che esige che sia $k > 2$); sia cioè: $n = k + t$ con $0 \leq t \leq \frac{1}{2} k(k-1) - 2$.

Allora le equazioni (8) mostrano che il più generale sistema Σ_k che si ha in questo caso si ottiene dal più generale che si aveva per $n=\frac{1}{2}k(k+1)-1$, segandolo con l'S_{k+t} $(x_{t+2}=\ldots=x_{n-k+1}=0)$ e con l'S'_{k+t} $(y_{k+t+1}=\ldots=y_n=0)$ e supponendo inoltre $m_{t+2,2}=\ldots=m_{t+2,k}=0$. Ora, anche facendo quest'ultima ipotesi, gli iperpiani (10) restano lin. ind. ([11]) per valori generici delle m_{ij} residue e delle $l_{ij}^{(r)}$, ed il relativo sistema Σ_k che se ne ottiene per $n=\frac{1}{2}k(k+1)-1$ è del tipo generale studiato nei n^i^ precedenti, perciò si conclude: *Se* $\mathrm{k}>2$ *e* $\mathrm{k}\leq\mathrm{n}<\frac{1}{2}\mathrm{k}(\mathrm{k}+1)-1$, *qualunque sistema* Σ_k *tra* S_n, S'_n, *non proiezione d'un sistema dello stesso tipo fra spazî di dimensione inferiore, è sezione del sistema* Z_k *che si ha per* $\mathrm{n}=\frac{1}{2}\mathrm{k}(\mathrm{k}+1)-1$.

Oss. — Rappresentando, come s'è fatto al n° 6, i fasci di S_{n-k} d'una stella ∞^k di S_n, o le rette d'un S_k sezione della stella, con iperpiani di S'_n, con $n=\frac{1}{2}k(k+1)-1$, i punti di S'_n vengono a rappresentare i complessi lineari di rette dell'S_k. Un punto che appartenga all'S'_{n-k} (singolare per una reciprocità di Z_k) per cui passano gli iperpiani immagini delle rette d'una stella P di S_k rappresenta un complesso avente P come punto singolare, perciò l'insieme di quegli S'_{n-k} è la varietà immagine dei complessi speciali. Ne segue ([12]) che per k pari quegli S'_{n-k} riempiono l'ambiente e per k dispari formano una V_{n-1} d'ordine $\frac{1}{2}(k+1)$. Ciò risulta pure dall'equazione di Z_k, e dà ragione del teor. del n° 3.

Esempi. — **9.** Per $k=2$ si ritrova, come sistema Z_2, la rete di S_0-reciprocità tra due piani π, π' a cui dà luogo una omografia non degenere tra π, π'; e, per $n>2$, qualunque sistema di specie $n-1$, non contenente S_{n-1}-reciprocità, è proiezione della rete precedente (S n^i^ 5 e 6).

([11]) V. nota ([9]).

([12]) KANTOR, *Die linearen Systeme linearer Strahlenkomplexe im* R_r, Wien Sitzungsberichte, 112 (1903) II A, pp. 815-877, teor. 6°.

10. $k=3$. Il sistema fondamentale Z_3 si ha tra un S_5 ed un S'_5. Rappresentiamo i fasci di piani passanti per una retta r di S_5 con gli iperpiani tangenti d'una quadrica Q' di S'_5: ad ogni piano α per r corrisponderà un piano α' di Q' d'uno dei due sistemi, e si avrà una proiettività tra gli S_3 per α e gli iperpiani per α', cioè una S_2-reciprocità tra S_5, S'_5. L'insieme di tutte queste reciprocità è il sistema Z_3.

Per $n<5$, i sistemi $(n-2,\ n-1)_{n-3}$, non contenenti S_{n-1}-reciprocità e non proiezioni (per $n=4$) di sistemi analoghi tra un S_3 ed un S'_3, si ottengono come sezioni di Z_3.

Così, segando Z_3 con un S_4 ed un S'_4 generici, si ottiene fra questi un sistema ∞^3 di 2ª specie, per il quale le rette singolari in S_4 sono tutte le rette passanti per un punto ed in S'_4 sono le ∞^3 rette d'una quadrica. Tale sistema non contiene, in generale, delle S_2-reciprocità. Se però l' S'_4 si assume tangente a Q', il sistema sezione ha come luogo delle rette singolari in S'_4 un cono quadrico di 1ª specie, e contiene un fascio di S_2-reciprocità aventi tutte in S_4 uno stesso piano singolare (sezione, con S_4, dell'S_3 che contiene il fascio di piani per r omologo dell' S'_4 considerato) ed i cui piani singolari in S'_4 sono i piani del cono quadrico di uno dei due sistemi.

Segando Z_3 con un S_3 ed un S'_3 generici si ha tra questi un sistema ∞^3 di 1ª specie, i cui punti singolari in S_3 riempiono l'ambiente ed in S_3' formano una quadrica Q_0. I due iperpiani π, π', passanti per S'_3 e tangenti a Q', contengono i piani singolari in S'_5 di due fasci di Z_3, i quali dànno per sezione due fasci di S_1-reciprocità le cui rette singolari in S'_3 sono le due schiere di generatrici di Q_0, mentre in S_3 le reciprocità di ciascuno di detti fasci hanno tutte la stessa retta singolare (sezione dell' S_3 di S_5 omologo al corrispondente iperpiano π o π'). Si ritrova quindi il sistema già studiato direttamente (S nº 18). Se però S'_3 è tangente a Q', la quadrica Q_0 diviene un cono; e il sistema sezione contiene un solo fascio di S_1-reciprocità le cui rette singolari in S'_3 sono le generatrici del cono.

È poi chiaro che, proiettando i sistemi così ottenuti per $n=4,3$ rispett. da punti e da rette, si ottengono tra S_5, S'_5 dei sistemi particolari che non rientrano nel tipo Z_3, ma che, insieme con Z_3, dànno tutti i possibili sistemi Σ_3 che si hanno per $n=5$. Così, per avere tutti i sistemi Σ_3 per $n=4$, bisosognerà ancora proiettare da punti i sistemi ottenuti sopra per $n = 3$.

Per $n > 5$, i sistemi Σ_3 sono proiezioni dei precedenti, sia di quelli generici che di quelli particolari.

11. $k = 4$. Il sistema fondamentale Z_4 si ha per $n = 9$: esso si compone di S_5-reciprocità, e si costruisce rappresentando con S'_8 di S'_9 i fasci di S_5 passanti per un S_4 assegnato in S_9; la differenza essenziale dal caso precedente è che ora gli S'_5 singolari riempiono S'_9, perciò il fatto analogo avverrà per tutti i sistemi sezione. Poichè i punti di S'_9 risultano immagini degli ∞^9 complessi lineari di rette d'un S_4 (sezione della stella degli S_5 singolari in S_9), esiste in S'_9 una V_6^5 che rappresenta i complessi di rette con piano singolare [13]; essa è segata da ogni S'_5 singolare per una reciprocità di Z_4 secondo una quadrica i cui punti rappresentano i piani dell'S_4 che passano per il centro della stella di rette di cui quell'S'_5 è immagine. Per ogni punto di V_6^5 passano $\infty^2 S'_5$ singolari di Z_4, per due punti di V_6^5 ne passa uno solo. Se dunque seghiamo Z_4 con un S_4 ed un S'_4 generici troviamo un sistema ∞^4 di 1ª specie, contenente ∞^2 S_1-reciprocità le cui rette singolari in S'_4 sono le corde d'una C^5 sghemba di genere 1: è il sistema già incontrato (S nº 19). Segando Z_4 con un S_5 ed un S'_5 generici, il sistema sezione è di 2ª specie, e le sue rette singolari in S'_5 sono le corde d'una F^5 generale. Ecc.

12. Da ciò che precede emerge la via da tenere quando si vogliano determinare, per un dato valore di n, tutti i sistemi

---

(13) L'ordine di tale varietà segue da ciò che, in S_4, un sistema lineare ∞^3 generico di complessi lineari di rette contiene 5 complessi con piano singolare: CASTELNUOVO, *Ricerche di geometria della retta nello spazio a quattro dimensioni*, " Atti Ist. Veneto ", (7) 2 (1891), pp. 855-901, § 10.

Del resto, la rappresentazione che qui incontriamo dei complessi lineari di rette di S_4 coi punti di un S_9 è nota; ed è nota pure la rappresentazione analoga per S_5 od in generale S_n. V. in proposito: PALATINI, *Sulla rappresentazione lineare dei complessi lineari di rette di uno spazio a quattro dimensioni coi punti dello spazio a nove dimensioni*, " Atti Ist. Veneto ", 59 (1899-1900), pp. 861-869; *Sui sistemi lineari di complessi lineari di rette nello spazio a cinque dimensioni*, Id., 60 (1900-1901), pp. 371-383; *L'ordine della varietà che annulla i subdeterminanti di un dato grado di un determinante emisimmetrico*, " Rend. Lincei ", (5) 11 (1902_1), pp. 315-318.

completi $(n-k+1,\ n-1)_{n-k}$ tra S_n, S'_n. Bisognerà costruire anzitutto i tipi fondamentali Z_k corrispondenti ai valori di $k \leq n$. Quindi, per quei valori di k che rendono $\frac{1}{2}k(k+1)-1>n$, i corrispondenti sistemi Z_k si segheranno con spazî S_m, S'_m $(k \leq m \leq n)$ per proiettare quindi i sistemi sezione da spazî di dimensione $n-m-1$ (per $m=n$ questa proiezione non occorre). Invece, per quei valori di k che rendono $\frac{1}{2}k(k+1)-1 \leq n$, la dimensione m di S_m, S'_m non potrà superare $\frac{1}{2}k(k+1)-2$, e la proiezione $\left(\text{da spazî di dimensione } n-\frac{1}{2}k(k+1)\right)$ andrà applicata pure al relativo sistema Z_k quando $n>\frac{1}{2}k(k+1)-1$, mentre per $n=\frac{1}{2}k(k+1)-1$ uno dei sistemi richiesti sarà lo stesso Z_k. Si ottengono così tutti i sistemi Σ_k $(2 \leq k \leq n)$; infine, congiungendo quelli di essi che provengono da valori di $k<n$ con $n-k$ (o meno) sistemi completi di specie n definiti da altrettanti S_{n-1} di S_n (generici e) lin. ind., si completerà la costruzione di *tutti* (14) i sistemi richiesti. Dunque: *I sistemi completi di tipo* $(\mathrm{n}-\mathrm{k}+1,\ \mathrm{n}-1)_{n-k}$ *tra* S_n, S'_n *si ottengono tutti partendo dai sistemi fondamentali* Z_k *che si hanno per* $2 \leq \mathrm{k} \leq \mathrm{n}$, *e operando su questi con sezioni, proiezioni e congiungimenti con sistemi completi di specie* n *(definiti da* S_{n-1} *di* S_n *lin. ind.).*

Applicazione alle reti $(n-k+1,\ n-1)_{n-k}$. — **13.** I teoremi stabiliti permettono di studiare anche i sistemi incompleti $(n-k+1,\ n-1)_{n-k}$, escludendo, come s'è fatto fin dal principio (14), quelli contenuti nel sistema di tutte le S_{n-k}-reciprocità che ad un S_{n-k+1} di S_n fanno corrispondere uno stesso S'_{n-1} di S'_n, il cui studio è ovvio. Conviene perciò esaminare anzitutto i sistemi minori contenuti nei sistemi Z_k, come mostreremo trattando il caso, specialmente semplice, delle reti.

Siano R_1, R_2, R_3 tre reciprocità d'un sistema Z_k non appartenenti ad uno stesso fascio, e siano α_1, α'_1; α_2, α'_2; α_3, α'_3 i loro $\left[\frac{1}{2}k(k-1)-1\right]$ singolari rispett. in S_n, S'_n $\left(n=\frac{1}{2}k(k+1)-1\right)$.

---

(14) V. nota (3).

Gli spazî α_1, α_2, α_3 passano per un S_{n-k-1}, ρ, e sono congiunti da un S_{n-k+2}, π; e la rete $R_1 R_2 R_3$ ha come S_{n-k} singolari in S_n tutti gli S_{n-k} passanti per ρ e giacenti in π. Ora, gli ∞^2 S_{n-k+1} della stella $\rho\pi$ hanno per immagini in S'_n gli $\infty^2 S'_{n-1}$ per un S'_{n-3}, i quali risultano riferiti a quegli S_{n-k+1} in una proiettività ω; ne segue che ai fasci di S_{n-k+1} della stella $\rho\pi$ di sostegni α_1, α_2, α_3 corrispondono, in R_1, R_2, R_3 rispett., tre fasci di S'_{n-1}, secondo tre proiettività che devono essere contenute in ω. Rileviamo anche che, poichè esiste un fascio di S_{n-k+1} appartenenti sia ad α_1 che a π, gli spazî α'_1 ed S'_{n-3} sono congiunti da un S'_{n-2}; perciò α'_1, α'_2, α'_3 segano S'_{n-3} secondo tre S'_{n-k-1}, i quali (per $k > 3$) hanno poi in comune uno $\left[\frac{1}{2}(k-2)(k-3)-1\right] \equiv S'_{n-3k+3}$, intersezione di α'_1, α'_2, α'_3, i cui punti rappresentano i complessi lineari di S_{n-k+1} della stella ρ aventi π come spazio singolare.

Assoggettando ora la rete precedente ad operazioni di proiezione o sezione, si trova che tre reciprocità R_1, R_2, R_3 d'una rete generica contenuta in un sistema Σ_k soddisfanno alle seguenti condizioni: 1) gli S_{n-k} singolari in S_n, α_1, α_2, α_3, passano per un S_{n-k-1}, ρ, e sono congiunti da un S_{n-k+2}, π; 2) ai tre fasci di S_{n-k+1}, giacenti in π, e di sostegni α_1, α_2, α_3, corrispondono in R_1, R_2, R_3 tre fasci di S'_{n-1} secondo tre proiettività contenute in una stessa proiettività tra la stella $\rho\pi$ di S_{n-k+1} e una stella ∞^2 di S'_{n-1} di centro un S'_{n-3}. Per $n-k=0$ (reciprocità di 1ª specie), non esiste lo spazio ρ, e la stella $\rho\pi$ di S_{n-k+1} diviene un piano rigato.

Viceversa, assunte tra S_n, S'_n tre S_{n-k}-reciprocità R_1, R_2, R_3 soddisfacenti alle condizioni 1), 2), un S_{n-k} generico della stella $\rho\pi$ ha per omologhi in R_1, R_2, R_3 tre S'_{n-1} d'un fascio, perciò esso è singolare per una reciprocità della rete $R_1 R_2 R_3$. D'altra parte è anche chiaro che se R_1, R_2, R_3 devono determinare una rete $(n-k+1, n-1)_{n-k}$ del tipo voluto, gli S_{n-k} singolari in S_n devono essere tutti gli S_{n-k} passanti per un S_{n-k-1} e giacenti in un S_{n-k+2}, perciò dev'essere verificata anche la condizione 2). Inoltre, le condizioni 1), 2) portano che gli S'_{n-k} singolari di R_1, R_2, R_3 stanno ciascuno in un S'_{n-2} con S'_{n-3}, perciò (per $n > k$) segano S'_{n-3} secondo tre S'_{n-k-1}, i quali poi, per $n > 3k-4$, hanno in comune un S'_{n-3k+3}.

Concludiamo pertanto: *Escluse le reti di* S_{n-k}*-reciprocità che ad un* S_{n-k+1} *di* S_n *fanno corrispondere lo stesso* S'_{n-1} *di* S'_n*, allora: 1° La rete* $(n-k+1,\ n-1)_{n-k}$ *più generale è contenuta in un sistema* Σ_k *generale. — 2° Condizione necessaria e sufficiente perchè tre* S_{n-k}*-reciprocità tra* S_n*,* S'_n*, di spazî singolari* α_1, α'_1*;* α_2, α'_2*;* α_3, α'_3*, determinino una rete* $(n-k+1,\ n-1)_{n-k}$*, è che (per* $n > k$*) gli spazî* $\alpha_1, \alpha_2, \alpha_3$ *passino per un* S_{n-k-1}*,* ρ*, e siano congiunti da un* S_{n-k+2}*,* π*; e che ai tre fasci di* S_{n-k+1} *giacenti in* π *e di sostegni* $\alpha_1, \alpha_2, \alpha_3$ *corrispondano tre fasci di* S'_{n-1} *secondo tre proiettività contenute in una stessa proiettività tra la stella* $\rho\pi$ *di* S_{n-k+1} *e una stella* ∞^2 *di* S'_{n-1}*. — 3° Per* $n > 3k-4$*, la rete più generale* $(n-k+1,\ n-1)_{n-k}$ *è proiezione d'una rete analoga tra spazî di dimensione minore.*

14. La varietà degli S'_{n-k} singolari della rete $R_1 R_2 R_3$, contenuta nel sistema Z_k, considerata in principio del n° precedente, si determina supponendo che tale rete si ottenga dalla (11) annullando $\lambda_3, \dots, \lambda_k$. Le equazioni d'uno di quegli S'_{n-k} singolari sono allora:

$$\lambda_1 y_{01} - \lambda_2 y_{20} = \lambda_2 y_{12} - \lambda_0 y_{01} = \lambda_0 y_{20} - \lambda_1 y_{12} = 0,$$
$$\lambda_0 y_{0s} + \lambda_1 y_{1s} + \lambda_2 y_{2s} = 0 \qquad (s = 3, 4, \dots, k).$$

Dalle prime tre segue $\lambda_0 : \lambda_1 : \lambda_2 = y_{12} : y_{20} : y_{01}$; sostituendo nelle altre si trova che la varietà richiesta è l'intersezione delle $k-2$ quadriche:

$$y_{12} y_{0s} + y_{20} y_{1s} + y_{01} y_{2s} = 0 \qquad (s = 3, 4, \dots, k),$$

passanti tutte per l'S'_{n-3}: $y_{12} = y_{20} = y_{01} = 0$, e che (per $k > 3$) sono coni di specie $\frac{1}{2} k(k+1) - 6$.

Un fatto analogo si ha quindi per tutte le reti che stiamo studiando: la V_{n-k+2} degli S'_{n-k} singolari è intersezione di $k-2$ quadriche passanti per un S'_{n-3}. Viceversa, l'intersezione residua di $k-2$ quadriche generiche contenenti un S'_{n-3} è la varietà degli S'_{n-k} singolari d'una rete $(n-k+1,\ n-1)_{n-k}$, come si vede con lo stesso ragionamento già da noi fatto altrove [15].

---

[15] *Un tipo semplice di reti di reciprocità degeneri di 1ª specie tra spazî ad* n *dimensioni*, " Rend. Lincei ,, (5) 26 (1917_1), pp. 553-557.

L'ordine della V_{n-k+2} è dato dal numero delle intersezioni ulteriori di $k-2$ quadriche d'un S_{k-2} aventi in comune un S_{k-5}, e si determina supponendo che una di tali quadriche si spezzi in due iperpiani, uno dei quali passante per l'S_{k-5}. Detto $f(k)$ il numero cercato, e ricordando che $k-3$ quadriche d'un S_{k-3} passanti per un S_{k-5} si segano ancora in $k-2$ punti ([16]), si trova: $f(k)=f(k-1)+k-2$; da cui, essendo $f(4)=4$, segue: $f(k)=\frac{1}{2}(k-1)(k-2)+1=\frac{1}{2}k(k-3)+2$.

Gli S'_{n-k} *singolari d'una rete generale* $(n-k+1,\ n-1)_{n-k}$ *tra* S_n, S'_n *formano una* V_{n-k+2}, *d'ordine* $\frac{1}{2}k(k-3)+2$, *intersezione di* $k-2$ *quadriche passanti per un* S'_{n-3}; *e viceversa.*

Per $k=n$ si ritrovano le superficie razionali luoghi dei punti singolari per reti di 1ª specie ([15]). Per $k=n-1$ si ottengono delle V_3 rigate d'ordine $\frac{1}{2}n(n-5)+4$: così, in S_4 si hanno le rette d'una quadrica incidenti ad una di esse (e che esauriscono la quadrica stessa), in S_5 si ha la V_3^4 intersezione di due quadriche con un piano comune, in S_6 si ha la V_3^7 intersezione residua di tre quadriche con un S_3 comune, ecc.

Torino, dicembre 1917.

([16]) V. ad es. ENRIQUES e CHISINI, *Lezioni sulla teoria geometrica delle equazioni e delle funzioni algebriche*, vol. 2°, p. 661. Questo numero, $\varphi(k)$, si può esso pure determinare supponendo che una delle $k-3$ quadriche si spezzi in due iperpiani, uno dei quali passante per l'S_{k-5}; si trova allora: $\varphi(k)=\varphi(k-1)+1$; da cui, essendo $\varphi(5)=3$, segue: $\varphi(k)=k-2$.

Sulle congruenze W di cui una falda focale è una quadrica

di ALESSANDRO TERRACINI, a Torino (*).

Si chiamano, come è noto, congruenze W quelle congruenze rettilinee sulle cui falde focali si corrispondono le linee asintotiche, quando si assumano come corrispondenti i due punti che sono fuochi di uno stesso raggio della congruenza; congruenze che godono altresì, come osservò per primo il DARBOUX (1), della proprietà, caratteristica, di ammettere lungo ogni generatrice generica un complesso lineare osculatore (contenente cioè le generatrici che sono ad essa infinitamente vicine del primo e del secondo ordine); in altri termini, se le sei coordinate di una retta generica della congruenza si esprimono come funzioni di due parametri, esse sono soluzioni di una stessa equazione lineare omogenea alle derivate parziali del secondo ordine (equazione di LAPLACE).

Il problema di costruire le congruenze W di cui una falda focale è una superficie data non differisce da quello delle deformazioni infinitesime di questa superficie (2): nel caso particolare che la superficie data sia una quadrica Q, non degenere,

---

(*) Con lavoro di maggior lena avrei voluto fare anch'io onore e festa all'illustre Maestro. Ma poichè il mio dovere mi trattiene ormai da tempo lontano e come fatto estraneo ai nostri studi, questo mio desiderio, più che il lavoro che qui Gli presento, mi valga presso di Lui come testimonianza di omaggio e di devozione.

(1) Cfr. *Leçons sur la théorie générale des surfaces*, 2e partie (2e éd.' Paris, 1915), p. 358.

(2) Cfr., p. es., BIANCHI, *Lezioni di geometria differenziale*, vol. II (2a ed., Pisa, 1903), § 242.

tale problema si può dunque risolvere ricorrendo a un problema ben noto, e una soluzione particolarmente semplice di tal caso fu indicata recentemente dal Prof. BIANCHI (3). Una elegante soluzione geometrica, diretta, dello stesso problema, avente natura proiettiva, come proiettivo è il problema che si tratta di risolvere, fu data poco dopo dal Prof. SEGRE (4), il quale pone però la questione in modo da giungere alla soluzione attraverso un procedimento geometrico equivalente alla integrazione di una equazione di PFAFF. Ottenere direttamente e senza considerazioni metriche il risultato del BIANCHI, svolgerne alcune conseguenze che porgono costruzioni molto semplici delle congruenze W di cui una falda focale è una data quadrica, tale è lo scopo di questa breve Nota.

1. — Assunto un sistema di coordinate proiettive omogenee x_1, x_2, x_3, x_4, consideriamo una quadrica Q (non cono) rappresentata parametricamente dalle formole:

$$x_1 : x_2 : x_3 : x_4 = 1 : u : v : uv \tag{1}$$

e proponiamoci di determinare la funzione $\varphi(u, v)$ in modo che le tangenti alle ∞^1 curve:

$$\varphi(u, v) = \text{costante} \tag{2}$$

formino una congruenza W. Posto $\varphi^{(1)} = \frac{\partial \varphi}{\partial u}$, $\varphi^{(2)} = \frac{\partial \varphi}{\partial v}$, ecc., potremo assumere come coordinate d'una retta della congruenza:

$$p_{12} = \varphi^{(2)}; \quad p_{13} = -\varphi^{(1)}; \quad p_{14} = -u\varphi^{(1)} + v\varphi^{(2)};$$
$$p_{23} = -u\varphi^{(1)} - v\varphi^{(2)}; \quad p_{24} = -u^2\varphi^{(1)}; \quad p_{34} = v^2\varphi^{(2)}.$$

La condizione necessaria e sufficiente affinchè tale congruenza sia una congruenza W è che queste sei quantità sod-

---

(3) *Sui sistemi coniugati permanenti nella deformazione delle quadriche*, " Rend. Lincei „ (5), t. XXII (1913)$_2$, pp. 3-10.

(4) *Sulle congruenze rettilinee* W *di cui una od ambe le falde focali sono rigate*, " Atti della Reale Accad. delle Sc. di Torino „, vol. XLIX, 1914, pp. 291-303, n^i 10-11.

disfacciano a una stessa equazione di LAPLACE, ossia, ciò che è lo stesso, che questa proprietà si verifichi per le sei funzioni:

$$\varphi^{(1)},\ u\varphi^{(1)},\ u^2\varphi^{(1)},\quad \varphi^{(2)},\quad v\varphi^{(2)},\ v^2\varphi^{(2)},$$

ovvero ancora che sia identicamente:

$$\begin{vmatrix} \varphi^{(1)} & \varphi^{(11)} & \varphi^{(12)} & \varphi^{(111)} & \varphi^{(112)} & \varphi^{(122)} \\ u\varphi^{(1)} & u\varphi^{(11)}+\varphi^{(1)} & u\varphi^{(12)} & u\varphi^{(111)}+2\varphi^{(11)} & u\varphi^{(112)}+\varphi^{(12)} & u\varphi^{(122)} \\ u^2\varphi^{(1)} & u^2\varphi^{(11)}+2u\varphi^{(1)} & u^2\varphi^{(12)} & u^2\varphi^{(111)}+4u\varphi^{(11)}+2\varphi^{(1)} & u^2\varphi^{(112)}+2u\varphi^{(12)} & u^2\varphi^{(122)} \\ \varphi^{(2)} & \varphi^{(21)} & \varphi^{(22)} & \varphi^{(211)} & \varphi^{(122)} & \varphi^{(222)} \\ v\varphi^{(2)} & v\varphi^{(21)} & v\varphi^{(22)}+\varphi^{(2)} & v\varphi^{(211)} & v\varphi^{(122)}+\varphi^{(12)} & v\varphi^{(222)}+2\varphi^{(22)} \\ v^2\varphi^{(2)} & v^2\varphi^{(21)} & v^2\varphi^{(22)}+2v\varphi^{(2)} & v^2\varphi^{(211)} & v^2\varphi^{(122)}+2v\varphi^{(12)} & v^2\varphi^{(222)}+4v\varphi^{(22)}+2\varphi^{(2)} \end{vmatrix} = 0,$$

cioè:

$$\varphi^{(1)}\varphi^{(2)} \cdot \begin{vmatrix} \varphi^{(1)} & \varphi^{(11)} & \varphi^{(12)} & \varphi^{(112)} \\ 0 & \varphi^{(1)} & 0 & \varphi^{(12)} \\ \varphi^{(2)} & \varphi^{(21)} & \varphi^{(22)} & \varphi^{(122)} \\ 0 & 0 & \varphi^{(2)} & \varphi^{(12)} \end{vmatrix} = 0.$$

Ora, poichè non può essere $\varphi^{(1)}=0$, nè $\varphi^{(2)}=0$, perchè allora le curve (2) si ridurrebbero alle generatrici d'una schiera della quadrica Q, e la congruenza considerata degenererebbe in questa stessa schiera, la condizione cercata è:

$$(3)\quad (\varphi^{(1)})^2(\varphi^{(12)}\varphi^{(22)}-\varphi^{(2)}\varphi^{(122)})-(\varphi^{(2)})^2(\varphi^{(11)}\varphi^{(12)}-\varphi^{(1)}\varphi^{(112)})=0,$$

ossia:

$$\left(\log\frac{\varphi^{(1)}}{\varphi^{(2)}}\right)^{(12)}=0,$$

$$(4)\qquad \frac{\varphi^{(1)}}{\varphi^{(2)}}=\frac{a(u)}{b(v)}.$$

Il sistema di curve (2) si potrà allora rappresentare con un'equazione del tipo:

$$(2') \qquad A(u) + B(v) = \text{costante}$$

e viceversa; dove A e B sono simboli di funzioni arbitrarie dei loro argomenti. E poichè, su una superficie qualsiasi riferita alle linee asintotiche, sono isotermo-coniugati ([5]) tutti e soli i sistemi del tipo (2'), concludiamo il risultato ottenuto dal Bianchi: *si ottengono tutte le congruenze* W *aventi come falda focale una quadrica non degenere conducendo le tangenti alle curve di un qualsiasi sistema isotermo-coniugato della quadrica.*

2. — Questa proposizione non si può però estendere a superficie che non siano quadriche; anzi si può dimostrare che *una superficie, su cui i sistemi* ∞^1 *di curve inviluppate dalle rette delle congruenze* W *che ammettono quella superficie come falda focale siano i sistemi isotermo-coniugati, è necessariamente una quadrica.*

Si consideri infatti una superficie riferita alle sue linee asintotiche u, v ([6]), e siano $x_1 = x_1(u, v)$, $x_2 = x_2(u, v)$, $x_3 = x_3(u, v)$, $x_4 = 1$ le coordinate di un punto generico della superficie. Con notazioni analoghe a quelle di sopra, si sa che le coordinate di un punto della superficie sono soluzioni di uno stesso sistema di equazioni lineari alle derivate parziali del secondo ordine della forma:

$$(5) \qquad \begin{cases} \theta^{(11)} = \alpha\,\theta^{(1)} + \beta\,\theta^{(2)} \\ \theta^{(22)} = \gamma\,\theta^{(1)} + \delta\,\theta^{(2)} \end{cases}$$

dove $\alpha, \beta, \gamma, \delta$, affinchè esistano quattro soluzioni del sistema linearmente indipendenti, sono legate da alcune relazioni, tra cui vi è la:

$$(6) \qquad \alpha^{(2)} = \delta^{(1)}.$$

([5]) Cfr. Bianchi, *Lezioni* cit., § 79.

([6]) In tal modo escludiamo che la superficie sia sviluppabile; ma è chiaro che non vi è in ciò nessuna restrizione.

Consideriamo in particolare i sistemi ∞^1 di curve $a x_1 + b x_2 + c x_3 + d =$ costante (a, b, c, d costanti) situate nei piani di un fascio, sistemi tali che le tangenti alle loro curve stanno in un complesso lineare (speciale) e formano pertanto una congruenza W; e supponiamo che quei sistemi siano isotermi-coniugati. Se questo avviene, ogni soluzione θ del sistema (5), essendo una combinazione lineare di x_1, x_2, x_3, x_4, a coefficienti costanti, dovrà verificare la (3), dove si ponga θ in luogo di φ, e perciò anche la:

$$(7) \qquad (\theta^{(1)})^3 (\gamma \theta^{(12)} - n \theta^{(2)}) - (\theta^{(2)})^3 (\beta \theta^{(12)} - m \theta^{(1)}) = 0$$

ottenuta dalla (3) ricavando dalle (5) i valori di $\theta^{(112)}$, $\theta^{(122)}$, tenendo conto della (6) e ponendo:

$$m = \beta \delta + \beta^{(2)}, \qquad n = \alpha \gamma + \gamma^{(1)}.$$

Ora, se θ e ψ sono due soluzioni del sistema (5), tale sarà pure $\theta + \lambda \psi$ dove λ è una costante qualsiasi: ponendo nella (7) $\theta + \lambda\psi$ al posto di θ si ottiene un polinomio di quarto grado in λ, che dovrà essere identicamente nullo rispetto a λ. In particolare dovrà essere nullo il coefficiente di λ^3 e perciò tra due soluzioni qualsiansi ψ e θ del sistema (5) dovrà passare la relazione:

$$[\gamma (\psi^{(1)})^3 - \beta (\psi^{(2)})^3] \theta^{(12)} + [3 \gamma (\psi^{(1)})^2 \psi^{(12)} + m (\psi^{(2)})^3 - 3 n (\psi^{(1)})^2 \psi^{(2)}] \theta^{(1)} - \\ - [3 \beta (\psi^{(2)})^2 \psi^{(12)} + n (\psi^{(1)})^3 - 3 m \psi^{(1)} (\psi^{(2)})^2] \theta^{(2)} = 0.$$

Fissata la soluzione ψ del sistema (5), si avrà per θ una equazione lineare del secondo ordine, che non risulta una combinazione lineare delle (5) con coefficienti non entrambi nulli, e che dovrà perciò essere identicamente soddisfatta. Sarà perciò $\beta = \gamma = 0$; cosicchè la forma assunta dalle (5) mostra che le asintotiche della superficie considerata sono rette, ossia che quella superficie è una quadrica.

Possiamo anche dire che *se una superficie è tale che tutte le congruenze* W *che la ammettono come una delle due falde focali corrispondano a equazioni di Laplace a invarianti eguali, quella superficie è necessariamente una quadrica* (e perciò gli invarianti di quella equazione sono entrambi nulli).

Se infatti:

$$p^{(12)} + a p^{(1)} + b p^{(2)} + c p = 0$$

è l'equazione di Laplace cui soddisfanno le sei coordinate delle rette di una congruenza W, l'equazione in $\frac{du}{dv}$ che determina le due rette infinitamente prossime a una data e ad essa in-incidenti è:

$$(p_{12} p_{34}^{(11)} + p_{34} p_{12}^{(11)} + \ldots)\, du^2 + (p_{12} p_{34}^{(22)} + p_{34} p_{12}^{(22)} + \ldots)\, dv^2 = 0\,,$$

ossia:

$$(p_{12}^{(1)} p_{34}^{(1)} + p_{13}^{(1)} p_{42}^{(1)} + p_{14}^{(1)} p_{23}^{(1)})\, du^2 + (p_{12}^{(2)} p_{34}^{(2)} + p_{13}^{(2)} p_{42}^{(2)} + p_{14}^{(2)} p_{23}^{(2)})\, dv^2 = 0.$$

La condizione perchè uno dei due valori di $\frac{du}{dv}$ che si traggono da questa equazione sia il prodotto di una funzione della sola u per una funzione della sola v (e tale sarà allora anche l'altro, come si poteva dedurre *a priori* dal fatto che, se il sistema inviluppato dalle rette di una congruenza W su una delle due falde focali è isotermo-coniugato, tale è pure il suo coniugato, e perciò, trattandosi di una congruenza W, è pure isotermo-coniugato il sistema inviluppato sulla seconda falda focale) è precisamente $a^{(1)} = b^{(2)}$; allora i due invarianti dell'equazione di Laplace cui soddisfanno le p sono uguali, e viceversa.

3. — Il risultato ottenuto al n° 1 si può pure esprimere sotto la forma equivalente che i sistemi ∞^1 di curve ivi considerati devono potersi rappresentare con un'equazione del tipo:

$$A(u)\, B(v) = \text{cost.},$$

A e B essendo ancora funzioni arbitrarie dei loro argomenti. Ciascuno di quei sistemi si otterrà dunque dal fascio di sezioni piane $\frac{x_4}{x_1} = \text{cost.}$ (cioè $uv = \text{cost.}$) mediante una trasformazione della quadrica in sè che cangi in sè ciascuno dei due sistemi di generatrici. Concludiamo dunque la seguente proposizione:

Data una quadrica Q *(non degenere), la più generale congruenza* W *per cui essa è falda focale si ottiene colla seguente costruzione. Si trasformi la quadrica Q in sè mediante una corrispondenza che muti in sè ciascun sistema di generatrici: le tangenti alle* ∞^1 *curve trasformate delle sezioni fatte coi piani di un fascio il cui asse non appartenga a Q (fascio che si può ritenere fissato una volta per tutte) costituiscono la richiesta congruenza* W.

È poi chiaro che l'altra falda focale della congruenza si otterrà come luogo degli spigoli di regresso delle ∞^1 sviluppabili formate dalle rette della congruenza uscenti dai varii punti delle singole curve che, nella trasformazione considerata, provengono dal fascio delle sezioni di Q coniugate, rispetto a Q stessa, delle sezioni del fascio prima considerato.

4. — Dallo stesso risultato del n° 1 vogliamo dedurre una conseguenza, che ci condurrà ad un'altra costruzione delle congruenze W aventi per falda focale la Q.

Assunte le stesse notazioni di quel n°, si considerino le quattro rette della congruenza uscenti dai quattro punti (u, v), (u, v'), (u', v), (u', v'). Posto $\frac{\varphi^{(2)}}{\varphi^{(1)}} = \rho$, la condizione affinchè quelle quattro rette appartengano ad una schiera è che sia:

$$\begin{vmatrix} 1 & u & u^2 & \rho(u, v) & v\rho(u, v) & v^2\rho(u, v) \\ 1 & u & u^2 & \rho(u, v') & v'\rho(u, v') & v'^2\rho(u, v') \\ 1 & u' & u'^2 & \rho(u', v) & v\rho(u', v) & v^2\rho(u', v) \\ 1 & u' & u'^2 & \rho(u', v') & v'\rho(u', v') & v'^2\rho(u', v') \end{vmatrix} = 0,$$

ossia:

$$\rho(u, v)\,\rho(u', v') = \rho(u, v')\,\rho(u', v)\,; \tag{8}$$

da cui:

$$\rho(u, v) = \frac{\rho(u, v')\,\rho(u', v)}{\rho(u', v')}\,.$$

Quindi se, *qualunque siano* u v, *mentre* u′ v′ *hanno valori fissi*, le quattro rette considerate appartengono a una quadrica, $\rho(u, v)$ è prodotto di una funzione della sola u per una funzione della sola v, e perciò $(\log \rho)^{(12)} = 0$, ossia la φ verifica la (3) del n° 1. E viceversa; quindi:

In ogni congruenza W, *avente per falda focale una quadrica* Q, *le rette della congruenza uscenti dai quattro punti di in-*

tersezione di due qualsiansi generatrici di un sistema di Q *con due qualsiansi generatrici dell'altro sistema appartengono a una schiera. È anzi sufficiente che ciò avvenga, qualora una delle due generatrici di ciascun sistema della quadrica* Q *sia fissa e l'altra assuma una posizione arbitraria, perchè una congruenza di cui* Q *è una falda focale sia una congruenza* W.

Osserviamo che, se r_1 e s_1 sono due generatrici di diverso sistema di una quadrica Q, che si incontrino in un punto P_{11}, P_{12} e P_{21} sono due punti arbitrarii rispettivamente di r_1 e di s_1, P_{22} l'intersezione delle ulteriori generatrici di Q, r_2 e s_2, passanti rispettivamente per P_{21} e P_{12}, t_{11}, t_{12}, t_{21} tre rette generiche tangenti a Q rispettivamente in P_{11}, P_{12}, P_{21}, la quadrica determinata da t_{11}, t_{12}, t_{21} incontra in tre punti la retta $P_{11}\,P_{22}$, e perciò la contiene, e contiene pertanto anche il punto P_{22}. Da questa osservazione e dal teorema precedente concludiamo:

Per costruire la più generale congruenza W *avente per falda focale una quadrica* Q *si assumano ad arbitrio le rette della congruenza che toccano* Q *nei punti di due generatrici* r, s, *di diversi sistemi: la retta della congruenza uscente da un punto generico* P *della quadrica sarà la generatrice uscente da* P *della schiera individuata dalle tre rette della congruenza che escono dagli ulteriori tre vertici del quadrilatero sghembo formato da* r, s, *e dalle due generatrici di* Q *uscenti dal punto* P.

È poi facile riscontrare che, affinchè la seconda falda della congruenza W risulti rigata, è necessario e sufficiente che le rette tangenti di Q nei punti di r, o di s, assunte come rette della congruenza, appartengano ad una schiera quadrica. Che se poi debba anche la seconda falda essere una quadrica, dovranno formare schiere quadriche le rette della congruenza uscenti dai punti di r e di s; si ritrovano così, partendo da una data quadrica Q, le ∞^5 congruenze W che furono indicate dal Prof. Bianchi ([7]).

([7]) *Ricerche sulla deformazione delle quadriche*, " Rend. del Circ. Mat. di Palermo ", t. XXII (1906), pp. 71-91, v. il § 12. La condizione posta dal Bianchi che le due quadriche focali di una congruenza risultino riferite proiettivamente è superflua, come fu già indicato dal Picone, cfr. *Sulle congruenze rettilinee W*, " Rend. del Circ. Mat. di Palermo ", t. XXXVII (1914), pp. 212-244.

Le asintotiche della seconda falda della congruenza W ora costruita appartengono, in quanto non siano rette, a complessi lineari ([8]); viceversa ogni superficie S le cui asintotiche, supposte curvilinee, dei due sistemi appartengono a complessi lineari, si può riguardare come falda focale di una congruenza W di cui l'altra falda focale è una quadrica (un'analoga proprietà sussiste anche per ogni rigata con due direttrici rettilinee). Infatti i complessi lineari cui appartengono quelle asintotiche stanno entro due reti involutorie, le cui basi sono le due schiere di una stessa quadrica Q ([9]), e le tangenti comuni a S e a Q costituiscono precisamente una congruenza W; giacchè, se P, P' sono i punti di contatto di una di tali tangenti, rispettivamente con S e con Q, U un'asintotica di S passante per P, $\}U\{$ il complesso lineare cui appartiene U (e quindi anche una delle due schiere di Q), u la generatrice dell'altra schiera passante per P', la congruenza lineare speciale formata dalle tangenti a Q nei punti di u risulta contenuta nel complesso $\}U\{$, e quindi per ogni punto di U passa una retta appartenente a $\}U\{$, cioè tangente in quel punto alla superficie S, e tangente a Q in un punto di u. In tal modo segue che le costruzioni esposte forniscono altresì delle costruzioni molto semplici per le superficie le cui asintotiche dei due sistemi appartengono a complessi lineari, considerate quali ulteriori falde focali delle congruenze W di cui abbiamo assegnato la costruzione.

Queste superficie si presentano pure nello studio delle congruenze W a cui, sulla varietà quadrica dello S_5 rappresentativa delle rette dello spazio ordinario, corrispondono superficie che ammettono un doppio sistema di coni circoscritti. La teoria di queste congruenze, che si potrebbe dedurre, mediante la trasformazione di S. Lie che muta rette in sfere, da quella dei sistemi di sfere inviluppanti superficie a linee di curvatura sferiche, conduce, trattata direttamente, a costruzioni assai eleganti, come mi propongo di mostrare in un altro lavoro.

---

(8) Cfr. Segre, loc. cit. (4), n° 2.

(9) Sullivan, *Properties of surfaces whose asymptotic curves belong to linear complexes*, " Transactions of the American Mathematical Society ", vol. 15 (1914), pp. 167-196, v. la pag. 186.

Alcune osservazioni relative ai problemi secondarii della balistica esterna

di GUIDO FUBINI, a Torino.

Le formole usuali, che dànno la derivazione, e misurano l'effetto prodotto dal vento sui proietti oblunghi, sono talvolta insufficienti. Così qualche nostro ufficiale mi assicurò esistere una notevole discordanza tra i dati teorici e i risultati sperimentali specialmente per gli effetti prodotti dal vento sui tiri corti, cioè eseguiti con scarse velocità iniziali. Ciò mi induce a pubblicare in questa Nota qualche lieve variante alle solite ipotesi fondamentali, che permette di dare altra forma allo studio teorico dei problemi citati. È probabile che neanche il presente lavoro esaurisca la questione; forse risultati migliori si otterranno assumendo come equazioni differenziali *qualche equazione di tipo intermedio tra le equazioni classiche, e quelle che qui saranno svolte.* Mi mancano purtroppo i risultati sperimentali, che soli potrebbero essere di guida sicura; perciò, lungi dal pensiero di esporre un metodo definitivo, espongo soltanto un'idea, da cui potrà sorgere forse una teoria soddisfacente, che spieghi le contraddizioni su citate tra i risultati dedotti dalle formole classiche ed i risultati sperimentali. Sia per questo, sia per un'altra ragione, che vedremo meglio nel seguito, mi accontenterò di sviluppare soltanto in un caso tutti i calcoli, che del resto non presentano difficoltà.

Per un proietto, che si muova nel piano di tiro, la grandezza della resistenza dell'aria è, come è noto, del tipo $cF(v)$, dove c è una costante, che dipende dal proietto, v è la velocità, $F(v)$ è la nota funzione del SIACCI. Si suole assumere questa formola come ipotesi fondamentale anche nello studio dei problemi secondarii del tiro (effetto prodotto dal vento, dalla rotazione della terra, derivazione, ecc.), in particolare anche quando si vuol tener conto degli spostamenti in senso normale al piano di tiro. E che ciò possa talvolta contraddire ai risultati sperimentali, specialmente quando il proietto si muove con piccole velocità, si può forse persino rendere intuitivo *a priori*, appena si pensi al caso limite di un proietto, la cui velocità nel piano di tiro sia nulla, cioè di un proietto, il cui moto avvenga in direzione normale al piano di tiro. In questo caso il proietto non presenta più la punta al mezzo resistente, ma presenta la superficie laterale, la quale naturalmente incontra nell'aria una resistenza ben maggiore di quella, che il proietto incontrerebbe qualora si muovesse di punta. Il Prof. Capit. Picone, a cui comunicavo i miei pensieri al riguardo, mi diceva che anzi qualcosa di analogo deve avvenire anche per il moto di un proietto nel piano di tiro, quando l'angolo di proiezione sia molto forte; cosicchè il coefficiente c dovrebbe essere ingrandito, quando si tiri con angoli di oltre 40°, se si vúole l'accordo delle traiettorie calcolate con le traiettorie sperimentali.

Nel caso dei proietti discoidi o cilindrici si può studiare la loro traiettoria, studiando separatamente il movimento proiezione su una retta parallela alle generatrici, e il movimento proiezione del moto effettivo su una retta normale alla precedente posta nel piano di tiro; così forse per analogia si potrà nello studio della traiettoria sghemba di un proietto oblungo studiare separatamente i movimenti delle proiezioni del proietto sul piano di tiro, e su una retta normale a questo, precisamente come se queste proiezioni fossero due proietti distinti a cui corrispondessero *differenti* coefficienti balistici (perchè a parità di velocità sono differenti le resistenze, che l'aria presenta a un proietto, che si muova di punta o di fianco) [1]. Naturalmente questa non è la sola ipotesi possibile; tra questa, che scinde completamente l'uno dall'altro i movimenti delle due proiezioni citate, e l'altra ipotesi abituale, che si possa studiare il movimento in modo globale, pensando sempre la resistenza dell'aria come avente sensibilmente la direzione della tangente alla traiettoria, e la grandezza $cF(v)$, esistono molte ipotesi intermedie; basterà ammettere che la resistenza dell'aria sia la

[1] Invece, come è noto, sarebbe erroneo scomporre il moto del proietto nel piano di tiro nei movimenti delle proiezioni sulla orizzontale e sulla verticale, come se fossero due proietti distinti.

somma di quella, a cui si riferisce l'ipotesi classica, e di una resistenza normale al piano di tiro, che dipenda esclusivamente dalla componente della velocità del proietto secondo questa normale.

Non avendo a mia disposizione alcun risultato sperimentale, mi limiterò a scrivere le equazioni, separando completamente i movimenti delle due proiezioni citate. Ma qui si presenta una nuova difficoltà. Se noi consideriamo il moto del proietto sulla normale al piano di tiro, cioè se consideriamo la proiezione della velocità del proietto su questa normale, troviamo naturalmente che questa velocità è molto piccola; per velocità piccole è noto potersi supporre che la resistenza dell'aria sia proporzionale al quadrato di questa velocità. Può però sorgere il dubbio che, trattandosi appunto di velocità molto piccole, per calcolare questa resistenza, piuttosto che alle leggi della balistica (resistenza proporzionale al quadrato della velocità), si debba ricorrere alle leggi, che più propriamente appartengono quasi al campo della aerodinamica. Per lo meno qui ci troveremmo a dover calcolare, per i movimenti in direzione normale al piano di tiro, una nuova funzione resistente, che per tali movimenti tenga luogo della classica funzione del Siacci per i movimenti che avvengono nel piano del tiro. L'esperienza sola potrebbe dirci, se si può ammettere la legge della resistenza quadratica, che, in mancanza di meglio, qui adotteremo senz'altro.

Al solito con x, y indicheremo l'orizzontale e la verticale uscenti dall'origine; e con z l'orizzontale normale ad entrambe, cioè normale al piano del tiro. Con t si indica naturalmente il tempo.

Effetto prodotto dal vento.

Indicato con w la velocità del vento supposta orizzontale, con φ l'angolo che essa forma con l'asse delle x, la velocità relativa del proietto all'aria che lo circonda ha per proiezioni:

$$\frac{dx}{dt} - w\cos\varphi\,, \qquad \frac{dy}{dt}\,, \qquad \frac{dz}{dt} - w \operatorname{sen}\varphi \ (^2).$$

(2) Supposto che la direzione positiva dell'asse delle z sia dalla banda verso cui va il vento, allora $w \operatorname{sen}\varphi$ è sempre positiva; l'asse delle y è supposto (al solito) verticale.

Sia v^2 la somma dei loro quadrati, oppure la somma dei quadrati delle prime due; cioè sia v la velocità del proietto, o della sua proiezione sul piano xy di tiro [all'esperienza il decidere quale delle due convenzioni sia migliore]; sia $F(v)$ la solita funzione del SIACCI. Il movimento nel piano di tiro sarà retto dalle equazioni:

$$\frac{d^2x}{dt^2} = -cF(v)\frac{1}{v}\left(\frac{dx}{dt} - w\cos\varphi\right),$$

$$\frac{d^2y}{dt^2} = -cF(v)\frac{1}{v}\frac{dy}{dt} - g.$$

Il movimento della proiezione sull'asse delle z normale al piano di tiro soddisferà, nella nostra ipotesi, alla

$$\text{(1)} \qquad \frac{d^2z}{dt^2} = \gamma F\left(\left|\frac{dz}{dt} - w\,\mathrm{sen}\,\varphi\right|\right),$$

dove $\gamma > c$ è un altro coefficiente, dipendente dalla superficie laterale del proietto. L'ipotesi classica scrive invece che z'' vale $-cF(v)\frac{1}{v}\left(\frac{dz}{dt} - w\,\mathrm{sen}\,\varphi\right)$. Forse risultati migliori si ottengono ponendo z'' uguale ad una conveniente combinazione lineare di $F\left(\left|\frac{dz}{dt} - w\,\mathrm{sen}\,\varphi\right|\right)$ e di $F(v)\frac{1}{v}\left(\frac{dz}{dt} - w\,\mathrm{sen}\,\varphi\right)$. Potrebbe anche darsi che si potesse conservare il metodo classico, sostituendo nella formola che dà z'' al coefficiente c un altro coefficiente da determinarsi. Nella mancanza di risultati sperimentali io qui mi atterrò p. es. alla (1); scrivendo anzi, secondo quanto abbiamo svolto più sopra:

$$\frac{d^2z}{dt^2} = \Gamma\left(\frac{dz}{dt} - w\,\mathrm{sen}\,\varphi\right)^2, \quad (\Gamma = \text{cost. dipend. dal proietto}).$$

Poichè per $t = 0$ è $\frac{dz}{dt} = z = 0$, se ne deduce con successive integrazioni:

$$\frac{dz}{dt} - w\,\mathrm{sen}\,\varphi = \frac{1}{-\Gamma t - \frac{1}{w\,\mathrm{sen}\,\varphi}},$$

$$z = wt\,\mathrm{sen}\,\varphi - \frac{1}{\Gamma}\log\left[1 + \Gamma t w\,\mathrm{sen}\,\varphi\right] \text{ (}^3\text{)},$$

(3) Per Γ grandissimo sarebbe $z = wt\,\mathrm{sen}\,\varphi$: il proietto sarebbe, com'è intuitivo, in *balìa* del vento (per quanto riguarda il movimento secondo l'asse delle z).

o, sviluppando in serie, approssimativamente:

$$z = + \frac{\Gamma}{2} (w \operatorname{sen} \varphi)^2 t^2.$$

Lo spostamento prodotto dal vento sarebbe dunque proporzionale al quadrato della proiezione della velocità del vento secondo l'asse delle z, e al quadrato del tempo. All'esperienza il decidere se, specialmente per i proietti dotati di scarsa velocità iniziale, questa formola sia applicabile. *La verosimiglianza del risultato ottenuto appare manifesta a chi confronti con le note formole pratiche del prof.* HÉLIE *per la derivazione.*

Naturalmente questo calcolo esige che $\frac{dz}{dt} - w \operatorname{sen} \varphi$, pure essendo piccolo, non sia nullo. Se così avvenisse ad un istante, allora il proietto e il vento avrebbero uguali proiezioni delle loro velocità sull'asse delle z. Per quanto riguarda la proiezione sull'asse delle z, si tratterebbe di un proietto in balia del vento, e trascinato da questo.

Effetto prodotto dalla rotazione della terra.

Sia λ la latitudine locale, μ l'angolo (azimut) di tiro: l'angolo cioè di cui deve rotare il meridiano (volto verso il nord) nella direzione delle lancette dell'orologio per sovrapporsi all'asse delle x; sia l'asse delle z posto a destra dell'asse delle x per chi guardi verso il nord. Tra i termini correttivi, dovuti alla rotazione della terra, ve n'è uno solo, in cui si debba tener conto della resistenza dell'aria, quello dovuto alla cosidetta attrazione obliqua. Nel caso del vuoto, tale termine è quello che risulta, integrando le

$$\frac{d^2x}{dt^2} = - g \omega t \cos\lambda \operatorname{sen} \mu,$$

$$\frac{d^2y}{dt^2} = - g,$$

$$\frac{d^2z}{dt^2} = - g \omega t \cos\lambda \cos \mu,$$

(ω = velocità angolare della terra),

in cui compare ω (Il termine senza ω è il termine, che si otterrebbe trascurando la rotazione della terra). Per ottenere tale termine correttivo per il movimento nell'aria e per ciò che riguarda la z, dovremmo dunque scrivere l'equazione:

$$\frac{d^2 z}{dt^2} = -g\omega t \cos\lambda \cos\mu + \Gamma\left(\frac{dz}{dt}\right)^2,$$

che si può integrare con buona approssimazione sostituendo in $\Gamma\left(\frac{dz}{dt}\right)^2$ alla z il valore $-g\omega\frac{t^3}{6}\cos\lambda\cos\mu$, che si otterrebbe trascurando la resistenza dell'aria.

Derivazione dei proietti oblunghi.

Se θ è l'angolo che la tangente alla traiettoria forma con l'asse delle x, la forza, che produce la derivazione, si può, come è noto, ammettere proporzionale a $\frac{\cos\theta}{v}$. Noi dunque saremmo indotti ad ammettere per la derivazione un'equazione:

$$\frac{d^2 z}{dt^2} = -\Gamma\left(\frac{dz}{dt}\right)^2 + A\frac{\cos\theta}{v}.$$

Al secondo membro si potrebbe, volendo, aggiungere un termine proporzionale al $-cF(v)\,\mathrm{sen}\,\eta\cos\theta$, che, nelle ordinarie trattazioni, rappresenta la componente secondo l'asse delle z della resistenza dell'aria. Qui con η è indicato al solito l'angolo che l'asse delle x forma con la tangente alla proiezione della traiettoria sul piano xz.

Per l'integrazione numerica di queste equazioni sarà utile ricordare che $\frac{dz}{dt}$ deve essere molto piccolo.

Sulle curve che posseggono una infinità continua di corrispondenze algebriche

di GUIDO CASTELNUOVO, a Roma.

1. — Nella teoria delle curve algebriche è ben noto un teorema dovuto allo SCHWARZ (¹), e ridimostrato in seguito da KLEIN, NÖTHER, PICARD ed altri geometri. Il teorema afferma che una curva di genere superiore a 1 non può ammettere infinite trasformazioni birazionali in sè stessa. È spontanea l'idea che il teorema sia caso particolare di un altro riguardante le curve che posseggono una infinità continua di corrispondenze algebriche, non birazionali. Noto uno degli indici delle corrispondenze algebriche, sarà possibile fissare un limite superiore al genere della curva? La risposta, come si vedrà, è molto semplice:

Una curva che possegga una infinità continua di corrispondenze algebriche, di cui un indice sia α, *ha il genere non superiore a* $\frac{\alpha(\alpha+1)}{2}$; *se il massimo è raggiunto, la curva può trasformarsi birazionalmente in una curva piana d'ordine* $\alpha+2$, *priva di punti multipli.*

Effettivamente sopra una curva piana d'ordine $\alpha+2$ esistono ∞^1 corrispondenze (α, α), di cui la generica può costruirsi fissando un punto arbitrario o della curva e facendo corrispondere ad ogni punto x di questa le α intersezioni residue della curva colla retta ox.

Una sola restrizione deve essere introdotta nell'enunciato: *gli* ∞^2 *gruppi di* α *punti che corrispondono agli* ∞^1 *punti della*

(¹) *Ueber diejenigen algebraischen Gleichungen ...*, " Journal für r. u. a. Mathematik ", vol. 87 (1875).

curva in ∞^1 *corrispondenze del sistema non devono esser composti con gruppi di una stessa involuzione* (avente per ordine un sottomultiplo di α); o, in altre parole, gli ∞^1 gruppi di α punti, entro quella doppia infinità, che hanno un punto generico comune, non devono avere ulteriori punti comuni. In caso opposto si potrebbero trovar eccezioni. Questo caso, di secondario interesse, vien lasciato da parte nella presente ricerca.

Supporremo inoltre che gli ∞^1 gruppi corrispondenti ai punti della curva in una stessa corrispondenza, o, come diremo, gli ∞^1 gruppi *di una stessa corrispondenza*, non abbiano punti comuni; nè abbiano punti comuni gli ∞^1 gruppi corrispondenti ad un punto generico nelle ∞^1 corrispondenze considerate. Ma queste ipotesi non costituiscono restrizioni, perchè, ove punti comuni vi fossero, potrebbero esser lasciati da parte, diminuendo, in conseguenza, l'indice α.

2. — Il teorema si dimostra nel modo più semplice partendo dalla teoria trascendente delle corrispondenze algebriche stabilita da Hurwitz in una classica Memoria (2). Se al punto generico x corrispondono, in una determinata corrispondenza C, α punti $x_1, x_2, \ldots, x_\alpha$ costituenti un gruppo X, la somma dei valori che un integrale abeliano di prima specie $u(\xi)$ assume negli α punti di X è una funzione di x, e precisamente è il valore che assume in x un integrale di prima specie.

Applicando questa osservazione a p integrali di prima specie, u_i, linearmente indipendenti della curva, supposta di genere p, Hurwitz ottiene le p uguaglianze

$$(1) \qquad u_i(x_1) + \ldots + u_i(x_\alpha) = \pi_{i1} u_1(x) + \ldots + \pi_{ip} u_p(x) + \pi_i \qquad (i = 1, 2, \ldots, p),$$

nelle quali le π_{ik} e π_i sono costanti dipendenti dalla corrispondenza in esame. Fra le π_{ik} ed i periodi degli integrali u_i passano $2p^2$ relazioni a coefficienti interi. Se gli integrali u_i sono normalizzati in guisa da avere sui p cicli della prima classe

(2) *Ueber algebraische Correspondenzen...*, " Mathematische Annalen ", Bd. XXVIII (1886).

$p-1$ periodi nulli ed il rimanente uguale ad 1, le prime p^2 di quelle relazioni possono scriversi sotto la forma

$$\pi_{ik} = h_{ik} + \sum_{h=1}^{h=p} g_{hk} a_{ih} \qquad (i, k = 1, 2, \ldots, p);$$

qui le a_{ih} sono i periodi relativi ai cicli di seconda classe e le h_{ik}, g_{hk} sono numeri interi.

Se la corrispondenza C varia in modo *continuo*, entro un sistema di corrispondenze, gli interi h_{ik}, g_{hk} restano necessariamente fissi, e quindi anche le π_{ik} si conservano immutate. Nelle (1) varieranno soltanto le costanti additive π_i. Ad es., se una seconda corrispondenza C' del sistema muta il punto x nei punti $x_1', \ldots, x_\alpha'$ costituenti il gruppo X', avremo, in luogo delle (1), p relazioni del tipo

$$(1') \quad u_i(x_1') + \ldots + u_i(x_\alpha') = \pi_{i1} u_1(x) + \ldots + \pi_{ip} u_p(x) + \pi_i'.$$

Ricordate così nozioni note, applichiamo le corrispondenze C, C' ad un secondo punto y della curva e indichiamo con $Y(y_1, \ldots, y_\alpha)$, $Y'(y_1', \ldots, y_\alpha')$ i gruppi corrispondenti. Scritte le uguaglianze che si ottengono dalle (1), (1′) col mutare le x nelle y, ricaviamo subito le p relazioni

$$\begin{aligned} &u_i(x_1) + \ldots + u_i(x_\alpha) + u_i(y_1') + \ldots + u_i(y_\alpha') \\ &= u_i(x_1') + \ldots + u_i(x_\alpha') + u_i(y_1) + \ldots + u_i(y_\alpha). \end{aligned}$$

La interpretazione geometrica è immediata se si ricorda l'inverso del teorema di Abel per gli integrali di prima specie. I due gruppi di 2α punti $X+Y'$ e $X'+Y$ sono equivalenti,

$$X + Y' \equiv X' + Y,$$

cioè appartengono ad una serie lineare $g^1_{2\alpha}$. Per trarre questa ultima conclusione occorre veramente assicurarsi che i due gruppi siano distinti. Ma su ciò non v'è dubbio quando x, y siano due punti generici della curva e C, C' due corrispondenze generiche del sistema.

Nella forma più comoda presenteremo il risultato così ([3]):
Se a due punti distinti della curva corrispondono, in due corrispondenze distinte del sistema, i gruppi X, Y′, *il gruppo* X + Y′ *appartiene ad una serie lineare, almeno* ∞^1.

Se C'' è una terza corrispondenza del sistema, la quale muti un punto generico z in un gruppo di α punti Z'', dalle equivalenze

$$X + Y' + Z'' \equiv X' + Y + Z'' \equiv X + Y'' + Z' \equiv \ldots,$$

ove i simboli Z', Y'',... hanno significati evidenti, segue che il gruppo $X + Y' + Z''$ appartiene ad una serie $g_{3\alpha}$ di dimensione 2 almeno, giacchè la $g^1_{3\alpha}$ determinata dai due gruppi legati dalla prima equivalenza contiene Z'', che non appartiene al terzo gruppo di 3α punti. Anzi sarebbe facile vedere che i tre gruppi suddetti e gli altri tre equivalenti che si deducono con scambi di apici non appartengono tutti ad una stessa $g^2_{3\alpha}$ (bensì ad una serie di dimensione più alta), giacchè altrimenti esisterebbe una curva piana irriducibile di ordine 3α avente come multipli secondo α i nove punti base di un fascio di cubiche, il che non è possibile per $\alpha > 1$.

Siccome però questo ragionamento non si estende facilmente al caso di serie lineari determinate da quattro o più gruppi di α punti, preferiamo seguire un'altra via per generalizzare il risultato di questo numero.

3. — Indicheremo con G_α uno generico tra gli ∞^2 gruppi di α punti determinati dalle ∞^1 corrispondenze. Quando però sia opportuno segnalare il punto x od y,... a cui il gruppo corrisponde, o la corrispondenza C, o C'... a cui il gruppo appartiene, indicheremo il gruppo con $X, Y, \ldots,$ o con $X', Y', \ldots$ Finalmente rappresenteremo con $g^{r_n}_{n\alpha}$ la serie lineare completa un cui gruppo è formato dalla riunione di n gruppi G_α; e, quando convenga mettere in evidenza quel gruppo, scriveremo:

$$g^{r_n}_{n\alpha} = [X + Y' + Z'' + \ldots]. \tag{2}$$

([3]) Mediante considerazioni di continuità si può far vedere che la ipotesi che i punti o le corrispondenze siano *distinte* non è essenziale; due qualsiansi degli ∞^2 gruppi G_α provenienti dalle ∞^1 corrispondenze dànno insieme un gruppo di una $g^1_{2\alpha}$. Ma questa osservazione non occorre nel seguito.

Ciò premesso, osserviamo che *un gruppo generico* G_α *impone almeno* $n+1$ *condizioni ad un gruppo della serie generica* $g^{r_n}_{n\alpha}$ *che debba contenerlo, quando sia* $n<\alpha$. In altre parole: si può costruire una serie $g^{r_n}_{n\alpha}$, un cui gruppo contenga n punti di G_α senza contenere i rimanenti. Basta infatti prendere n gruppi $X, Y', Z'', \ldots$, dei quali X abbia in comune con G_α un punto e non altri (come è possibile in virtù della prima restrizione del nº 1), Y' abbia in comune con G_α un nuovo punto e non altri; e così via. La serie (2) determinata da quei gruppi soddisfa alla condizione voluta.

Si badi esser necessario, per la validità del ragionamento, che il gruppo G_α non abbia speciali relazioni coi gruppi $X, Y', Z'', \ldots$ i quali, presi insieme, determinano la serie. Infatti se G_α appartenesse alla prima corrispondenza e fosse ad es. il gruppo T, potrebbe darsi che il gruppo X, scelto in modo da avere con T un punto comune, avesse in conseguenza altri punti in comune con esso.

Volendo adattare a questa ipotesi il ragionamento precedente, si devono adoperare solo gruppi come $Y', Z'', \ldots$ che non appartengano alla prima corrispondenza. Si arriva così al risultato che il gruppo T impone ad un gruppo della serie (2) che debba contenerlo *almeno* n *condizioni* (non più $n+1$), se $n \leqq \alpha$.

La stessa conclusione vale se il gruppo G_α, su cui si ragiona, corrisponde ad uno dei punti $x, y, z, \ldots$, ai quali corrisponda un gruppo tra quelli che determinano la serie (2).

Finalmente se le due ipotesi sono soddisfatte insieme, ed il gruppo G_α coincide ad es. con X', che corrisponde ad x ed appartiene alla corrispondenza C', si può costruire la serie (2) in modo che un gruppo $X+Y'+Z''+\ldots$ di essa abbia in comune $n-2$ punti con X' senza contenerne altri; ma la stessa conclusione non potrebbe trarsi sempre per $n-1$ punti. Basta scegliere infatti gli $n-2$ gruppi $Z'', \ldots$ in modo che ciascuno abbia con X' un punto solo in comune, ed aggregare a quelli il gruppo X corrispondente ad x in una corrispondenza C *generica*, ed il gruppo Y' corrispondente ad un punto *generico* y nella C'; questi due gruppi non avranno con X' nessun punto comune, per una condizione già posta alla fine del n. 1. Dunque:

Un gruppo come X′ *impone ad un gruppo della serie*

$$g_{n\alpha}^{r_n} = [X + Y' + Z'' + \dots],$$

che debba contenerlo, n — 1 *condizioni almeno, se* n — 1 ≦ α.

4. — Poichè vale l'equivalenza

$$X + Y' + Z'' + \dots \equiv X' + Y + Z'' + \dots,$$

la serie residua del gruppo X' rispetto alla $g_{n\alpha}^{r_n}$ è la serie

$$g_{(n-1)\alpha}^{r_{n-1}} = [Y + Z'' + \dots].$$

Segue dunque dall'ultimo teorema che

$$r_{n-1} \leqq r_n - (n-1),$$

ossia

(3) $$r_n \geqq r_{n-1} + n - 1 \qquad (n \leqq \alpha + 1).$$

Se sommiamo membro a membro questa disuguaglianza con quelle che si deducono facendo diminuire n di una unità per volta e ricordiamo che $r_2 \geqq 1$, otteniamo:

(4) $$r_n \geqq \frac{n(n-1)}{2} \qquad (n \leqq \alpha + 1).$$

La serie completa d'ordine nα, *un cui gruppo è formato dalla riunione di* n *gruppi* G_α, *ha la dimensione non inferiore a* $\frac{n(n-1)}{2}$ *se* n ≦ α + 1.

Attribuendo ad n il massimo valore $\alpha + 1$, si ha una serie di ordine $\alpha(\alpha + 1)$, la cui dimensione $r_{\alpha+1}$ è maggiore od uguale a $\frac{\alpha(\alpha+1)}{2}$. Un gruppo G_α impone esattamente α condizioni ad un gruppo di questa serie $g_{(\alpha+1)\alpha}^{r_{\alpha+1}}$ che debba contenerlo (nº 3); e a maggior ragione impone α condizioni a gruppi delle serie $g_{(\alpha+2)\alpha}^{r_{\alpha+2}}$, $g_{(\alpha+3)\alpha}^{r_{\alpha+3}}$, ... che siano costretti a contenerlo. Dunque:

$$(\alpha + 1)\alpha - r_{\alpha+1} = (\alpha + 2)\alpha - r_{\alpha+2} = (\alpha + 3)\alpha - r_{\alpha+3} = \dots$$

Segue di qui che tutte queste serie sono non speciali, e che le differenze uguali ora scritte hanno per valor comune il genere p della curva in esame.

Si ottiene così la limitazione

$$p \leqq (\alpha+1)\alpha - \frac{\alpha(\alpha+1)}{2} = \frac{\alpha(\alpha+1)}{2},$$

espressa dalla prima parte del teorema enunciato al n. 1:

Una curva che possegga una infinità continua di corrispondenze, aventi uno degli indici uguali ad α, *ha il genere non superiore ad* $\frac{\alpha(\alpha+1)}{2}$.

Se il massimo valore del genere è raggiunto, $r_{\alpha+1}$ assume il minimo valore $\frac{\alpha(\alpha+1)}{2}$, e nelle formole (4) vale il segno di uguaglianza, per ogni $n \leqq \alpha+1$.

5. — La ipotesi $\alpha=1$ conduce al teorema di SCHWARZ. Resta da esaminare se per $\alpha \geqq 2$ il massimo valore del genere possa essere raggiunto, ed in caso affermativo quali proprietà abbiano le relative curve e le corrispondenze da esse possedute.

Trattiamo anzitutto il caso $\alpha=2$, $p=3$. Le ∞^1 coppie corrispondenti ad uno stesso punto, o appartenenti ad una stessa corrispondenza, formano certamente una serie algebrica di indice superiore ad 1 (tale cioè che un punto della curva appartenga a più gruppi), giacchè in caso opposto la curva possederebbe ∞^1 trasformazioni birazionali (involutorie) in sè stessa ed avrebbe il genere $p \leqq 1$. Possiamo dunque trovare in infiniti modi due punti x, y ai quali corrispondano, nella corrispondenza C, due coppie $X(o, x_1)$, $Y(o, y_1)$ aventi un punto o comune. Dette X', Y' le coppie corrispondenti ad x, y in una nuova corrispondenza generica C', vediamo che la serie

$$g_4^1 = [X+Y'] = [X'+Y]$$

ha come fisso il punto o, soppresso il quale rimane una g_3^1 speciale, di cui fanno parte le terne $x_1 Y'$ e $y_1 X'$.

Ora, se la nostra curva fosse iperellittica, Y' e X' dovrebbero descrivere la g_2^1 al variare della corrispondenza C'. Ma poichè dei due punti x, y uno è arbitrario, seguirebbe che gli ∞^2

gruppi $G_\alpha = G_2$ dovrebbero coincidere cogli ∞^1 della g_2^1, il che non è possibile.

Possiamo dunque supporre che la curva sia una quartica piana, senza punti multipli; i gruppi delle g_3^1 si trovano allora su rette.

In tal caso la retta che sostiene la coppia X' deve passare per il punto fisso y_1, *comunque* sia scelta la corrispondenza C'. In altre parole tutte le coppie corrispondenti ad un punto fisso (x) nelle ∞^1 corrispondenze stanno su rette passanti per un punto fisso (y_1) della curva. Se la curva non ammette trasformazioni birazionali in sè, x deve coincidere con y_1; sicchè le coppie corrispondenti ad uno stesso punto x stanno su rette passanti per x.

Il ragionamento precedente può anche applicarsi all'ipotesi che si parta da due gruppi X, X', corrispondenti ad uno stesso punto, i quali abbiano un punto comune. Si vedrebbe allora che tutti i gruppi di una stessa corrispondenza stanno su rette passanti per uno stesso punto della curva.

Segue di qua:

Una curva di genere 3, *che possegga una infinità continua di corrispondenze un cui indice sia* 2, *può trasformarsi birazionalmente in una quartica piana. Una generica delle* ∞^1 *corrispondenze si costruisce sulla quartica, fissando uno* o *degli* ∞^1 *punti della curva e riguardando come corrispondenti ad un punto generico* x *le due ulteriori intersezioni della curva colla retta* ox. *Anzi questo è l'unico modo per costruire le* ∞^1 *corrispondenze, a meno che la quartica non possegga una trasformazione birazionale in sè, nel qual caso i prodotti delle corrispondenze precedenti per la trasformazione birazionale dànno una nuova serie di* ∞^1 *corrispondenze.*

6. — Il risultato precedente è contenuto in un teorema valido per qualsiasi valore di α. Ma se $\alpha > 2$ la dimostrazione procede altrimenti.

Ricordiamo che l'aggruppamento di $\alpha - 3$, $\alpha - 2$ o rispettivamente $\alpha - 1$ gruppi G_α determina una serie completa $g_{(\alpha-3)\alpha}^{r_{\alpha-3}}$, $g_{(\alpha-2)\alpha}^{r_{\alpha-2}}$ o $g_{(\alpha-1)\alpha}^{r_{\alpha-1}}$. Se il genere della curva ha il massimo valore $p = \frac{\alpha(\alpha+1)}{2}$, le dimensioni di queste serie valgono, per il n° 4,

$$r_{\alpha-3} = \frac{(\alpha-3)(\alpha-4)}{2}, \quad r_{\alpha-2} = \frac{(\alpha-2)(\alpha-3)}{2}, \quad r_{\alpha-1} = \frac{(\alpha-1)(\alpha-2)}{2},$$

e le serie stesse sono speciali. Le serie residue di esse, rispetto alla serie canonica g_{2p-2}^{p-1}, sono $g_{4\alpha-2}^{5}$, $g_{3\alpha-2}^{2}$ e $g_{2\alpha-2}^{0}$. Di qui risulta che uno o due gruppi G_α presentano rispettivamente tre o cinque condizioni ad un gruppo della $g_{4\alpha-2}^{5}$ costretto a contenerli.

La $g_{4\alpha-2}^{5}$ può avere un certo numero $i \geqq 0$ di punti fissi, comuni a tutti i suoi gruppi, tolti i quali resta una serie $g_{4\alpha-2-i}^{5}$.

Ora questa serie è certo *semplice.*

Infatti, se fosse composta mediante una involuzione d'ordine $\nu \geqq 2$, un gruppo della serie contenente due G_α generici (che certamente non sono composti di gruppi della involuzione, per la restrizione posta al n° 1) dovrebbe possedere almeno $2\alpha\nu$ punti, mentre $2\alpha\nu$ supera certo l'ordine della serie $4\alpha - 2 - i$.

Possiamo dunque ritenere che la $g_{4\alpha-2-i}^{5}$ sia segata dagli iperpiani sopra una curva K d'ordine $4\alpha - 2 - i$ dello spazio S_5 a cinque dimensioni. Ogni G_α sulla K (imponendo tre condizioni ad un gruppo della $g_{4\alpha-2-i}^{5}$) appartiene ad un piano, il quale sega K in $\alpha + j$ punti, con $j \geqq 0$; e due di questi piani appartengono ad un iperpiano, perchè due G_α impongono insieme 5 condizioni ad un gruppo della detta serie.

La curva K di S_5 possiede dunque ∞^2 piani che la segano ciascuno in $\alpha + j$ punti e che si incontrano a due a due in un punto (generalmente fuori di K).

Ricordiamo ora che un sistema ∞^2 di piani appartenente ad S_5, tale che ogni piano di esso incontri gli infinitamente vicini, è formato dai piani tangenti ad una superficie (o curva, in caso di degenerazione), se è fissa la intersezione di un piano con gli ∞^1 infinitamente vicini ad esso ([4]); se inoltre gli ∞^2 piani si segano a due a due, la detta superficie è la nota superficie di Veronese ([5]).

Se invece sussistono tutte le ipotesi precedenti salvo quella che sia fisso il punto di incontro di un piano cogli infinitamente

---

([4]) Segre, *Preliminari di una teoria delle varietà luoghi di spazi*, " Rendiconti del Circolo Matem. di Palermo ", t. XXX (1910), § 7.

([5]) Del Pezzo, *Sulle superficie dell'n° ordine...*, " Rendiconti del Circolo Matem. di Palermo ", t. I (1887); Bertini, *Introduzione alla geometria proiettiva degli iperspazi* (Pisa, Spoerri, 1907), pag. 315.

vicini, alla quale ipotesi si sostituisce la duale, secondo cui è fisso l'iperpiano congiungente un piano generico del sistema cogli infinitamente vicini, allora il sistema è duale di quello suddetto ed è quindi formato dagli ∞^2 piani seganti lungo coniche una superficie di VERONESE. Ora, dei due casi qui riferiti, è il secondo che ci interessa. Infatti ciascuno dei piani $(\alpha+j)$-secanti la curva K ha in comune cogli infinitamente vicini l'iperpiano che contiene le $\alpha+j\,(\geqq 3)$ tangenti a K nei punti di appoggio.

Segue che la curva K (per ciascun punto della quale passano ∞^1 di quei piani) è tracciata sopra una superficie di VERONESE, di cui incontra le coniche in $\alpha+j$ punti, costituenti un gruppo G_α più $j \geqq 0$ punti ulteriori.

L'iperpiano determinato da due generici di questi piani sega K in due G_α ed in $2j$ punti ulteriori.

Per questi ultimi devono passare ∞^1 iperpiani, giacchè i due G_α dànno un gruppo di una $g^1_{2\alpha}$ (completa) contenuta nella $g^5_{4\alpha-2-i}$ completa, segata su K da tutti gli iperpiani.

Segue che $j=2$ e che nella rappresentazione piana della superficie di VERONESE, ottenuta facendo corrispondere alle coniche di questa le rette del piano, la curva K viene rappresentata da una curva K_0 di ordine $\alpha+2$, priva di punti doppi, perchè ha il genere $\dfrac{\alpha(\alpha+1)}{2}$.

Ogni gruppo G_α su questa K_0 si compone di α punti allineati.

Fra i detti G_α consideriamo ad es. quel gruppo X che corrisponde ad un punto generico x di K_0 in una determinata corrispondenza C. La retta che sostiene X sega ancora K_0 in due punti ξ_1, ξ_2. Al variare di x, mentre C rimane fissa, non possono variare insieme ξ_1, ξ_2, giacchè altrimenti esisterebbe su K_0 una corrispondenza $(X; \xi_1, \xi_2)$ avente un indice uguale a 2 e dipendente (come C) da un parametro, sicchè il genere di K_0 sarebbe minore o uguale a 3, contro la ipotesi $\alpha > 2$.

Dobbiamo dunque supporre che ξ_1 resti fisso, e quindi che i gruppi G_α della corrispondenza C si trovino allineati con un punto fisso ξ_1 di K_0. L'altro punto ξ_2 varierà con x. Però nel caso generale, in cui K_0 non ammette una trasformazione birazionale in sè, dovrà ξ_2 coincidere con x.

Arriviamo così a definire pienamente le ∞^1 corrispondenze algebriche di indice α esistenti sopra una curva di genere $\frac{\alpha(\alpha+1)}{2}$.

Se una curva di genere $\frac{\alpha(\alpha+1)}{2}$ *possiede una infinità continua di corrispondenze algebriche un cui indice sia* α, *la curva è trasformabile birazionalmente in una curva piana d'ordine* $\alpha+2$ *priva di punti multipli. Su questa gli* α *punti corrispondenti ad un punto* x *in una determinata corrispondenza* C *sono le intersezioni ulteriori della curva colla retta congiungente* x *con un punto* o *della curva, il quale dipende dalla* C. *Oltre però queste* ∞^1 *corrispondenze* (α, α), *si trovano sopra una curva che possegga trasformazioni birazionali in sè le corrispondenze ottenute moltiplicando quelle per le dette trasformazioni birazionali.*

Roma, aprile 1918.

Le oscillazioni armoniche nelle antenne radiotelegrafiche direttamente eccitate

di LUIGI LOMBARDI, a Napoli.

Premessa.

L'eccitazione diretta, quale fu introdotta da HERTZ nelle sue classiche esperienze, e ancora era usata in modo esclusivo da G. MARCONI nei primi impianti radiotelegrafici, venne quasi completamente abbandonata nelle moderne installazioni a onde smorzate, dopo che si riconobbero i vantaggi della eccitazione indiretta mediante circuiti multipli, elettromagneticamente accoppiati. Lo studio delle oscillazioni, con quel primitivo sistema suscitate nell'aereo, non venne perciò molto approfondito dai radiotelegrafisti, i quali riconobbero bensì la complessità delle onde emesse, ma, nella maggior parte dei casi, si limitarono a rilevare o calcolare la lunghezza delle prime armoniche, senza determinarne l'ampiezza, considerandole a ragione come un fenomeno parassita di quello principale, in quanto l'energia per esse irradiata non si utilizzava quasi in alcun caso per la segnalazione, e, più che all'efficacia di questa, contribuiva ad accrescere le perdite inerenti al sistema, e ne diminuiva il rendimento.

Dal punto di vista teorico, il problema si poteva ritenere d'altronde completamente risolto, mediante le equazioni ben note della propagazione delle correnti variabili nei conduttori a reattanza e capacità distribuite, di cui K. W. WAGNER pose l'integrale generale sotto una forma abbastanza semplice in una sua classica monografia (1), e interpretò i risultati praticamente

(1) *Elektrom. Ausgleichsvorgänge*, 1908.

più interessanti nei riguardi delle linee elettriche aeree e sotterranee.

Con un modello di conduttura di notevole reattanza e capacità lo stesso Autore ([2]), sperimentando sopra i fenomeni transitori che tengono dietro alle brusche variazioni di corrente e di potenziale, ne mise in evidenza l'andamento, perfettamente concorde con le previsioni della teoria, e lo riprodusse in numerosi oscillogrammi. La linea artificiale di Wagner era peraltro unicamente adatta alle esperienze di bassa tensione, nelle quali la chiusura e rottura dei circuiti avviene senza la formazione di scintille apprezzabili, per cui compete al circuito una resistenza sensibilmente costante, ed i fenomeni di smorzamento si possono ritenere fedelmente rappresentati dalle formole teoriche dell'attenuazione ohmica, senzà che a quelli di irradiazione sia da attribuire alcuna importanza.

Le antenne radiotelegrafiche si trovano invece, sotto questo riguardo, in condizioni molto diverse, poichè l'energia irradiata prevale quasi in ogni caso sopra quella dissipata per le resistenze, e fra queste, ove si faccia l'eccitazione diretta mediante apparecchi a scarica disruptiva, la maggiore importanza compete molte volte alla scintilla, che introduce un fattore di smorzamento non ben definito, ed eminentemente variabile.

Essendosi da poco tempo costruita nel nostro Istituto Elettrotecnico una linea artificiale per alta tensione, adatta a funzionare anche come un potente oscillatore hertziano, ovvero come un'antenna radiotelegrafica di piccolo potere irradiante; e provvisti i mezzi necessari per la produzione e misura delle correnti oscillanti di elevata frequenza; non ho creduto privo di interesse studiare il comportamento di essa in presenza delle oscillazioni, direttamente eccitate mediante scaricatori a scintilla, dei tipi principali ancora oggi usati negli impianti radiotelegrafici, e di cui io stesso già trassi partito in altre recenti ricerche sopra i fenomeni di sovratensione elettrica e i sistemi di protezione ([3]).

([2]) *Elektrot. Zeitschrift*, 1911, p. 899.

([3]) *L'Elettrotecnica*, maggio 1918. Conferenza sperimentale alla A. E. I.

Disposizione delle esperienze.

Per lo scopo di queste misure, l'antenna era costituita da due grandi solenoidi di filo d'ottone di 3 mm. di diam., lunghi 170 cm., e composti ognuno di 240 spire circolari di 36 cm. di diametro, con una resistenza ohmica di 2.7 ohm ed una induttanza di 0.004 henry.

La capacità era conferita a ognuna delle sezioni d'antenna da 12 condensatori Moscicki di circa 0.002 microfarad, aventi una delle armature a terra, e l'altra rilegata al solenoide, a distanza di 20 in 20 spire. L'onda fondamentale assume così una lunghezza di circa 11 kilometri, quando le due sezioni vengono simmetricamente eccitate al loro punto di unione; la resistenza caratteristica d'onda risulta di 395 ohm, e la costante di smorzamento di 330.

La eccitazione si effettuava mediante un grande rocchetto di induzione, con interruttore a martello od a turbina, o del tipo WEHNELT, e con spinterometro a sfere di ottone o di zinco; ovvero mediante un trasformatore industriale da 5 kilowatt, alimentato dalla rete a corrente alternata di città a 42 periodi, ovvero da un piccolo alternatore a 150 periodi, che ha l'indotto mobile su collari, e porta calettato sull'asse il disco di uno spinterometro rotante, del tipo MARCONI, registrabile mediante un comando a vite perpetua. Allo stesso trasformatore, in luogo di questo, poteva rilegarsi lo spinterometro comune a sfere di ottone, ovvero uno scaricatore di BOAS a intervalli multipli, con elettrodi di tungsteno, energicamente raffreddati, quale si adopera per le segnalazioni radiotelegrafiche col metodo di WIEN.

Per la misura delle onde, disponevo di un cimometro MARCONI del tipo normale, munito di quattro capacità fisse ed una variabile, e adatto per lunghezze di 400 a 6000 metri. Onde più brevi e più lunghe potevano misurarsi col solito artificio, di capacità e induttanze aggiunte.

L'apparecchio è corredato di due spirali supplementari di reattanza, che, mediante appositi tasti, si possono rispettivamente includere ed escludere dal circuito, in modo da variare la durata del periodo in più e in meno di 0.037; con ciò si rilevano rapidamente, mediante una coppia termoelettrica ed un galvanometro di precisione, due punti della curva di risonanza, simmetrici rispetto al vertice, e sufficienti con questo per la determinazione dello smorzamento totale, primario e secondario. Per individuare separatamente il decremento primario e quello secondario, soccorre una resistenza supplementare, racchiusa nello stesso apparecchio, con morsetti terminali e ponticello di corto circuito, estraendo il quale, la resistenza complessiva è aumentata di una quantità fissa, e lo smorzamento complessivo viene accresciuto in una proporzione, che dipende unicamente dalla lunghezza d'onda, e che può essere calcolata *a priori.*

Con tale procedimento, mediante un piccolo numero di letture, eseguite col cimometro nella stessa posizione, si ottengono tutti gli elementi necessarî per poter calcolare, a meno di una costante di proporzionalità, che dipende unicamente dal grado di accoppiamento, l'ampiezza della corrente primaria; se la posizione del cimometro resta invariata in tutte le misure, relative alle onde di diversa lunghezza, ovvero se, ove occorra spostarlo per qualche gruppo di queste, si determinano per confronto le due sensibilità relative, si può giungere rapidamente alla determinazione delle ampiezze di corrente primaria per tutte le armoniche della oscillazione fondamentale, che rientrano nell'intervallo prestabilito per il cimometro.

Avendo predisposto nel circuito d'antenna, in immediata vicinanza dello spinterometro, ed a distanza conveniente dai solenoidi, per eliminare l'influenza diretta di questi, una coppia di spire rettangolari, simili a quelle ond'è costituita la reattanza del cimometro, e facendo scorrere questo parallelamente a sè stesso lungo una tavola di sostegno, mi era possibile variare fra limiti molto estesi il grado di accoppiamento, sì da ottenere al galvanometro deviazioni apprezzabili anche per le armoniche di ordine superiore al 20°, quando l'antenna era eccitata con lo scaricatore Boas o col Marconi, a tensione massima di parecchie migliaia di volt. Con lo spinterometro d'ottone, la misura di queste ultime diventava relativamente incerta, dovendosi aumentare l'intervallo di scarica a segno, da rendere la scintilla poco stabile, ovvero stringere l'accoppiamento in modo, da deformare la curva di risonanza. Per la stessa ragione omisi di determinare quantitativamente le armoniche superiori alla 18ª, pure con lo spinterometro rotante, che aveva il funzionamento più regolare, sebbene la presenza loro fosse ancora nettamente rivelata dal cimometro MARCONI e da altro di piccola reattanza, costruito nel nostro Istituto, essendone l'ampiezza ridotta a pochi centesimi di quella dell'onda fondamentale, e troppo incerta la misura in funzione dei nuovi elementi introdotti.

Secondo la teoria di WAGNER, sviluppata ulteriormente da PETERSEN [4], e ripresa recentemente in esame da BRYLINSKI [5], la scarica di una linea di lunghezza l, originariamente caricata al potenziale uniforme E, e improvvisamente collegata a terra a un estremo, mentre l'altro estremo rimane isolato, assume il carattere di un fenomeno oscillatorio, equivalente alla sovrapposizione di due onde di profilo rettangolare della altezza $\frac{E}{2}$ e di lunghezza $4l$, procedenti in senso contrario con la velocità $\frac{1}{\sqrt{L_1 C_1}}$, dove L_1 e C_1 rappresentano la induttanza e la capacità per ogni unità di lunghezza.

La doppia onda migrante conserverebbe nel tempo indefinitamente la medesima ampiezza, se la linea fosse priva di resistenza ohmica e di dispersione, e mancasse la irradiazione e qualsiasi altra causa di dissipazione d'energia.

Intervenendo una o parecchie di queste, l'onda migrante viene attenuata nel tempo, e il decremento, riferito alla durata del periodo, si conserva costante, se tale è il rapporto fra le resistenze ohmiche ovvero equivalenti e la induttanza, per cui, al crescere di quelle, l'ampiezza del fenomeno oscillatorio più o meno rapidamente decresce, e se ne abbrevia la durata complessiva, che precede lo stabilirsi della nuova condizione di regime.

Analiticamente la doppia onda rettangolare di scarica può essere rappresentata da una doppia serie di infinite onde sinusoidali, di lunghezza $\frac{4l}{1}, \frac{4l}{3}, \frac{4l}{5}, \ldots$ e di ampiezza $\frac{2E}{\pi}, \frac{2E}{3\pi}, \frac{2E}{5\pi}, \ldots$ procedenti del pari in senso inverso e con la medesima

---

(4) *Archiv für Elektrot.*, vol. I, pag. 233. *Elektrot. Zeitschrift*, 1913, pag. 167.

(5) *Revue générale de l'Électr.*, 1918, pag. 43.

velocità. Se perciò mancasse lo smorzamento, l'ampiezza delle armoniche successive, in relazione a quella dell'onda fondamentale, dovrebbe decrescere come l'inversa dei numeri dispari della serie naturale, nè alcuna onda di ordine pari si potrebbe manifestare, per la ben nota proprietà delle funzioni simmetriche nei semiperiodi successivi. In questo caso però la presenza delle onde pari non si può escludere *a priori*, poichè lo smorzamento, dovuto alla resistenza e irradiazione, anche supponendo l'isolamento perfetto, e nulla la dispersione, attenua inevitabilmente l'ampiezza delle diverse armoniche, in progressione geometrica al crescere del tempo, e dello spazio da esse percorso; perciò la forma dell'onda risultante nelle successive metà di periodo si altera, sostituendosi ai tratti corrispondenti di linea spezzata, con cui si profilava superiormente e inferiormente l'onda rettangolare all'origine dei tempi, altrettanti tratti di logaritmica. Quanto meno si pronuncia la dissimmetria delle semionde successive, dovuta allo smorzamento, tanto minore dovrebbe essere l'ampiezza delle armoniche pari, e quella delle dispari altrettanto meno si dovrebbe allontanare da quella prevista in teoria per l'onda rettangolare.

Nelle esperienze di WAGNER, su la linea già ricordata a bassa tensione, il decremento dell'onda era quasi unicamente dovuto alla resistenza ohmica delle spirali, e questa era contenuta fra limiti abbastanza modesti $\left(\frac{R}{2L} = 12.8\right)$, per cui, in un percorso completo della linea, l'onda non si abbassava di oltre il 15 %. Nell'antenna da me studiata la costante di attenuazione, dovuta alla resistenza ohmica, è circa 25 volte più grande, ma la durata del periodo di oscillazione naturale è circa 250 volte più piccola, per cui, sotto questo riguardo, l'onda dovrebbe maggiormente approssimarsi alla forma rettangolare. Volendosi peraltro l'antenna eccitare direttamente, mediante spinterometri ad alta tensione, un nuovo fattore di smorzamento interviene da parte della scintilla, e si modifica con la lunghezza di questa, con la intensità della corrente e con la natura dello scaricatore, per cui l'andamento del fenomeno non può teoricamente prevedersi, se non in modo qualitativo, e di qui trae la sua ragione d'essere questa modesta ricerca quantitativa.

Risultati delle esperienze.

Delle numerose esperienze eseguite, sono qui solamente riprodotte alcune, sufficienti a caratterizzare la influenza che il tipo diverso, o la diversa condizione di funzionamento dello scaricatore, esercita su l'andamento del fenomeno.

In particolare nella Tabella I sono riportati due gruppi di misure, eseguite con lo spinterometro MARCONI alla tensione di 5000 volt efficaci, pari a 7000 massimi, e con le punte fisse predisposte in modo, da presentare rispetto a quelle mobili, al momento della scarica, una distanza molto piccola nel 1° caso ($^1/_2$ mm. circa), e relativamente più grande nel 2° (2 mm. circa).

Nella prima colonna sono indicate le lunghezze d'onda, quali vennero desunte dalla media delle osservazioni al cimometro, senza apportarvi alcuna correzione per le piccole divergenze riscontrate nella distribuzione della capacità, le quali in parte dànno ragione dei valori discordanti della frequenza delle armoniche successive rispetto ai multipli esatti di quella fondamentale. Nella seconda colonna sono i rapporti numerici di queste frequenze (inversi delle lunghezze d'onda), i quali non lasciano dubbio su la mancanza di talune armoniche dispari, e la presenza di talune pari e di ordine intermedio, poichè gli stessi risultati vennero ottenuti in molti gruppi di esperienze, eseguite in condizioni diverse, e controllati con diversi cimometri.

Moltiplicando per la frequenza di ognuna delle armoniche l'ampiezza calcolata della corrente corrispondente, si semplifica il confronto della forma dell'onda di scarica con quella tipica rettangolare, nella quale quel prodotto dovrebbe rimanere invariato per le armoniche dispari, e nullo per quelle pari.

Nelle colonne successive sono pertanto riportati i decrementi logaritmici del circuito d'antenna, riferiti al mezzo periodo, e le ampiezze delle correnti primarie, calcolate per ognuna delle armoniche in base alla formola di BJERKNESS, e moltiplicate per la frequenza rispettiva, con riferimento alla medesima ampiezza dell'onda fondamentale; e ciò per le due condizioni caratteristiche dello spinterometro, con piccola e grande distanza fra le punte.

La variazione non perfettamente regolare del decremento è verosimilmente da attribuire in parte agli errori inevitabili di misura, in parte alla resistenza variabile della scintilla. Gli stessi elementi influirono d'altronde anche su la determinazione delle ampiezze, i cui valori calcolati presentano variazioni non completamente trascurabili nei diversi gruppi di esperienze, per cui, più che i valori singoli, assume importanza ai fini della ricerca la loro media, che riassume nella forma più comprensiva il carattere generale del fenomeno.

Le stesse osservazioni si possono fare in sostanza sopra le cifre della Tabella II, ove si riportano i risultati delle misure eseguite con lo spinterometro a sfere di ottone, e con quello Boas a elettrodi di tungsteno; entrambi hanno in comune la formazione della scintilla fra gli elettrodi fissi, ma, per la natura diversa di questi, le conferiscono un diverso carattere di persistenza, qui nettamente denunciato dalla disparità del decremento, che origina del pari forme d'onda diverse.

Tabella I.

Esperienze eseguite con lo spinterometro Marconi.

λ	λ_1/λ	Punte vicine		Punte lontane	
		$\mathfrak{d}$	Af	$\mathfrak{d}$	Af
10800	1	0.150	100	0.220	100
3530	3.1	0.037	45	0.100	63
2020	5.3	27	36	92	61
1320	8.2	27	40	86	74
960	11.2	28	44	80	81
750	14.4	28	40	72	63
610	17.7	29	45	60	57
Valori medii		0.029	42	0.082	66

TABELLA II.

Esperienze eseguite con lo spinterometro d'ottone e con quello BOAS.

λ	λ_1/λ	Spinter° d'ottone		Spinter° BOAS	
		δ	Af	δ	Af
10600	1	0.085	100	0.41	100
3500	3.0	83	65	13	75
1920	5.5	62	80	12	74
1290	8.2	50	95	10	109
945	11.2	—	—	9	119
745	14.2	—	—	8	135
612	17.3	—	—	—	—
Valori medii		0.065	80	102	102

Per la minor regolarità del fenomeno, i decrementi e le ampiezze, ottenute con questi ultimi apparecchi per le armoniche di ordine più elevato, presentano una maggiore incertezza, e in parte si omettono perciò nella tabella.

Il confronto dei risultati ottenuti sembra tuttavia giustificare le seguenti conclusioni.

Nelle antenne radiotelegrafiche, direttamente eccitate mediante sorgenti di forza elettromotrice continua o periodica di moderata frequenza, con la interposizione degli ordinari scaricatori a elettrodi metallici, l'onda di scarica assume una forma complessa, sostanzialmente caratterizzata dalla distribuzione originaria del potenziale, e dai fattori di attenuazione inerenti a tutte le dissipazioni di energia. Fra questi assume una notevole importanza la resistenza della scintilla, e per essa la natura e disposizione degli elettrodi, con la quale si modifica sostanzialmente l'ampiezza delle armoniche superiori in rapporto a quella dell'onda fondamentale.

L'ampiezza relativa, il decremento e la frequenza di queste armoniche si possono assai bene rilevare mediante il cimometro, il quale, sebbene non fornisca gli elementi per individuarne la fase, permette tuttavia un utile confronto con gli elementi analoghi dell'onda tipica rettangolare, che la teoria farebbe prevedere nel caso di potenziale uniforme in origine, e di smorzamento nullo.

Misure eseguite in tal modo, sopra un'antenna a debole radiazione, hanno permesso di rilevare la esistenza di tali armoniche fino oltre il 20° ordine, e di determinarne l'ampiezza e il decremento fino al 18° per alcuni tipi di scaricatore.

Le frequenze constatate corrispondono in parte alle armoniche dispari, e in parte ad armoniche pari o di ordine intermedio, dovute alla dissimmetria dell'onda risultante nei semiperiodi successivi.

Il decremento misurato va in generale diminuendo al crescere della frequenza, in misura meno rapida però della inversa di questa, per cui il fattore di attenuazione appare crescente con essa. L'ampiezza relativa decresce del pari al crescere della frequenza, ma il prodotto di queste due grandezze, che nel caso dell'onda rettangolare dovrebbe rimanere costante per le armoniche dispari, e nullo per quelle pari, conserva praticamente un ordine di grandezza poco variabile per quei tipi di scaricatori, ove la scintilla è strappata dopo un piccolo numero di oscillazioni, e manifesta un graduale accrescimento negli altri, a scintilla persistente. Il valor medio di questo prodotto è poi in generale tanto più elevato, per un determinato tipo di spinterometro, quanto più grande la distanza fra gli elettrodi, e forte lo smorzamento.

Le esperienze precedenti riguardano unicamente la forma dell'onda di scarica, quale si manifesterebbe alla base dell'antenna radiotelegrafica, ovvero al centro dell'oscillatore hertziano, ove è situato lo scaricatore, e dove, nel caso di smorzamento nullo, si dovrebbe presentare il nodo di potenziale, e il ventre comune di tutte le onde stazionarie di corrente, corrispondenti alla oscillazione fondamentale ed alle armoniche superiori.

La forma dell'onda risultante si modifica però da punto a punto dell'antenna, per la differenza relativa di fase delle armoniche predette, la quale direttamente influisce su la legge di variazione della corrente e del potenziale, come lascia prevedere la teoria.

Nell'antenna qui descritta, installando il cimometro ad una delle estremità, si rileva con tutta la sicurezza la presenza delle armoniche pari di ordine più basso, 2ª e 4ª, oltre a quella delle pari e dispari riscontrate al centro, ed a taluna di quelle ivi mancanti, di ordine più elevato. Sopra di esse peraltro io non ho proseguito la ricerca quantitativa, di cui più laboriosa sarebbe la interpretazione, atteso il diverso grado di accoppiamento che l'apparecchio assume in relazione alla diversa distribuzione delle armoniche di corrente nel circuito.

Napoli, Istituto Elettrotecnico del R. Politecnico.
Aprile 1918.

Sugli integrali semplici di 1ª specie appartenenti ad una superficie algebrica

di FRANCESCO SEVERI, a Padova.

Nella teoria degl'integrali abeliani, è classica la costruzione *razionale* dei differenziali abeliani di 1ª specie, appartenenti ad una curva piana di ordine m, per mezzo delle curve aggiunte di ordine $m - 3$; costruzione che CLEBSCH e NOETHER hanno esteso agli integrali doppi di 1ª specie, appartenenti ad una superficie di ordine m, considerando le superficie aggiunte di ordine $m - 4$.

La questione analoga per gl'integrali semplici di 1ª specie, appartenenti ad una superficie algebrica F, di ordine m e di equazione

$$f(x, y, z) = 0,$$

e cioè la questione di determinare a quali condizioni geometriche, *necessarie* e *sufficienti*, debbon soddisfare le funzioni razionali A, B, che entrano in un differenziale totale di 1ª specie

$$Adx + Bdy,$$

appartenente ad F, fu oggetto di una mia breve comunicazione, dell'aprile 1911, all'" Académie des Sciences " di Parigi (1).

Qui mi propongo di sviluppare diffusamente i concetti e le dimostrazioni, che avevo soltanto accennati in quella comunicazione.

(1) *Sur les intégrales simples de première espèce attachées à une surface algébrique*, " Comptes rendus ", t. 152, p. 1079.

La costruzione, a cui io arrivo, dei differenziali totali di 1ª specie, è la seguente:

Suppongasi per semplicità — ciò che non importa una restrizione essenziale — che la superficie F sia dotata di sole singolarità ordinarie (linea doppia e punti tripli).

Consideriamo dapprima una superficie $P=0$, d'ordine $m-2$, aggiunta ad F (cioè passante per la linea doppia di F) e contenente inoltre la retta all'infinito del piano $y=0$ e i punti di contatto dei piani $y=\text{cost.}$ tangenti ad F. Una superficie $P=0$ siffatta deve necessariamente esistere, se F possiede qualche effettivo integrale semplice di 1ª specie. Sia D la curva, d'ordine $m-3$, ove $P=0$ sega il piano all'infinito, fuori della retta impropria di $y=0$. Consideriamo inoltre una seconda superficie aggiunta d'ordine $m-2$, $Q=0$, passante per la retta all'infinito di $x=0$, per la curva D, e pei punti di contatto dei piani $x=\text{cost.}$ tangenti ad F. Queste condizioni determinano ormai la $Q=0$ in modo unico, e *l'espressione*

$$\frac{Pdx+Qdy}{f_z'}$$

risulta un differenziale totale di 1ª specie inerente ad F.

Variando il polinomio P, sotto le condizioni poste, s'ottengono così tutti i differenziali di 1ª specie. —

La dimostrazione s'appoggia sul teorema ch'io stabilisco al n. 6 di questa Memoria: la condizione perchè un integrale abeliano di 2ª (in particolare di 1ª) specie, relativo ad una curva dipendente razionalmente da certi parametri, abbia i periodi costanti, è che l'integrale stesso non divenga mai di 3ª specie per valori particolari dei parametri. È inoltre sottinteso che, per valori particolari dei parametri, l'integrale non possa mai divenire identicamente infinito.

La costruzione degl'integrali semplici di 1ª specie conduce facilmente ad una conseguenza notevole dal punto di vista della geometria sopra una superficie.

Si tratta del numero delle curve indipendenti $C+C'$, che passano pei punti base e pei punti doppi staccati delle curve d'un fascio $|C|$, di cui $|C'|$ denota il sistema aggiunto.

Per mezzo del numero conosciuto degl'integrali di 1ª specie (numero risultante dalle ricerche mie, di Enriques e di Castelnuovo), arrivo alla conclusione che vi sono $p_g - p_a$ curve $C + C'$ indipendenti, che soddisfanno alle condizioni poste, p_g, p_a essendo i generi, geometrico ed aritmetico, di F.

Le curve $C + C'$ suddette tagliano sopra una C, fuori dei punti fissi, quella che io chiamo la *serie canonica ridotta* (²). Io credo che questa serie debba avere un ufficio fondamentale nella ricerca delle cause che tendono ad allontanare la deficienza δ della serie caratteristica d'un sistema lineare, tracciato su F, dal suo valore normale (massimo) $p_g - p_a$, e spero, in avvenire, di poter ritornare su tale importante questione.

§ 1. — Richiamo di alcune nozioni note. Forma invariantiva d'un teorema di Picard.

1. — Essendo data la superficie F, d'ordine m, di equazione

$$f(x, y, z) = 0, \tag{1}$$

dotata di singolarità ordinarie, consideriamo l'integrale abeliano

$$J = \int A(x, y, z)\, dx \quad (A \text{ razionale in } x, y, z), \tag{2}$$

relativo alla curva (1), ove y sia riguardato come un parametro; e supponiamo che quest'integrale sia di 2ª (in particolare di 1ª) specie, per un valor *generico* di y.

Ciò non esclude che in corrispondenza a valori singolari di y, e precisamente in corrispondenza a ciascuno dei piani $y =$ cost. tangenti ad F, l'integrale (2) divenga di 3ª specie, per l'acquisto di una singolarità logaritmica nel relativo punto di contatto.

Si sa che fra i periodi dell'integrale (2), ve ne sono r distinti,

---

(²) Vedi a tal proposito la mia comunicazione al Congresso internazionale dei Matematici (Roma, 1908): *Di alcuni recenti risultati nella teoria delle superficie algebriche,* ecc. [“Atti”, t. II, pp. 234-241], ove tale serie veniva definita mediante gl'integrali semplici di 1ª specie delle superficie.

che si riducono a funzioni razionali di y, $r+1$ essendo l'ordine di connessione lineare di F (3).

Dal punto di vista della *Analysis situs*, osserverò che questa notevole proposizione del Picard si può ottenere nel modo seguente (4):

Poichè i numeri di Betti, esprimenti gli ordini di connessione lineare ed a tre dimensioni della riemanniana imagine di F, sono eguali fra loro (5), si potranno fissare su F r cicli *distinti* a tre dimensioni, seganti sopra una sezione piana generica $y=\text{cost.}$ r cicli lineari *distinti*. La circostanza che un ciclo a tre dimensioni possa tagliare una sezione piana secondo due o più cicli lineari separati, non deve imbarazzare, perchè in questo caso si considererà il ciclo unico che risulta dalla loro somma.

Ciascuno dei cicli lineari così costruiti ritorna in se stesso per una circolazione di y, e quindi i periodi corrispondenti dell'integrale (2) risultan funzioni uniformi di y. Queste funzioni non posson ammettere *a priori* che singolarità logaritmiche o polari, e d'altro lato, trattandosi di funzioni uniformi, si deve escluder l'esistenza di singolarità del primo tipo. Dovrà dunque trattarsi di funzioni razionali.

Si osserverà che *tali funzioni riduconsi a polinomii*, allorquando la curva polare di A non contiene altre sezioni $y=\text{cost.}$ all'infuori della curva all'infinito di F; mentre *esse riduconsi a costanti* (eventualmente nulle) quando fra le sezioni $y=\text{cost.}$ (ivi compresa la $y=\infty$) non v'è alcuna curva polare di A.

Il ragionamento esposto, oltrechè essere estremamente semplice, offre il vantaggio di potersi riferire anche al caso d'un integrale abeliano di 2ª specie fissato razionalmente sopra una curva irriducibile C, variabile in un fascio lineare. Si può quindi

(3) Picard et Simart, *Théorie des fonctions algébriques*, etc. (Paris, Gauthier-Villars, 1897-1906), t. II, p. 389. Veramente qui si parla di *polinomi* in y; ma l'integrale (2) considerato dagli Autori essendo generico, è sottinteso che la funzione A non divenga identicamente infinita per un valor finito di y.

(4) Vedi la mia comunicazione al Congresso internazionale di Roma, sopra citata.

(5) Picard et Simart, t. I, p. 44.

enunciare il teorema di PICARD, sotto la seguente forma invariantiva:

Essendo dato sopra una superficie F, *d'ordine di connessione lineare* r + 1, *un fascio lineare irriducibile* |C|, *le cui curve si determinino coi valori del parametro* λ, *fra i periodi di un integrale abeliano di 2ª (o di 1ª) specie fissato razionalmente sulla curva* C *variabile nel fascio, ve ne sono* r *distinti che si riducono a funzioni razionali di* λ.

Sopra ogni C resta staccata razionalmente, rispetto a λ, la funzione razionale integranda φ, per guisa che, variando λ, la φ dà una funzione razionale Φ del punto di F.

Ebbene, *la condizione perchè gli* r *periodi suddetti riducansi a costanti*, è che la curva polare di Φ non contenga alcuna C.

Nel seguito gli r cicli corrispondenti ai periodi razionali in λ verranno chiamati i *cicli invarianti*. Accanto ad essi, ve ne sono altri notevoli: quelli che, al variare di λ, hanno per limiti i cicli circondanti — sopra un foglio della riemanniana imagine di C — un *nuovo* punto doppio che la C venga ad acquistare (si sottintende che il fascio non presenti particolari complicazioni).

Ogni ciclo di C — cioè della relativa riemanniana — è omologo ad una combinazione lineare degli r cicli invarianti e dei cicli ultimamente considerati, che si riducono a $2p - r$ distinti, p essendo il genere di C. Converrà chiamare questi ultimi cicli i *cicli nulli*, per ricordare che, nonostante essi non sieno omologhi a zero sopra una generica C, tuttavia, entro F, essi son riducibili a punti (6).

§ 2. — Condizione affinchè tutti i periodi dell'integrale abeliano di 2ª specie $\int A(x, y, z)\, dx$ sieno indipendenti da y.

2. — Indichiamo ora con (a, b, c) le coordinate di uno, P, degli N punti di contatto dei piani $y =$ cost. tangenti ad F, e con $R(y)$ la superficie di Riemann variabile, di genere p, che

(6) Cfr., a tal proposito, PICARD et SIMART, t. II, pp. 332, 397, 424.

rappresenta la funzione z di x definita dall'equazione (1), dove y sia considerato come un parametro.

Al variare di y, i punti di diramazione della $R(y)$ variano sulla F, descrivendo la curva K, tagliata su F, fuori della linea doppia, dalla superficie $f_z' = 0$; e quando y s'approssima a b, *due* punti di diramazione P_1, P_2 di $R(y)$ tendono sopra K a P, che è esso medesimo un punto di diramazione della riemanniana imagine di K (ove si prenda come variabile y).

Al contrario P cessa di essere un punto di diramazione della riemanniana limite $R(b)$, divenendo un semplice punto di combaciamento di due fogli distinti.

Diciamo σ il *ciclo nullo*, che circonda i punti P_1, P_2, in uno dei due fogli di $R(y)$ connessi attraverso la linea di passaggio $P_1 P_2$. Poichè una circolazione di y attorno a b non fa che scambiare fra loro P_1, P_2, riportando in sè ognuno degli altri punti di diramazione, il ciclo σ ritornerà in se stesso ed il periodo $\omega(y)$ dell' integrale (2) lungo σ risulterà pertanto funzione *olomorfa* di y nell'intorno di b.

3. — Premesso ciò, supponiamo dapprima che l'integrale J si conservi finito in P e in tutto l'intorno di P, sulla superficie F. Posto

$$x - a = u^2, \qquad y - b = v^2,$$

si vede agevolmente che ciascuna delle *due* determinazioni di z, nell'intorno di $(x = a,\ y = b)$, è funzione *olomorfa* di (u, v) (7); e poichè l'integrale J non può restar finito in P — che, ricordiamolo, non è più punto di diramazione per $R(b)$ — se in P non conservasi finita anche la $A(x, y, z)$, così, qualora si scelga una delle due determinazioni di z, la A dovrà pur essa risultar funzione olomorfa di (u, v) nell'intorno di $P(u = 0,\ v = 0)$.

Ne deriva che in P è olomorfa la $\frac{\partial A}{\partial v}$ e quindi che ivi è finito l'integrale

$$\frac{\partial J}{\partial v} = \int \frac{\partial A}{\partial v}\, dx.$$

(7) Le due determinazioni di z corrispondono ai punti, prossimi a P, in cui ogni retta $x = x_0$, $y = y_0$, prossima alla $x = a$, $y = b$, taglia F. Ed è ben chiaro che tali punti son soltanto due, e proprî, se gli assi son disposti genericamente rispetto ad F.

Tanto basta per affermare che la $\frac{dJ}{dy}$ [8] non diviene in P infinita logaritmicamente, cioè che l'integrale

$$\int \frac{dA}{dy}\, dx \tag{3}$$

non è di 3ª specie neppure per $y = b$ [9].

4. — Ci resta da esaminare l'ipotesi in cui la curva polare di J passa per P, senza tuttavia che in P l'integrale J divenga di 3ª specie.

Imitando un procedimento che ho esposto altrove [10], si prova agevolmente come sia possibile di sottrarre da J una funzione razionale $M(x, y, z)$ tale che l'integrale

$$I = \int B\, dx = \int \left(A - \frac{dM}{dx}\right) dx$$

non abbia più la propria curva polare passante per P. L'integrale I, essendo su ogni sezione $y = \text{cost.}$, la differenza di J e della funzione razionale M, resterà in P di 1ª specie per $y = b$.

---

[8] Ora e nel seguito i simboli $\frac{d}{dx}$, $\frac{d}{dy}$ denoteranno le derivazioni *totali* di una funzione di x, y, z rispetto ad x o ad y, calcolate tenendo conto che z è funzione algebrica di x, y. Porremo cioè simbolicamente

$$\frac{d}{dx} = \frac{\partial}{\partial x} + \frac{\partial z}{\partial x}\frac{\partial}{\partial z}, \quad \frac{d}{dy} = \frac{\partial}{\partial y} + \frac{\partial z}{\partial y}\frac{\partial}{\partial z}.$$

[9] Che l'integrale (3) non sia di 3ª specie in corrispondenza ad un valore non singolare y_0 di y, risulta direttamente dalle considerazioni seguenti: Facendo tendere $R(y)$ a $R(y_0)$, ogni punto di diramazione di $R(y_0)$ risulta limite di *un sol* punto di diramazione di $R(y)$, per modo che *ogni* ciclo omologo a zero di $R(y_0)$ proviene da un ciclo analogo di $R(y)$. I residui di (3) per $y = y_0$ son dunque *soltanto* i valori assunti in $y = y_0$ dalle derivate, rispetto ad y, dei residui di J. E poichè questi son tutti identicamente nulli, così ne segue che l'integrale (3) non ha residui (diversi da zero).

[10] *Sulle superficie algebriche che posseggono integrali di* Picard *della 2ª specie*, " Mathematische Annalen ", Bd. LXI (1905), pag. 20. Del resto, non sarebbe difficile adattare al caso, che stiamo esaminando, il procedimento esposto nel n° precedente.

Ad esso sarà perciò applicabile il ragionamento precedente, e si concluderà che

$$\int \frac{dB}{dy} dx$$

non è di 3ª specie per $y = b$. La stessa conclusione vale evidentemente per l'integrale

$$\frac{dJ}{dy} = \frac{dM}{dy} + \int \frac{dB}{dy} dx.$$

5. — Si può pertanto dire in generale, derivando successivamente rispetto ad y, che, se $\int A\,dx$ non diviene di 3ª specie per $y = b$, lo stesso accade per gl'integrali

$$\int \frac{dA}{dy} dx, \quad \int \frac{d^2A}{dy^2} dx, \quad \int \frac{d^3A}{dy^3} dx, \ \ldots\ldots.$$

Ora questi integrali lungo il ciclo σ (n. 2) hanno rispettivamente i valori

$$\omega' = \frac{d\omega}{dy}, \quad \omega'' = \frac{d^2\omega}{dy^2}, \quad \omega''' = \frac{d^3\omega}{dy^3}, \ \ldots\ldots;$$

e siccome questi periodi (ciclici) per $y = b$ si riducono a periodi (polari) relativi ad un ciclo nullo, così dovrà essere

$$0 = \omega(b) = \omega'(b) = \omega''(b) = \omega'''(b) = \ldots\ldots.$$

Ciò significa che la funzione olomorfa $\omega(y)$ definita nello intorno di $y = b$, è *identicamente nulla*.

6. — Si supponga ora che $\int A dx$ sia di 2ª (o di 1ª) specie per *ogni* valore di y. Allora la conclusione del n. 5 è applicabile a tutti i valori singolari di y, e ne segue che J non può avere periodi differenti da zero che lungo i cicli invarianti.

Se si aggiunge l'ipotesi che J (od A) non divenga identicamente infinito lungo alcuna sezione $y =$ cost., i periodi corrispondenti ai cicli invarianti risulteranno costanti (n. 1).

Concludendo, nelle ipotesi poste, J ha tutti i periodi indipendenti da y.

Il risultato ottenuto può evidentemente enunciarsi riferendolo agli integrali abeliani d'una curva algebrica, dipendente razionalmente da un numero qualunque di parametri:

Sia $f(x, y; \lambda, \mu, \ldots) = 0$ *l'equazione d'una curva algebrica, i cui coefficienti contengano razionalmente dei parametri* $\lambda, \mu, \ldots$ *Allora la condizione necessaria e sufficiente affinchè un integrale abeliano di 2ª (o di 1ª) specie inerente ad* $f = 0$ *e dipendente razionalmente da* $\lambda, \mu, \ldots$, *abbia i periodi costanti, è ch'esso non divenga mai di 3ª specie, nè identicamente infinito, per valori particolari dei parametri.*

§ 3. — Costruzione razionale dei differenziali totali di 1ª specie appartenenti ad una superficie F.

7. — Ritorniamo ora alla nostra questione sulla superficie F. Poichè un integrale (2), che resti di 1ª specie sopra ogni sezione $y = \text{cost.}$, ha i periodi indipendenti da y (n. 6), per mezzo d'un procedimento dovuto al Picard (11), si potrà costruire una funzione razionale $B(x, y, z)$ tale che

$$\int A dx + B dy$$

sia un integrale semplice di 1ª specie, inerente ad F.

La ricerca degl'integrali di 1ª specie vien dunque ricondotta alla ricerca degli integrali abeliani (2), che restano finiti sopra ogni sezione $y = \text{cost.}$

Ricordiamo dapprima che un integrale semplice di 1ª specie può ridursi alla forma

$$\int \frac{P dx + Q dy}{f'_z}, \tag{4}$$

ove $P = 0$, $Q = 0$ rappresentano superficie d'ordine $m - 2$, aggiunte ad F e passanti rispettivamente per le rette all'infinito dei piani $y = 0$, $x = 0$ (12).

(11) Picard et Simart, t. I, pag. 103.
(12) Picard et Simart, t. I, pag. 116.

Siccome l'integrale (4) deve esser sempre, per ogni dato y, di 1ª specie, si conclude subito — ciò che d'altronde è noto — che la superficie $P=0$ passa per gli N punti di contatto dei piani $y=\text{cost.}$ tangenti ad F.

Reciprocamente, se si considera una superficie $P=0$, d'ordine $m-2$, soddisfacente alle condizioni:

1) d'essere aggiunta ad F;
2) di passare per la retta all'infinito di $y=0$;
3) di passare per gli N punti di contatto, più volte considerati;

l'integrale abeliano

$$\int \frac{P}{f_x'}\,dx \tag{5}$$

risulterà di 1ª specie sopra *ogni* sezione $y=\text{cost.}$ (compresa anche la $y=\infty$) e per conseguenza (n. 6) i suoi periodi saranno indipendenti da y.

Come si potrà costruire la superficie $Q=0$, che si deve associare a $P=0$, per formare l'integrale semplice di 1ª specie individuato da (5)?

La $Q=0$ dovrà anzitutto soddisfare alle condizioni analoghe alle 1), 2), 3) (cambiando y in x); ma vi è una condizione ulteriore che determina completamente la $Q=0$.

Il piano all'infinito dello spazio essendo comune ai fasci

$$y=\text{cost.}, \qquad x=\text{cost.}, \tag{6}$$

le $P=0$, $Q=0$ debbon tagliare su quel piano — rispettivamente fuori delle rette all'infinito dei fasci (6) — *una medesima curva d'ordine* $m-3$, giacchè l'integrale (4) stacca sulla curva impropria di F un integrale abeliano ben determinato ([13]).

Che questa ulteriore condizione sia sufficiente per determinare la superficie $Q=0$ in modo unico, risulterà da ciò che noi esporremo nel n° seguente. Pel momento, ammettendo ciò, noi enuncieremo che:

([13]) Questa non è altro, infine, che la condizione rintracciata analiticamente da Picard. Vedi Picard et Simart, t. I, pag. 118, n° 5.

Essendo data una superficie algebrica F, f(x, y, z) = 0, *di ordine* m, *ogni differenziale totale di 1ª specie appartenente ad* F *può formarsi con operazioni razionali (di eliminazione), nel modo seguente:*

" Costruiscasi dapprima una superficie $P=0$, d'ordine " $m-2$, aggiunta ad F, passante per la retta impropria v_∞ del " piano $y=0$ e pei punti di contatto dei piani $y=$ cost. tangenti " a F. Sia D la curva all'infinito di $P=0$, fuori di v_∞. Esiste " allora una ed una sola superficie aggiunta $Q=0$, d'ordine $m-2$, " la quale stacca sul piano all'infinito, fuori della retta im- " propria u_∞ di $x=0$, la curva D e che passa inoltre pei punti " di contatto dei piani $x=$ cost. tangenti a F. L'espressione

$$\frac{Pdx+Qdy}{f_z'}$$

" risulta un differenziale totale di 1ª specie; e variando $P=0$, " sotto le condizioni poste, si ottengon così tutti i differenziali " totali di 1ª specie appartenenti ad F ".

Nel caso in cui F *possedesse singolarità qualunque*, i ragionamenti precedenti continuerebbero a valere con poche modificazioni, e nella conclusione basterebbe dire che le superficie $P=0$, $Q=0$, *aggiunte* ad F, godono inoltre della proprietà di staccare rispettivamente sopra *ogni* sezione $y=$ cost., $x=$ cost. una curva *aggiunta* (d'ordine $m-3$), invece di dire, come poco fa, ch'esse passano rispettivamente pei punti di contatto dei piani $y=$ cost. o $x=$ cost. tangenti ad F.

La proposizione stabilita costituisce la naturale estensione del teorema, secondo il quale i differenziali abeliani di 1ª specie, relativi ad una curva algebrica piana d'ordine m, si costruiscono per mezzo delle curve aggiunte d'ordine $m-3$.

§ 4. — La serie canonica ridotta.

8. — Proponiamoci ora la seguente questione:

Il gruppo canonico staccato — fuori dei punti all'infinito — sopra una sezione $f(x, y_0, z)=0$, da una superficie del tipo $P=0$, può anche considerarsi come intersezione di $f(x, y_0, z)=0$ con una superficie $R=0$, d'ordine $m-3$, aggiunta ad F?

Per rispondere a questa domanda, bisogna ricordare dapprima che i periodi dell'integrale

$$\int \frac{R}{f'_z} dx \qquad (y \text{ parametro}),$$

corrispondenti ai cicli invarianti (n. 1) son nulli [14].

Siccome l'integrale (5) dà periodi nulli lungo ogni ciclo del tipo σ (nº 2), se si avesse identicamente, rispetto ad x, z:

$$P(x, y_0, z) = R(x, y_0, z),$$

esisterebbe sulla curva $f(x, y_0, z) = 0$ un effettivo integrale avente *tutti* i periodi nulli. Ma poichè ciò è assurdo, conviene rispondere negativamente alla questione posta.

Una conseguenza immediata di questa conclusione è che *il sistema lineare formato dalle aggiunte d'ordine* m — 2 *del tipo* P = 0, *non può contenere alcuna superficie spezzata in un piano* y = cost. *e in una superficie aggiunta d'ordine* m — 3.

Le superficie del tipo $Q = 0$ godono d'una proprietà del tutto analoga: basta soltanto scambiare y con x. *Ciò ci assicura che la superficie* Q = 0 , *di cui si parla nel nº prec., è perfettamente determinata dalle condizioni là enumerate*, perchè, se esistessero due superficie, $Q = 0$, $Q' = 0$, passanti per la medesima curva D (sul piano all'infinito), il fascio di queste due superficie, $Q + \lambda Q' = 0$, ne conterrebbe una spezzata nel piano $y = \infty$ e in un'aggiunta di ordine $m - 3$.

9. — I risultati precedenti si riferiscono ad un fascio di sezioni piane (y = cost. o x = cost.) della superficie; ma è facile convincersi che le considerazioni svolte si posson anche riferire ad un fascio lineare qualunque irriducibile $|C|$, di curve tracciate su F, per modo che i risultati medesimi vengono ad assumere forma invariantiva di fronte alle trasformazioni birazionali della superficie.

Infatti, in relazione alle curve C del fascio, si posson definire i cicli invarianti (cfr. col n. 1) e i cicli nulli (cicli del tipo σ), che rispondono ai δ punti doppi staccati delle curve C.

---

(14) Picard et Simart, t. II, pp. 419-420.

Si può, dopo ciò, fissar razionalmente sulla C variabile gli integrali abeliani di 1ª specie, corrispondenti agli integrali del tipo (5), considerati al nº 7. Basterà, a questo scopo, costruire le curve del sistema $|C+C'|$ — dove $|C'|$ è il sistema aggiunto a $|C|$ — che passano pei punti base e pei $\mathfrak{d}$ punti doppi staccati delle curve C.

Gl'integrali così definiti restano di 1ª specie sopra *ogni* curva C del fascio e per conseguenza i loro periodi son tutti costanti. Essi dànno luogo pertanto agli integrali picardiani di 1ª specie della superficie, per guisa che il numero di tali integrali distinti viene ad essere uguale al numero degl'integrali abeliani sopra considerati.

La proprietà del nº precedente, trasportata al fascio $|C|$, si enuncia perciò dicendo che la serie segata sulla generica C dal sistema $|C'|$ non ha alcun gruppo comune colla serie tagliata su C dalle curve $C+C'$, poc'anzi definite.

Quest'ultima serie potrà chiamarsi la *serie canonica ridotta* di C, in quanto essa è legata ad un sistema lineare completo (15) di $q=p_g-p_a$ integrali di 1ª specie riducibili, della curva C.

La dimensione di questa serie risulta eguale a $q-1$.

Riassumendo, si potrà enunciare il teorema seguente:

Sulla superficie F *d'irregolarità* $\mathrm{q}=\mathrm{p}_g-\mathrm{p}_a$, *consideriamo un fascio lineare irriducibile* $|\mathrm{C}|$ *e il relativo sistema aggiunto* $|\mathrm{C}'|$. *Le curve indipendenti* $\mathrm{C}+\mathrm{C}'$, *che passano pei punti base e pei punti doppi staccati delle curve del fascio, sono in numero di* q *ed esse tagliano sopra una curva* C *qualunque — fuori dei punti base — la relativa serie canonica ridotta. Questa serie non ha alcun gruppo comune colla serie (di deficienza* q*) tagliata su* C *dal sistema* $|\mathrm{C}'|$.

10. — Terminerò rilevando una semplice, ma curiosa proprietà, che deriva in modo immediato dalla costruzione degli integrali semplici di 1ª specie.

La curva H tagliata nella superficie data F — fuori della linea doppia — da un'aggiunta del tipo $P=0$ (n. 7), incontra la curva K, staccata su F da $f_z'=0$, negli N punti di contatto

(15) Vedi le mie *Lezioni di geometria algebrica* (Padova, Draghi, 1908), pag. 337.

più volte considerati; mentre la curva L tagliata da $f_x' = 0$, incontra K, oltre che negli N punti suddetti, negli j punti cuspidali (*pinch-points*) della superficie.

Siccome H è contenuta *parzialmente* nel sistema lineare, di grado $N + j$, al quale appartengono *totalmente* K, L, l'esistenza di H porta necessariamente $j > 0$.

Se $j = 0$, H non può dunque esistere e per conseguenza la superficie F non può contenere integrali semplici di 1ª specie, cioè essa deve esser regolare. Dunque:

Ogni superficie dello spazio ordinario, che non possegga punti cuspidali, è regolare ([16]).

Dal punto di vista invariantivo ciò significa supporre che esista sulla superficie F, di genere aritmetico p_a e di cui ω sia l'invariante di ENRIQUES-CASTELNUOVO, un sistema lineare il cui grado n e il cui genere π sieno legati dalla relazione

$$n + 4\pi = 6(p_a + 1) + 5 - \omega.$$

([16]) Si osserverà che una tal superficie è anche *normale* nello S_3, giacchè il numero dei punti cuspidali di una superficie F proiezione di una Φ dello S_r ($r \geq 4$), uguaglia l'ordine della varietà a quattro dimensioni riempita dai piani tangenti di Φ.

Sopra alcune applicazioni della teoria dell'urto

di EMILIO ALMANSI, a Roma.

1. — Se fra i corpi di un sistema S, nell'istante t_0, avvengono degli urti, il Principio di D'ALEMBERT fornisce una condizione a cui devono soddisfare le velocità dei singoli punti del sistema, nell'istante successivo a t_0.

Consideriamo l'intero sistema S come formato di N particelle m, equiparabili a punti materiali. Assunta una terna di assi ortogonali come sistema di riferimento, diciamo x una qualunque delle $3N$ coordinate. A ciascuna coordinata x corrisponderà una proiezione di velocità a relativa all'istante che precede t_0, ed una proiezione di velocità u relativa all'istante successivo a t_0.

Denoteremo in generale con (v) un movimento del sistema nel quale le velocità delle particelle m abbiano le proiezioni v.

Il movimento (u) che il sistema assume nell'istante $t_0 + dt$ dovrà, in primo luogo, soddisfare a certe condizioni vincolari (A). Esso deve poi soddisfare alla condizione, dedotta dal Principio di D'ALEMBERT, che per qualunque movimento (v), compatibile coi vincoli (A), si abbia

$$(B) \qquad \Sigma m (a - u) \mathsf{v} \gtrless 0 ,$$

m essendo la massa della particella a cui appartiene la coordinata x, e la somma intendendosi estesa a tutte le $3N$ coordinate.

Per i movimenti (v) invertibili, il doppio segno può essere sostituito col segno d'uguaglianza.

Se nell'istante t_0 il sistema ricevesse anche degl'impulsi *diretti*, ossia dovuti all'azione di corpi non appartenenti ad S, denotando con p le proiezioni di questi impulsi, dovremmo, nella formula precedente, sostituire a con $a + \frac{p}{m}$; onde avremmo allora:

$$\Sigma \{ m(a - u) + p \} v \lesseqgtr 0 .$$

2. — Le condizioni (A) e (B), dato il movimento (a) relativo all'istante che precede gli urti, non sono, in generale, sufficienti a determinare il movimento (u). Il movimento (u) varia a seconda della natura dei corpi che formano il sistema; e noi non potremo renderlo determinato se non coll'aggiunta di ulteriori condizioni, atte a rappresentare, nel miglior modo possibile, la loro costituzione.

A questo proposito è da osservarsi che nell'applicare la formula (B) ai corpi deformabili, in particolare ai corpi elastici, si dovrebbe, a rigore, tener conto anche di quei movimenti virtuali (v) nei quali i corpi subiscono delle deformazioni. Ma nella trattazione dei problemi sull'urto, il considerare i corpi come deformabili, dà luogo a difficoltà che nella massima parte dei casi non si saprebbero superare. Conviene perciò considerare i singoli corpi del sistema come rigidi; e della influenza che la loro effettiva deformabilità potrà avere sul movimento (u) tener conto indirettamente, nel fissare quelle condizioni che dobbiamo aggiungere alle condizioni (A) e (B), allorchè queste non sono sufficienti a determinare il movimento (u).

Giova a tale scopo prendere particolarmente in considerazione la forza viva del sistema negl'istanti $t_0 - dt$ e $t_0 + dt$.

Nell'istante t_0, nel quale avvengono gli urti, si ha sempre perdita di forza viva; ossia, la forza viva W relativa al movimento (u) è sempre minore della forza viva W_a relativa al movimento (a).

Ora, si possono immaginare dei corpi — i corpi *anelastici* — pei quali il movimento (u) è, fra tutti i movimenti che verificano le condizioni (A) e (B), quello a cui corrisponde la *massima perdita di forza viva*. Esistono effettivamente dei corpi il cui comportamento, nel fenomeno dell'urto, si avvicina al comportamento di questi corpi ideali.

Abbiamo così una prima categoria di corpi pei quali il movimento (u) rimane determinato.

Diciamo (w), per un sistema S qualunque, il movimento che soddisfa alle condizioni (A) e (B), e pel quale la perdita di forza viva è massima; il movimento, dunque, che il sistema assumerebbe nell'istante $t_0 + dt$, se fosse formato di corpi anelastici. Come vedremo, la considerazione del movimento (w) può essere utile, qualunque sia la natura dei corpi che formano il sistema.

Sul movimento (w) si possono dimostrare alcuni teoremi, dei quali mi limito qui a riportare gli enunciati.

Il movimento (w) *è, fra tutti i movimenti* (v) *compatibili coi vincoli, quello a cui corrisponde il minimo valore della quantità* $\Sigma m\,(a - \mathrm{v})^2$.

Se fra i movimenti compatibili coi vincoli, e che soddisfano la condizione (B), *vi è un movimento invertibile, esso è unico, ed è il movimento* (w).

Se in questa stessa classe di movimenti ve n'è uno che conserva i contatti fra i corpi, determinatisi nell' istante t_0, *esso è l'unico movimento invertibile, quindi il movimento* (w).

3. — Chiameremo per brevità *possibile* (teoricamente possibile, se si prescinde dalla natura dei corpi) ogni movimento che soddisfa le condizioni (A) e (B). Noi veniamo in tal modo a comprendere tra i movimenti possibili anche il movimento (w); e così pure quei movimenti pei quali la perdita di forza viva è nulla.

Sia W_0, per i movimenti possibili, il limite inferiore della forza viva W, ossia il valore della forza viva nel movimento (w); movimento di cui ammettiamo l'esistenza, e che si può dimostrare essere unico.

Per un sistema S, dato il movimento (a) relativo all'istante $t_0 - dt$, supponiamo di aver determinato il movimento (w); e inoltre *un* movimento possibile (v) pel quale la perdita di forza viva sia nulla, quindi si abbia $W = W_a$.

È allora facile costruire un movimento possibile, nel quale la forza viva abbia un valore qualunque compreso fra W_0 *e* W_a.

Consideriamo perciò il movimento (u) a cui corrispondono le velocità

$$u = kv + (1 - k)\,w, \tag{1}$$

k essendo una costante compresa fra 0 ed 1.

Il movimento (u) soddisferà la condizione (A), ossia sarà, come (v) e (w), compatibile coi vincoli, se questi sono di tal natura che moltiplicando per una costante positiva le velocità relative ad un movimento compatibile coi vincoli, o componendo più movimenti compatibili coi vincoli, si ottenga ancora un movimento compatibile coi vincoli.

Inoltre il movimento (u) soddisfa la condizione (B). Infatti, sottraendo l'equazione (1) dalla identità

$$a = ka + (1-k)\,a\,,$$

si ricava

$$a - u = k\,(a - v) + (1 - k)\,(a - w)\,;$$

quindi

$$\Sigma m\,(a - u)\,\mathsf{v} = k\,\Sigma m\,(a - v)\,\mathsf{v} + (1 - k)\,\Sigma m\,(a - w)\,\mathsf{v}\,.$$

Ma (v) e (w), che sono movimenti possibili, soddisfano, per qualunque movimento (v) compatibile coi vincoli, le condizioni

$$\Sigma m\,(a - v)\,\mathsf{v} \lesseqgtr 0\,, \qquad \Sigma m\,(a - w)\,\mathsf{v} \lesseqgtr 0\,; \tag{2}$$

onde sarà pure:

$$\Sigma m\,(a - u)\,\mathsf{v} \lesseqgtr 0\,.$$

Il movimento (u) è dunque un movimento possibile.

Per $k = 0$ si ha, dalla formola (1), $u = w$, per $k = 1$ $u = v$. Nel primo caso sarà $W = W_0$, nel secondo $W = W_a$. Facendo variare k da 0 ad 1, la forza viva assumerà tutti i valori compresi fra W_0 e W_a.

Supponiamo — ed è questo il caso ordinario — che fra i movimenti possibili ve ne sia uno il quale conservi i contatti fra i corpi. Per l'ultimo dei teoremi ricordati esso sarà il movimento (w); e sarà un movimento invertibile, in modo che nelle formule (2), assunto come movimento (v) il movimento (w), potremo sostituire il doppio segno col segno d'uguaglianza. Le due formole così ottenute, sottratte una dall'altra, dànno:

$$\Sigma m\,(v - w)\,w = 0\,,$$

ovvero:

$$\Sigma m v w = \Sigma m w^2. \tag{3}$$

Ora dalle formule (1) si ha:

$$\Sigma m u^2 = k^2 \Sigma m v^2 + (1-k)^2 \Sigma m w^2 + 2k(1-k)\Sigma m v w,$$

quindi per la (3), sostituendo $\Sigma m v w$ con $\Sigma m w^2$,

$$\Sigma m u^2 = k^2 \Sigma m v^2 + (1-k^2)\Sigma m w^2,$$

ossia

$$W = k^2 W_a + (1-k^2) W_0 ;$$

e perciò

(4) $$k = \sqrt{\frac{W - W_0}{W_a - W_0}},$$

formula che fa conoscere il valore della costante k, quando sia assegnata, per il movimento (u), la forza viva W.

4. — L'ultima formula si può anche scrivere

(5) $$k = \sqrt{1 - \frac{W_a - W}{W_a - W_0}}.$$

Poniamo $W_a - W = \alpha W_a$, denotiamo cioè con α il rapporto fra la forza viva $W_a - W$ perduta dal sistema nell'istante t_0, e la forza viva che esso possedeva nell'istante $t_0 - dt$. Avremo:

(6) $$k = \sqrt{1 - \alpha \frac{W_a}{W_a - W_0}}.$$

Alle formole (1) e (6) si può ricorrere, in pratica, nella trattazione di numerosi problemi sull'urto dei corpi, allorchè si voglia tener conto di quell'importante carattere del fenomeno che è la perdita di forza viva.

Il valore del rapporto α dipende essenzialmente dalla natura dei corpi che formano il sistema; e noi potremo considerarlo come una costante nota.

Dato il movimento (a) relativo all'istante che precede gli urti, si determinerà da prima il movimento (v) corrispondente all'ipotesi che nell'istante t_0 non si abbia perdita di forza viva. Se fra i movimenti possibili ve n'è più d'uno che soddisfa a questa condizione, sarà necessario aggiungerne altre, suggerite dall'osservazione, che rendano (v) determinato.

Si dovrà poi determinare il movimento (w) che il sistema assumerebbe se fosse formato di corpi anelastici; e in questa ricerca sarà utile tener conto dei teoremi ricordati in principio.

Supponendo — come avverrà in generale — che (w) sia un movimento invertibile, la formula (6) in cui W_0 denota la forza viva corrispondente a questo movimento, ci farà conoscere il valore della costante k.

Le formole (1), o le (7), ci daranno infine le velocità relative al movimento (u).

Si arriva così, in numerosi casi, a prevedere con molta esattezza il movimento che assumerà il sistema nell'istante $t_0 + dt$.

È da notare che per un sistema formato di corpi elastici, la forza viva $W_a - W$ perduta dal sistema nell'istante t_0 sarà in generale assai piccola rispetto al massimo valore $W_a - W_0$ che può assumere la forza viva perduta. In virtù della formola (5) la costante k è allora molto vicina ad 1; quindi nelle formule (1), che possiamo scrivere

$$u = v + (1 - k)(w - v), \tag{7}$$

i termini $(1 - k)(w - v)$ si potranno considerare come termini di correzione, mediante i quali dal movimento (v), in cui non si ha perdita di forza viva, noi passiamo al movimento (u).

5. — Consideriamo, per esempio, una serie di n sfere $S_1, S_2, \dots S_n$ omogenee, di masse uguali, aventi i centri sopra una retta r. Nell'istante t_0 le sfere $S_2, \dots S_n$ siano immobili, e tra loro a contatto; la sfera S_1 urti la S_2, movendosi parallelamente alla retta r, con velocità a.

Se il numero delle sfere è superiore a 2, i movimenti possibili, pei quali la perdita di forza viva è nulla, sono infiniti, come è facile riconoscere osservando che la formula (B), in questo problema, si traduce nell'unica condizione esprimente la conservazione della quantità di moto; onde si hanno, tra le n velocità, le 2 sole equazioni

$$v_1 + v_2 + \dots + v_n = a,$$
$$v_1^2 + v_2^2 + \dots + v_n^2 = a^2.$$

Si può rendere determinato il movimento (v) aggiungendo la condizione che per nessuna delle n sfere la velocità v sia negativa. Dall'equazione ottenuta quadrando la prima delle precedenti, e sottraendone la seconda, si deduce allora che tutti i prodotti $v_1 v_2$, $v_1 v_3$, $v_2 v_3$, ecc. devono essere nulli; quindi nulle tutte le velocità, tranne una, che dovrà essere uguale ad a, e che sarà necessariamente la velocità dell'ultima sfera.

Nel movimento (w) che il sistema assumerebbe nell'istante $t_0 + dt$, se le sfere fossero anelastiche, tutte le velocità sono invece uguali ad $\frac{a}{n}$.

Avremo dunque, rispettivamente per i movimenti (v) e (w):

$$v_1 = v_2 = \ldots = v_{n-1} = 0, \quad v_n = a;$$
$$w_1 = w_2 = \ldots = w_n = \frac{a}{n}.$$

Onde le formule (7), supponendo di aver calcolato la costante k, daranno

$$u_1 = u_2 = \ldots = u_{n-1} = \frac{1-k}{n} a$$
$$u_n = a + (1-k)\left(\frac{a}{n} - a\right) = \left(k + \frac{1-k}{n}\right) a.$$

Nel movimento rappresentato da queste formule anche le prime $n-1$ sfere si mettono in movimento, benchè con velocità molto piccola rispetto ad a (se k differisce poco da 1), restando fra loro a contatto; mentre l'ultima sfera si distacca dalle precedenti.

Ciò è conforme al risultato sperimentale.

6. — Nel problema esaminato, quello tra gl'infiniti movimenti possibili, conservanti la forza viva del sistema, che abbiamo assunto come movimento (v), si può anche ottenere partendo dalla ipotesi degli *urti consecutivi*; supponendo cioè che in un primo istante la sfera S_1 urti la sfera S_2, in un secondo la S_2 urti la S_3, e così di seguito.

A questa ipotesi conviene ricorrere ogni qual volta, per la natura del sistema, non vi sia indeterminatezza sulle coppie di corpi fra i quali dovranno successivamente avvenire gli urti. Si ha così una vasta classe di problemi che, praticamente, possono essere risoluti con sufficiente approssimazione, determinando da prima, col sussidio di detta ipotesi, il movimento (v), e passando poi al movimento (u) mediante le formule di correzione (7).

Accennerò al caso di tre sfere omogenee, di masse m_1, m_2, m_3, aventi i centri sopra una retta r. Suppongo che nell'istante t_0 la sfera m_2 sia a contatto colla m_3, e che la m_1 urti la m_2, movendosi parallelamente alla retta r, con velocità uguale ad 1. Mi limiterò a considerare il movimento (v) in cui non si ha perdita di forza viva.

Ricordo perciò che se due sfere di masse m_1 ed m_2 si muovono, nella direzione della congiungente i loro centri, con velocità a_1 ed a_2, dopo l'urto, supponendo che questo non dia luogo a perdita di forza viva, esse hanno rispettivamente le velocità

$$\frac{(m_1 - m_2)\,a_1 + 2m_2 a_2}{m_1 + m_2}, \qquad \frac{(m_2 - m_1)\,a_2 + 2m_1 a_1}{m_1 + m_2}.$$

Venendo al caso delle tre sfere, e applicando l'ipotesi degli urti consecutivi, avremo che dopo l'urto della sfera m_1 colla sfera m_2 $(a_1 = 1,\ a_2 = 0)$ queste due sfere saranno animate dalle velocità

$$\frac{m_1 - m_2}{m_1 + m_2}, \qquad \frac{2m_1}{m_1 + m_2}.$$

La sfera m_2 urterà poi la sfera m_3, e le due sfere acquisteranno le velocità

$$\frac{m_2 - m_3}{m_2 + m_3} \cdot \frac{2m_1}{m_1 + m_2}, \qquad \frac{2m_2}{m_2 + m_3} \cdot \frac{2m_1}{m_1 + m_2}.$$

Quindi le velocità definitive delle tre sfere saranno

$$(8) \qquad \begin{cases} v_1 = \dfrac{m_1 - m_2}{m_1 + m_2}, \\[2ex] v_2 = \dfrac{2m_1(m_2 - m_3)}{(m_1 + m_2)(m_2 + m_3)}, \\[2ex] v_3 = \dfrac{4m_1 m_2}{(m_1 + m_2)(m_2 + m_3)}, \end{cases}$$

a condizione che non avvenga un nuovo urto fra la sfera m_2 *e la* m$_1$, a condizione, cioè, che sia $v_2 \gtrless v_1$, vale a dire, per le formule precedenti,

$$\frac{2\,m_1(m_2-m_3)}{m_2+m_3} \gtrless m_1 - m_2\,,$$

ovvero, moltiplicando per $\frac{m_2+m_3}{m_1 m_3}$,

$$2\left(\frac{m_2}{m_3}-1\right) \gtrless \left(1-\frac{m_2}{m_1}\right)\left(1+\frac{m_2}{m_3}\right);$$

la qual condizione, posto

$$\mu = \left(1+\frac{m_2}{m_1}\right)\left(1+\frac{m_2}{m_3}\right),$$

diventa

$$\mu \gtrless 4\,.$$

Se μ è < 4 la sfera m_2 urta la sfera m_1; e dopo questo terzo urto le tre sfere hanno le velocità:

$$(9) \qquad \left\{ \begin{aligned} v_1 &= 1 - \frac{8\,m_1 m_2 m_3}{(m_1+m_2)^2\,(m_2+m_3)}\,, \\ v_2 &= \frac{4\,m_1 m_3\,(m_1-m_2)}{(m_1+m_2)^2\,(m_2+m_3)}\,, \\ v_3 &= \frac{4\,m_1 m_2}{(m_1+m_2)\,(m_2+m_2)}\,, \end{aligned} \right.$$

che saranno le velocità definitive, *purchè la sfera* m$_2$ *non urti di nuovo la* m$_3$ ($v_2 \lessgtr v_3$), condizione cui può darsi la forma

$$\mu \gtrless 2.$$

Arresto a questo punto l'esame del problema, che è così risoluto in tutti quei casi in cui μ sia uguale a 2 o maggiore. Per μ compreso fra 2 e 4 valgono le formule (9), per μ compreso fra 4 e ∞ le (8).

Da queste formule si deducono alcune conseguenze che si prestano ad una verifica sperimentale.

Supponiamo che le prime due sfere abbiano masse uguali: $m_1 = m_2$. Sarà $\mu = 2\left(1 + \frac{m_2}{m_3}\right)$, quindi $\mu > 2$; e inoltre $\mu > 4$ se $m_3 < m_2$, $\mu < 4$ se $m_3 > m_2$. Nel primo caso valgono le formule (8), ed è $v_1 = 0$, nell'altro le (9) ed è $v_2 = 0$. Dunque: *se le prime due sfere sono uguali, dopo l'urto rimane immobile la prima o la seconda sfera, secondochè la terza è minore o maggiore delle precedenti.*

Con un ragionamento analogo si dimostra che *quando la seconda e la terza sfera sono uguali, se la prima è minore delle altre la seconda resta immobile, se è maggiore tutte e tre le sfere si mettono in movimento.*

In molti casi la prima sfera, dopo l'urto, acquista una velocità negativa, ossia retrocede. Ma vi sono dei casi nei quali acquista una velocità negativa anche la seconda. Ciò in particolare accade se

$$m_1 < m_2 < m_3.$$

Infatti, essendo $m_1 < m_2$, sarà $\mu > 2$, quindi saranno valide o le formule (8) o le formule (9). Ora in ambedue i casi, per essere $m_1 < m_2$ ed $m_2 < m_3$, si ha $v_2 < 0$.

Generalizzazione di una trasformazione di d'Ocagne

di ANGELO PENSA, a Torino.

---

1. — In un piano, nel quale si opererà, sia stabilito il senso positivo delle rotazioni (cioè sia dato l'operatore vettoriale i), e siano fissati due punti distinti O ed A; si indichi inoltre con θ un numero reale assegnato.

Allora, data nel piano una linea, di cui P sia il punto generico (la quale perciò sarà detta *linea* P), si chiami Q il punto d'incontro di OP con la parallela condotta per A alla retta ottenuta facendo rotare la tangente in P di θ radianti (il senso della rotazione essendo determinato dal segno di θ e dall'operatore, già stabilito, i). Col variare di P sulla linea data, varia anche Q in una nuova linea (*linea* Q), che chiameremo *trasformata* (O, A, θ) *della linea* P.

Lo scopo che ora ci proponiamo è il seguente:

Data la linea P, *determinare la sua trasformata* (O, A, θ); *e viceversa, data una linea* Q, *determinare tutte le linee* P *delle quali essa è una trasformata* (O, A, θ).

Questi problemi sono stati posti da D'OCAGNE [1] nei casi particolari $\theta = \frac{\pi}{2}$, $\theta = 0$; ed il secondo è stato risolto nel caso particolarissimo che la linea Q sia una circonferenza passante per O ed A. In seguito, TEIXEIRA [2], nella sola ipotesi $\theta = \frac{\pi}{2}$,

---

(1) M. D'OCAGNE, *Sur certaines courbes qu'on peut adjoindre aux courbes planes pour l'étude de leurs propriétés infinitésimales*, "American Journal of Mathematics", vol. XI (1889), pp. 55-70.

(2) G. TEIXEIRA, *Sur les courbes représentées par l'équation polaire* $\rho e^{n\theta} \operatorname{sen}^m \theta = c$ "Rendiconti del Circolo Matematico di Palermo", vol. 37 (1914, 1° sem.), pp. 391-395.

generalizza alquanto la questione, col supporre che la linea Q, pur essendo ancora una circonferenza, passi soltanto per O. I due Autori però non pongono i problemi per θ qualunque, e neppure per $\theta = \frac{\pi}{2}$ e $\theta = 0$ li risolvono in generale: ciò, anzi, escludono di proposito, perchè, affermano, condurrebbe a calcoli troppo complicati. Conviene qui notare esplicitamente che tale complicazione di calcoli è dovuta esclusivamente all'uso che i due Autori hanno voluto fare delle coordinate cartesiane, mentre la natura della questione portava, se mai, a far uso di coordinate polari.

Vedremo che le due questioni si risolvono, per θ qualunque, in modo semplicissimo, facendo uso del calcolo vettoriale ([3]), con elementi di referenza che corrispondono piuttosto alle coordinate polari che alle cartesiane.

2. — Si hanno subito, senza bisogno di calcoli, le seguenti proprietà:

Data una linea P, *tutte le sue omotetiche rispetto al centro* O *dànno una stessa linea* Q, *trasformata* (O, A, θ) *di* P.

Data una linea Q, *esistono infinite linee* P *che hanno la* Q *per trasformata* (O, A, θ), *e sono tutte fra loro omotetiche rispetto ad* O.

Data una linea P, *le linee* Q, *trasformate* (O, A, θ) *di* P, *che si ottengono fissando un valore di* θ, *e facendo variare* A *in una retta passante per* O, *sono omotetiche rispetto al centro* O.

Se la linea P *è una spirale logaritmica di polo* O, *essa è trasformata* (O, A, θ) *di una circonferenza che passa per* O *ed* A.

3. — Considerando i punti P e Q funzioni di una stessa variabile numerica φ, e indicando con gli apici le derivate rispetto a φ, la relazione tra P e Q stabilita nel problema che ci siamo proposto al n. 1, è espressa da:

$$(Q - A) \times e^{i\theta}\, i P' = 0. \tag{1}$$

([3]) Cfr. a questo proposito le opere seguenti:

C. Burali-Forti et R. Marcolongo, *Éléments de calcul vectoriel,* etc. [Paris, Hermann et fils, 1910].

C. Burali-Forti, *Corso di geometria analitico-proiettiva...* [Torino, G. B. Petrini, 1912].

Fissato il vettore unitario I, da O ad A, si ha, indicando con a un numero costante:

$$A = O + aI. \tag{2}$$

Assunto per variabile φ l'angolo che il vettore $P - O$ fa con I, si ha:

$$P = O + re^{i\varphi}I, \qquad Q = O + ue^{i\varphi}I, \tag{3}$$

ove r ed u sono numeri funzioni di φ. Osservando che

$$\begin{aligned} Q - A &= ue^{i\varphi}I - aI \\ P' &= r'e^{i\varphi}I - re^{i\varphi}iI \\ e^{i\theta}iP' &= r'e^{i(\varphi+\theta)}iI - re^{i(\varphi+\theta)}I, \end{aligned}$$

si ha subito dalla (1):

$$-ur'\operatorname{sen}\theta - ur\cos\theta + ar'\operatorname{sen}(\varphi+\theta) + ar\cos(\varphi+\theta) = 0. \tag{4}$$

Data la linea P, cioè r in funzione di φ, si ha:

$$u = a\,\frac{r'\operatorname{sen}(\varphi+\theta) + r\cos(\varphi+\theta)}{r'\operatorname{sen}\theta + r\cos\theta}, \tag{5}$$

e con ciò la linea Q, trasformata (O, A, θ) della linea P, è determinata [4].

---

[4] Se la linea P è una circonferenza passante per O, si può porre: $r = k\cos(\lambda - \varphi)$, con k e λ costanti. Posto ancora $\varphi_0 = \lambda - \theta$, si ha:

$$u = a\,\frac{\cos(\varphi_0 - 2\varphi)}{\cos(\varphi_0 - \varphi)}, \tag{α}$$

ossia:

$$u = a\,\{\cos\varphi + \operatorname{tg}(\varphi_0 - 2\varphi)\,.\,\operatorname{sen}\varphi\}. \tag{β}$$

Si ha di qui una semplice costruzione della linea Q: *Siano* H, K *punti della circonferenza di centro* O *e raggio* a, *e tali che sia* AK = KH; *la perpendicolare da* H *alla retta* O ($e^{i\varphi_0}$I) *taglia* OK *in* Q.

La linea Q ha un solo asintoto che passa per $O - aI$ ed è normale

Data la linea Q, cioè u in funzione di φ, si ha:

(6) $$\frac{r'}{r} = \frac{u\cos\theta - a\cos(\varphi+\theta)}{a\,\mathrm{sen}(\varphi+\theta) - u\,\mathrm{sen}\,\theta},$$

da cui

(7) $$r = c\,.\,e^{\int\frac{u\cos\theta - a\cos(\varphi+\theta)}{a\,\mathrm{sen}(\varphi+\theta) - u\,\mathrm{sen}\,\theta}d\varphi}$$

e il sistema di linee P, omotetiche fra loro, col parametro c, è determinato ([5]).

Il problema è così risolto in tutta la sua generalità e con minimi mezzi.

Si riconosce subito che:

Data la linea Q, e due valori θ_1, θ_2 di θ, si ottengono due sistemi di linee P, i sistemi P_1, P_2. *Per un punto qualunque* M

---

al vettore $e^{i\varphi_0}I$. — Per $\varphi = \frac{1}{2}\varphi_0$ e $\varphi = \frac{1}{2}(\varphi_0 + \pi)$ le tangenti alla linea Q sono parallele all'asintoto, e tangenti pure alla circonferenza di centro O e raggio a nei punti d'incontro di questa colla retta $O(e^{i\varphi_0}I)$. — Per $\varphi = \frac{\pi}{2}$ la linea Q taglia l'asintoto.

In coordinate cartesiane ortogonali, l'equazione della cubica (α) è:

(γ) $$(x\cos\varphi_0 + y\,\mathrm{sen}\,\varphi_0)(x^2+y^2) = a\,\{(x^2-y^2)\cos\varphi_0 + 2xy\,\mathrm{sen}\,\varphi_0\}.$$

Risulta dalla forma di questa equazione [cfr. G. Loria, *Spezielle algebraische und transzcendente ebene Kurven*, Leipzig, II Aufl., I Bd. (1910), pagina 36 (9)] che la curva è una *cubica circolare razionale.*

Per $\varphi_0 = \frac{\pi}{2}$ si ha un *cerchio*, $u = 2a\cos\varphi$; per $\varphi_0 = 0$ si ha una *strofoide retta*, $u = a\frac{\cos 2\varphi}{\cos\varphi}$.

([5]) Se si vogliono le linee P trasformate di una *retta*, basta porre $u\cos(\varphi-\mu) = k$, con μ e k costanti. Si ha allora:

$$\log\frac{r}{c} = -\int\frac{a\cos(2\varphi+\theta-\mu) + \{a\cos(\mu+\theta) - 2k\cos\theta\}}{a\,\mathrm{sen}(2\varphi+\theta-\mu) + \{a\,\mathrm{sen}(\mu+\theta) - 2k\,\mathrm{sen}\,\theta\}}d\varphi,$$

che è del tipo generico $\int\frac{\cos x + p}{\mathrm{sen}\,x + q}dx$, e che si sa calcolare. Ad esempio, per $a = k$ e $\mu = 0$, le linee P sono delle *rette*; per $a = 2k$ e $\mu = 0$, sono delle *iperboli*; ecc.

di OQ *passa una linea* P_1 *ed una linea* P_2, *che si tagliano in* M *sotto l'angolo costante* $\theta_1 - \theta_2$; *e quindi ciascuno dei sistemi* P_1, P_2 *è costituito da linee traiettorie isogonali di quelle dell'altro, sotto l'angolo* $\theta_1 - \theta_2$.

Ciò si può anche verificare con calcolo diretto, imitando quanto faremo al n. 6.

4. — La linea Q sia una circonferenza di raggio R e di centro (6)

$$C = O + \rho e^{i\mu} I.$$

Deve essere $(Q - C)^2 = R^2$, cioè: $[\rho e^{i\mu} I - u e^{i\varphi} I]^2 = R^2$, ossia:

$$u^2 - 2\rho u \cos(\varphi - \mu) + \rho^2 - R^2 = 0, \tag{8}$$

da cui:

$$u = \rho \cos(\varphi - \mu) \pm \sqrt{R^2 - \rho^2 \operatorname{sen}^2(\varphi - \mu)} \tag{9}$$

che è reale per $R^2 \geqq \rho^2$.

Sostituendo il valore (9) di u nella (7) si hanno le linee P, ciascuna delle quali ha per trasformata la circonferenza di centro C e raggio R.

Così è risolto il caso generale in cui la linea Q sia una circonferenza. Nel seguente n. 5 supporremo (con Teixeira) che la circonferenza Q passi per O, essendo il centro C in posizione qualunque.

5. — La circonferenza Q passi per O. Sarà $R^2 = \rho^2$, quindi per la (8):

$$u = 2R \cos(\varphi - \mu), \tag{10}$$

poichè, senza ledere alla generalità, si può supporre ρ positivo.

Sostituendo questo valore di u nella (6), e sviluppando secondo $\operatorname{sen}(\varphi - \mu)$ e $\cos(\varphi - \mu)$, si ha:

$$\frac{r'}{r} = \frac{a \operatorname{sen}(\mu+\theta) \operatorname{sen}(\varphi-\mu) + \} 2R\cos\theta - a\cos(\mu+\theta) \{ \cos(\varphi-\mu)}{a\cos(\mu+\theta)\operatorname{sen}(\varphi-\mu) + \} a \operatorname{sen}(\mu+\theta) - 2R\operatorname{sen}\theta \{ \cos(\varphi-\mu)}. \tag{11}$$

---

(6) Il caso attuale, di una circonferenza in posizione generica, è tra quelli esclusi dal d'Ocagne e dal Teixeira, anche nel caso semplice $\theta = \frac{\pi}{2}$, per le ragioni riportate al n. 1.

Per effettuare l'integrazione porremo:

$$(12)\quad \begin{cases} a \operatorname{sen}(\mu + \theta) = \rho_1 \cos\lambda_1 \,; \\ 2R\cos\theta - a\cos(\mu+\theta) = \rho_1 \operatorname{sen}\lambda_1 \\ a\cos(\mu+\theta) = \rho_2\cos\lambda_2 \,; \\ a \operatorname{sen}(\mu+\theta) - 2R\operatorname{sen}\theta = \rho_2 \operatorname{sen}\lambda_2 \,. \end{cases}$$

E qui notiamo subito il significato geometrico di ρ_1, ρ_2, λ_1 e λ_2. Siano K_1 e K_2 i piedi delle perpendicolari condotte da $2C - O$ (simmetrico di O rispetto a C) alle rette uscenti da O e parallele ad $e^{i(\mu+\theta)}I$, ed $e^{i(\mu+\theta)}iI$. Le distanze di A da K_1 e K_2 sono appunto ρ_1 e ρ_2; mentre λ_1, λ_2 sono gli angoli che i vettori $A - K_1$, $A - K_2$ fanno con $-e^{i(\mu+\theta)}iI$ ed $e^{i(\mu+\theta)}I$.

Facendo nella (11) la sostituzione (12), si ha:

$$\frac{r'}{r} = \frac{\rho_1 \operatorname{sen}(\varphi - \mu + \lambda_1)}{\rho_2 \operatorname{sen}(\varphi - \mu + \lambda_2)} = \frac{\rho_1 \operatorname{sen}[\varphi - \mu + \lambda_2 + (\lambda_1 - \lambda_2)]}{\rho_2 \operatorname{sen}(\varphi - \mu + \lambda_2)} =$$
$$= \frac{\rho_1}{\rho_2}\left\{\cos(\lambda_1 - \lambda_2) + \operatorname{sen}(\lambda_1 - \lambda_2)\frac{\cos(\varphi - \mu + \lambda_2)}{\operatorname{sen}(\varphi - \mu + \lambda_2)}\right\},$$

e quindi, posto:

$$(13)\quad n = \frac{\rho_1 \cos(\lambda_1 - \lambda_2)}{\rho_2}, \quad m = \frac{\rho_1 \operatorname{sen}(\lambda_1 - \lambda_2)}{\rho_2}, \quad \psi = \varphi - \mu + \lambda_2,$$

si ha che, *se le linee* Q *sono circonferenze passanti per* O, *l'equazione delle linee del sistema* P *è della forma generica*

$$(14)\qquad r = c \,.\, e^{n\psi} \,.\, \operatorname{sen}^m \psi \,.$$

Tale sistema è così caratterizzato dai numeri m ed n (astrazion fatta dalla posizione e dalla costante di omotetia c).

Consideriamo ora alcuni casi particolari.

a) Sia $m = 0$, $n \neq 0$.

Allora le curve P sono *spirali logaritmiche.*

La condizione $m = 0$ equivale alla seguente: $\operatorname{sen}(\lambda_1 - \lambda_2) = 0$; e siccome dalle (12) si ha:

$$\rho_1\rho_2 \operatorname{sen}(\lambda_1 - \lambda_2) = a\,(2R\cos\mu - a),$$

così, essendo $a \neq 0$, deve essere: $a = 2R\cos\mu$, cioè *la circonferenza* Q *passa per* A. Si ha dunque che:

Se la curva Q *è una circonferenza passante per* O *ed* A, *le linee* P *sono spirali logaritmiche, e solo allora.*

b) Sia $n = 0$, $m \neq 0$.

In questo caso deve essere: $\cos(\lambda_1 - \lambda_2) = 0$; ma dalle (12) si ha:

$$\rho_1 \rho_2 \cos(\lambda_1 - \lambda_2) = 2R \left\{ a \operatorname{sen}(2\theta + \mu) - R \operatorname{sen} 2\theta \right\},$$

e quindi dovrà essere:

$$\frac{a}{R} = \frac{\operatorname{sen} 2\theta}{\operatorname{sen}(2\theta + \mu)}, \qquad \text{ossia:} \qquad \widehat{OCA} = 2\theta.$$

Questo significato geometrico di 2θ, e la relativa posizione di C, semplice da costruire, comprende anche, al limite, i casi particolari $\theta = \frac{\pi}{2}$, $\theta = 0$.

Avremo quindi che: *hanno equazioni del tipo* $\mathrm{r} = \mathrm{c}\,.\operatorname{sen}^m \psi$ *le linee* P *trasformate* (O, A, θ) *di linee* Q, *le quali siano circonferenze passanti per* O, *ed aventi il centro su uno degli archi capaci dell'angolo* 2θ, *descritti sul segmento* OA.

6. — Da quanto precede risulta che le traiettorie isogonali, sotto l'angolo λ, del sistema (14) sono linee di un sistema analogo, caratterizzato da certi valori m_1, n_1 di m, n rispettivamente. E precisamente si può dimostrare che:

Le traiettorie isogonali, sotto l'angolo λ, *del sistema*

$$r = c\,.\,e^{n\varphi}\,.\operatorname{sen}^m \varphi \tag{15}$$

sono le linee del sistema (di parametro c_1*) di equazione:*

$$r = c_1\,.\,e^{n_1\varphi_1} \operatorname{sen}^{m_1} \varphi_1, \tag{16}$$

ove sia:

$$\left\{ \begin{aligned} n_1 &= \cot\lambda - \frac{n + \cot\lambda}{\left\{ (n + \cot\lambda)^2 + m^2 \right\} \operatorname{sen}^2\lambda}, \\ m_1 &= \frac{m}{\left\{ (n + \cot\lambda)^2 + m^2 \right\} \operatorname{sen}^2\lambda}; \end{aligned} \right. \tag{17}$$

oppure (ciò che è equivalente), ove m_1, n_1 *siano legati ad* m, n *dalle relazioni:*

$$(17') \qquad \begin{cases} mm_1 - (n + \cot\lambda)(n_1 - \cot\lambda) = \dfrac{1}{\operatorname{sen}^2\lambda} \\ m(n_1 - \cot\lambda) + m_1(n + \cot\lambda) = 0, \end{cases}$$

che non si alterano (come appunto deve essere) cambiando m, n, λ *in* m_1, n_1, $-\lambda$ (7).

Dim. — L'equazione differenziale delle traiettorie isogonali, sotto l'angolo λ, di un sistema descritto dal punto P, funzione delle due variabili indipendenti φ e c, è:

$$(18) \quad \left(\frac{dP}{d\varphi}\right)^2 d\varphi + \left\{\frac{dP}{d\varphi} \times \frac{dP}{dc} + \frac{dP}{d\varphi} \times i\frac{dP}{dc}\cot\lambda\right\} dc = 0,$$

come si può agevolmente verificare (8).

Dall'espressione di P:

$$P = O + re^{i\varphi}I,$$

(7) Per $\lambda = \frac{\pi}{2}$ e $\theta = \frac{\pi}{2}$ si hanno, come casi particolari, le formole date da Teixeira alla fine della nota citata.

(8) Il punto P che descrive una curva del sistema sia funzione di φ e di c. Per φ costante e c variabile, o per c costante e φ variabile, P descrive due curve le cui tangenti in P sono parallele rispettivamente ai vettori P_c', P_φ'. Sia ω l'angolo di questi due vettori. Essendo

$$dP = P_c'\,dc + P_\varphi'\,d\varphi$$

la direzione del vettore che descrive la traiettoria cercata, sarà λ l'angolo di dP con $\operatorname{mod} P_\varphi'\,d\varphi$, e quindi avremo (pel teorema dei seni):

$$\frac{\operatorname{mod} P_\varphi'\,d\varphi}{\operatorname{mod} P_c'\,dc} = \frac{\operatorname{sen}(\omega - \lambda)}{\operatorname{sen}\lambda} = \operatorname{sen}\omega \,.\, \cot\lambda - \cos\omega,$$

moltiplicando questa per $\operatorname{mod} P_\varphi'$, e osservando che:

$$P_\varphi' \times P_c' = \operatorname{mod} P_\varphi' \,.\, \operatorname{mod} P_c' \,.\, \cos\omega,$$
$$P_\varphi' \times iP_c' = -\operatorname{mod} P_\varphi' \,.\, \operatorname{mod} P_c' \,.\, \operatorname{sen}\omega,$$

risulta l'equazione differenziale:

$$(P_\varphi')^2\,d\varphi = -\left\{ P_\varphi' \times iP_c' \,.\, \cot\lambda + P_\varphi' \times P_c' \right\} dc.$$

ove r è dato dalla (15), si ha, posto $h = n + m \cot\varphi$:

$$\frac{dP}{d\varphi} = r\left\{ h e^{i\varphi} I + e^{i\varphi} i I \right\}, \qquad \frac{dP}{dc} = \frac{r}{c} e^{i\varphi} I.$$

Ne risulta allora, sostituendo nella (18):

$$\frac{dc}{c} = -\frac{h^2+1}{h+\cot\lambda}\, d\varphi = \left\{ -h + \cot\lambda - \frac{1}{(h+\cot\lambda)\operatorname{sen}^2\lambda} \right\} d\varphi$$

da cui, indicando con d una costante:

$$\text{(19)} \qquad \log\frac{c}{d} = -\int h\, d\varphi + \varphi\cot\lambda - \frac{1}{\operatorname{sen}^2\lambda}\int \frac{d\varphi}{h+\cot\lambda}.$$

Ricordando l'espressione di h, e ponendo:

$$\text{(20)} \qquad n + \cot\lambda = \rho\cos\nu, \qquad m = \rho\operatorname{sen}\nu,$$

si ricaverà, dalla (19), per c, un'espressione che, sostituita a c nella (15), e posto:

$$\varphi + \nu = \varphi_1, \qquad \cot\lambda - \frac{\cos\nu}{\rho\operatorname{sen}^2\lambda} = n_1, \qquad \frac{\operatorname{sen}\nu}{\rho\operatorname{sen}^2\lambda} = m_1,$$

darà la (16). Da queste e dalle (20) si ottengono subito le (17) e (17').

7. — Esaminiamo alcuni casi particolari relativi ad m, n, m_1, n_1.

Per $m = 0$, si ha dalle (17):

$$m_1 = 0, \qquad n_1 = \frac{n\cot\lambda - 1}{n + \cot\lambda},$$

come deve avvenire, perchè le traiettorie isogonali, sotto l'angolo λ, delle spirali logaritmiche $r = ce^{n\varphi}$ sono ancora spirali logaritmiche con lo stesso polo.

Per $n = 0$ si ha:

$$n_1 = \frac{\operatorname{sen}\lambda \,.\, \cos\lambda}{\cos^2\lambda + m^2\operatorname{sen}^2\lambda}(m^2 - 1), \qquad m_1 = \frac{m}{\cos^2\lambda + m^2\operatorname{sen}^2\lambda},$$

e quindi si avrà $n_1 = 0$ insieme ad $n = 0$ solamente quando sia $m = \pm 1$, e allora il sistema (15) è formato da " *circonfe-*

renze passanti per O *e tangenti ad una retta fissa uscente da* O „, oppure da “ *rette parallele* „.

Supposto $m \neq 0$ ed $m_1 = m$, dalle (17) si trae $n_1 = -n$, e quindi si ha ad un tempo $m_1 = m$ ed $n_1 = n$ solamente quando sia $n = 0$, caso già considerato.

Infine osserviamo che eliminando λ dalle (17) si ha:

$$(17'') \quad \begin{cases} m(mm_1 - n^2 - 1) = m_1(mm_1 - n_1^2 - 1), \quad \text{ovvero} \\ (m - m_1)(mm_1 - 1) = m n_1^2 - m_1 n^2, \end{cases}$$

le quali non variano, come deve avvenire, cambiando m, n in m_1, n_1: da esse si traggono altri semplici casi particolari per m, n, m_1, n_1.

8. — Dato, rispetto al sistema polare O, U (essendo U un vettore unitario), il sistema di curve:

$$(21) \qquad r = c \, . \, e^{n\psi} \, . \, \mathrm{sen}^m \psi,$$

sappiamo che, per un valore fissato di θ, deve esistere almeno un punto A rispetto al quale la trasformata Q delle curve del sistema (21) è una circonferenza passante per O. *Si vuol determinare* A, *e il centro* C *di questa circonferenza, cioè* R *e* μ (cfr. n. 5).

Occorrerà anzitutto determinare R, μ, λ_2 in funzione dei valori fissati per m, n, θ, e della quantità arbitraria a (notando che R varia con a, non però μ). Dalle (12) e (13) si ha:

$$\frac{a(2R\cos\mu - a)}{2R[a\,\mathrm{sen}(2\theta + \mu) - R\,\mathrm{sen}2\theta]} = \frac{m}{n},$$

$$\frac{a^2 + 4R^2\cos^2\theta - 4aR\cos\theta\,.\,\cos(\mu + \theta)}{a^2 + 4R^2\mathrm{sen}^2\theta - 4aR\,\mathrm{sen}\theta\,.\,\mathrm{sen}(\mu + \theta)} = m^2 + n^2,$$

dalle quali si possono ricavare R e μ; si otterranno quindi λ_1, λ_2 dalle (12). Ponendo allora

$$\varphi = \psi - \lambda_2 + \mu, \qquad I = e^{i(\lambda_2 - \mu)}\,U,$$

ed

$$n = \frac{\rho_1\cos(\lambda_1 - \lambda_2)}{\rho_2}, \qquad m = \frac{\rho_1\,\mathrm{sen}(\lambda_1 - \lambda_2)}{\rho_2}$$

il sistema polare (21) coinciderà col sistema (14), e la (10) sarà l'equazione della circonferenza cercata.

Il calcolo, in generale, può essere alquanto laborioso. Risulta invece semplicissimo ed immediato nei casi particolari $\theta = \frac{\pi}{2}$, $\theta = 0$ (9). Per $\theta = \frac{\pi}{2}$ si ritrovano i risultati ottenuti da TEIXEIRA (10).

9. — Ritornando ancora al problema iniziale, quale fu posto nel n. 1, si può osservare che, pur essendo naturale, per la nostra questione, il riferimento delle linee P e Q ad un sistema polare, può però avvenire che la linea P, o la linea Q, siano date in modo che un tale riferimento non sia semplice, nè comodo. Dato P, o risp. Q, in funzione di una variabile numerica t, interessa allora vedere come possa farsi la determinazione di Q, o, rispettivamente, di P, indipendentemente da qualsiasi sistema di coordinate.

a) Sia data la linea P. — Per il punto Q si deve avere, indicando con x, y numeri funzioni di t:

$$Q = O + x(P - O), \quad \text{ovvero} \quad Q = A + ye^{i\theta}P',$$

rispettivamente con la condizione:

$$(Q - A) \times e^{i\theta} iP' = 0, \quad \text{ovvero} \quad (Q - O) \times i(P - O) = 0.$$

Di qui si ha immediatamente:

$$x = \frac{(A - O) \times e^{i\theta} iP'}{(P - O) \times e^{i\theta} iP'}, \quad y = -\frac{(A - O) \times i(P - O)}{e^{i\theta} P' \times i(P - O)}.$$

b) Sia data la linea Q. — Per il punto P si ha, indicando con z un numero funzione di t:

$$P = O + z(Q - O)$$

con la condizione:

$$P' \times e^{-i\theta} i(Q - A) = 0;$$

ma si ha:

$$P' = z'(Q - O) + zQ'.$$

---

(9) Cfr. p. es. la nota (17).

(10) TEIXEIRA, loc. cit., pp. 392, 393 (fine del n. 2).

Quindi:

$$\frac{z'}{z} = -\frac{Q' \times e^{-i\theta} i (Q - A)}{(Q - O) \times e^{-i\theta} i (Q - A)},$$

che determina z con una quadratura.

Così i due problemi fondamentali sono risolti senza far uso di coordinate di qualsiasi specie. — Occorre però osservare che, mentre lo studio generale fatto nei n.[i] precedenti è risultato abbastanza semplice ed immediato con l'uso di coordinate opportune, unito a quello del calcolo vettoriale (anzi da questo derivanti), si incontrerebbero complicazioni forse eccessive, se si volessero usare sistematicamente le formole ultime ora trovate, le quali, d'altra parte, riescono utilissime in molti casi speciali.

10. — Non sarà forse inutile considerare alcuni casi particolari, cercando quali siano le linee Q trasformate (O, A, θ) di note linee P, e quali siano le linee P, aventi per trasformate (O, A, θ) linee Q date, nella ipotesi che per θ si assuma uno dei valori $0, \frac{\pi}{2}, \frac{\pi}{4}$. La cosa servirà a rivelare numerose parentele fra parecchie di tali linee.

a) Supponiamo dapprima che sia data la linea P, e che sia $\theta = 0$.

Se la curva P è una *cissoide di* DIOCLE, $r = c\frac{\text{sen}^2\varphi}{\cos\varphi}$, la curva Q è anch'essa una *cissoide*, $u = a\left(\frac{1}{\cos\varphi} + 2\cos\varphi\right)$, che si costruisce facilmente per punti (11).

La curva P sia una *strofoide retta*, $r = a\frac{1 + \text{sen}\,\varphi}{\cos\varphi}$, riferita ad O come polo, ed avente il punto doppio in A; la curva Q è allora una *cissoide* di due linee, una *curva kappa* ed una *circonferenza*, ed ha per equazione $u = a(\text{tg}\,\varphi + \cos\varphi)$.

Se la curva P è una *cardioide*, $r = 2c(1 + \cos\varphi)$, la curva Q è una *trisettrice*, $u = a\frac{\cos\frac{3\varphi}{2}}{\cos\frac{\varphi}{2}}$ (*lumaca di* PASCAL).

(11) Descritto il cerchio di diametro $OA = a$, e detta d la tangente ad esso in A, un raggio ρ per O incontri il cerchio in E, e d in F. Si prenda su ρ il segmento $OM = OF + 2.OE$. Il punto M descriverà la curva.

La curva P sia una *spirale sinusoide*, di equazione ([12]) $r^n = \frac{(2c)^n}{2} \cos n\varphi$. La sua trasformata Q sarà una curva *settrice* (in $n+1$ parti), ed avrà per equazione ([13]):

$$u = a \frac{\cos (n+1)\varphi}{\cos n\varphi}.$$

Dando qui ad n i valori particolari 1, 2, 3, 4, otteniamo come curva P rispettivamente una *circonferenza*, una *lemniscata di* BERNOULLI, una *cubica di* KIEPERT ([14]), una *curva di 8° ordine tetra-circolare* ([15]). Le curve Q, loro corrispondenti, sono rispettivamente una *strofoide retta*, una *trisettrice*, una *tetrasettrice*, una *pentasettrice*.

Se la curva P è una *iperbole equilatera*, $r^2 = \frac{c^2}{\cos 2\varphi}$, la sua corrispondente Q è l'*inversa della strofoide*, $u = a \frac{\cos\varphi}{\cos 2\varphi}$ ([16]).

La linea P abbia per equazione $r = c\cos^m\varphi$; quella della sua trasformata Q sarà ([17]):

$$u = a \frac{\cos^2\varphi - m \operatorname{sen}^2\varphi}{\cos\varphi}, \quad \text{ossia} \quad u = a\left\{\cos\varphi - m\left(\frac{1}{\cos\varphi} - \cos\varphi\right)\right\};$$

([12]) GINO LORIA, *Spezielle algebraische und transzcendente ebene Kurven* (Leipzig, II Aufl., I Bd., 1910), pag. 468 (6).

([13]) Questa curva è un caso particolare (per $\nu' = n+1$, $\nu = 1$) della 1ª delle (λ) seguenti:

Siano A, A' due punti fissi, ed $AA' = 2\alpha$. In A' si tracci il raggio $A'M$ perpendicolare ad AA', e sia Q un punto del piano $AA'M$, tale che si abbia $\frac{\widehat{MAQ}}{\widehat{AA'Q}} = \frac{\nu}{\nu'}$ (essendo ν, ν' due numeri interi e positivi). Allora, posto $AQ = \rho$, $A'Q = \rho'$, si hanno, per il luogo del punto Q, le due equazioni (secondochè si sceglie A od A' per polo):

$$(\lambda) \qquad \rho = \frac{2\alpha \cos \nu'\varphi}{\cos(\nu - \nu')\varphi}, \qquad \rho' = \frac{2\alpha \operatorname{sen} \nu\varphi}{\cos(\nu - \nu')\varphi}.$$

([14]) G. LORIA, l. c., I Aufl. (Leipzig, 1902), pag. 401 (7).

([15]) G. LORIA, l. c., I Aufl., pag. 402 (12).

([16]) Caso particolare della prima delle (λ), nella nota ([13]), ove sia $\nu' = 1$, $\nu = 3$.

([17]) Secondo ciò che fu detto al n. 8, fissato un valore di θ, esisterà per la curva $r = c\operatorname{sen}^m\psi$ almeno un punto A rispetto al quale la trasformata Q

e la curva, che si costruisce facilmente per punti ([18]), è una *percissoide* ([19]).

b) Essendo ancora data la linea *P*, si supponga $\theta = \frac{\pi}{2}$.

La curva *P* sia una *concoide di* Nicomede, $r = \frac{c}{\cos\varphi} - l$; la corrispondente curva *Q* sarà una *ovale doppia di* Münger ([20]), di equazione $u = \frac{al}{c}\cos^2\varphi$.

Se la curva *P* è una *strofoide retta*, $r = c\frac{1+\operatorname{sen}\varphi}{\cos\varphi}$, la curva corrispondente *Q* è una *cissoide* (di una *circonferenza* e di una *rosa a quattro foglie*), $u = a\left\{\cos\varphi + \frac{1}{2}\operatorname{sen}2\varphi\right\}$.

---

della linea data è una circonferenza. Per $\theta = 0$, mantenendo le notazioni del n. 8 (e supponendo $n = 0$), sarà $I = \pm U$, e la equazione $r = c\operatorname{sen}^m\psi$ si potrà scrivere, riferita ad *I*, $r = \pm c\operatorname{sen}^m\varphi$. E questa avrà per trasformata *Q* una circonferenza di equazione $u = 2R\cos\varphi$, ove $R = \pm\frac{a}{2}(1+m)$, oppure $R = \pm\frac{a}{2}(1-m)$, il segno $\pm$ essendo scelto in modo che *R* risulti positivo.

Per $\theta = \frac{\pi}{2}$ si ha invece $I = iU$, oppure $I = -iU$, e l'equazione $r = c\operatorname{sen}^m\psi$ si potrà scrivere, riferita ad *I*, $r = \pm c\cos^m\varphi$. Questa avrà per trasformata la circonferenza $u = 2R\cos\varphi$, ove $R = \pm a\frac{m+1}{m}$, oppure $R = \pm a\frac{m-1}{m}$ (con l'osservazione dianzi fatta pel segno $\pm$).

Sono del tipo $r = c\cos^m\varphi$ l'equazione della *cubica duplicatrice* ($m = -3$), quella del "*folium*" *semplice* ($m = 3$), l'equazione della *doppia ovale di* Münger ($m = 2$), e quella della curva *kampyla* di Eudosso ($m = -2$).

[Cfr. per le equazioni di queste curve, Loria, loc. cit., I Bd., II Aufl., pp. 93, 380, 382, 374].

Sono ovvii i casi particolari corrispondenti ai valori 0, +1, —1 di *m*.

([18]) Descritta la circonferenza di diametro OA ($= a$), ne sia *d* la tangente in *A*. Un raggio ρ per *O* tagli la circonferenza in *E*, e *d* in *F*. Sul raggio ρ si porti il segmento $OQ = OE + m.EF$: il punto *Q* descriverà la curva.

([19]) L'equazione cartesiana di questa linea, riferita ad un sistema di coordinate ortogonali, con *O* per origine, ed *OA* come asse delle *x*, è

$$(x + am)(x^2 + y^2) - a(m+1)x^2 = 0.$$

Confrontando questa colla equazione $(x - a)(x^2 + y^2) + bx^2 = 0$ di p. 75 nota in Loria, loc. cit., I Bd., II Aufl., risulta che detta curva è una *percissoide*.

([20]) Loria, loc. cit., pag. 374, *n*. 139.

La curva P abbia per equazione $r = c \,.\, \operatorname{sen}^m \varphi$. La sua trasformata Q è una *percissoide* di equazione

$$u = \frac{a}{m}\left\{(m+1)\cos\varphi - \frac{1}{\cos\varphi}\right\},$$

e si costruisce facilmente per punti (21).

c) Sia ora data la curva Q, e sia $\theta = 0$.

Ad una *cissoide di* DIOCLE, $u = \frac{a \operatorname{sen}^2 \varphi}{\cos\varphi}$, scelta come curva Q, ed avente $OA\,(=a)$ per diametro del cerchio fondamentale, corrisponde un sistema P di *curve a croce*, $r = \frac{2c}{\operatorname{sen} 2\varphi}$.

Se la curva Q è una *visiera di* AGNESI, $u = h\left(\frac{1}{\cos\varphi} + \cos\varphi\right)$, le curve del sistema P avranno per equazione:

$$r = c\,(\operatorname{tg}\varphi)^{\frac{h}{a}} \,.\, (\operatorname{sen}\varphi)^{\frac{h}{a}-1}.$$

Supposto $h = a$, risulta che: ad una *visiera di* AGNESI avente $OA\,(=a)$ per diametro del cerchio fondamentale, e riferita ad O come polo, corrisponde un sistema P di *curve kappa*, $r = c \operatorname{tg}\varphi$.

Se la curva Q è una *lumaca di* PASCAL, $u = 2h\cos\varphi + l$, le curve del sistema P avranno per equazione (22):

$$r = c \,.\, 2^{\frac{2h-a}{a}} \left(\operatorname{sen}\frac{\varphi}{2}\right)^{\frac{2h-a}{a}+\frac{l}{a}} \,.\, \left(\cos\frac{\varphi}{2}\right)^{\frac{2h-a}{a}-\frac{l}{a}}.$$

---

(21) Sia $OD = \frac{OA}{m}$, e sia d la tangente in D alla circonferenza descritta su OD come diametro. Un raggio ρ per O incontri la circonferenza e la retta d in E ed F rispettivamente, e su di esso si segni il segmento $OQ = (m+1)\,.\,OE - OF$. Il punto Q descriverà la curva.

Dall'esame della equazione cartesiana

$$\left(x + \frac{a}{m}\right)(x^2 + y^2) - a\,\frac{m+1}{m}\,x^2 = 0$$

di detta curva [gli elementi di riferimento essendo gli stessi usati nella nota (19)], risulta che, per $m \neq 0$, essa è una *percissoide*.

(22) Che si può anche scrivere:

$$r = c\,(\operatorname{sen}\varphi)^{\frac{2h-a}{a}} \,.\, \left(\operatorname{tg}\frac{\varphi}{2}\right)^{\frac{l}{a}}.$$

E questa si riduce alla forma semplice $r = c\left(\operatorname{tg}\frac{\varphi}{2}\right)^{\frac{l}{a}}$, se il diametro del cerchio fondamentale della *lumaca di* PASCAL è OA (cioè se $2h = a$). — Se poi si suppone che sia $2h = l = a$, cioè che la curva Q sia una *cardioide*, avente OA per diametro del cerchio fondamentale, le curve del sistema P saranno *strofoidi rette*, $r = c \operatorname{tg}\frac{\varphi}{2}$. — Supponendo invece $l = 6h = \frac{3a}{2}$, le curve del sistema P saranno *catacaustiche di cardioide*, ed avranno per equazione ([23]):

$$r = \frac{c}{\sqrt{2}} \operatorname{sen}\frac{\varphi}{2} \cdot \left(\cos\frac{\varphi}{2}\right)^{-2}.$$

La curva Q sia una *strofoide retta*, $u = h\frac{1+\operatorname{sen}\varphi}{\cos\varphi}$; allora l'equazione delle curve del sistema P sarà:

$$r = c\left[\operatorname{tg}\varphi \cdot \operatorname{tg}\left(\frac{\pi}{4} + \frac{\varphi}{2}\right)\right]^{\frac{h}{a}} \cdot \frac{1}{\operatorname{sen}\varphi}.$$

Se però la *strofoide retta* Q ha il suo punto doppio in A (cioè se $h = a$), allora le curve corrispondenti P saranno *parabole coniche*, $r = \dfrac{c}{1+\cos\left(\frac{\pi}{4}+\varphi\right)}$.

d) Essendo ancora data la curva Q, supponiamo che sia $\theta = \frac{\pi}{2}$.

Allora, alla curva Q, *strofoide retta*, $u = a\frac{1+\operatorname{sen}\varphi}{\cos\varphi}$, avente A per punto doppio, corrisponde il sistema di *parabole coniche* $r = \dfrac{c}{1+\operatorname{sen}\varphi}$.

Se la linea Q è una *lumaca di* PASCAL, di equazione

$$u = 2h\cos\varphi + l, \tag{22}$$

le curve del corrispondente sistema P hanno per equazione:

$$r = c\left[(a - 2h)\cos\varphi + l\right]^{\frac{a}{2h-a}}. \tag{22'}$$

([23]) Caso particolare dell'equazione [LORIA, l. c., II Aufl., II Bd. (Leipzig, 1911), pag. 309]: $r = d\,.\,(\cos p\varphi)^{-2}\,.\operatorname{sen} q\varphi$, per $d = \frac{c}{\sqrt{2}}$, $p = q = \frac{1}{2}$.

Per $h=a$ si ricava di qui che: se la curva Q è una *lumaca di* PASCAL, riferita ad O come polo, ed avente OA $(=a)$ per *raggio* del cerchio fondamentale, le curve del sistema corrispondente P, saranno *lumache di* PASCAL, $r=c\,[a\cos(\pi-\varphi)-l]$.

Se la (22) è una *cardioide* $(l=2h)$, e si suppone $2h=\frac{a}{2}$; allora, come risulta dalla (22′), le curve P avranno per equazione (24):

$$r=\frac{c}{16h^2}\cdot\frac{1}{\operatorname{sen}^4\frac{\varphi}{2}}.$$

Supponendo invece che il cerchio fondamentale della *lumaca di* PASCAL (22) abbia OA $(=a)$ per *diametro* (cioè sia $2h=a$), si otterrà, con calcolo diretto [e non dalla (22′)], che le curve del corrispondente sistema P hanno per equazione:

$$r=c\,e^{\frac{a}{l}\cos\varphi}.$$

Ciascuna di queste *ovali* è simmetrica rispetto all'asse polare, ed è trasformata in sè stessa da una inversione di centro O e di costante c^2. Inoltre ciascuna è tutta interna al rettangolo comune alle due striscie formate dalle tangenti alla curva nei punti corrispondenti ai valori $\frac{\pi}{2}$, $\frac{3\pi}{2}$, 0, π di φ.

Se la curva Q ha per equazione $u=a\cos^3\varphi$, allora il sistema P è costituito da *curve kappa*, $r=c\operatorname{tg}\varphi$.

e) Per ultimo supponiamo che sia $\theta=\frac{\pi}{4}$, e consideriamo come curva Q una *strofoide retta*, avente O per punto doppio, e quindi per equazione

$$u=h\,\frac{\cos 2\varphi}{\cos\varphi};$$

allora le curve P del sistema corrispondente saranno circonferenze passanti per O, di equazione $r=c\cos\left(\frac{\pi}{4}-\varphi\right)$.

Torino, 20 aprile 1918.

---

(24) Del tipo $r=k\operatorname{sen}^n m\varphi$. Cfr. LORIA, loc. cit., I Aufl., pag. 403, fine del n. 172.

Estensione e studio di un metodo di sommazione generico di Borel

di GUSTAVO SANNIA, a Cagliari.

Introduzione.

1. — In una precedente Memoria [1] ho trasformato il metodo di sommazione *esponenziale* di BOREL in un metodo parametrico più potente Bg (ossia *metodo di* BOREL *generalizzato*), ed ho mostrato i grandi vantaggi di questa trasformazione.

Ora il metodo esponenziale non è che uno fra i tanti proposti (se non sviluppati) dal BOREL e che consistono nell'assumere come *somma* di una serie

(1) $$u_0 + u_1 + \dots + u_n + \dots$$

il numero

(2) $$u = \lim_{a=+\infty} \frac{b_0 U_0 + b_1 U_1 a + \dots + b_n U_n a^n + \dots}{\sigma(a)},$$

ove

(3) $$U_n = u_0 + u_1 + \dots + u_n$$

e

(4) $$\sigma(a) = b_0 + b_1 a + \dots + b_n a^n + \dots$$

è una trascendente intera prestabilita a coefficienti non negativi, detta *funzione sommatrice* [2].

---

[1] *Nuovo metodo di sommazione delle serie, estensione del metodo di* BOREL, " Rend. del Circolo Mat. di Palermo ", t. XLII, 1917. La indicherò nel seguito con una *M*.

Per un sunto, vedi la Nota: *Generalizzazione del metodo di* BOREL *per la sommazione delle serie*, " Rendic. della R. Acc. dei Lincei ", vol. XXVI, serie 5ª, 1° sem. (1917), fasc. 11°.

[2] E. BOREL, *Leçons sur les séries divergentes*, p. 95 (Gauthier-Villars, Paris, 1901).

È assumendo in particolare $\sigma(a) = e^a$ che si ha il metodo esponenziale. Ma ogni altra trascendente intera dà luogo ad un metodo di sommazione, e generalmente diverso. Qui mi propongo di studiare, generalizzandolo, uno qualunque di questi metodi. Un tale studio, già interessante per sè stesso, getta nuova luce sul metodo esponenziale, facendolo apparire come il più semplice e più perfetto fra tutti i metodi di Borel.

2. — La definizione (2) implica la condizione che la serie

$$b_0 U_0 + b_1 U_1 a + \dots + b_n U_n a^n + \dots \tag{5}$$

risulti convergente per ogni a; ma questa può sostituirsi con la seguente meno restrittiva (3): *la serie* (5) *abbia il raggio di convergenza non nullo e definisca una funzione analitica che sia proseguibile analiticamente lungo tutto il semiasse reale positivo ed ivi sia regolare.*

Allora, detta $U(a)$ questa funzione, si può assumere come somma di una serie (1) il numero

$$u = \lim_{a=+\infty} \frac{U(a)}{\sigma(a)}. \tag{6}$$

Mi atterrò a questa definizione più generale e, per brevità, quando dovrò esprimere che una serie di potenze, come la (5), gode la proprietà enunciata, dirò che *è una serie B* (ossia di Borel). Ed allora saranno serie B anche quelle che se ne deducono derivandola o integrandola termine a termine.

3. — Prenderò un metodo di Borel generico, così definito, come punto di partenza per costruire metodi parametrici più potenti. Precisamente: sostituendo nella (6) alle funzioni $U(a)$ e $\sigma(a)$ le loro derivate o i loro integrali iterati di un medesimo ordine, otterrò una successione di metodi analoghi (di varia potenza, ma non contraddittorî tra loro), che, sommati (somma logica), daranno un metodo più potente che dirò ancora *metodo di* Borel *generalizzato* o *metodo Bg*, ma che è corrispondente alla funzione sommatrice generica $\sigma(a)$ (§ 2).

Alle serie *sommabili Bg* (4) sono applicabili, in misura più

---

(3) Borel, loc. cit., p. 99.

(4) Dirò sempre " sommabile X " per dire " sommabile col metodo X ".

o meno larga, quelle operazioni di calcolo che sono lecite sulle serie convergenti e che possono sintetizzarsi nelle seguenti uguaglianze:

$$\text{(I)} \quad (u_0 + u_1 + \ldots) + k = u_0 + \ldots + u_{p-1} + (u_p + k) + u_{p+1} + \ldots,$$

$$\text{(II)} \quad (u_0 + u_1 + \ldots)\, k = ku_0 + ku_1 + \ldots,$$

$$\text{(III)} \quad (u_0 + u_1 + \ldots) + (v_0 + v_1 + \ldots) = (u_0 + v_0) + (u_1 + v_1) + \ldots,$$

$$\text{(IV)} \quad u_0 + u_1 + \ldots = u_0 + \ldots + u_{p-1} + (u_p + u_{p+1} + \ldots)$$ [5].

Precisamente: *con ogni metodo* Bg *valgono incondizionatamente le* (I), (II), (III) *e la proprietà commutativa al finito* (§ 3).

Invece *non sussiste la* (IV) *in generale*; perchè, se una delle due serie che vi compaiono è sommabile *Bg*, non sempre lo è anche l'altra.

È notevole però che, nel passaggio dall'una all'altra serie, la sommabilità non vien perduta del tutto, ma trasformata in un'altra intimamente collegata (§ 6): cioè da una serie sommabile *Bg* si perviene ad una serie che è sommabile con un metodo *derivato*, ossia che ha per funzione sommatrice una derivata o un integrale di $\sigma(a)$ (§ 5).

Da ciò risulta (§ 7) che le serie sommabili *Bg* alle quali è applicabile la (IV), insieme con le altre (e che perciò si possono trattare nei calcoli come le serie convergenti), sono soltanto quelle *che sono anche sommabili con tutti i metodi derivati e con ugual somma*, e che si possono riconoscere mediante un criterio fondato sul concetto di *limite di* Borel *generalizzato* di una successione (§ 4).

4. — Si presenta spontaneo un altro modo di conseguire la validità della (IV): ampliando cioè il concetto di serie sommabile e chiamando così una serie quando è sommabile o col metodo *Bg* o con uno dei suoi derivati. Si ha così (§ 8) un metodo di sommazione Σ più potente e nel quale la (IV) vale incondizionatamente, come le (I) e (II). Non così la (III) [6],

---

[5] Infatti dalla combinazione di queste seguono tutte le altre.

[6] Non è priva di interesse questa qualità *negativa* di Σ, poichè Σ costituisce così il primo esempio di un metodo di sommazione nel quale non valga la (III), mentre vale la (IV), che pure è tanto più esigente. Cfr. il

che è valida, insieme con le altre, solo per una classe di serie, che tuttavia è più ampia di quella considerata in fine del n° precedente.

È da notare infine che, mentre il metodo *Bg* conferisce ad ogni serie sommabile un'*unica* somma, il metodo $\sum$ può conferirle anche *più somme* (7).

5. — Quando si assume $\sigma(a) = e^a$ (§ 9), tutti i metodi derivati, e quindi $\sum$, coincidono con *Bg*; ed è per ciò che allora le (I), (II), (III) e (IV) valgono tutte incondizionatamente; e vale inoltre anche la regola di Cauchy per il prodotto di due serie

$$\text{(V)} \qquad (u_0 + u_1 + \ldots)(v_0 + v_1 + \ldots) = u_0 v_0 + (u_0 v_1 + u_1 v_0) + \\ + (u_0 v_2 + u_1 v_1 + u_2 v_0) + \ldots$$

Si ritrovano così i risultati essenziali della Memoria *M*, ma più estesi, perchè in *M* mi attenni alla definizione più ristretta (2) del numero u.

§ 1. — Notazioni, convenzioni, lemmi.

6. — Alla trascendente intera sommatrice (4) daremo la forma

$$\text{(7)} \qquad \sigma(a) = c_0 + c_1 \frac{a}{1!} + c_2 \frac{a^2}{2!} + \ldots = \sum_{n=0}^{\infty} c_n \frac{a^n}{n!},$$

ove i coefficienti $c_0, c_1, c_2, \ldots$ sono numeri *positivi o nulli*.

I coefficienti nulli potranno anche essere in numero infinito, *ma escluderemo che siano tutti nulli a partire da uno di essi*, cioè che $\sigma(a)$ si riduca a un polinomio.

Alla variabile a *daremo sempre valori positivi, zero incluso.*

---

n° 4 della mia Nota: *Nuova trattazione del metodo di* Borel *per la sommazione delle serie*, " Atti della R. Accad. delle Scienze di Torino ", vol. 52°, 1916-17, p. 67.

(7) Non è un paradosso conferire al simbolo (1) più significati nel contempo, come ai simboli $\sqrt[n]{x}$, $\log x$, ecc.

Insieme con $\sigma(a)$, che indicheremo anche con $\sigma^{(0)}(a)$, dovremo considerare le successive derivate

$$(7)^r \qquad \sigma^{(r)}(a) = c_r + c_{r+1}\frac{a}{1!} + c_{r+2}\frac{a^2}{2!} + \dots = \sum_{n=0}^{\infty} c_{r+n}\frac{a^n}{n!}$$

ed i successivi integrali nell'intervallo $(0, a)$.

Se poniamo per convenzione $c_n = 0$ *per* $n < 0$, la $(7)^r$ rappresenterà anche gli integrali di $\sigma(a)$ *per* r *intero negativo*, e $\sigma(a)$ medesima per $r = 0$.

Avremo allora per ogni valore intero di r:

$$(8) \qquad \sigma^{(r)}(a) = \frac{d}{da}\sigma^{(r-1)}(a), \qquad \sigma^{(r-1)}(a) = \int_0^a \sigma^{(r)}(a)\,da.$$

Tutte le funzioni $\sigma^{(r)}(a)$ *sono trascendenti intere* (non riducentisi a polinomî) *che non si annullano per* $a > 0$ *e tendono a* $+\infty$ *per* $a = +\infty$, giusta le ipotesi fatte sui numeri c_n.

7. — Insieme con ogni serie numerica (1) considereremo alcune serie di potenze del parametro a. Anzitutto la serie

$$(9) \qquad u(a) = c_0 u_0 + c_1 u_1 \frac{a}{1!} + c_2 u_2 \frac{a^2}{2!} + \dots = \sum_{n=0}^{\infty} c_n u_n \frac{a^n}{n!},$$

quelle che si deducono derivandola r volte

$$(9)^r \qquad u^{(r)}(a) = c_r u_r + c_{r+1} u_{r+1} \frac{a}{1!} + \dots = \sum_{n=0}^{\infty} c_{r+n} u_{r+n} \frac{a^n}{n!}$$

e quelle che si deducono integrandola r volte in $(0, a)$

$$u^{(-r)}(a) = c_0 u_0 \frac{a^r}{r!} + c_1 u_1 \frac{a^{r+1}}{(r+1)!} + \dots.$$

Le ultime si possono rappresentare anche con la $(9)^r$ *per* r *negativo*, perchè *poniamo per convenzione*

$$(10) \qquad u_n = 0 \qquad per \qquad n < 0.$$

Chiameremo la $(9)^r$ *serie associata alla* (1) *di ordine* r, sicchè la (9) sarà quella di ordine zero o *serie associata alla* (1) senz'altro.

Le serie associate sono legate dalle relazioni

$$u^{(r)}(a) = \frac{d}{da}\, u^{(r-1)}(a), \qquad u^{(r-1)}(a) = \int_0^a u^{(r)}(a)\, da.$$

8. — La (3) definisce il simbolo U_n per $n \geq 0$. *Porremo per convenzione*

(11) $$U_n = 0 \qquad per \qquad n < 0.$$

Da ciò e dalla (10) segue allora che, per ogni intero n (anche negativo), è

(12) $$U_n - U_{n-1} = u_n.$$

Se nelle serie del n° 7 cambiamo le u_n nelle U_n, otteniamo le altre

(13) $$U^{(0)}(a) = U(a) = c_0 U_0 + c_1 U_1 \frac{a}{1!} + c_2 U_2 \frac{a^2}{2!} + \dots = \sum_{n=0}^{\infty} c_n U_n \frac{a^n}{n!},$$

(13)^r $$U^{(r)}(a) = c_r U_r + c_{r+1} U_{r+1} \frac{a}{1!} + \dots = \sum_{n=0}^{\infty} c_{r+n} U_{r+n} \frac{a^n}{n!},$$

legate dalle relazioni

(14) $$U^{(r)}(a) = \frac{d}{da}\, U^{(r-1)}(a), \qquad U^{(r-1)}(a) = \int_0^a U^{(r)}(a)\, da.$$

Diremo la (13) *serie coniugata alla* (1) (senz'altro o *di ordine zero*) ed in generale la (13)^r *serie coniugata alla* (1) *di ordine* r.

9. — Saremo in seguito indotti ad assumere come funzione sommatrice non soltanto $\sigma(a)$, ma anche una sua derivata o un suo integrale $\sigma^{(h)}(a)$: *in tal caso la indicheremo invece con* $\sigma_h(a)$, e quindi una sua derivata o un suo integrale con $\sigma_h^{(r)}(a)$; sicchè sarà

(15) $$\sigma_h(a) = c_h + c_{h+1} \frac{a}{1!} + c_{h+2} \frac{a^2}{2!} + \dots = \sum_{n=0}^{\infty} c_{h+n} \frac{a^n}{n!},$$

(16) $$\sigma_h^{(r)}(a) = \sigma_r^{(h)}(a) = \sigma_{r+h}(a) = \sigma^{(r+h)}(a)$$

per tutte le coppie di interi r e h (positivi, nulli o negativi).

Ed allora dovremo considerare le serie associate alle (1)

(9)$_h^r$ $$u_h^{(r)}(a) = \sum_{n=0}^{\infty} c_{h+r+n} u_{r+n} \frac{a^n}{n!}$$

e le serie coniugate alla (1)

$$(13)_h^r \qquad U_h^{(r)}(a) = \sum_{n=0}^{\infty} c_{h+r+n}\, U_{r+n} \frac{a^n}{n!}$$

costruite rispetto alla funzione sommatrice $\sigma_h(a)$, (15).

Convenendo di porre $u(a) = u_0(a)$ e $U(a) = U_0(a)$, le $(9)_h^r$ e $(13)_h^r$ includono le $(9)^r$ e $(13)^r$ per $h = 0$.

Fra le prime, come fra le seconde, passano relazioni ricorrenti analoghe alle (14), per ogni valore fissato di h.

Fra le prime e le seconde passano le relazioni, facili a verificare,

$$(17) \qquad U_{h-1}^{(r)}(a) - U_h^{(r-1)}(a) = u_h^{(r-1)}(a) \ (^8).$$

10. — Quanto abbiamo esposto sin qui non ha che un valore formale. Però noi in seguito considereremo soltanto quelle serie (1) le cui corrispondenti serie coniugate $(13)^r$ sono serie B (n° 2), per il che basta che tale sia una di esse, per esempio la (13). In tal caso le $U^{(r)}(a)$ rappresentano funzioni analitiche regolari per $a \geq 0$, fra le quali passano le relazioni (14) (n° 2).

Lo stesso può ripetersi per le $(13)_h^r$, per ogni valore fisso di h.

Se poi tutte le $(13)_h^r$ (*per ogni* h) *sono serie* B, *tali saranno anche tutte le serie* $(9)_h^r$, per la relazione (17); la quale allora sussisterà effettivamente fra le funzioni analitiche definite da quelle serie.

Viceversa: *se le serie* $(9)_h^r$ *sono serie* B *per ogni* h, *tali saranno pure le* $(13)_h^r$, *se lo sono per un sol valore di* h. Ciò segue dalla (17) che, fissato r, è ricorrente rispetto ad h.

11. — Allorquando si assume in particolare $\sigma(a) = e^a$, quindi $c_n = 1$ per ogni $n \geq 0$, le serie associate e coniugate

---

(8) Ad evitare equivoci, notiamo che fra le $u_h^{(r)}(a)$ o fra le $U_h^{(r)}(a)$ *non* sussistono relazioni analoghe alle (16), in generale.

Avvertiamo poi che in seguito, quando, oltre alla (1), dovremo considerare un'altra serie $v_0 + v_1 + v_2 + \dots$, adopereremo senz'altro i simboli $v(a)$, $V(a)$, V_n, $v^{(r)}(a)$, ecc., il cui significato è ben chiaro.

alla (1) sono indipendenti da h, e si riducono alle

$$(18)\quad u^{(r)}(a)=\sum_{n=0}^{\infty} u_{r+n}\frac{a^n}{n!}, \qquad (18)'\quad U^{(r)}(a)=\sum_{n=0}^{\infty} U_{r+n}\frac{a^n}{n!}.$$

Esse hanno tutte il medesimo intervallo di convergenza j, *nell'interno del quale (almeno in senso stretto) si ha:*

$$(19)\qquad U^{(r)}(a)-U^{(r-1)}(a)=u^{(r)}(a),$$

$$(20)\qquad \frac{d}{da}\left[e^{-a}U^{(r-1)}(a)\right]=e^{-a}u^{(r)}(a)\ (^{9}).$$

Cor. *Se le* (18) *sono serie* B, *tali sono anche le* (18)', *e viceversa; allora fra le funzioni analitiche da esse definite passano le relazioni* (19) *e* (20) *per* $a \geq 0$.

Supponiamo che le (18) siano serie B, sicchè le funzioni $u^{(r)}(a)$, somme di esse nell'intervallo j, siano analitiche e regolari anche fuori di j per $a \geq 0$. In j sono convergenti anche le (18)' (teor. prec.) ed ivi le loro somme $U^{(r)}(a)$ sono legate alle $u^{(r)}(a)$ dalla (20). Da ciò segue, essendo $U^{(r-1)}(0)=U_{r-1}$, che

$$(20)'\qquad U^{(r-1)}(a)=e^{a}U_{r-1}+e^{a}\int_0^a e^{-a}u^{(r)}(a)\,da,$$

e perciò che anche le $U^{(r)}(a)$ sono funzioni analitiche regolari per $a \geq 0$, e quindi che le (18)' sono serie B. Ed allora le (19) e (20), già valide in j, seguiteranno a valere anche fuori di j per $a \geq 0$.

Il viceversa è evidente, perchè, giusta la (19), ogni serie (18) si deduce formalmente come differenza di due serie (18)'.

§ 2. — I metodi di sommazione (B, r) e Bg.

12. — Diremo che una serie (1) *è sommabile col metodo di* Borel *di ordine* r, e scriveremo *è sommabile* (B, r), quando

---

(9) Lo abbiamo dimostrato per $r=0$ nella Nota citata: *Nuova trattazione*, ecc. (n° 6). Ma la dimostrazione vale per ogni r.

le sue serie coniugate $(13)^r$ sono serie B ed esiste ed è finito il numero

$$(21) \qquad u = \lim_{a=\infty} \frac{U^{(r-1)}(a)}{\sigma^{(r-1)}(a)},$$

che diremo *somma* della serie.

Del numero u si può dare un'altra espressione.

Se c_{r-1+p} è il primo dei numeri c_{r-1}, c_r, c_{r+1}, ... che non sia nullo (quindi $r-1+p \geqq 0$), il limite di

$$\frac{U^{(r-1)}(\epsilon)}{\sigma^{(r-1)}(\epsilon)} = \frac{c_{r-1+p}\, U_{r-1+p} \frac{\epsilon^p}{p!} + c_{r+p}\, U_{r+p} \frac{\epsilon^{p+1}}{(p+1)!} + \dots}{c_{r-1+p} \frac{\epsilon^p}{p!} + c_{r+p} \frac{\epsilon^{p+1}}{(p+1)!} + \dots}$$

per $\epsilon = 0$ è U_{r-1+p}, quindi la relazione evidente

$$\frac{U^{(r-1)}(a)}{\sigma^{(r-1)}(a)} = \frac{U^{(r-1)}(\epsilon)}{\sigma^{(r-1)}(\epsilon)} + \int_\epsilon^a \frac{d}{da} \frac{U^{(r-1)}(a)}{\sigma^{(r-1)}(a)}\, da$$

diventa, al limite per $\epsilon = 0$:

$$(22) \qquad \frac{U^{(r-1)}(a)}{\sigma^{(r-1)}(a)} = U_{r-1+p} + \int_0^a \frac{d}{da} \frac{U^{(r-1)}(a)}{\sigma^{(r-1)}(a)}\, da.$$

Sostituendo in (21), si ha che *la somma della serie* (1) *è anche espressa da*

$$(21)' \qquad u = U_{r-1+p} + \int_0^\infty \frac{d}{da} \frac{U^{(r-1)}(a)}{\sigma^{(r-1)}(a)}\, da,$$

se c_{r-1+p} *è il primo dei numeri* c_{r-1}, c_r, ... *che non è nullo.*

13. — Variando l'intero r da $-\infty$ a $+\infty$, si ha una successione (indefinita in due sensi) di metodi di Borel, corrispondenti alla medesima funzione sommatrice:

$$(23) \qquad \dots (B, -2),\ (B, -1),\ (B, 0),\ (B, 1),\ (B, 2), \dots$$ [10].

Teorema. — *Se una serie è sommabile* (B, r) *con somma* u, *è pure sommabile* (B, r — 1) *e con ugual somma* (ma non viceversa in generale).

---

[10] $(B, 1)$ è il metodo da cui siamo partiti (n° 2).

Infatti, se (1) è sommabile (B, r) con somma u, le $(9)^r$ sono serie B e si ha la (21). Ora, poichè $\sigma^{(r-2)}(a)$ è essenzialmente positiva per $a \geq 0$ e tende a $+\infty$ per $a = +\infty$ (n° 6), si può applicare la regola di L'HOSPITAL ([11]) che dà:

$$\lim_{a=\infty} \frac{U^{(r-2)}(a)}{\sigma^{(r-2)}(a)} = \lim \frac{U^{(r-1)}(a)}{\sigma^{(r-1)}(a)} = u;$$

quindi la (1) è sommabile $(B, r-1)$ con somma u.

14. — Se dunque una serie è sommabile con uno dei metodi (23), lo sarà pure con tutti i precedenti e con ugual somma; il che prova che questi metodi sono concordanti e che la loro potenza va crescendo col decrescere dell'ordine.

Ciò induce naturalmente a considerare un nuovo metodo Bg (ossia *metodo di* BOREL *generalizzato*), col porre la seguente definizione: Una serie è *sommabile* Bg, quando è sommabile con qualcuno dei metodi (23) (e quindi con tutti i precedenti), e la sua *somma* u è quella che tal metodo le conferisce. Simbolicamente:

$$Bg = \sum_{r=-\infty}^{+\infty} (B, r) = \lim_{r=-\infty} (C, r),$$

in quanto che Bg è somma logica o metodo limite dei (23). Infatti le classi di serie ..., C_{-2}, C_{-1}, C_0, C_1, ... sommabili rispettivamente coi metodi (23) son tali che ciascuna è contenuta nella precedente, quindi la classe somma, costituita dalle serie sommabili Bg, è anche classe limite, e precisamente $\lim\limits_{r=-\infty} C_r$.

15. — Una serie sommabile Bg può essere sommabile con tutti i metodi (23): diremo allora che *il suo indice di sommabilità è* $+\infty$. Tali serie esistono, come vedremo (n^i 17 e 19), e costituiscono la classe $\lim\limits_{r=+\infty} C_r$.

([11]) In uno dei casi in cui è applicabile: *Se le funzioni* f(x) *e* g(x) *ammettono le derivate* f'(x), g'(x) *in un intorno sinistro* (*p. es.*) *di un punto* c (*al finito o all'infinito*), *se* g'(x) *ha un segno costante a sinistra di* c *e se* $\lim\limits_{x=c-0} g(x) = \pm\infty$, *si ha*

$$\lim_{x=c-0} \frac{f(x)}{g(x)} = \lim_{x=c-0} \frac{f'(x)}{g'(x)},$$

purchè esista il secondo membro.

In caso contrario, risulta dal teorema del n° 13, che fra i metodi (23) con i quali è sommabile ve n'è uno di ordine massimo (mentre non ve n'è uno di ordine minimo): diremo allora che quest'ordine è l'*indice di sommabilità* della serie.

16. — Ogni funzione sommatrice individua un metodo Bg, *ma non viceversa*; poichè due funzioni sommatrici distinte possono dar luogo a metodi *equivalenti*, nel senso che ogni serie sommabile con l'uno lo è anche con l'altro e con ugual somma.

Così: *alterando comunque (p. es. sostituendo con zeri) i coefficienti di un numero (finito) qualunque di termini dello sviluppo* (7) *della funzione sommatrice* $\sigma(a)$ *(il che equivale ad aggiungere ad essa un polinomio) si ottengono metodi* (23) *e* Bg *ordinatamente equivalenti ai primitivi.*

Perchè allora $\sigma^{(r-1)}(a)$ e $U^{(r-1)}(a)$ diventano

$$\bar{\sigma}^{(r-1)}(a)=\sigma^{(r-1)}(a)+P(a), \qquad \bar{U}^{(r-1)}(a)=U^{(r-1)}(a)+Q(a),$$

ove $P(a)$ e $Q(a)$ sono polinomî, quindi tali che

$$\lim_{a=\infty}\frac{P(a)}{\sigma^{(r-1)}(a)}=\lim_{a=\infty}\frac{Q(a)}{\sigma^{(r-1)}(a)}=0\,;$$

ora, poichè

$$\frac{\bar{U}^{(r-1)}(a)}{\bar{\sigma}^{(r-1)}(a)}\left[1+\frac{P(a)}{\sigma^{(r-1)}(a)}\right]=\frac{U^{(r-1)}(a)}{\sigma^{(r-1)}(a)}+\frac{Q(a)}{\sigma^{(r-1)}(a)}\,,$$

ne risulta che i due limiti

$$\lim_{a=\infty}\frac{\bar{U}^{(r-1)}(a)}{\bar{\sigma}^{(r-1)}(a)}\,,\qquad \lim\frac{U^{(r-1)}(a)}{\sigma^{(r-1)}(a)}$$

esistono solo nel contempo ed allora sono uguali.

17. — Ogni metodo Bg non è in contradizione col metodo di sommazione ordinario, ma ne è estensione, come risulta dal

TEOREMA. — *Ogni serie convergente con somma* u *è anche sommabile* (B, r) *e con ugual somma, qualunque sia* r.

Si può inoltre dimostrare che: *una serie divergente non è sommabile con alcun metodo* Bg ([12]).

([12]) Come del resto con tutti i metodi di sommazione fin qui considerati. Omettiamo per brevità le dimostrazioni di questi due teoremi, le quali si otterrebbero da quelle degli analoghi teoremi di M (n^{i} 10 e 11) sostituendovi dappertutto e^a con $\sigma(a)$.

Sicchè i metodi Bg non possono che sommare serie *indeterminate*, oltre alle convergenti.

Con questa differenza però: che, mentre tutti i metodi Bg conferiscono ad ogni serie convergente la medesima somma (quella che le conferisce il metodo ordinario), *metodi* Bg *differenti possono conferire ad una medesima serie indeterminata somme differenti (anche in numero infinito).*

È ciò che mostreremo con un esempio semplice, dal quale trarremo anche altri insegnamenti utili per il seguito.

18. — Consideriamo cioè la serie

$$1-1+1-1+1-\dots \tag{24}$$

Qui $U_0=U_2=U_4=\dots=1$, $U_1=U_3=\dots=0$: quindi la serie coniugata (13) è costituita dai termini di grado pari dello sviluppo (7) di $\sigma(a)$ e perciò è una trascendente intera $P(a)$ funzione pari di a. Detta $D(a)$ la trascendente intera costituita dai rimanenti termini di (7), e perciò funzione dispari di a, si ha:

$$U(a)=P(a), \qquad \sigma(a)=P(a)+D(a),$$

quindi:

$$\frac{U^{(r-1)}(a)}{\sigma^{(r-1)}(a)}=\frac{P^{(r-1)}(a)}{P^{(r-1)}(a)+D^{(r-1)}(a)}.$$

Poichè $P^{(r-1)}(a)$ e $D^{(r-1)}(a)$ non sono mai negative per $a\geq 0$, il primo membro (e quindi il suo limite per $a=+\infty$, se esiste) è sempre compreso fra 0 e 1, questi inclusi; dunque: *se la serie* (24) *è sommabile con un metodo* Bg, *non può avere altra somma che un numero dell'intervallo* (0, 1).

Per es.: *la serie* (24) *è sommabile* (B, r) *per ogni* r ([13]) *ed ha per somma zero (uno), se* σ(a) *è funzione dispari (pari) di* a.

E la serie (24) ha effettivamente per somma ogni numero prefissato dell'intervallo (0, 1), purchè si scelga opportunamente il metodo Bg, ossia $\sigma(a)$. Ciò prova quanto abbiamo asserito in fine del n° precedente.

Per es.: *la serie* (24) *è sommabile* (B, r) *per ogni* r *ed ha*

([13]) Quindi il suo indice di sommabilità è $+\infty$.

la somma prefissata $\frac{1}{1+k}$ $(k \geq 0)$ *dell'intervallo* $(0, 1)$, *se si prende*:

$$(25)\quad \sigma(a) = \frac{1}{2}[(1+k)e^a + (1-k)e^{-a}] = 1 + k\frac{a}{1!} + \frac{a^2}{2!} + k\frac{a^3}{3!} + \ldots$$

Allora infatti:

$$P(a) = \frac{1}{2}(e^a + e^{-a}), \qquad D(a) = \frac{k}{2}(e^a - e^{-a}),$$

e, derivando:

$$P^{(r-1)}(a) = \frac{1}{2}[e^a + (-1)^{r-1}e^{-a}], \quad D^{(r-1)}(a) = \frac{k}{2}[e^{-a} + (-1)^r e^{-a}],$$

quindi:

$$\frac{U^{(r-1)}(a)}{\sigma^{(r-1)}(a)} = \frac{1+(-1)^{r-1}e^{-2a}}{1+k+(-1)^{r-1}(1-k)e^{-2a}},$$

il cui limite per $a = +\infty$ è $\frac{1}{1+k}$.

Ciò prova che (24) è sommabile (B, r) con somma $\frac{1}{1+k}$ per $r > 0$ comunque grande e quindi (n° 13) per ogni r.

§ 3. — Algoritmo incondizionato di (B, r) e Bg.

19. Teorema I. — *Se una delle due serie*

$$(26)\qquad u_0 + u_1 + \ldots, \quad u_0 + \ldots + u_{p-1} + (u_p + k) + u_{p+1} + \ldots$$

è sommabile (B, r), *tale è anche l'altra, e la somma della seconda è uguale a quella della prima aumentata di* k.

Se infatti si dà alla seconda la forma tipica:

$$(27)\qquad w_0 + w_1 + w_2 + \ldots,$$

col porre: $w_p = u_p + k$, $w_n = u_n$ se $n \neq p$, si ha:

$$W_n = U_n, \text{ se } n < p; \qquad W_n = U_n + k, \text{ se } n \geq p;$$

quindi (almeno formalmente):

$$W(a) = \sum_{n=0}^{\infty} c_n W_n \frac{a^n}{n!} = U(a) + k\sum_{n=p}^{\infty} c_n \frac{a^n}{n!},$$

ossia:

$$W(a) = U(a) + k\sigma(a) - k\sum_{n=0}^{p-1} c_n \frac{a^n}{n!}. \tag{28}$$

Ciò prova che le serie coniugate alle (26) non differiscono tra loro che per una trascendente intera; quindi, se una è serie B, tale è anche l'altra; ed allora la (28) non è soltanto formale, ma sussiste fra le funzioni analitiche $U(a)$ e $W(a)$ definite dalle dette serie, per $a \geq 0$. Ne segue che

$$W^{(r-1)}(a) = U^{(r-1)}(a) + k\,\sigma^{(r-1)}(a) + P(a),$$

ove $P(a)$ è un polinomio; quindi i due limiti

$$\lim_{a=\infty} \frac{W^{(r-1)}(a)}{\sigma^{(r-1)}(a)}, \qquad \lim_{a=\infty} \frac{U^{(r-1)}(a)}{\sigma^{(r-1)}(a)} \tag{29}$$

esistono e sono finiti solo nel contempo, ed allora differiscono di k.

20. — Corollario (Proprietà commutativa al finito). *Cambiando l'ordine di un numero finito di termini in una serie sommabile* (B, r), *questa non si altera; cioè si ha una serie pure sommabile* (B, r) *e con ugual somma.*

La serie (1) sia sommabile (B, r) con somma u e siano $u_0', u_1', \ldots, u_{n-1}'$ i suoi primi n termini in altro ordine, sicchè

$$u_0' + u_1' + \ldots + u_{n-1}' = u_0 + u_1 + \ldots + u_{n-1}.$$

La nuova serie

$$u_0' + u_1' + \ldots + u_{n-1}' + u_n + u_{n+1} + \ldots$$

può anche dedursi dalla (1) aggiungendo ai primi n termini di questa rispettivamente $u_0' - u_0,\ u_1' - u_1, \ldots,\ u_{n-1}' - u_{n-1}$; quindi (per il teor. prec. applicato n volte) essa è sommabile (B, r) con somma

$$u + (u_0' - u_0) + (u_1' - u_1) + \ldots + (u_{n-1}' - u_{n-1}) = u.$$

21. Teorema II. — *Se una delle due serie*

$$u_0 + u_1 + \ldots, \qquad ku_0 + ku_1 + \ldots \qquad (k \neq 0) \tag{30}$$

è sommabile (B, r), *tale è anche l'altra, e la somma della seconda è uguale a quella della prima moltiplicata per* k.

La dimostrazione è immediata.

22. Teorema III. — *Se le due serie*

(31) $$u_0 + u_1 + \dots, \qquad v_0 + v_1 + \dots$$

sono sommabili (B, r) *con somma* u *e* (B, s) *con somma* v *rispettivamente, la serie*

(32) $$(u_0 + v_0) + (u_1 + v_1) + \dots$$

è sommabile (B, r), *se* r $\leq$ s, *con somma* u + v.

Se alla (32) si dà la forma (27) col porre $w_n = u_n + v_n$, si ha $W_n = U_n + V_n$, quindi (almeno formalmente):

(33) $$W^{(r-1)}(a) = U^{(r-1)}(a) + V^{(r-1)}(a).$$

Ma poichè, giusta l'ipotesi, le serie coniugate alle (31) sono serie B, tali sono pure quelle coniugate alla (27) $\equiv$ (32) e perciò la (33) sussiste fra le funzioni analitiche definite da queste serie per $a \geq 0$. Dividendola per $\sigma^{(r-1)}(a)$ e passando al limite per $a = \infty$, segue l'enunciato, sol che si osservi che la seconda serie (31) (essendo $r \leq s$) è, non solo sommabile (B, s) con somma v, ma anche sommabile (B, r) (come la prima) e con ugual somma.

23. — I teoremi precedenti ci assicurano che alle serie sommabili con un metodo di Borel (di un dato ordine r o generalizzato) sono applicabili le operazioni rappresentate dalle uguaglianze (I), (II) e (III) del n° 3 e la proprietà commutativa al finito. Risulterà poi dal seguito che queste sono *le sole* operazioni applicabili *incondizionatamente*, cioè con ogni metodo Bg e su ogni serie sommabile con esso.

§ 4. — Intermezzo: limiti generalizzati di Borel.

24. — Come il metodo ordinario di sommazione, così anche i metodi Bg riducono lo studio di una serie (1) a quello della successione

(34) $$U_0,\ U_1,\ U_2,\ \dots,\ U_n,\ \dots;$$

è quindi naturale introdurre il concetto di *limite di* Borel *di una successione* (34), indipendentemente dalla serie (1) da cui trae origine, e del quale faremo uso in seguito.

Diremo perciò che le $(13)^r$ sono le serie coniugate *alla successione* (34) e che il numero u, definito dalla (20) o (21)', è il *limite di* Borel *di ordine* r, o $\lim(B, r)$, della successione (34).

Anche una successione non limitata può avere un tal limite. Così

$$(35) \qquad 0, 1, -1, 2, -2, 3, -3, \ldots$$

ha il $\lim(B, 1)$, che vale $\frac{1}{4}$, se $\sigma(a) = e^a$.

Infatti la serie coniugata è

$$U(a) = \frac{a}{1!} - \frac{a^2}{2!} + 2\frac{a^3}{3!} - 2\frac{a^4}{4!} + 3\frac{a^5}{5!} - 3\frac{a^6}{6!} + \ldots$$
$$= \frac{1}{2} a e^{-a} + \frac{1}{4}(e^a - e^{-a}),$$

come è facile verificare, quindi

$$\frac{U(a)}{\sigma(a)} = \frac{1}{2} a e^{-2a} + \frac{1}{4}(1 - e^{-2a})$$

ha per limite $\frac{1}{4}$ per $a = +\infty$.

25. — Per un teorema del n° 17, quando esiste il limite ordinario (finito) di una successione, esiste anche il $\lim(B, r)$, per ogni r ed ogni $\sigma(a)$, e gli è uguale; e per il n° 14, quando esiste $\lim(B, r)$ esiste anche $\lim(B, r-1)$ e gli è uguale.

Diremo perciò che (34) ammette il $\lim Bg$, ossia *il limite di* Borel *generalizzato*, quando ammette il $\lim(B, r)$ per qualche valore di r (dal quale del resto è indipendente).

I teoremi del § 3 si traducono in altrettanti teoremi sui nuovi limiti, analoghi a quelli che valgono sui limiti ordinarî. Senza insistere su ciò, notiamo soltanto che l'analogia non sempre persiste. Così, se una seconda successione $V_0, V_1, V_2, \ldots$ ha il $\lim Bg$ e vale v, *non* può dirsi che la successione $U_0 V_0$, $U_1 V_1$, $U_2 V_2$, ... ammette il $\lim Bg$ e vale uv. Per esempio, quadrando i termini della (35), si ha una successione che ha per limite ordinario $+\infty$, quindi (n° 17) non può avere il $\lim Bg$ uguale ad $\left(\frac{1}{4}\right)^2$, comunque si scelga $\sigma(a)$.

26. — Per il seguito, osserviamo che la successione

$$u_0, u_1, u_2, \ldots, u_n, \ldots,$$

costituita dai termini di una serie (1), ha come serie *coniugate* le $(9)^r$, sicchè il suo lim Bg è espresso da

$$\lim_{a=\infty} \frac{u^{(r-1)}(a)}{\sigma^{(r-1)}(a)} \tag{36}$$

per un certo valore di r (e per qualsiasi valore minore). Per la sua esistenza si richiede anzitutto che le $(9)^r$ siano serie B.

§ 5. — I metodi derivati di un Bg.

27. Lo studio dell'uguaglianza (IV) del n° 3 ci condurrà a considerare insieme con ogni metodo Bg anche quelli che si ottengono assumendo come funzione sommatrice una derivata o un integrale $\sigma^{(h)}(a) = \sigma_h(a)$ della primitiva $\sigma(a)$, e che perciò possono chiamarsi *metodi derivati* (in senso lato) di Bg.

Indicheremo con $(B, r; h)$ e $(Bg; h)$ rispettivamente il metodo di Borel di ordine r e il metodo di Borel generalizzato corrispondente a $\sigma_h(a)$.

Per ogni valore fissato di h, saranno applicabili a questi metodi i risultati dei §§ precedenti.

Osserviamo che *in generale i metodi derivati non sono equivalenti, nè tra loro, nè a* Bg.

Così, se $\sigma(a)$ è funzione pari di a, $\sigma_h(a)$ è funzione pari o dispari, secondo che h è pari o dispari; ed allora la serie (24) sarà sommabile $(B, r; h)$ qualunque siano r ed h, ma avrà per somma 0 o 1, secondo che h è dispari o pari (n° 18).

Poichè dunque una serie (1), pur essendo sommabile con più d'uno dei metodi derivati, può assumere somme differenti, indicheremo con $(u_0 + u_1 + \ldots, r; h)$ quella che le conferisce il metodo $(B, r; h)$; sicchè per definizione (nⁱ 9 e 12):

$$(u_0 + u_1 + \ldots, r; h) = \lim_{a=\infty} \frac{U_h^{(r-1)}(a)}{\sigma_h^{(r-1)}(a)}\,. \tag{37}$$

Questa sarà pure la somma $(u_0 + u_1 + \ldots; h)$ che le conferirà il metodo $(Bg; h)$ (n° 14), quindi:

$$(u_0 + u_1 + \ldots; h) = (u_0 + u_1 + \ldots, r; h) \tag{38}$$

per tutti i valori di r che non superano l'indice di sommabilità della serie nel metodo $(Bg; h)$ (n° 15).

Per analogia, estenderemo tutte le notazioni ora introdotte anche ai metodi (B, r) e Bg, ponendo:

$$(B, r; 0) = (B, r), \qquad (Bg; 0) = Bg,$$
$$u = (u_0 + u_1 + \dots; 0) = (u_0 + u_1 + \dots, r; 0).$$

28. — Accanto al $\lim Bg = \lim (Bg; 0)$ di una successione (34) (§ 4) possiamo del pari considerare il $\lim (Bg; h)$. In particolare, per la successione

$$(39) \qquad u_0, u_1, u_2, \dots,$$

detto limite è espresso da

$$(40) \qquad \lim_{a=\infty} \frac{u_h^{(r-1)}(a)}{\sigma_h^{(r-1)}(a)},$$

per qualsiasi valore intero r minore di un certo numero (che dipenderà da h) (n° 26).

§ 6. — L'uguaglianza (IV).

29. — Confrontiamo le serie coniugate alle serie (1) e

$$(41) \qquad u_p + u_{p+1} + u_{p+2} + \dots$$

che compaiono nei due membri della (IV) del n° 3.

Posto $w_n = u_{p+n}$, se $n \geq 0$, e $w_n = 0$, se $n < 0$, (giusta la convenzione generale del n° 7), la (41) prende la forma tipica:

$$(41)' \qquad w_0 + w_1 + w_2 + \dots$$

e si ha:

$$W_n = w_0 + w_1 + \dots + w_n = u_p + u_{p+1} + \dots + u_{p+n} = U_{p+n} - U_{p-1} \qquad (n \geq 0),$$

quindi la serie coniugata alla (41)' rispetto alla funzione sommatrice $\sigma_h(a)$ è

$$(42) \qquad W_h(a) = \sum_{n=0}^{\infty} c_{h+n} W_n \frac{a^n}{n!} = \sum_{n=0}^{\infty} c_{h+n} (U_{p+n} - U_{p-1}) \frac{a^n}{n!};$$

ma, per le $(7)^r$ e $(13)_h^r$, è

$$\sigma_h(a) = \sigma^{(h)}(a) = \sum_{n=0}^{\infty} c_{h+n} \frac{a^n}{n!},$$

(43) $$U_{h-p}^{(p)}(a) = \sum_{n=0}^{\infty} c_{h+n} U_{p+n} \frac{a^n}{n!};$$

quindi:

(44) $$W_h(a) = U_{h-p}^{(p)}(a) - U_{p-1} \sigma_h(a);$$

poi, derivando $r-1$ volte (se $r-1>0$) o integrando $1-r$ volte in $(0, a)$ (se $r-1<0$), si ha:

$$W_h^{(r-1)}(a) = U_{h-p}^{(p+r-1)}(a) - U_{p-1} \cdot \sigma_h^{(r-1)}(a);$$

ed infine, ricordando la (16),

(45) $$\frac{W_h^{(r-1)}(a)}{\sigma_h^{(r-1)}(a)} + U_{p-1} = \frac{U_{h-p}^{(p+r-1)}(a)}{\sigma_{h-p}^{(p+r-1)}(a)}.$$

Fin qui le operazioni eseguite sono puramente formali. Ma ora supponiamo che la $(41)' \equiv (41)$ sia sommabile $(B, r; h)$ con somma

$$(w_0 + w_1 + \ldots, r; h) = (u_p + u_{p+1} + \ldots, r; h).$$

Allora la sua serie coniugata (42) rispetto a $\sigma_h(a)$ è una serie B che definisce una funzione $W_h(a)$ analitica regolare per $a \geq 0$; ora, poichè $\sigma_h(a)$ è una trascendente intera, segue dalla (44) che anche $U_{h-p}^{(p)}(a)$ è funzione analitica regolare per $a \geq 0$ e quindi che il suo sviluppo in serie (43) è una serie B. Dopo ciò i calcoli precedenti valgono effettivamente e la (45) sussiste per $a \geq 0$. Infine, giusta l'ipotesi, esiste il limite del primo membro della (45) per $a = \infty$ e vale $(u_p + u_{p+1} + \ldots, r; h) + U_{p-1}$, quindi anche il secondo membro ha lo stesso limite, cioè la serie (1) è sommabile $(B, r+p; h-p)$ e detto limite ne è la somma.

Allo stesso modo si prova che, viceversa, ammesso che (1) sia sommabile $(B, r+p; h-p)$ con somma $(u_0 + u_1 + \ldots, r+p; h-p)$, la $(41)' \equiv (41)$ è sommabile $(B, r; h)$ con somma $(u_0 + u_1 + \ldots, r+p; h-p) - U_{p-1}$.

Cambiando nei risultati r in $r-p$ e h in $h+p$, otteniamo il

Teorema IV. — *Delle due serie*

$$(46) \qquad u_0+u_1+u_2+\ldots, \qquad u_p+u_{p+1}+u_{p+2}+\ldots,$$

se la prima è sommabile (B, r; h), *la seconda è sommabile* (B, r — p; h + p), *e viceversa; allora si ha*:

$$(\mathrm{IV})' \qquad (u_0+u_1+\ldots, r; h) = u_0+u_1+\ldots+u_{p-1}+ \\ +(u_p+u_{p+1}+\ldots, r-p; h+p).$$

Corollario. — *Se la prima serie* (46) *è sommabile* (Bg; h), *la seconda è sommabile* (Bg; h + p), *e viceversa; e allora si ha:*

$$(u_0+u_1+\ldots; h) = u_0+u_1+\ldots+u_{p-1}+(u_p+u_{p+1}+\ldots; h+p).$$

§ 7. — Serie sommabili *Bg* soddisfacenti la (IV).

30. — Se poniamo in particolare $h=0$ o $h=-p$, otteniamo:

Delle due serie (46), se la prima è sommabile *Bg*, la seconda è sommabile $(Bg; p)$ e viceversa, e allora si ha:

$$(47) \quad (u_0+u_1+\ldots; 0) = u_0+u_1\ldots+u_{p-1}+(u_p+u_{p+1}+\ldots; p).$$

Delle due serie (46), se la seconda è sommabile *Bg*, la prima è sommabile $(Bg; -p)$, e viceversa; e allora si ha:

$$(48) \quad (u_0+u_1+\ldots; -p) = u_0+u_1+\ldots+u_{p-1}+(u_p+u_{p+1}+\ldots; 0).$$

Poichè dunque se una delle due serie (46) è sommabile *Bg* *non* è tale anche l'altra (in generale), possiamo concludere che: *con un metodo* Bg *generico la* (IV) *del n° 3 non è applicabile in generale.*

Tuttavia, qualunque sia il metodo *Bg*, esistono sempre delle serie alle quali la (IV) è applicabile o per qualche valore di p (14) o per ogni valore di p (15). Cerchiamo di caratterizzare queste ultime serie.

31. — La prima delle (46) sia sommabile Bg. Vogliamo che tale sia anche la seconda e che risulti:

$$(49)\qquad (u_0+u_1+\ldots;\ 0)=u_0+u_1+\ldots u_{p-1}+(u_p+u_{p+1}+\ldots;\ 0).$$

Se ciò si verifica, poichè sussiste la (48), si ha:

$$(50)\qquad (u_0+u_1+\ldots;\ -p)=(u_0+u_1+\ldots;\ 0);$$

quindi la prima delle (46) è, non solo sommabile Bg, ma anche $(Bg;\ -p)$ e con ugual somma.

Viceversa, se ciò si verifica, dalle (48) e (50) segue la (49).

Raccogliendo e generalizzando (16), possiamo dire che:

Sopprimendo da una serie sommabile Bg *con somma* u *un numero finito* p *di termini di somma* s, *si ha una serie sommabile* Bg *con somma* u — s *solo quando la primitiva è anche sombile* (Bg; — *p*) *con somma* u.

Del pari si vedrebbe che:

Inserendo in una serie sommabile Bg *con somma* u *un numero finito* p *di termini di somma* s, *si ha una serie sommabile* Bg *con somma* u + s *solo quando la primitiva è anche sommabile* (Bg; p) *con somma* u.

32. — Ne segue che: *Fra le serie sommabili* Bg *quelle che sono sommabili anche con tutti i metodi derivati di* Bg *e con ugual somma sono le sole alle quali è applicabile la* (IV) *per ogni valore di* p.

---

(14) Così la (IV) è applicabile alla serie (24) per $p=2$, riducendosi all'identità

$$1-1+1-1+\ldots=1-1+(1-1+1-1+\ldots),$$

con qualunque metodo con cui essa è sommabile. Invece non sempre si può scrivere $(p=1)$

$$1-1+1-1+\ldots=1+(-1+1-1+1-\ldots)=1-(1-1+1-\ldots),$$

perchè se, p. es., $\sigma(a)$ è funzione pari di a, la (24) è sommabile Bg con somma uno (n° 18).

(15) Per es. nelle serie convergenti, che sono anche sommabili Bg.

(16) Si tenga presente il *coroll.* del n° 20 che permette di portare in principio p termini qualunque di una serie.

Se ne deduce, come nell'ordinario metodo di sommazione, che a queste serie sono applicabili le proprietà associativa e dissociativa al finito, ed è lecito inoltre sopprimere o inserire un numero finito di termini senza ledere la sommabilità Bg.

Insomma: *queste serie ed esse soltanto si possono trattare nei calcoli come le serie convergenti.*

33. — Il seguente teorema le caratterizza:

Sono quelle serie sommabili Bg *i cui termini formano una successione che ha il* lim (Bg; h) *nullo per ogni valore di* h.

Sia (1) una di tali serie, cioè sommabile $(Bg; h)$ e tale che sia

$$(u_0 + u_1 + \dots;\, h-1) = (u_0 + u_1 + \dots;\, h) \tag{51}$$

per ogni h.

Allora tutte le serie $(13)_h^r$ coniugate alla (1) saranno serie B, quindi (n° 10) tali saranno pure tutte le serie associate $(9)_h^r$, e fra le funzioni analitiche definite dai due gruppi di serie passerà la relazione (17) per ogni coppia di valori degli interi r ed h.

Intanto in ciascuno dei metodi $(Bg; h)$ la (1) ha un indice di sommabilità i_h (n° 15). Fissato h, sia m un intero minore di i_{h-1} e i_h, e sia r un intero minore di m; sicchè $r+1 < i_{h-1}$, $r < i_h$. Allora la (1) sarà certamente sommabile $(B, r+1;\, h-1)$ e $(B, r;\, h)$ e si avrà:

$$\left\{\begin{aligned} (u_0 + u_1 + \dots;\, h-1) &= \lim_{a=\infty} \frac{U_{h-1}^{(r)}(a)}{\sigma_{h-1}^{(r)}(a)}, \\ (u_0 + u_1 + \dots;\, h) &= \lim_{a=\infty} \frac{U_h^{(r-1)}(a)}{\sigma_h^{(r-1)}(a)}. \end{aligned}\right. \tag{52}$$

Ora la (17), divisa per $\sigma_{h-1}^{(r)}(a) = \sigma_h^{(r-1)}(a)$, dà:

$$\frac{U_{h-1}^{(r)}(a)}{\sigma_{h-1}^{(r)}(a)} - \frac{U_h^{(r-1)}(a)}{\sigma_h^{(r-1)}(a)} = \frac{u_h^{(r-1)}(a)}{\sigma_h^{(r-1)}(a)}, \tag{53}$$

che, per le (51) e (52), diventa al limite:

$$\lim_{a=\infty} \frac{u_h^{(r-1)}(a)}{\sigma_h^{(r-1)}(a)} = 0 \qquad (r < m). \tag{54}$$

Ciò esprime (n° 28) che la successione

$$u_0,\ u_1,\ u_2,\ \dots \tag{55}$$

ha il lim $(Bg; h)$ nullo, ove h è il numero fissato arbitrariamente.

Viceversa, supponiamo che ciò si verifichi e che la (1) sia sommabile Bg con somma $(u_0 + u_1 + \dots; 0) = u$. Dico che (1) è anche sommabile $(Bg; h)$ con somma u per ogni h.

Dalla prima ipotesi segue che tutte le serie $(9)_h^r$ coniugate alla successione (55) sono serie B per ogni h; dalla seconda segue che le $(13)^r$, ossia le $(13)_h^r$ per $h = 0$, sono serie B; dunque (n° 10) le $(13)_h^r$ sono serie B per ogni h, e fra le funzioni analitiche definite dalle $(9)_h^r$ e $(13)_h^r$ passa la relazione (17) e quindi la (53), per $a \geq 0$ e per ogni coppia di valori degli interi r e h.

Ciò premesso, per dimostrare quanto abbiamo asserito, basta dimostrare che, se (1) è sommabile $(Bg; h)$ con somma u per un certo valore di h, sarà pure sommabile $(Bg; h-1)$ con somma u, e viceversa; poiche p. i. è già noto che (1) è sommabile $(Bg; 0)$ con somma u. Ora ciò è conseguenza immediata delle (53) e (54): per esse infatti possiamo asserire che i due limiti (52) esistono e sono uguali appena esiste uno di essi.

§ 8. — Il metodo $\Sigma \equiv \sum_h (Bg; h) \equiv \sum_{r,h} (B, r; h)$.

34. — Vi è un secondo modo di conseguire la validità della (IV), suggerito dal teorema IV del n° 29, e che consiste nell'allargare il concetto di serie sommabile. Consideriamo cioè, non solo il metodo Bg, ma anche tutti i suoi derivati; e degli infiniti metodi

$$(56) \qquad \dots (Bg; -2),\ (Bg; -1),\ (Bg; 0),\ (Bg; 1),\ (Bg; 2), \dots$$

formiamo la somma logica Σ, chiamando *sommabile* Σ una serie quando è sommabile con qualcuno dei metodi (56).

Una medesima serie può essere sommabile con più d'uno di tali metodi e con somme differenti (n° 17): converremo di attribuire alla serie *tutte* queste somme.

Il metodo Σ è dunque parametrico come Bg, ma *a due parametri*, perchè in sostanza una serie (1) è sommabile Σ, quando è sommabile $(B, r; h)$ per qualche coppia di valori degli interi r ed h; ed allora il numero

$$(u_0 + u_1 + \dots; h) = (u_0 + u_1 + \dots, r; h) = \lim_{a=\infty} \frac{U_h^{(r-1)}(a)}{\sigma_h^{(r-1)}(a)}$$

è *una* delle sue somme (n° 27).

35. — I teoremi seguenti dicono quali delle uguaglianze (I), ..., (IV) del n° 3 sono applicabili incondizionatamente alla serie sommabili Σ e ne precisano il senso.

TEOREMA I. — *Se una delle due serie*

$$u_0 + u_1 + \dots, \qquad u_0 + \dots + u_{p-1} + (u_p + k) + u_{p+1} + \dots$$

è sommabile Σ, *tale è anche l'altra e le somme della seconda sono uguali a quelle della prima aumentate di* k. *Precisamente:*

$$\text{(I)}' \quad (u_0+u_1+\dots, r; h)+k=(u_0+\dots+u_{p-1}+\overline{u_p+k}+u_{p+1}+\dots, r; h)$$

quando esiste uno dei due membri.

COROLL. — *Una serie sommabile* Σ *non si altera cambiando l'ordine di un numero finito dei suoi termini. Precisamente: se è sommabile* (B, r; h) *tale resta e con ugual somma.*

TEOREMA II. — *Se una delle due serie*

$$u_0 + u_1 + \dots, \qquad ku_0 + ku_1 + \dots \qquad (u \neq 0)$$

è sommabile Σ *tale è anche l'altra e le somme della seconda sono uguali a quelle della prima moltiplicate per* k. *Precisamente si ha:*

$$\text{(II)}' \qquad (u_0 + u_1 + \dots, r; h)\, k = (ku_0 + ku_1 + \dots, r; h),$$

quando esiste uno dei due membri.

Questi teoremi seguono senz'altro dai corrispondenti del § 3, applicandoli ad uno qualunque $(Bg; h)$ dei metodi (56).

TEOREMA IV. — *Se una delle due serie*

$$u_0 + u_1 + \dots, \qquad u_p + u_{p+1} + \dots$$

è sommabile Σ, *tale è anche l'altra e le somme della seconda sono uguali a quelle della prima diminuite di* $u_0 + u_1 + \dots + u_{p-1}$. *Precisamente si ha:*

$$\text{(IV)}' \qquad (u_0 + u_1 + \dots, r; h) =$$
$$= u_0 + u_1 + \dots + u_{p-1} + (u_p + u_{p+1} + \dots, r - p; h + p),$$

quando esiste uno dei due membri.

COROLL. 1°. — *Una serie sommabile* Σ *non si altera sostituendo a* p *suoi termini la loro somma. Precisamente: se è sommabile* (B, r; h) *diventa sommabile* (B, r — p + 1; h + p — 1) *e con ugual somma.*

Per il coroll. del teor. I si può supporre che i p termini siano i primi della serie. Ora, per il teor. IV, se la serie (1) è sommabile $(B, r; h)$ con somma u, la serie $u_p + u_{p+1} + \dots$ è sommabile $(B, r - p; h + p)$ con somma $u - (u_0 + \dots + u_{p-1})$, quindi, per lo stesso teorema, la serie

$$(u_0 + \dots + u_{p-1}) + u_p + u_{p+1} + \dots$$

è sommabile $(B, r - p + 1; h + p - 1)$ con somma u. Analogamente si prova il

Coroll. 2°. — *Una serie sommabile* Σ *non si altera se ad un suo termine si sostituiscono* p *altri di cui esso ne sia la somma. Precisamente: se è sommabile* (B, r; h) *diventa sommabile* $(B, r + p - 1; h - p + 1)$ *e con ugual somma.*

36. — Non abbiamo fin qui contemplata l'uguaglianza (III) del n° 3, perchè non può dirsi che sia valida, almeno incondizionatamente, per le serie sommabili Σ. Infatti il teorema III del § 3, applicato ad un metodo $(Bg; h)$, permette soltanto di sommare termine a termine due serie sommabili con lo *stesso* metodo (56) ([17]).

La (III) sarà applicabile certamente a quelle serie che sono sommabili con *tutti* i metodi (56); e queste serie formano una classe che è più ampia di quella considerata nel § 7.

§ 9. — Il metodo Bg con $\sigma(a) = e^a$.

37. — Ora torniamo al punto di partenza, ossia al metodo esponenziale generalizzato (n° 1).

Quando $\sigma(a) = e^a$, tutto lo studio fatto sin qui si semplifica,

---

([17]) Tuttavia si può sempre *caso per caso* formare una serie che può dirsi *somma* di due date $u_0 + u_1 + \dots$, $v_0 + v_1 + \dots$. Se queste sono sommabili $(Bg; h)$ e $(Bg; k)$ ed è $h < k$, la serie

$$u_0 + u_1 + \dots + u_{k-h-1} + (u_{k-h} + v_0) + (u_{k-h+1} + v_1) + \dots$$

è sommabile $(Bg; k)$ con somma $(u_0 + u_1 + \dots; h) + (v_0 + v_1 + \dots; k)$.

Ciò si dimostra subito invocando il teor. IV.

e di molto. Anzitutto si semplificano le espressioni (21) e (21)' del numero u somma di una serie. La (21) diventa

$$(57) \qquad u = \lim_{a=\infty} e^{-a}\, U^{(r-1)}(a)\,,$$

poichè $\sigma^{(r-1)}(a)$ o è uguale a e^a (se $r > 1$) o è uguale a $e^a + P(a)$, ove $P(a)$ è un polinomio (se $r < 1$), quindi in ogni caso è $\lim_{a=\infty} e^{-a}\, \sigma^{(r-1)}(a) = 1$. Poi la (21)' diventa

$$(57)' \qquad u = U_{r-1} + \int_0^\infty e^{-a}\, u^{(r)}(a)\, da\,;$$

il che si deduce anche subito dalla (57) e dalla (20)' divisa per e^a.

Qui è inutile considerare i metodi derivati $(Bg;\, h)$ di Bg e Σ, perchè tutti coincidono con Bg, essendo $\sigma_h(a) = \sigma(a) = e^a$ a meno di un polinomio (se $h < 0$), che è senza importanza (n° 16).

Sicchè a *tutte* le serie sommabili sono applicabili, non solo le (I), (II) e (III) del n° 3, ma anche la (IV), giusta il teorema del n° 32, ed anche infine la (V), come abbiamo dimostrato in M, n° 22 ([18]).

Vediamo così che il metodo esponenziale generalizzato è il più semplice e il più perfetto dei metodi di sommazione che si possono fondare partendo dalla geniale concezione del Borel (nⁱ 1 e 2).

Cagliari, 21 aprile 1918.

([18]) Ivi ci siamo attenuti alla prima definizione (2) del numero u, ossia abbiamo supposto che le serie coniugate ed associate ad una data serie (1) fossero trascendenti intere e non soltanto serie B; ma, con lievi ritocchi, la dimostrazione del teorema del n° 22 si può adattare al caso in cui le dette serie si suppongono soltanto serie B.

Sopra la propagazione di onde in un mezzo indefinito

di ERNESTO LAURA, a Pavia.

Introduzione. — Una porzione di un fluido indefinito o più generalmente di un mezzo elastico inizialmente in quiete, venga posta ad un istante, che assumeremo come iniziale, in moto; allora ad ogni istante posteriore, l'onda, che si propaga, avrà un bordo, costituito dalla superficie che, all'istante considerato, separa i punti entrati in vibrazione da quelli ancora in quiete. È noto ora (1) da lungo tempo, che, sopra questo bordo, le funzioni incognite, caratterizzanti il moto, soddisfanno a particolari condizioni analitiche; le quali sono ricavate con considerazioni cinematiche. Non mi risulta invece, per quanto la deduzione non presenti particolari difficoltà, che queste condizioni sieno state dedotte con considerazioni puramente energetiche, atte a mostrare per esse quel carattere di necessarietà, che i metodi sinora usati non ponevano in evidenza.

L'esame della forma particolare spettante all'equazione delle forze vive, nella trattazione di problemi riguardanti propagazione di moto in un mezzo indefinito, oltrecchè portare a risolvere la questione sopra accennata, mi ha permesso di dare forma rigorosa al problema della riflessione di un treno di onde contro un ostacolo fisso (2).

---

(1) A. E. H. Love, *The propagation of Wave-motion in an isotropic elastic medium*, " Proc. London Math. Society ", 2a serie, vol. I (1906).

Cfr. pure Hadamard, *Leçons sur la propagation des ondes*, ecc., Paris, 1903.

(2) Questo problema è la generalizzazione di quello che ho chiamato *esterno* della Dinamica Elastica. — Cfr. la Memoria: *Sopra il problema esterno della Dinamica dei mezzi elastici isotropi*, " Atti R. Acc. Scienze di Torino ", serie II, vol. LXIV. Essa è indicata nel seguito con (A).

L'importanza delle considerazioni svolte è posta infine in luce dallo studio della propagazione di vibrazioni di tipo particolare nei §§ 8 e seguenti, dove mi propongo la questione:

È possibile la propagazione di onde di tipo armonico semplice tutte dello stesso periodo, all'esterno di una superficie convessa, in un mezzo fluido inizialmente in quiete e non sollecitato da forze di massa?

Il risultato ottenuto circa la non possibilità di questo moto (escluso il caso di vibrazioni puramente radiali all'esterno di una sfera) mi sembra di interesse per le osservazioni seguenti.

Consideriamo l'unico treno di onde di tipo armonico semplice che si può propagare in un mezzo fluido e il potenziale di velocità del quale (Cfr. questa Memoria, pag. 278) è:

$$\frac{\operatorname{sen} k\left(t - \frac{r}{a}\right)}{r}.$$

Se queste onde urtano contro una superficie σ fissa, il moto riflesso, per il risultato stabilito, *non potrà essere costituito solamente di onde di periodo* $\frac{2\pi}{k}$. Esso dovrà perciò essere costituito oltrecchè di onde armoniche di periodo $\frac{2\pi}{k}$, di vibrazioni, le cui caratteristiche, coefficienti di smorzamento e periodi, dipendono dalla forma della superficie riflettente e dal fluido nel quale avviene il moto.

Ho dimostrato l'esistenza di questi moti, che ho chiamato quasi-liberi, nel caso che il moto avvenga all'esterno di una sfera ([3]).

Dal punto di vista analitico il nostro risultato ci permette di criticare il modo con cui è formulato generalmente il problema della propagazione di onde di tipo armonico semplice. Se il periodo di queste onde è $\frac{2\pi}{k}$ e a è la velocità del suono, questo problema si fa generalmente consistere nella integrazione dell'equazione:

$$\Delta\varphi + \frac{k^2}{a^2}\varphi = 0$$

([3]) E. Laura, *Sopra il problema della propagazione all'esterno di una sfera*, ecc., "Atti R. Acc. Scienze di Torino", vol. L (1915).

nello spazio esterno ad una superficie σ chiusa, sulla quale sono dati i valori superficiali della funzione incognita o della sua derivata normale. La funzione φ non risulta perciò univocamente (4) determinata.

Gli autori (5), che, in questi ultimi tempi, si sono occupati di questi problemi, suppongono ancora che la φ non possa contenere termini isolati in $\cos kr$, $\operatorname{sen} kr$, legittimando questa condizione con l'ammettere la non possibilità di riflessioni all'infinito. L'artificiosità, evidente a priori, di questa condizione, la quale, in ultima analisi, assicurando un particolare comportamento all'infinito della funzione incognita, costituisce, a parer mio, una condizione estranea alla natura fisica del problema, derivà dal fatto che il problema analitico prima posto non tien conto di tutte le condizioni a cui il potenziale di velocità φ deve soddisfare, affinchè la propagazione di onde nel fluido possa effettivamente aver luogo.

Il risultato conseguito, mostrando, come le condizioni al bordo dell'onda, nel caso della propagazione di onde di tipo armonico semplice, non riescono automaticamente verificate, indirettamente dimostra questa insufficienza della equazione (1) a rappresentare analiticamente tale propagazione. È dunque necessario dare a questo problema, nel caso più generale, quella forma che io indico nel § 2 di questa Memoria.

§ 1. — Condizioni al bordo di un'onda propagantesi in un mezzo fluido.

1. — Comincierò con il considerare un mezzo fluido, elastico, indefinito, non sollecitato da forze di massa e supporrò che in esso un seguito di onde venga propagato all'esterno di una superficie σ convessa. Scelgo come iniziale l'istante in cui i

(4) POCKELS, *Ueber die Partielle Differentialgleichung* $\Delta u + k^2 u = 0$ (Leipzig, Teubner, 1891).

(5) MACDONALD, *Electric Waves* (Adams Prize), Cambridge, 1902 (pag. 90). Cfr. pure H. CARLSLAW, *The* GREEN'S *function for the equation* $\nabla^2 u + k^2 u = 0$, " Proc. London Math. Society ", series 2, vol. 13, pag. 257. — H. S. CARLSLAW, *The Scattering of Sound Waves by a Cone*, " Mathem. Ann. ", t. LXXV, p. 134.

punti di σ contemporaneamente vengono posti in vibrazione. All'esterno di σ, il moto del fluido sarà a potenziale di velocità, che indicherò con φ. Se a è allora la velocità di propagazione delle onde sonore nel fluido considerato, la funzione φ all'esterno di σ, in una regione e in un intervallo di tempo che determineremo, soddisferà all'equazione delle onde sferiche:

$$\frac{\partial^2 \varphi}{\partial t^2} = a^2 \Delta \varphi \tag{1}$$

dove Δ è il solito simbolo di LAPLACE.

Portiamo sulle normali a σ, a partire dai punti di σ, dei segmenti at. Gli estremi di questi segmenti staranno sopra una superficie, che dirò σ_t, la quale sarà ancora convessa. Poichè ho scelto come istante $t = 0$ quello in cui il moto si è iniziato, nell'intervallo di tempo $0 \vdash t$ i punti che si sono posti in movimento sono quelli esterni a σ ed interni a σ_t. La equazione (1) dovrà perciò essere verificata dalla funzione φ nello spazio ora considerato e per l'intervallo $0 \vdash t$. Quali sono le ulteriori condizioni superficiali atte a determinare univocamente la funzione φ?

Ricorreremo perciò all'equazione delle forze vive. Notiamo che la pressione in un punto del fluido è $\rho a^2 \frac{\partial \varphi}{\partial t}$, e che la velocità vale:

$$\sqrt{\Delta_1 \varphi} = \sqrt{\left(\frac{\partial \varphi}{\partial x}\right)^2 + \left(\frac{\partial \varphi}{\partial y}\right)^2 + \left(\frac{\partial \varphi}{\partial z}\right)^2}.$$

Il principio della conservazione dell'energia applicato nell'intervallo $0 \vdash \tau$ fornirà l'equazione:

$$\frac{\rho}{2} \int_{S_\tau} \left\{ \left(\frac{\partial \varphi}{\partial t}\right)^2 + a^2 \Delta_1 \varphi \right\} dS = \text{lavoro forze esterne},$$

dove lo spazio S_τ è lo spazio compreso tra σ e σ_τ.

Poichè il fluido non è sollecitato da forze esterne di massa, le uniche forze esterne agenti sul fluido saranno le pressioni sopra σ per tutto l'intervallo $0 \vdash \tau$, e quindi il loro lavoro, per lo stesso intervallo sarà:

$$-\rho a^2 \int_0^\tau dt \int_\sigma \frac{\partial \varphi}{\partial t} \frac{\partial \varphi}{\partial n} d\sigma,$$

dove n è la normale a σ rivolta verso la regione in cui è situato il fluido.

Il principio delle forze vive fornirà dunque l'equazione:

$$\frac{\rho}{2}\int_{S_\tau}\left[\left(\frac{\partial\varphi}{\partial t}\right)^2+a^2\Delta_1\varphi\right]dS+\rho a^2\int_0^\tau dt\int_\sigma\frac{\partial\varphi}{\partial t}\frac{\partial\varphi}{\partial n}d\sigma=0, \tag{2}$$

la quale sarà valida per ogni valore $\tau \geqq 0$.

Questa equazione è stata ricavata senza aver ricorso all'equazione (1) e con pure considerazioni meccaniche. Partiamo ora invece dall'equazione (1) e confrontiamo l'equazione che otterremo con la (2). Da questo confronto discenderanno quelle condizioni analitiche suppletive necessarie a individuare univocamente la funzione φ nell'intervallo S_τ e per l'intervallo di tempo $0 \vdash\!\dashv \tau$.

Dalla (1) si ricava:

$$\int_{S_t}\frac{\partial\varphi}{\partial t}\frac{\partial^2\varphi}{\partial t^2}dS=a^2\int_{S_t}\frac{\partial\varphi}{\partial t}\Delta\varphi\, dS.$$

E da questa con procedimenti noti:

$$\frac{\rho}{2}\int_{S_t}\frac{\partial}{\partial t}\left[\left(\frac{\partial\varphi}{\partial t}\right)^2+a^2\Delta_1\varphi\right]dS= \tag{3}$$

$$=-\rho a^2\int_\sigma\frac{\partial\varphi}{\partial t}\frac{\partial\varphi}{\partial n}d\sigma+\rho a^2\int_{\sigma_t}\frac{\partial\varphi}{\partial t}\frac{\partial\varphi}{\partial n}d\sigma,$$

dove la n che compare nel 2° integrale del 2° membro è la normale a σ_t rivolta all'esterno di S_t.

Notiamo ora la formola [6]:

$$\int_0^\tau dt\int_{S_t}\frac{\partial f}{\partial t}dS=\int_{S_\tau}f dS-a\int_0^\tau dt\int_{\sigma_t}f d\sigma. \tag{4}$$

La (3), integrandone i due membri tra 0 e τ, diverrà:

$$\frac{\rho}{2}\int_{S_\tau}\left[\left(\frac{\partial\varphi}{\partial t}\right)^2+a^2\Delta_1\varphi\right]dS-\frac{\rho a}{2}\int_0^\tau dt\int_{\sigma_t}\left[\left(\frac{\partial\varphi}{\partial t}\right)^2+a^2\Delta_1\varphi\right]dS=$$

$$=-\rho a^2\int_0^\tau dt\int_\sigma\frac{\partial\varphi}{\partial t}\frac{\partial\varphi}{\partial n}d\sigma+\rho a^2\int_0^\tau dt\int_{\sigma_t}\frac{\partial\varphi}{\partial t}\frac{\partial\varphi}{\partial n}d\sigma.$$

---

[6] Cfr. la Memoria (A), pag. 8.

Dalla quale:

$$(5)\quad \frac{\rho}{2}\int_{S_\tau}\left[\left(\frac{\partial\varphi}{\partial t}\right)^2+a^2\Delta_1\varphi\right]dS+\rho a^2\int_0^\tau dt\int_\sigma\frac{\partial\varphi}{\partial t}\frac{\partial\varphi}{\partial n}\,d\sigma=$$
$$=\frac{\rho a}{2}\int_0^\tau dt\int_{\sigma_t}\left[\left(\frac{\partial\varphi}{\partial t}\right)^2+a^2\Delta_1\varphi+2a\frac{\partial\varphi}{\partial t}\frac{\partial\varphi}{\partial n}\right]d\sigma\,.$$

Dal confronto della (2) con la (5) si conclude: affinchè sussista l'integrale delle forze vive è necessario che si abbia:

$$(6)\qquad \int_0^\tau dt\int_{\sigma_t}\left[\left(\frac{\partial\varphi}{\partial t}\right)^2+a^2\Delta_1\varphi+2a\frac{\partial\varphi}{\partial t}\frac{\partial\varphi}{\partial n}\right]d\sigma=0$$

per ogni $\tau\geq 0$.

Notiamo ora l'identità:

$$\left(\frac{\partial\varphi}{\partial t}\right)^2+a^2\Delta_1\varphi+2a\frac{\partial\varphi}{\partial t}\frac{\partial\varphi}{\partial n}=\left(\frac{\partial\varphi}{\partial t}+a\frac{\partial\varphi}{\partial n}\right)^2+a^2\left[\Delta_1\varphi-\left(\frac{\partial\varphi}{\partial n}\right)^2\right]=$$
$$=\left(\frac{\partial\varphi}{\partial t}+a\frac{\partial\varphi}{\partial n}\right)^2+a^2\left(\frac{\partial\varphi}{\partial y}\frac{\partial z}{\partial n}-\frac{\partial\varphi}{\partial z}\frac{\partial y}{\partial n}\right)^2+$$
$$+a^2\left(\frac{\partial\varphi}{\partial z}\frac{\partial x}{\partial n}-\frac{\partial\varphi}{\partial x}\frac{\partial z}{\partial n}\right)^2+a^2\left(\frac{\partial\varphi}{\partial x}\frac{\partial y}{\partial n}-\frac{\partial\varphi}{\partial y}\frac{\partial x}{\partial n}\right)^2.$$

Perchè la (6) sia verificata è dunque necessario e sufficiente che per ogni valore di $t\geq 0$ e sulla corrispondente superficie σ_t si abbia:

$$\frac{\partial\varphi}{\partial t}+a\frac{\partial\varphi}{\partial n}=0\,,$$

$$\frac{\dfrac{\partial\varphi}{\partial x}}{\dfrac{\partial x}{\partial n}}=\frac{\dfrac{\partial\varphi}{\partial y}}{\dfrac{\partial y}{\partial n}}=\frac{\dfrac{\partial\varphi}{\partial z}}{\dfrac{\partial z}{\partial n}}=\sqrt{\Delta_1\varphi}=\frac{\partial\varphi}{\partial n}\,.$$

Condizioni che, come è noto (7), equivalgono all'unica condizione:

$$\varphi=0$$

da essere verificata per ogni $t\geq 0$ sopra la corrispondente superficie σ_t.

Le condizioni che devono essere verificate dalla funzione φ sul bordo σ_t di un'onda propagantesi in un fluido elastico sono

---

(7) Cfr. ad es. la già citata Memoria del LOVE.

dunque conseguenza necessaria del principio di conservazione dell'energia.

L'unica ipotesi fatta nel nostro ragionamento è che la superficie σ sia convessa. Questa ipotesi è necessaria per evitare che le superficie σ_t abbiano linee doppie, nel qual caso si avrebbero riflessioni dell'onda sopra sè stessa.

§ 2. — Il problema della riflessione delle onde in un mezzo fluido o più generalmente isotropo.

2. — Cominciamo con l'occuparci di un mezzo fluido e generalizziamo le considerazioni ora svolte. Sia:

$$F(x, y, z) = t$$

un seguito di superficie convesse. La superficie $F(x, y, z) = 0$ sia inoltre tangente in un sol punto alla superficie σ. Sia inoltre l_t la linea di intersezione di σ con la superficie $F(x, y, z) = t$. Costruiamo ora un seguito di superficie ϵ_t nel seguente modo: la ϵ_τ è la porzione esterna a σ, dell'inviluppo delle sfere i cui centri stanno sulle infinite linee l_t tali che $0 \leq t \leq \tau$, e i cui raggi valgono $a(\tau - t)$. Le superficie ϵ_t sono dunque parallele e una qualunque di esse $\epsilon_\tau\ (\tau > 0)$ si deduce in tutto od in parte da un'altra $\epsilon_{\tau'}\ (\tau > \tau' \geq 0)$ portando sulle normali a $\epsilon_{\tau'}$, a partire dai punti di questa superficie, i segmenti $a(\tau - \tau')$.

Ciò premesso, consideriamo una propagazione di moto fatta all'esterno di σ, supponendo che all'istante t entrino in vibrazione solo quei punti di σ che sono interni alla linea l_t. La differenza con il caso considerato nel Cap. precedente, consiste dunque in ciò, che, mentre prima i punti di σ entravano in vibrazione tutti contemporaneamente, ora invece il moto di una regione di σ è propagato a tutti i punti di σ secondo una legge prestabilita. L'ipotesi qui fatta, la quale comprende ovviamente la precedente, è dunque più prossima alla realtà del fenomeno considerato.

Analiticamente, se ad esempio sopra σ sono noti i valori della $\frac{\partial \varphi}{\partial t}$, ciò equivale a supporre che questi valori sieno noti sopra ogni l_τ per ogni istante t successivo a τ, sieno noti cioè per i valori di t tali che:

$$t \geq F(x, y, z).$$

Consideriamo ora un intervallo $0 \vdash \tau$; l'equazione delle forze vive assumerà ora la forma:

$$\frac{\rho}{2}\int_{S_\tau}\left[\left(\frac{\partial\varphi}{\partial t}\right)^2 + a^2\Delta_1\varphi\right] dS + \rho a^2\int_0^\tau dt\int_{\sigma'}\frac{\partial\varphi}{\partial t}\frac{\partial\varphi}{\partial n}d\sigma = 0,$$

dove σ' è la porzione di σ interna a l_t, S_τ è lo spazio racchiuso da tutta (o da una parte) la superficie σ e dalla superficie precedentemente definita ϵ_τ. Il 2° integrale può ovviamente ancora porsi sotto la forma:

$$\int d\sigma\int_{F(x,y,z)}^{\tau}\frac{\partial\varphi}{\partial t}\frac{\partial\varphi}{\partial n}dt,$$

dove (x, y, z) sono le coordinate di $d\sigma$ e l'integrazione rispetto a σ è estesa alla porzione di σ limitata da ϵ_τ.

Le considerazioni prima svolte continuano a sussistere, poichè la (4), debitamente modificata relativamente alla interpretazione delle lettere che figurano in essa, è ancora valida. Si conclude quindi che sopra le superficie ϵ_t si hanno le condizioni (all'istante t):

$$\frac{\partial\varphi}{\partial t} + a\frac{\partial\varphi}{\partial\nu} = 0, \qquad \varphi = 0,$$

dove ν è la normale a ϵ_t rivolta verso l'esterno.

Dalla (7) poi, con un ragionamento solito nella Fisica-Matematica, si deduce il seguente teorema di unicità, del quale è caso particolare altro teorema di cui già mi sono occupato:

È unica la funzione φ la quale è regolare all'esterno di una superficie σ, dove verifica l'equazione:

$$\frac{\partial^2\varphi}{\partial t^2} = a^2\Delta\varphi$$

e della quale inoltre sono noti i valori della sua derivata rispetto a t o della sua derivata normale sopra σ per tutti i valori di t che verificano la diseguaglianza

$$t \geq F(x, y, z)$$

e che inoltre ad ogni istante t si annulla sulla corrispondente superficie ϵ_t prima definita.

3. — La precedente ipotesi, relativa al modo con cui sono dati sopra σ i valori della funzione incognita, acquista forma più intuitiva se consideriamo le x, y, z, t come coordinate ortogonali di un punto di un S_4. L'equazione della superficie σ viene a rappresentare allora un cilindroide in questo S_4, le cui generatrici sono parallele all'asse t. Esso sarà poi secato dalla ipersuperficie

$$t = F(x, y, z)$$

lungo una F_2. Il dare i valori della $\frac{\partial \varphi}{\partial t}$ o della $\frac{\partial \varphi}{\partial n}$ per $t \geq F(x, y, z)$ sopra σ equivale a supporre note queste funzioni sopra la porzione del predetto cilindroide posta dalla parte delle t positive rispetto alla F_2 prima considerata. Se poi costruiamo i coni di equazione:

$$a(t - t_0) = \sqrt{(x - x_0)^2 + (y - y_0)^2 + (z - z_0)^2}$$

i cui vertici $(x_0\, y_0\, z_0\, t_0)$ stanno sulla F_2 già considerata, e di questi coni ci limitiamo a considerare le falde rivolte dalla parte delle t positive, l'inviluppo di questi coni è una superficie privilegiata Σ_2 le cui sezioni con gl'iperpiani: $t = \tau$ sono le superficie ϵ_τ definite al n° 2. Sulla superficie σ_2, quindi, la funzione φ si annulla.

La funzione φ è allora definita (8) nello spazio compreso tra Σ_1, Σ_2; ivi soddisfa all'equazione di propagazione delle onde sferiche, la sua derivata rispetto a t (o la derivata normale) assume valori dati nei punti di Σ_1 e inoltre si annulla sopra la superficie privilegiata Σ_2.

4. — Nel precedente problema è contenuto il problema della riflessione di un treno di onde in un mezzo fluido contro un ostacolo fisso. Sia σ la superficie riflettente e sia inoltre:

$$F(x, y, z) = t$$

---

(8) Cfr. Zaremba, *Sur une classe de problèmes mixtes relatifs à l'équation des ondes sphériques*, " Ac. des Sciences de Cracovie ", luglio 1913.

la superficie dell'onda incidente. La superficie dell'onda riflessa, per il principio di HUYGHENS, è allora la superficie ϵ_t prima definita. Sia ora $\Phi(x, y, z; t)$ il potenziale di velocità dell'onda incidente, $\varphi(x, y, z; t)$ quello dell'onda riflessa. La funzione φ sarà determinata dalle condizioni seguenti:

1° la funzione φ è regolare all'esterno di σ dove verifica l'equazione:

$$\frac{\partial^2 \varphi}{\partial t^2} = a^2 \Delta \varphi;$$

2° sopra σ verifica la condizione:

$$\frac{\partial \varphi}{\partial n} = -\frac{\partial \Phi}{\partial n},$$

dove n è la normale esterna a σ, per ogni t soddisfacente alla diseguaglianza:

$$t \geq F(x, y, z);$$

3° sopra ϵ_t all'istante t si ha: $\varphi = 0$.

5. — L'estensione dei precedenti risultati al caso in cui la sede del moto è un corpo elastico, isotropo, omogeneo, non sollecitato da forze di massa è quasi immediata. Lo scopo della Memoria (A), di dimostrare l'esistenza di un doppio bordo dell'onda propagantesi e cioè che essa è non solo formalmente ma effettivamente scomponibile in una parte trasversale ed una longitudinale, restava pure raggiunto ponendoci nell'ipotesi semplificatrice della contemporaneità dell'inizio della vibrazione dei punti della superficie σ all'esterno della quale il moto avveniva. Restava pur sempre da considerare il caso, analogo al precedente, in cui invece il moto era propagato da una regione di σ a tutti i punti di σ stessa con una legge determinata. E la maggiore importanza della questione consiste nel fatto che questa comprende la riflessione delle onde in un mezzo isotropo. Come precedentemente sieno

$$F(x, y, z) = t$$

le equazioni di un seguito di superficie convesse. Inoltre la superficie

$$F(x, y, z) = 0$$

sia tangente a σ in un sol punto. Le $F(x, y, z) = t$ per $t > 0$ taglino la σ lungo linee l_t. Definiamo ancora le superficie $\epsilon_\tau^{(a)}$, $\epsilon_\tau^{(b)}$. Descriviamo perciò le sfere i cui centri stanno sulle l_t $(0 \leq t \leq \tau)$ e i cui raggi valgono $a(\tau - t)$. Diremo superficie $\epsilon_\tau^{(a)}$ la porzione dell'inviluppo delle sfere ora costruite, esterna alla superficie σ. Se invece descriviamo nei punti stessi come centri le sfere di raggio $b(\tau - t)$, la porzione del loro inviluppo esterno a σ sarà detta superficie $\epsilon_\tau^{(b)}$. Le superficie $\epsilon_\tau^{(a)}$, $\epsilon_\tau^{(b)}$ sono allora parallele. Le prime si propagano con la velocità a (velocità di propagazione delle onde longitudinali); le seconde con la velocità b (velocità di propagazione delle onde trasversali).

Come nel caso in cui la propagazione di moto avviene in un fluido, il moto sopra detto si potrà realizzare nel seguente modo.

Supponiamo, ad esempio, che sopra σ sieno note le velocità e che i punti di σ vengano posti in movimento con la legge seguente: Inizialmente i punti di σ sono in quiete; ad un istante t qualunque entrano in movimento i punti di σ interni a l_t. I valori di $\frac{\partial u}{\partial t}$, $\frac{\partial v}{\partial t}$, $\frac{\partial w}{\partial t}$ sono dati cioè sopra σ per tutti i valori di t:

$$t \geq F(x, y, z).$$

Il problema della riflessione di un seguito di onde rientra in questioni di questa natura.

Supponiamo ad esempio la superficie σ non sollecitata da tensioni. Un seguito di onde ad es. puramente longitudinali emani da un centro di scotimento esterno alla superficie σ. Se r è il raggio vettore uscente da questo centro, l'equazione della superficie di onda sarà:

$$r = a(t + t_0).$$

Inoltre all'istante $t = 0$ essa sia tangente a σ; perciò t_0 sarà l'intervallo di tempo impiegato dall'onda per raggiungere la superficie σ.

Costruendo nel modo prima spiegato le superficie $\epsilon_\tau^{(a)}$, $\epsilon_\tau^{(b)}$, queste saranno i bordi dell'onda longitudinale e dell'onda trasversale riflesse. Per le condizioni verificantisi sul bordo di un'onda, su di esse si annulleranno all'istante τ le componenti dello spostamento dovuto rispettivamente all'onda trasversale e alla longitudinale. Sicchè le componenti di spostamento nel moto riflesso soddisferanno oltrechè alle equazioni indefinite del moto della dinamica elastica, all'esterno della superficie σ alle condizioni superficiali seguenti:

1° sopra σ e per tutti i valori di t:

$$t \geq \frac{r}{a} - t_0$$

si ha:

$$(a) \qquad X_n + X_n' = 0 , \qquad Y_n + Y_n' = 0 , \qquad Z_n + Z_n' = 0 ,$$

dove (X_n, Y_n, Z_n) sono le tensioni dovute al moto riflesso e (X_n', Y_n', Z_n') le tensioni dovute all'onda incidente.

2° Sopra le superficie $\epsilon_\tau^{(a)}$, $\epsilon_\tau^{(b)}$, all'istante $\tau > 0$, sono nulle le componenti di spostamento, dovute alla vibrazione longitudinale e alla trasversale in cui si decompone l'onda riflessa.

Ad un istante t qualunque le (a) sono valide solamente in quella porzione di σ che è interna a l_t (più precisamente la regione di σ limitata da l_t e che contiene il punto di contatto della sfera $r = at_0$ con la superficie σ).

L'unicità di soluzione di questo problema, come di quello più generale che sarà dato più oltre, si ricava ovviamente dalla equazione delle forze vive che assume ora la forma:

$$\int_{S_\tau^{(a,b)}} (T_1 + W_1)\, dS + \int_{S_\tau^{(b)}} (T + W)\, dS +$$
$$+ \int_0^\tau dt \int_{\sigma'} \left(\frac{\partial u}{\partial t} X_n + \frac{\partial v}{\partial t} Y_n + \frac{\partial w}{\partial t} Z_n \right) d\sigma = 0 ,$$

dove $S_\tau^{(a,b)}$ è lo spazio compreso tra $\epsilon_\tau^{(a)}$, $\epsilon_\tau^{(b)}$ e σ; $S_\tau^{(b)}$ è lo spazio compreso tra σ e $\epsilon_\tau^{(b)}$ e σ' è la porzione di σ contenuta nella linea l_t. Inoltre T_1, W_1 sono rispettivamente la forza viva e il potenziale delle forze esterne unitari relativi alla vibrazione puramente longitudinale.

Se invero in questa equazione noi facciamo:

$$\frac{\partial u}{\partial t} = \frac{\partial v}{\partial t} = \frac{\partial w}{\partial t} = 0 ,$$

oppure:

$$X_n = Y_n = Z_n = 0 ,$$

si conclude:

$$T_1 = W_1 = T = W = 0,$$

e quindi non vi è moto all'esterno di σ.

Riassumendo si conclude quindi che il problema esterno più generale della Dinamica elastica, supponendo ad es. date in superficie le tensioni (e tenendo riguardo alle $F(x, y, z)$, $\epsilon_\tau^{(a)}$, $\epsilon_\tau^{(b)}$ le proprietà e notazioni precedenti), deve essere formulato nel modo seguente:

Determinare sei funzioni (u_1, v_1, w_1) (u_2, v_2, w_2) dei punti dello spazio esterno alla superficie σ verificanti alle condizioni:

1° Le (u_1, v_1, w_1) definiscono nello spazio compreso tra σ e $\epsilon_\tau^{(a)}$, dove sono funzioni regolari, una vibrazione longitudinale. Verificano cioè le equazioni:

$$a^2 \Delta (u_1, v_1, w_1) = \frac{\partial^2}{\partial t^2} (u_1, v_1, w_1), \tag{1}$$

$$\text{rotor} (u_1, v_1, w_1) = 0.$$

Sul bordo dell'onda $\epsilon_t^{(a)}$ si ha inoltre all'istante t:

$$u_1 = v_1 = w_1 = 0.$$

2° Le (u_2, v_2, w_2) definiscono nello spazio compreso tra σ e $\epsilon_\tau^{(b)}$, dove sono funzioni regolari, una vibrazione trasversale. Esse verificano perciò alle equazioni:

$$\frac{\partial^2}{\partial t^2} (u_2, v_2, w_2) = b^2 \Delta (u_2, v_2, w_2), \tag{2}$$

$$\text{div} (u_2, v_2, w_2) = 0.$$

Sul bordo $\sigma_t^{(b)}$ all'istante t si ha inoltre:

$$u_2 = v_2 = w_2 = 0.$$

3° Sopra σ sono verificate le condizioni:

$$X_n + L = 0, \qquad Y_n + M = 0, \qquad Z_n + N = 0, \tag{3}$$

dove X_n, Y_n, Z_n sono le tensioni dovute allo spostamento $u_1 + u_2$, $v_1 + v_2$, $w_1 + w_2$; L, M, N sono funzioni dei punti di σ e di t. Le suddette equazioni sono poi verificate solamente per i valori di t tali che:

$$t \geq F(x, y, z).$$

6. — Ancora in questo problema è utile ricorrere ad una rappresentazione iperspaziale, interpretando le x, y, z, t come coordinate ortogonali di un punto di un S_4. Tenendo le notazioni già usate nel N° 3 considereremo ora due superficie privilegiate Σ_a, Σ_b. La prima è l'inviluppo dei coni:

$$\sqrt{(x-x_0)^2+(y-y_0)^2+(z-z_0)^2} = a(t-t_0),$$

dove (x_0, y_0, z_0, t_0) è un punto della F_2 intersezione del cilindroide Σ_1 e della ipersuperficie

$$t = F(x, y, z).$$

La Σ_b analogamente è l'inviluppo dei coni:

$$\sqrt{(x-x_0)^2+(y-y_0)^2+(z-z_0)^2} = b(t-t_0).$$

Le (u_1, v_1, w_1) sono definite nello spazio compreso tra Σ_1 e Σ_a e ivi verificano le equazioni (1). Inoltre si annullano sopra Σ_a.

Le (u_2, v_2, w_2) sono definite nello spazio compreso tra Σ_1 e Σ_b e ivi verificano le equazioni (2). Si annullano sopra Σ_b.

Nei punti di Σ_1 devono infine verificarsi le equazioni (3).

7. — Noterò ancora, senza entrare in dettagli, che le formole di rappresentazione degli integrali del Problema generale della Dinamica elastica, formulato al N° 5, si ricavano, con semplici cambiamenti di lettere, dalle analoghe formole da me date in questi ultimi anni (9) coincidenti ovviamente, a meno di una doppia derivazione, con quelle già note del TEDONE, del LOVE, del SOMIGLIANA (10). Basterà perciò ricorrere alla rappre-

---

(9) *Sopra le formole di rappresentazione degli integrali della Dinamica elastica*, “Rend. R. Acc. dei Lincei„, vol. XXIII, serie 5ª (due Note).

(10) Cfr. C. SOMIGLIANA, *Sopra alcune formole fondamentali dei mezzi isotropi*, “Atti R. Acc. Scienze di Torino„, vol. XL-XLII (tre Note), dove si trova pure la bibliografia relativa all'argomento.

sentazione del precedente numero. Discende allora subito dal ragionamento fatto nella mia Nota citata, che nella formola ivi trovata (14) i limiti inferiori degli integrali rispetto a t del 2° membro saranno $F(x, y, z)$ (le x, y, z essendo le coordinate di $d\sigma$) e l'integrazione rispetto ai punti di σ dovrà essere estesa alla porzione σ' limitata dalla linea l_t (tenendo la notazione del N° 5). Si ha, in relazione al nostro problema generale, la formola seguente:

$$\int_{\frac{r_0}{b}}^{\tau} u(\xi, \eta, \zeta; t)(t-\tau)\,dt + \int_{\frac{r_0}{a}}^{\frac{r_0}{b}} u_1(\xi, \eta, \zeta; t)(t-\tau)\,dt =$$

$$= \int_{\sigma'} d\sigma \int_{F(x,y,z)}^{\tau-\frac{r}{b}} (u X_n^{(2)'} + \dots - u_2' X_n - \dots)\,dt -$$

$$- \int_{\sigma'} d\sigma \int_{F(x,y,z)}^{\tau-\frac{r}{a}} (u X_n^{(1)'} + \dots - u_1' X_n - \dots)\,dt,$$

dove si è posto:

$$4\pi\delta(u_1', v_1', w_1') = \left(\frac{\partial^2}{\partial x^2}, \frac{\partial^2}{\partial x \partial y}, \frac{\partial^2}{\partial x \partial z}\right) \frac{\left(t-\tau+\frac{r}{a}\right)^3}{3!\,r},$$

$$4\pi\delta(u_2', v_2', w_2') = \left(\frac{\partial^2}{\partial x^2}, \frac{\partial^2}{\partial x \partial y}, \frac{\partial^2}{\partial x \partial z}\right) \frac{\left(t-\tau+\frac{r}{b}\right)^3}{3!\,r} +$$

$$+ \frac{1}{b^2}\left(\frac{t-\tau+\frac{r}{b}}{r}, 0, 0\right),$$

e inoltre $(X_n^{(1)'}, Y_n^{(1)'}, Z_n^{(1)'})$ $(X_n^{(2)'}, Y_n^{(2)'}, Z_n^{(2)'})$ indicano le tensioni sopra σ dovute rispettivamente agli spostamenti (u_1', v_1', w_1') (u_2', v_2', w_2').

§ 3. — Particolare sistema di coordinate curvilinee.

8. — Passeremo ora od occuparci, per le ragioni esposte nella Introduzione, della propagazione di onde di tipo armonico semplice. Notiamo a questo riguardo che, da quanto siamo venuti sin qui esponendo, le funzioni incognite, che figurano nei problemi riguardanti propagazione di moto, soddisfanno sempre alla condizione di annullarsi per ogni valore di t sopra una superficie σ_t appartenente ad una famiglia di superficie parallele.

È naturale allora il pensare di introdurre un sistema di coordinate curvilinee triplamente ortogonale, nel quale una delle famiglie di superficie, che lo determinano, sia costituita da superficie parallele.

Le equazioni finite, che individuano questo sistema di coordinate, saranno ovviamente del tipo:

$$(1) \qquad x = x_0 + \alpha\nu\,, \qquad y = y_0 + \beta\nu\,, \qquad z = z_0 + \gamma\nu\,,$$

dove: $x_0 = x_0(\lambda, \mu)$, $y_0 = y_0(\lambda, \mu)$, $z_0 = z_0(\lambda, \mu)$ sono le equazioni parametriche di una superficie σ *convessa*; (α, β, γ) sono i coseni direttori della sua normale esterna e ν è il tratto di normale contato a partire da σ. Questo sistema, come è noto, è triplamente ortogonale solo se le linee $(\lambda = \text{cost.}, \nu = 0)$ $(\mu = \text{cost.}, \nu = 0)$ sono di curvatura per la superficie $\nu = 0$.

Assumeremo come coordinate curvilinee di un punto P *esterno* a σ la terna di valori delle (λ, μ, ν) ad esso corrispondente. Poichè la superficie σ è convessa (e solamente in questo caso) la corrispondenza tra i punti P, esterni a σ, e le terne di valori di (λ, μ, ν) è biunivoca. Notiamo, incidentalmente, come questa limitazione relativa alla convessità della superficie σ, imposta per ragioni analitiche, bene si accorda con l'analoga limitazione posta, nei problemi considerati nei N[i] precedenti, relativa alla superficie, all'esterno della quale avviene il moto.

Il quadrato dell'elemento lineare, che compete al sistema di coordinate così introdotto, avrà l'espressione seguente:

$$ds^2 = H_1^2 d\lambda^2 + H_2^2 d\mu^2 + d\nu^2$$

e sarà caratteristico per la classe dei sistemi triplamente ortogonali considerati.

La particolare forma spettante alle H_1, H_2 si potrebbe ricavare direttamente dalle equazioni finite (1). Si ottiene però più semplicemente ricorrendo alle equazioni di LAMÉ:

$$(2) \qquad \left\{ \begin{array}{l} \dfrac{\partial}{\partial\lambda}\left(\dfrac{1}{H_1}\dfrac{\partial H_2}{\partial\lambda}\right) + \dfrac{\partial}{\partial\mu}\left(\dfrac{1}{H_2}\dfrac{\partial H_1}{\partial\mu}\right) + \dfrac{1}{H_3^2}\dfrac{\partial H_1}{\partial\nu}\dfrac{\partial H_2}{\partial\nu} = 0 \\ \text{e due equazioni analoghe,} \end{array} \right.$$

$$(3) \qquad \left\{ \begin{array}{l} \dfrac{\partial^2 H_1}{\partial\mu\,\partial\nu} - \dfrac{1}{H_2}\dfrac{\partial H_2}{\partial\nu}\dfrac{\partial H_1}{\partial\mu} - \dfrac{1}{H_3}\dfrac{\partial H_3}{\partial\mu}\dfrac{\partial H_1}{\partial\nu} = 0 \\ \text{e due equazioni analoghe,} \end{array} \right.$$

a cui soddisfanno i coefficienti H_1, H_2, H_3 di un generico elemento lineare:

$$ds^2 = H_1^2 d\lambda^2 + H_2^2 d\mu^2 + H_3^2 d\nu^2$$

di un sistema triplamente ortogonale dello spazio ordinario. Ponendo in esse $H_3 = 1$ la 2^a e la 3^a delle (2) divengono:

$$\frac{\partial^2 H_2}{\partial \nu^2} = \frac{\partial^2 H_1}{\partial \nu^2} = 0 .$$

Dalle quali:

$$H_1 = a_1 \nu + b_1 , \qquad H_2 = a_2 \nu + b_2 ,$$

le a_1, b_1, a_2, b_2 essendo funzioni delle sole λ, μ. Delle quattro equazioni rimanenti (2) e (3), l'ultima è identicamente soddisfatta, mentre le prime tre assumono la forma:

$$\frac{\partial}{\partial\lambda}\frac{\nu\frac{\partial a_1}{\partial\lambda}+\frac{\partial b_2}{\partial\lambda}}{\nu a_1+b_1}+\frac{\partial}{\partial\mu}\frac{\nu\frac{\partial a_1}{\partial\mu}+\frac{\partial b_1}{\partial\mu}}{\nu a_2+b_2}+a_1 a_2=0,$$

$$\frac{\partial a_1}{\partial\mu}-\frac{a_2}{a_2\nu+b_2}\left(\nu\frac{\partial a_1}{\partial\mu}+\frac{\partial b_1}{\partial\mu}\right)=0,$$

$$\frac{\partial a_1}{\partial\lambda}-\frac{a_1}{a_1\nu+b_1}\left(\nu\frac{\partial a_2}{\partial\lambda}+\frac{\partial b_2}{\partial\lambda}\right)=0.$$

In definitiva le a_1, b_1, a_2, b_2 soddisfanno al sistema:

$$(4)\qquad\left\{\begin{aligned}&\frac{1}{a_1}\frac{\partial a_2}{\partial\lambda}=\frac{1}{b_1}\frac{\partial b_2}{\partial\lambda},\\&\frac{1}{a_2}\frac{\partial a_1}{\partial\mu}=\frac{1}{b_2}\frac{\partial b_1}{\partial\mu},\\&\frac{\partial}{\partial\lambda}\left(\frac{1}{a_1}\frac{\partial a_2}{\partial\lambda}\right)+\frac{\partial}{\partial\mu}\left(\frac{1}{a_2}\frac{\partial a_1}{\partial\mu}\right)+a_1a_2=0.\end{aligned}\right.$$

Si conclude infine: *il sistema triplamente ortogonale, nel quale le superficie* $\nu =$ cost. *sono superficie parallele, ha un elemento lineare il cui quadrato ha una espressione del tipo:*

$$ds^2 = (a_1 \nu + b_1)^2\, d\lambda^2 + (a_2 \nu + b_2)^2\, d\mu^2 + d\nu^2,$$

dove le a_1, b_1, a_2, b_2 *sono funzioni delle* λ, μ *soddisfacenti alle tre equazioni* (4).

9. — Un risultato, che stabiliremo e che sarà utile nel seguito, è il seguente: *esclusi i sistemi triplamente ortogonali di cui fa parte una famiglia di sfere concentriche, non esistono sistemi del tipo prima considerato per i quali si abbia:*

$$\frac{a_1}{a_2} = \frac{b_1}{b_2}.$$

Ponendo invero $a_2 = a_1 h$, $b_2 = b_1 h$, le prime due equazioni (4) divengono:

$$\frac{1}{a_1}\frac{\partial . a_1 h}{\partial \lambda} = \frac{1}{b_1}\frac{\partial . b_1 h}{\partial \lambda}, \qquad \frac{1}{a_1}\frac{\partial a_1}{\partial \mu} = \frac{1}{b_1}\frac{\partial b_1}{\partial \mu}.$$

E da queste facilmente discende:

$$\frac{\partial}{\partial \lambda}\log\frac{a_1}{b_1} = \frac{\partial}{\partial \mu}\log\frac{a_1}{b_1} = 0.$$

Da cui:

$$\frac{b_1}{a_1} = \frac{b_2}{a_2} = c,$$

essendo c una costante.

Ai particolari sistemi considerati compete dunque l'elemento lineare:

$$ds^2 = a_1^2(\nu + c)^2 d\lambda^2 + a_2^2(\nu + c)^2 d\mu^2 + d\nu^2.$$

Ricerchiamo ora la particolare forma che devono avere le equazioni finite che esprimono le x, y, z mediante le λ, μ, ν. Ricorriamo perciò al seguente metodo Cinematico che, a parte il simbolismo, è la generalizzazione di quello largamente usato dal Darboux nelle sue “ Leçons sur la théorie générale des surfaces ”. Sia (x, y, z) la terna di riferimento (fissa) e (ξ, η, ζ) una terna mobile, di cui l'asse ξ è sempre tangente alla linea ($\mu =$ cost., $\nu =$ cost.), l'asse η è sempre tangente alla linea ($\nu =$ cost., $\lambda =$ cost.) e l'asse ζ alla linea ($\lambda =$ cost., $\mu =$ cost.). Poniamoci nel caso più generale in cui l'elemento lineare ha l'espressione:

$$ds^2 = H_1^2 d\lambda^2 + H_2^2 d\mu^2 + H_3^2 d\nu^2.$$

Facciamo variare solamente la variabile λ; allora il moto istantaneo della terna (ξ, η, ζ) si comporrà di una traslazione le cui componenti secondo gli assi mobili sono $(H_1, 0, 0)$ e di una rotazione attorno l'origine degli assi mobili stessi. Indichiamo con S la sostituzione [11] ortogonale i cui elementi (funzioni delle u, v, w) sono i coseni di direzione degli assi mobili rispetto ai fissi. Allora, poichè la velocità dell'origine degli assi mobili è di componenti $\left(\frac{\partial x}{\partial \lambda}, \frac{\partial y}{\partial \lambda}, \frac{\partial z}{\partial \lambda}\right)$ secondo gli assi fissi e di componenti $(H_1, 0, 0)$ secondo gli assi mobili, avremo:

$$\left(\frac{\partial x}{\partial \lambda}, \frac{\partial y}{\partial \lambda}, \frac{\partial z}{\partial \lambda}\right) = S(H_1, 0, 0).$$

Analogamente avremo le equazioni:

$$\left(\frac{\partial x}{\partial \mu}, \frac{\partial y}{\partial \mu}, \frac{\partial z}{\partial \mu}\right) = S(0, H_2, 0),$$

$$\left(\frac{\partial x}{\partial \nu}, \frac{\partial y}{\partial \nu}, \frac{\partial z}{\partial \nu}\right) = S(0, 0, H_3).$$

Le condizioni di compatibilità di queste equazioni coincidono con le equazioni di Lamé.

Le equazioni finite richieste divengono poi:

$$(x, y, z) = \int \{ S(H_1, 0, 0)\, d\lambda + S(0, H_2, 0)\, d\mu + S(0, 0, H_3)\, d\nu \}.$$

La ricerca della sostituzione S dipende poi da un sistema di equazioni di Riccati, come è ben noto.

Nel caso in cui l'elemento abbia la forma (5) avremo subito:

$$(x,y,z) = \int [S(a_1(\nu + c), 0, 0)\, d\lambda + S(0, a_2(\nu + c), 0)\, d\mu + S(0, 0, 1)\, d\nu].$$

Inoltre S non dipende da ν, come discende dalle condizioni di esistenza della S, sicchè:

$$(x, y, z) = (\nu + c)\, [\int (S(a_1, 0, 0)\, d\lambda + S(0, a_2, 0)\, d\mu) + S(0, 0, 1)].$$

Cioè le x, y, z sono della forma:

$$x = (\nu + c) f_1(\lambda, \mu), \qquad y = (\nu + c) f_2(\lambda, \mu), \qquad z = (\nu + c) f_3(\lambda, \mu).$$

---

(11) Cfr. la mia Nota: *Sopra una classe generale di vibrazioni*, ecc., " Atti R. Acc. Scienze di Torino ", vol. XLVI, dove l'algoritmo di sostituzione sopra complessi è applicato alla soluzione di un problema di Meccanica.

Le linee $\lambda = \text{cost.}$, $\mu = \text{cost.}$ sono dunque rette uscenti dall'origine, le superficie $\nu = \text{cost.}$ saranno perciò sfere concentriche con il centro nell'origine delle coordinate; c. d. d.

§ 4. — Trasformazione dell'equazione delle onde sferiche.

10. — L'equazione delle onde sferiche

$$\frac{\partial^2 f}{\partial t^2} = a^2 \Delta f, \tag{1}$$

quando introduciamo il sistema di coordinate curvilinee prima considerato, per il quale l'elemento lineare dello spazio ordinario acquista la forma:

$$ds^2 = H_1^2 d\lambda^2 + H_2^2 d\mu^2 + d\nu^2 \qquad (H_1 = a_1\nu + b_1;\ H_2 = a_2\nu + b_2)$$

diviene:

$$\frac{\partial^2 f}{\partial t^2} = \frac{a^2}{H_1 H_2}\left[\frac{\partial}{\partial\lambda}\left(\frac{H_2}{H_1}\frac{\partial f}{\partial\lambda}\right) + \frac{\partial}{\partial\mu}\left(\frac{H_1}{H_2}\frac{\partial f}{\partial\mu}\right) + \frac{\partial}{\partial\nu}\left(H_1 H_2 \frac{\partial f}{\partial\nu}\right)\right].$$

Giova introdurre in luogo delle variabili (λ, μ, ν, t) le variabili (ξ, η, ζ, τ) definite dalle equazioni:

$$\xi = \lambda, \quad \eta = \mu, \quad \zeta = \nu, \quad \tau = t - \frac{\nu}{a},$$
$$\lambda = \xi, \quad \mu = \eta, \quad \nu = \zeta, \quad t = \tau + \frac{\nu}{a}.$$

Avremo:

$$\frac{\partial f}{\partial\nu} = \frac{\partial f}{\partial\zeta} - \frac{1}{a}\frac{\partial f}{\partial\tau}; \quad \frac{\partial f}{\partial t} = \frac{\partial f}{\partial\tau}; \quad \text{ecc.}$$
$$\frac{\partial^2 f}{\partial\nu^2} = \frac{\partial^2 f}{\partial\zeta^2} - \frac{2}{a}\frac{\partial^2 f}{\partial\zeta\,\partial\tau} + \frac{1}{a^2}\frac{\partial^2 f}{\partial\tau^2}; \quad \text{ecc.}$$

La (1) diviene quindi:

$$\frac{\partial^2 f}{\partial\tau^2} = \frac{a^2}{H_1 H_2}\left[\frac{\partial}{\partial\xi}\left(\frac{H_2}{H_1}\frac{\partial f}{\partial\xi}\right) + \frac{\partial}{\partial\eta}\left(\frac{H_1}{H_2}\frac{\partial f}{\partial\eta}\right) + \right.$$
$$\left. + \left(\frac{\partial}{\partial\zeta} - \frac{1}{a}\frac{\partial}{\partial\tau}\right)\left\{H_1 H_2\left(\frac{\partial f}{\partial\zeta} - \frac{1}{a}\frac{\partial f}{\partial\tau}\right)\right\}\right],$$

le H_1, H_2 che qui figurano essendo espresse nelle ξ, η, ζ.

Sviluppando si ha:

$$\frac{\partial^2 f}{\partial \tau^2} = \frac{a^2}{H_1 H_2}\left[\frac{\partial}{\partial \xi}\left(\frac{H_2}{H_1}\frac{\partial f}{\partial \xi}\right) + \frac{\partial}{\partial \eta}\left(\frac{H_1}{H_2}\frac{\partial f}{\partial \eta}\right) + \frac{\partial}{\partial \zeta}\left(H_1 H_2 \frac{\partial f}{\partial \zeta}\right) - \right.$$
$$\left. - \frac{1}{a}\frac{\partial}{\partial \zeta}\left(H_1 H_2 \frac{\partial f}{\partial \zeta}\right) - \frac{H_1 H_2}{a}\frac{\partial^2 f}{\partial \zeta \partial \tau} + \frac{H_1 H_2}{a^2}\frac{\partial^2 f}{\partial \tau^2}\right].$$

Da cui:

$$\frac{a}{H_1 H_2}\left[H_1 H_2 \frac{\partial^2 f}{\partial \zeta \partial \tau} + \frac{\partial}{\partial \zeta}\left(H_1 H_2 \frac{\partial f}{\partial \tau}\right)\right] = a^2 \Delta f,$$

dove Δ è il simbolo di LAPLACE espresso nelle variabili ξ, η, ζ. Avremo dunque infine:

$$\frac{\partial^2 f}{\partial \zeta \partial \tau} + \frac{1}{H_1 H_2}\frac{\partial}{\partial \zeta}\left(H_1 H_2 \frac{\partial f}{\partial \tau}\right) = a \Delta f,$$

ed anche:

$$2\frac{\partial^2 f}{\partial \zeta \partial \tau} + \frac{\partial}{\partial \zeta}\log(H_1 H_2) \, . \, \frac{\partial f}{\partial \tau} = a \Delta f.$$

È questa l'equazione a cui volevo pervenire e che mi sarà utile per conseguire rapidamente il risultato contenuto nel § seguente.

§ 5. — Propagazione di moti armonici semplici.

11. — Proponiamoci ora di ricercare se esistono funzioni del tipo:

(1) $$\varphi = \alpha \operatorname{sen} kt + \beta \cos kt,$$

dove α, β sono funzioni di posizione, le quali sono regolari all'esterno di una superficie σ convessa, che assumeremo di equazione $\nu = 0$ quando introduciamo le variabili del N° 8, dove verificano l'equazione:

$$\frac{\partial^2 f}{\partial t^2} = a^2 \Delta f$$

e che inoltre si annullano ad ogni istante t sopra la corrispondente superficie σ_t (che è di equazione $\nu = at$).

Dimostreremo che, *qualunque sia la superficie* σ, *non esi-*

stono funzioni del tipo (1) *e soddisfacenti a queste condizioni, esclusa la funzione:*

$$\frac{\operatorname{sen} k\left(t-\frac{r}{a}\right)}{r}$$

a cui corrisponde una propagazione di moto puramente radiale all'esterno di una sfera.

Nel caso in cui le superficie di onda sieno sferiche questo risultato già era stato da me ottenuto ([12]).

Ricordando che sopra il bordo di un'onda che si propaga si ha $\varphi=0$ ed inoltre

$$\frac{\partial\varphi}{\partial t}+a\frac{\partial\varphi}{\partial n}=0$$

otterremo per la funzione (1) le condizioni:

$$\left.\begin{array}{c}\alpha\cos kt+\beta\operatorname{sen} kt=0\\ \frac{\partial}{\partial t}(\alpha\cos kt+\beta\operatorname{sen} kt)+a\frac{\partial}{\partial\nu}(\alpha\cos kt+\beta\operatorname{sen} kt)=0\end{array}\right\}\text{ per } \nu=at.$$

Da cui:

$$\left.\begin{array}{c}\alpha\cos kt+\beta\operatorname{sen} kt=0\\ \left(k\beta+a\frac{\partial\alpha}{\partial\nu}\right)\cos kt+\left(-k\alpha+a\frac{\partial\beta}{\partial\nu}\right)\operatorname{sen} kt=0\end{array}\right\}\text{ per } \nu=at.$$

Eliminando $\operatorname{sen} kt$, $\cos kt$, avremo:

$$-k(\alpha^2+\beta^2)+a\left(\alpha\frac{\partial\beta}{\partial\nu}-\beta\frac{\partial\alpha}{\partial\nu}\right)=0.$$

Equazione che dovrà essere verificata per ogni ν. Integrando lungo la normale, avremo, indicando con C una costante arbitraria:

$$C+\frac{k}{a}\nu=\operatorname{arctang}\frac{\beta}{\alpha}.$$

Potremo quindi assumere:

$$\alpha=A\cos\left(\frac{k}{a}\nu+C\right),\qquad\beta=A\operatorname{sen}\left(\frac{k}{a}\nu+C\right),$$

dove A è una funzione di posizione.

([12]) Cfr. la Nota citata ([3]).

La funzione data assume con ciò la forma:

$$A \cos\left(\frac{k}{a} \nu - kt + C\right).$$

E poichè essa si deve annullare per $\nu = at$, avremo $C = \frac{\pi}{2}$. La funzione richiesta è dunque della forma:

$$A(\lambda, \mu, \nu) \operatorname{sen} k\left(t - \frac{\nu}{a}\right) = A(\xi, \eta, \zeta) \operatorname{sen} k\tau \tag{2}$$

avendo introdotte le variabili ξ, η, ζ, τ del n° 10.

Questa funzione dovrà soddisfare all'equazione delle onde sferiche, che, per quanto discende dal n° 10, assume la forma:

$$2 \frac{\partial^2 f}{\partial\tau\, \partial\zeta} + \frac{1}{H_1 H_2} \frac{\partial . H_1 H_2}{\partial \zeta} \frac{\partial f}{\partial \tau} = a \Delta f.$$

Sostituendo per f l'espressione (2) avremo:

$$2k \cos k\tau \frac{\partial A}{\partial \zeta} + \frac{k}{H_1 H_2} \frac{\partial . H_1 H_2}{\partial \zeta} . A \cos k\tau = a \operatorname{sen} k\tau \Delta A.$$

Equazione che, per il fatto che A non dipende da τ, si scinde nelle due equazioni:

$$\left\{ \begin{aligned} &\Delta A = 0, \\ &2 \frac{\partial A}{\partial \zeta} + \frac{A}{H_1 H_2} \frac{\partial . H_1 H_2}{\partial \zeta} = 0. \end{aligned} \right. \tag{3}$$

La 2ª delle (3) si può integrare e fornisce per A l'espressione:

$$A = \frac{f(\xi, \eta)}{\sqrt{H_1 H_2}}. \tag{4}$$

Il nostro problema è così ricondotto alla ricerca delle funzioni armoniche all'esterno di σ ($\zeta = 0$) che sono della forma (4). La forma particolare della funzione A è già fatto sufficiente per poter affermare la *non possibilità, in generale, di un seguito di onde armoniche tutte dello stesso periodo in un fluido o in un mezzo elastico isotropo.*

12. — Possiamo però esaurire la nostra ricerca dimostrando che l'unica funzione armonica del tipo (4) è $\frac{1}{r}$.

Consideriamo perciò lo spazio compreso tra le superficie $\zeta=\zeta_1$, $\zeta=\zeta_2$. Poichè A è funzione armonica in questo spazio avremo:

$$(5)\qquad \int_1 \frac{\partial A}{\partial \zeta}\bigg|_{\zeta=\zeta_1} d\sigma = \int_2 \frac{\partial A}{\partial \zeta}\bigg|_{\zeta=\zeta_2} d\sigma,$$

il 1° integrale essendo esteso alla superficie $\zeta=\zeta_1$, il 2° alla superficie $\zeta=\zeta_2$.

Per una superficie generica $\zeta=$ cost. si ha:

$$d\sigma = H_1 H_2\, d\xi\, d\eta = (a_1\zeta+b_1)(a_2\zeta+b_2)\, d\xi\, d\eta.$$

La (5) diverrà quindi:

$$\iint \frac{\partial A}{\partial \zeta}(a_1\zeta+b_1)(a_2\zeta+b_2)\bigg|_{\zeta=\zeta_1} d\xi\, d\eta =$$
$$= \iint \frac{\partial A}{\partial \zeta}(a_1\zeta+b_1)(a_2\zeta+b_2)\bigg|_{\zeta=\zeta_2} d\xi\, d\eta.$$

E poichè ζ_1, ζ_2 sono valori arbitrari, avremo che l'integrale

$$\iint \frac{\partial A}{\partial \zeta}(a_1\zeta+b_1)(a_2\zeta+b_2)\, d\xi\, d\eta$$

è indipendente da ζ. Sicchè:

$$\iint \frac{\partial}{\partial \zeta}\left\{(a_1\zeta+b_1)(a_2\zeta+b_2)\frac{\partial A}{\partial \zeta}\right\} d\xi\, d\eta = 0.$$

Ponendo per A il suo valore e notando che:

$$\frac{\partial^2}{\partial \zeta^2}\sqrt{(a_1\zeta+b_1)(a_2\zeta+b_2)} = -\frac{(a_2 b_1 - a_1 b_2)^2}{4\sqrt{(a_1\zeta+b_1)^3(a_2\zeta+b_2)^3}}$$

avremo facilmente:

$$(6)\qquad \iint f(\xi,\eta)\frac{(a_2 b_1 - a_1 b_2)^2}{4\sqrt{(a_1\zeta+b_1)^3(a_2\zeta+b_2)^3}}\, d\xi\, d\eta = 0.$$

Partiamo ora invece dalla formola:

$$\int_S f\Delta f\, dS = -\int_{\sigma+\sigma'} f\frac{\partial f}{\partial n}\, d\sigma - \int_S \Delta_1 f\, dS,$$

dove S è lo spazio compreso tra le superficie σ, σ' di normale interna n, ed inoltre:

$$\Delta_1 f = \left(\frac{\partial f}{\partial x}\right)^2 + \left(\frac{\partial f}{\partial y}\right)^2 + \left(\frac{\partial f}{\partial z}\right)^2 = \frac{1}{H_1^2}\left(\frac{\partial f}{\partial \xi}\right)^2 + \frac{1}{H_2^2}\left(\frac{\partial f}{\partial \eta}\right)^2 + \left(\frac{\partial f}{\partial \zeta}\right)^2.$$

Assumiamo come spazio S quello compreso tra una superficie ζ qualunque ($\zeta > 0$) ed una $\zeta_1 > \zeta$; come funzione f assumiamo la A. Avremo:

$$-\iint A \frac{\partial A}{\partial \zeta} H_1 H_2 \, d\xi \, d\eta + \iint A \frac{\partial A}{\partial \zeta} H_1 H_2 \Big|_{\zeta=\zeta_1} d\xi \, d\eta - \int_S \Delta_1 A \, dS = 0.$$

Facciamo tendere ζ_1 a ζ e notiamo che si ha:

$$dS = H_1 H_2 \, d\xi \, d\eta \, d\zeta.$$

Al limite avremo:

$$\iint \left[\frac{\partial}{\partial \zeta}\left(A \frac{\partial A}{\partial \zeta} H_1 H_2\right) - H_1 H_2 \Delta_1 A\right] d\xi \, d\eta = 0.$$

Ponendo per A il suo valore e sviluppando si giunge facilmente alla formola:

$$\iint \Big\{ -\frac{f^2}{4 H_1^2 H_2^2} (a_2 b_1 - a_1 b_2)^2 + $$
$$+ H_1 H_2 \left[\frac{1}{H_1^2}\left(\frac{\partial A}{\partial \xi}\right)^2 + \frac{1}{H_2^2}\left(\frac{\partial A}{\partial \eta}\right)^2\right] \Big\} d\xi \, d\eta = 0.$$

Poichè il 1° termine si annulla per $\zeta = \infty$ come $\frac{1}{\zeta^4}$, mentre il 2° come $\frac{1}{\zeta^2}$; se moltiplico per ζ^2 e prendo il limite per $\zeta = \infty$, otterrò:

$$\lim_{\zeta=\infty} \iint \Big\{ \frac{H_2}{H_1}\left(\frac{\partial . A\zeta}{\partial \xi}\right)^2 + \frac{H_1}{H_2}\left(\frac{\partial . A\zeta}{\partial \eta}\right)^2 \Big\} d\xi \, d\eta = 0,$$

da cui, poichè le H_1, H_2 sono necessariamente positive:

$$\lim_{\zeta=\infty} \frac{\partial . A\zeta}{\partial \xi} = \lim_{\zeta=\infty} \frac{\partial . A\zeta}{\partial \eta} = 0.$$

E quindi:

$$\frac{f}{\sqrt{a_1 a_2}} = C \qquad \text{essendo } C \text{ costante.}$$

Dalla (6) allora discende:

$$(a_2 b_1 - a_1 b_2)^2 = 0 \, ; \qquad \frac{a_1}{a_2} = \frac{b_1}{b_2} \, .$$

Per il numero (9) il sistema delle $\zeta =$ cost. è formato da sfere concentriche, e la funzione A diventa:

$$\frac{1}{\nu + C} = \frac{1}{r}$$

se r è la distanza di un punto variabile dall'origine delle coordinate. Si conclude perciò: *l'unica funzione del tipo*

$$\alpha \operatorname{sen} kt + \beta \cos kt$$

che soddisfa all'equazione delle onde sferiche e inoltre per ogni t *si annulla sopra una superficie* $\sigma_t^{(a)}$ *di una famiglia di superficie parallele è*

$$\frac{\operatorname{sen} k \left(t - \frac{r}{a} \right)}{r} \, ,$$

dove r *è la distanza di un punto fisso dal punto variabile.* A questa funzione corrisponde poi una propagazione di moto all'esterno di una sfera puramente radiale.

13. — Nella precedente ricerca non abbiamo fatto uso dell'ipotesi ammessa al principio che k fosse una quantità reale. Il risultato ora ottenuto continua a sussistere se k fosse immaginario, cioè se il moto propagato si componesse di vibrazioni smorzate. Non è dunque possibile la propagazione di moti vibratori di tipo armonico smorzato tutti di uno stesso periodo e con lo stesso coefficiente di smorzamento.

Pavia, aprile 1918.

Problemi sulla determinazione delle linee sghembe

di MATTEO BOTTASSO, a Messina.

Il Prof. BURALI (1) ha esposto la soluzione del problema, molto generale, della determinazione di tutte le linee $P(t)$ tali che un vettore $\boldsymbol{u}$, funzione di t, sia invariabilmente collegato, ed in modo dato, al triedro principale in P della linea richiesta; supposto nota la funzione $v = \frac{ds}{dt}$. In particolare risultano determinate le linee delle quali in ogni punto è assegnata la direzione di uno degli spigoli del triedro principale, od anche della rettificante.

Si possono allora considerare le classi formate ciascuna da tutte le linee che hanno a comune una delle dette direzioni, come pure le trasformazioni per le quali da una di tali linee si passa a qualsivoglia altra linea della medesima classe. Quando si considerano le linee tali che le tangenti in due punti corrispondenti risultano sempre parallele, si ha quella che il BIANCHI (2) ha chiamato trasformazione di COMBESCURE per le curve; per cui le altre trasformazioni accennate si possono riguardare come altrettante generalizzazioni, per vie diverse, di detta trasformazione di COMBESCURE (3).

Anche da questo punto di vista i problemi speciali della determinazione d'una linea della quale sia assegnata una delle

(1) BURALI-FORTI, *Linea in ogni cui punto è assegnata una direzione invariabilmente collegata al triedro principale*, " Atti R. Acc. delle Scienze di Torino ", vol. LIII, 1917-18.

(2) L. BIANCHI, *Lezioni di Geometria Differenziale* (Pisa, E. Spoerri, 2ª ed., vol. I, p. 40).

(3) V. pure la mia Nota: *Generalizzazione della trasformazione di* COMBESCURE *per le curve*, " Atti R. Acc. delle Sc. di Torino ", vol. LIII, 1917-18.

direzioni principali, o quella della rettificante, hanno importanza fondamentale nello studio assoluto delle curve sghembe.

Perciò ho creduto opportuno nel § 1 richiamare l'attenzione del lettore sulla forma assunta dalle formule del Burali nei casi speciali menzionati, indicando come ad esse si pervenga direttamente, nonchè sulle classi di curve che ad esse si riconnettono.

Una notevole applicazione di queste formule è fatta nel § 2, ove è espresso il punto generico e l'arco d'una linea della quale siano date le due curvature in funzione d'un parametro arbitrario, ovvero sia data una relazione fra le curvature medesime. Se quest'ultima è in termini finiti, ciascuna delle espressioni indicate s'ottiene con *sole quadrature* (due, senza dover risolvere alcuna equazione differenziale) non appena sia fissata una funzione arbitraria dalla quale esse dipendono.

Così può procedersi nel problema di Molins (n° 13) e si ottengono pure sotto forma assoluta le curve di Bertrand, od in particolare quelle per le quali è costante una delle due curvature (n° 15).

Nel § 3 si sono applicate le formule del § 1 alla ricerca della condizione a cui deve soddisfare una rigata Qu perchè essa possa coincidere con quella generata da uno degli spigoli del triedro principale o dalla rettificante d'una linea incognita, determinando pure completamente quest'ultima.

La sviluppabilità è condizione necessaria e sufficiente perchè la rigata sia rettificante d'una curva gobba; e se la rigata è sviluppabile risulta rettificante per ciascuna delle sue ∞^2 geodetiche.

Si ottiene pure subito la condizione perchè Qu sia la rigata delle binormali d'una linea P, e ne segue immediatamente la nota proprietà che la rigata (gobba) deve ammettere fra le traiettorie ortogonali delle sue generatrici la linea di stringimento, che è allora la linea richiesta.

La condizione perchè la rigata Qu coincida con quella delle normali principali d'una linea P viene espressa sotto due forme diverse, sia considerando data la direttrice della rigata, sia il suo cono direttore (n^i 19, 20). Si sono più specialmente esaminati i casi in cui le generatrici della rigata sono equiinclinate sulla direttrice, o rigidamente collegate col triedro del punto generico di questa. In particolare si ha la condizione perchè la rigata generata dalle normali principali, o dalle binormali, o da una retta del piano rettificante (e rigidamente collegata con esso) d'una linea data, sia quella delle normali principali di un'altra linea sghemba.

§ 1. — Problemi fondamentali.

1. — Della linea luogo del punto variabile $P(t)$ indichiamo con s l'arco (contato da un punto scelto ad arbitrio sulla linea); con ρ, τ i raggi di flessione e di torsione; con $\boldsymbol{t}$, $\boldsymbol{n}$, $\boldsymbol{b}$ i soliti tre vettori unitarî paralleli rispettivamente alla tangente, alla normale principale ed alla binormale in P, e formanti un sistema ortogonale destrogiro ([4]).

Supporremo che i punti della linea P corrispondano univocamente ai valori della variabile numerica t, della quale ammettiamo P sia funzione finita, continua, derivabile, ecc., almeno in un intervallo determinato, al quale intendiamo sempre riferirci nel seguito.

Indicheremo con gli apici le derivate rispetto a t ponendo:

$$(1) \qquad v = \frac{ds}{dt}, \qquad \boldsymbol{f} = \frac{1}{\rho}\boldsymbol{b} - \frac{1}{\tau}\boldsymbol{t} = \frac{1}{v}\boldsymbol{n}\wedge\boldsymbol{n}',$$

$$(2) \qquad \delta = \rho\frac{d\tau}{ds} - \tau\frac{d\rho}{ds} = \frac{1}{v}(\rho\tau' - \tau\rho');$$

da cui

$$(3) \qquad \boldsymbol{f}' = \frac{\tau'}{\tau^2}\boldsymbol{t} - \frac{\rho'}{\rho^2}\boldsymbol{b}, \qquad \boldsymbol{f}\wedge\boldsymbol{f}' = \frac{v\delta}{\rho^2\tau^2}\boldsymbol{n}.$$

Col vettore $\boldsymbol{f}$, parallelo alla *rettificante*, le formule di Frenet si scrivono ([5]):

$$(4) \qquad \boldsymbol{t}' = v\boldsymbol{f}\wedge\boldsymbol{t}, \qquad \boldsymbol{n}' = v\boldsymbol{f}\wedge\boldsymbol{n}, \qquad \boldsymbol{b}' = v\boldsymbol{f}\wedge\boldsymbol{b};$$

([4]) Per i primi elementi di calcolo vettoriale qui usati vedi C. Burali-Forti et R. Marcolongo, *Éléments de Calcul vectoriel*, etc. (Paris, Hermann, 1910); o la precedente edizione italiana (Bologna, Zanichelli, 1909).

([5]) C. Burali-Forti, *Sopra alcune superficie rigate dipendenti dalle indicatrici sferiche di una curva gobba*, " Rendic. R. Accad. dei Lincei ", serie 5ª, vol. XXIII, 2° sem., 1914.

e se $\boldsymbol{u}$ è un vettore unitario invariabilmente collegato con $\boldsymbol{t}, \boldsymbol{n}, \boldsymbol{b}$ (tale cioè che $\boldsymbol{u} \times \boldsymbol{t}$, $\boldsymbol{u} \times \boldsymbol{n}$, $\boldsymbol{u} \times \boldsymbol{b}$ sono costanti) si ha in generale:

$$\boldsymbol{u}' = v\boldsymbol{f} \wedge \boldsymbol{u}. \tag{5}$$

Ci proponiamo ora di esporre la soluzione dei seguenti problemi fondamentali:

Della linea P (t) *essendo dati la funzione numerica* $\mathrm{v} = \frac{\mathrm{ds}}{\mathrm{dt}}$ *ed uno dei vettori* $\boldsymbol{t}, \boldsymbol{n}, \boldsymbol{b}$, *ovvero il solo vettore* $\boldsymbol{f}$, *in funzione di* t, *determinare gli altri tre di questi vettori ed i numeri* ρ, τ.

2. — Se è dato $\boldsymbol{t}$, poichè è $\boldsymbol{t} = \frac{dP}{ds}$, si ha subito:

$$P = O + \int_0^s \boldsymbol{t}\, ds = O + \int_0^t v\boldsymbol{t}\, dt; \tag{6}$$

cioè *la linea è definita a meno di una traslazione,* potendo assegnare ad arbitrio la posizione O di P per $t = 0$.

Escluso il caso della retta, cioè di $\boldsymbol{t} = \text{cost.}$, poichè per le formule di Frenet è $\boldsymbol{t}' = \frac{v}{\rho}\boldsymbol{n}$, indicando con $\epsilon = \pm 1$ il segno di v, ne risulta:

$$\boldsymbol{n} = \epsilon \frac{\boldsymbol{t}'}{\operatorname{mod} \boldsymbol{t}'}, \qquad \boldsymbol{b} = \epsilon \frac{\boldsymbol{t} \wedge \boldsymbol{t}'}{\operatorname{mod} \boldsymbol{t}'}, \qquad \frac{v}{\rho} = \epsilon \operatorname{mod} \boldsymbol{t}'. \tag{7}$$

Siccome poi vale in generale la formula:

$$\left(\frac{\boldsymbol{a}}{\operatorname{mod} \boldsymbol{a}}\right)' = \frac{(\boldsymbol{a} \wedge \boldsymbol{a}') \wedge \boldsymbol{a}}{(\operatorname{mod} \boldsymbol{a})^3}, \tag{8}$$

derivando l'espressione di $\boldsymbol{b}$, per essere $\boldsymbol{b}' = \frac{v}{\tau}\boldsymbol{n}$, si ottiene facilmente:

$$\left\{\begin{aligned} \frac{v}{\tau} &= -\frac{\boldsymbol{t} \wedge \boldsymbol{t}' \times \boldsymbol{t}''}{(\boldsymbol{t}')^2}, \\ v\boldsymbol{f} &= \boldsymbol{t} \wedge \boldsymbol{t}' + \frac{\boldsymbol{t} \wedge \boldsymbol{t}' \times \boldsymbol{t}''}{(\boldsymbol{t}')^2}\boldsymbol{t}. \end{aligned}\right. \tag{9}$$

3. — Sia dato $\boldsymbol{b}$. Se questo vettore è costante la linea giace in un piano normale a $\boldsymbol{b}$, e perchè sia determinata occorre sia, per es., assegnato $\boldsymbol{t}$ come nel n° precedente. In tal caso i vettori $\boldsymbol{t}, \boldsymbol{t}', \boldsymbol{t}''$, ... sono complanari, da cui $\frac{v}{\tau} = 0$, ecc.

Supposto $\boldsymbol{b}' \neq 0$, siccome $\boldsymbol{b}' = \frac{v}{\tau}\boldsymbol{n}$, ne segue:

$$(10) \qquad \boldsymbol{n} = \pm \frac{\boldsymbol{b}'}{\operatorname{mod}\boldsymbol{b}'}, \qquad \boldsymbol{t} = \pm \frac{\boldsymbol{b} \wedge \boldsymbol{b}'}{\operatorname{mod}\boldsymbol{b}'}, \qquad \frac{v}{\tau} = \pm \operatorname{mod}\boldsymbol{b}',$$

e quindi:

$$(11) \qquad P = O \mp \int_0^t v \frac{\boldsymbol{b} \wedge \boldsymbol{b}'}{\operatorname{mod}\boldsymbol{b}'}\, dt,$$

essendo O la posizione arbitraria di P per $t = 0$.

Derivando l'espressione di $\boldsymbol{t}$, per le (4), (8), si ha:

$$(12) \qquad \left\{ \begin{aligned} \frac{v}{\rho} &= \frac{\boldsymbol{b} \wedge \boldsymbol{b}' \times \boldsymbol{b}''}{(\boldsymbol{b}')^2}, \\ v\boldsymbol{f} &= \boldsymbol{b} \wedge \boldsymbol{b}' + \frac{\boldsymbol{b} \wedge \boldsymbol{b}' \times \boldsymbol{b}''}{(\boldsymbol{b}')^2}\boldsymbol{b}, \end{aligned} \right.$$

e quindi v deve avere il medesimo segno di $\boldsymbol{b} \wedge \boldsymbol{b}' \times \boldsymbol{b}''$.

Se poi col vettore $\boldsymbol{b}$ è data la funzione v col segno predetto, si hanno — a meno di una traslazione — due linee simmetriche rispetto ad un punto, a torsioni opposte nei punti corrispondenti [di segno eguale o contrario a v secondochè nelle (10), (11) si assume il segno superiore od inferiore].

4. — Raccogliendo, dai n[i] 2 e 3:

Le linee che hanno lo stesso vettore $\boldsymbol{t}(\mathrm{t})$ *o lo stesso vettore* $\boldsymbol{b}(\mathrm{t})$, *variabile con* t, *hanno sempre paralleli (in punti corrispondenti) il triedro principale e la retta rettificante. Esse hanno inoltre le curvature omonime proporzionali secondo un rapporto variabile* $\mathrm{v}(\mathrm{t})$. *Fissato questo rapporto, ad arbitrio nel 1° caso, e col segno di* $\boldsymbol{b} \wedge \boldsymbol{b}' \times \boldsymbol{b}''$ *nel 2° caso, la linea indicata è individuata, a meno d'una traslazione e d'una simmetria nel caso ultimo, ed a meno d'una traslazione nel primo caso.*

Dato un vettore unitario variabile $\boldsymbol{u}(\mathrm{t})$, *le linee per le quali questo vettore è eguale a* $\boldsymbol{t}$, *od a* $\boldsymbol{b}$, *corrispondentemente ad ogni valore di* t *hanno sempre parallele le loro normali principali e le loro rettificanti; e la binormale di una linea dell'un sistema è parallela alla tangente, nel punto corrispondente, d'una qualsiasi linea dell'altro sistema* ([6]). *Inoltre, fissato il rapporto* $\mathrm{v} = \frac{\mathrm{ds}}{\mathrm{dt}}$, *la*

([6]) Ciò segue pure da una nota proprietà dello spigolo di regresso della sviluppabile polare di una linea data (cfr. Bianchi, loc. cit., I, p. 34), osservando che tutte le linee la cui tangente è parallela alla binormale della linea data sono trasformate di Combescure di detto spigolo di regresso.

flessione di una data linea di un sistema è sempre eguale al valore assoluto della torsione nel punto corrispondente dell'altro sistema.

Partendo da una linea $P_1(t)$, di elementi intrinseci noti $\boldsymbol{t}_1$, $\boldsymbol{n}_1$, $\boldsymbol{b}_1$, ..., posto $\boldsymbol{t}=\boldsymbol{t}_1$ nelle formule del n° 2, si ottengono tutte le trasformate di COMBESCURE della linea data. Similmente, ponendo successivamente $\boldsymbol{b}_1$, $\boldsymbol{n}_1$ in luogo di $\boldsymbol{t}$, si hanno le altre trasformate della P_1 considerate dal SANNIA ([7]).

5. — Sia dato $\boldsymbol{n}$ ([8]). Per $(\boldsymbol{n}')^2 = \left(\frac{1}{\rho^2}+\frac{1}{\tau^2}\right)v^2$ identicamente nullo, la curva si riduce ad una retta normale ad $\boldsymbol{n}$ (e del resto arbitraria).

Supposto $\boldsymbol{n}' \neq 0$, per le (4) si ha:

$$vf = \boldsymbol{n} \wedge \boldsymbol{n}', \qquad v^2 f^2 = (\boldsymbol{n}')^2. \tag{13}$$

Siccome $\boldsymbol{n}'$ è normale ad $\boldsymbol{n}$, i vettori $\boldsymbol{t}$, $\boldsymbol{b}$, $\boldsymbol{n}'$, $\boldsymbol{n}\wedge\boldsymbol{n}'$ sono complanari, ed indicando con φ l'angolo da $\boldsymbol{n}'$ a $\boldsymbol{t}$ (essendo positivo il verso da $\boldsymbol{n}'$ ad $\boldsymbol{n}\wedge\boldsymbol{n}'$, cioè da $\boldsymbol{b}$ a $\boldsymbol{t}$) si ha:

$$\left\{\begin{aligned} \boldsymbol{t} &= \cos\varphi\, x + \operatorname{sen}\varphi\, \boldsymbol{n}\wedge x, \\ \boldsymbol{b} &= \operatorname{sen}\varphi\, x - \cos\varphi\, \boldsymbol{n}\wedge x, \end{aligned}\right. \qquad \text{per} \qquad x = \frac{\boldsymbol{n}'}{\operatorname{mod}\boldsymbol{n}'}. \tag{14}$$

Derivando ad es. la prima di queste si ha:

$$\frac{v}{\rho}\boldsymbol{n} = \cos\varphi\, x' - \varphi' \operatorname{sen}\varphi\, x + \operatorname{sen}\varphi\, \boldsymbol{n}\wedge x' + \varphi'\cos\varphi\, \boldsymbol{n}\wedge x,$$

e moltiplicando scalarmente per x (ovvero per $\boldsymbol{n}\wedge x$ ove sia $\operatorname{sen}\varphi = 0$), siccome dalla (8) si ricava $x\wedge x' = \frac{\boldsymbol{n}'\wedge\boldsymbol{n}''}{(\boldsymbol{n}')^2}$, si ottiene:

$$\varphi - \varphi_0 = -\int_0^t \frac{\boldsymbol{n}\wedge\boldsymbol{n}'\times\boldsymbol{n}''}{(\boldsymbol{n}')^2}\, dt, \tag{15}$$

ove φ_0 è una costante arbitraria.

Determinato così φ, per le (14) il punto generico della nostra linea è

$$P = O + \int_0^t \frac{v}{\operatorname{mod}\boldsymbol{n}'}(\cos\varphi\, \boldsymbol{n}' + \operatorname{sen}\varphi\, \boldsymbol{n}\wedge\boldsymbol{n}')\, dt, \tag{16}$$

dove O indica la posizione (arbitraria) di P per $t=0$.

([7]) G. SANNIA, *Trasformazioni di* COMBESCURE *ed altre analoghe per le curve storte*, "Rendic. Circ. Matem. di Palermo", t. XX (1905).

([8]) Cfr. BURALI, loc. cit. ([1]), n° 5.

Inoltre, essendo φ e $\varphi - \pi/2$ gli angoli che $\boldsymbol{n}'$ forma con $\boldsymbol{t}$ e $\boldsymbol{b}$, dall'espressione di $\boldsymbol{f}$ (1) si ha: $v/\rho = v\boldsymbol{f} \times \boldsymbol{b} = \boldsymbol{n} \wedge \boldsymbol{n}' \times \boldsymbol{b} = - \boldsymbol{n}' \times \boldsymbol{t} = - \cos\varphi \bmod \boldsymbol{n}'$, e similmente $v/\tau = - \boldsymbol{n}' \times \boldsymbol{b} = - \operatorname{sen}\varphi \bmod \boldsymbol{n}'$, cioè:

$$(17) \quad \begin{cases} \dfrac{v}{\rho} = -\cos\varphi \, . \operatorname{mod} \boldsymbol{n}', & \dfrac{v}{\tau} = -\operatorname{sen}\varphi \, . \operatorname{mod} \boldsymbol{n}'; \\[2mm] \dfrac{\rho^2 + \tau^2}{\rho^2 \tau^2} v^2 = (\boldsymbol{n}')^2, & \operatorname{tg}\varphi = \dfrac{\rho}{\tau} . \end{cases}$$

Così le curve che hanno lo stesso vettore $\boldsymbol{n}$ e la stessa funzione v (cioè il medesimo arco) dipendono, oltrechè da una traslazione arbitraria, da una costante arbitraria φ_0. *Queste curve nei punti corrispondenti hanno sempre parallele fra loro le rette rettificanti, ma in generale non hanno più paralleli fra loro i triedri principali. Le tangenti (e quindi anche le binormali) di due tali curve formano un angolo χ indipendente dalla coppia di punti corrispondenti considerati sulle due curve.*

Perciò, a meno d'una traslazione, per passare da una delle curve indicate ad un'altra qualsiasi basta assegnare tale angolo χ.

È pure utile osservare che mutando $\boldsymbol{n}$ in $-\boldsymbol{n}$ nella (15), $\varphi - \varphi_0$ cambia di segno, e sostituendo ancora $-\varphi_0$ a φ_0, cambiano pure di segno $\boldsymbol{t}$ e τ, mentre $\boldsymbol{b}$ ed $\boldsymbol{f}$ rimangono invariati; la linea P viene allora mutata nella sua simmetrica rispetto ad O.

In virtù delle (17) si ha ancora che per tutte le curve considerate *non varia con la curva la somma dei quadrati delle due curvature (nei punti corrispondenti).*

6. — Se indichiamo con $\boldsymbol{t}_1$, $\boldsymbol{b}_1$, ρ_1, τ_1, $ds_1 = v_1 dt$ gli elementi della linea P_1 ottenuta sostituendo φ_1 a φ_0 nella (17), posto $\chi = \varphi_0 - \varphi_1$, i detti elementi s'ottengono dai corrispondenti della linea P sostituendo $\varphi + \chi$ a φ, e si ha così:

$$(18) \quad \boldsymbol{t}_1 = \cos\chi\,\boldsymbol{t} - \operatorname{sen}\chi\,\boldsymbol{b}, \qquad \boldsymbol{b}_1 = \operatorname{sen}\chi\,\boldsymbol{t} + \cos\chi\,\boldsymbol{b};$$

$$(19) \quad \frac{v_1}{\rho_1} = v\left(\frac{\cos\chi}{\rho} - \frac{\operatorname{sen}\chi}{\tau}\right), \qquad \frac{v_1}{\tau_1} = v\left(\frac{\operatorname{sen}\chi}{\rho} + \frac{\cos\chi}{\tau}\right);$$

ossia:

$$(18') \quad \boldsymbol{t} = \cos\chi\,\boldsymbol{t}_1 + \operatorname{sen}\chi\,\boldsymbol{b}_1, \qquad \boldsymbol{b} = -\operatorname{sen}\chi\,\boldsymbol{t}_1 + \cos\chi\,\boldsymbol{b}_1;$$

$$(19') \quad \frac{v}{\rho} = v_1\left(\frac{\cos\chi}{\rho_1} + \frac{\operatorname{sen}\chi}{\tau_1}\right), \qquad \frac{v}{\tau} = v_1\left(-\frac{\operatorname{sen}\chi}{\rho_1} + \frac{\cos\chi}{\tau_1}\right).$$

Dalle (13), (17) segue che *le due linee* P, P_1 *hanno pure nei punti corrispondenti le rette rettificanti fra loro parallele, e quale quadrato del rapporto di due elementi d'arco corrispondenti il rapporto delle somme dei quadrati delle due curvature.*

Inoltre le (19) mostrano che ogni polinomio omogeneo nelle curvature di P vien trasformato in un polinomio omogeneo di ugual grado nelle curvature della P_1, ed inversamente.

Perciò, ad esempio, una curva di Bertrand, le cui curvature sono legate da una relazione lineare a coefficienti costanti, viene trasformata in un'altra curva di Bertrand.

7. — In particolare si ha che *ogni elica cilindrica d'inclinazione* θ *è trasformata in un'altra elica cilindrica d'inclinazione* $\theta + \chi$, *essendo parallele* [per le (13)] *le generatrici dei due cilindri.*

Nel caso dell'elica, $\boldsymbol{n}$ è sempre parallelo ad un piano fisso e quindi $\boldsymbol{n} \wedge \boldsymbol{n}' \times \boldsymbol{n}'' = 0$, cioè il valore di φ dato dalla (15) è indipendente da t. È questa una proprietà caratteristica dell'elica, perchè dalla (13) e per essere

$$\boldsymbol{n}'' = v'\boldsymbol{f} \wedge \boldsymbol{n} + v(\boldsymbol{f}' \wedge \boldsymbol{n} + \boldsymbol{f} \wedge \boldsymbol{n}')$$

si ha:

$$\boldsymbol{n} \wedge \boldsymbol{n}' \times \boldsymbol{n}'' = v^2 \boldsymbol{f} \wedge \boldsymbol{f}' \times \boldsymbol{n} = \frac{v^3 \delta}{\rho^2 \tau^2}.$$

Quindi, essendo $v \neq 0$, la condizione scritta è soddisfatta soltanto per $1/\rho = 0$, od $1/\tau = 0$, ovvero $\delta = 0$, cioè $\rho/\tau =$ costante.

Se le generatrici del cilindro dell'elica sono parallele al vettore unitario $\boldsymbol{k}$ ed è $\boldsymbol{k} \times \boldsymbol{t} = \cos\theta$, indicando con $\boldsymbol{t}_0 = \boldsymbol{n} \wedge \boldsymbol{k}$ il vettore unitario parallelo alla tangente della sezione retta del cilindro, con r il raggio di curvatura e σ l'arco di detta sezione nel suo punto M, corrispondente al punto P dell'elica, il vettore $\boldsymbol{f}$ (od $\boldsymbol{n} \wedge \boldsymbol{n}'$) è parallelo a $\boldsymbol{k}$. Supposto precisamente $\boldsymbol{n} \wedge \boldsymbol{x} = \boldsymbol{k}$ e quindi $\boldsymbol{x} = -\boldsymbol{t}_0$, dalle (14) si ha: $\varphi = \theta + \pi/2$ e la (16) ci dà:

$$(20) \quad P = M + s\cos\theta\,\boldsymbol{k}, \quad \text{per} \quad M = O - \operatorname{sen}\theta \int_0^t v \frac{\boldsymbol{n}'}{\operatorname{mod}\boldsymbol{n}'} dt.$$

Cambiando θ si hanno tutte le eliche corrispondenti ad $\boldsymbol{n}$ e v, aventi quindi eguale arco e poste su cilindri a generatrici parallele. Un'altra qualunque di tali eliche è espressa da

$$(21)\qquad P_1 = O_1 + \frac{\operatorname{sen}(\theta+\chi)}{\operatorname{sen}\theta}(M-O) + s\cos(\theta+\chi)\,\boldsymbol{k};$$

e quindi la sezione retta del suo cilindro è una trasformata di Combescure di quella del cilindro della prima elica, essendo costante il rapporto delle due flessioni, o dei due elementi d'arco corrispondenti, ed eguale a $\frac{\operatorname{sen}(\theta+\chi)}{\operatorname{sen}\theta}$.

Cambiando anche la funzione $v(t)$ si hanno tutte le eliche appartenenti ai cilindri le cui generatrici son parallele al vettore $\boldsymbol{n}\wedge\boldsymbol{n}'$ (comprese le curve giacenti nei piani normali a questo vettore). Esse soddisfano sempre, per le (17) e le note relazioni fra ρ, τ, r, θ [9], alla relazione

$$(22)\qquad \operatorname{sen}^2\theta\,.\,v^2 = (\boldsymbol{n}')^2\,.\,r^2.$$

8. — Sia dato il vettore $\boldsymbol{f}$ [10]. Se questo ha direzione costante, cioè $\boldsymbol{f}\wedge\boldsymbol{f}'=0$, si hanno (per v arbitraria) tutte le eliche del numero precedente, che, in virtù della formula ultima e delle (13), risultano circolari quando $\boldsymbol{f}$ è costante.

Esclusa l'ipotesi indicata, la 2ª delle (3) mostra che $\boldsymbol{f}\wedge\boldsymbol{f}'$ è parallelo ad $\boldsymbol{n}$; precisamente, se ϵ, ϵ_1 sono i segni di v e $\mathfrak{d}$, si ha:

$$(24)\qquad \operatorname{mod}(\boldsymbol{f}\wedge\boldsymbol{f}')\,.\,\boldsymbol{n} = \epsilon\epsilon_1\boldsymbol{f}\wedge\boldsymbol{f}',$$

e si ricade con ciò nel caso in cui è dato $\boldsymbol{n}$. Posto:

$$(25)\qquad \boldsymbol{f} = h\boldsymbol{u}, \qquad \text{con} \qquad h = \operatorname{mod}\boldsymbol{f},$$

cioè:

$$(26)\qquad \boldsymbol{u} = \epsilon_2\frac{\tau\boldsymbol{b}-\rho\boldsymbol{t}}{\sqrt{\rho^2+\tau^2}}, \qquad h = \epsilon_2\frac{\sqrt{\rho^2+\tau^2}}{\rho\tau},$$

essendo ϵ_2 il segno di τ, la (23) si scrive:

$$(24')\qquad \boldsymbol{n} = \epsilon\epsilon_1\frac{\boldsymbol{u}\wedge\boldsymbol{u}'}{\operatorname{mod}\boldsymbol{u}'};$$

---

(9) V. p. es. C. Burali-Forti, *Corso di Geometria analitico-proiettiva* (Torino, G. B. Petrini, 1912), p. 120.

(10) Cfr. Burali-Forti, loc. cit. (1), n° 6.

e nelle (14), per le (13), si ha: $\boldsymbol{n} \wedge \boldsymbol{x} = \epsilon \boldsymbol{u}$, $\boldsymbol{x} = (\boldsymbol{n} \wedge \boldsymbol{x}) \wedge \boldsymbol{n} = -\epsilon_1 \boldsymbol{u}' : \mathrm{mod}\, \boldsymbol{u}'$, e quindi:

$$(27) \qquad \left\{ \begin{aligned} \boldsymbol{t} &= -\epsilon_1 \frac{\cos\varphi}{\mathrm{mod}\,\boldsymbol{u}'} . \boldsymbol{u}' + \epsilon \,\mathrm{sen}\,\varphi . \boldsymbol{u} , \\ \boldsymbol{b} &= -\epsilon_1 \frac{\mathrm{sen}\,\varphi}{\mathrm{mod}\,\boldsymbol{u}'} . \boldsymbol{u}' - \epsilon \cos\varphi . \boldsymbol{u} . \end{aligned} \right.$$

Procedendo allora per derivazione, come nel n° 5, si ottiene:

$$(28) \qquad \varphi - \varphi_0 = -\epsilon\epsilon_1 \int_0^t \mathrm{mod}\,\boldsymbol{u}' . dt ;$$

e dall'espressione di $\boldsymbol{f}$ si ha pure immediatamente:

$$(29) \quad \frac{1}{\rho} = -\epsilon h \cos\varphi , \qquad \frac{1}{\tau} = -\epsilon h \,\mathrm{sen}\,\varphi , \qquad \mathrm{tg}\,\varphi = \frac{\rho}{\tau} ,$$

dalle quali, e per le (26), si deduce ancora:

$$(30) \quad \cos\varphi = -\epsilon\epsilon_2 \frac{\tau}{\sqrt{\rho^2+\tau^2}} , \qquad \mathrm{sen}\,\varphi = -\epsilon\epsilon_2 \frac{\rho}{\sqrt{\rho^2+\tau^2}} .$$

La (24'), per le (8), (13), permette di calcolare l'arco e si ottiene:

$$(31) \qquad hv = h \frac{ds}{dt} = \frac{\boldsymbol{u} \wedge \boldsymbol{u}' \times \boldsymbol{u}''}{(\boldsymbol{u}')^2} ,$$

che può sostituirsi nell'espressione del punto generico della curva, il quale per le (27) si scrive:

$$(32) \qquad P = O + \int_0^t v \left[\epsilon \,\mathrm{sen}\,\varphi . \boldsymbol{u} - \epsilon_1 \frac{\cos\varphi}{\mathrm{mod}\,\boldsymbol{u}'} . \boldsymbol{u}' \right] dt .$$

Quindi: *Tutte le curve di dato vettore* $\boldsymbol{f}(\mathrm{t})$ *(di direzione variabile) nei loro punti corrispondenti hanno sempre parallele fra loro le normali principali, ed uguali gli elementi d'arco e la somma dei quadrati delle due curvature. Una di queste curve risulta individuata assegnando la posizione (arbitraria) del punto corrispondente ad un valore fissato del parametro* t *ed il rapporto* $\rho_0/\tau_0 = \mathrm{tg}\,\varphi_0$ *delle due curvature in tale punto.*

9. — Supposto sia dato il solo vettore unitario $\boldsymbol{u}(t)$, cioè la direzione della rettificante, da quanto precede risulta che s'avranno infinite curve aventi tutte in comune la direzione della normale principale e dipendenti da una (arbitraria) delle due funzioni v od h, oltre che dalla costante φ_0 e dalla posizione iniziale del punto.

La classe di curve che così si ottengono coincide quindi con quella considerata nel n° 6. Però, sotto molti aspetti, il loro studio risulta agevolato dalle formole del numero precedente.

Se consideriamo il vettore $\boldsymbol{u} = \boldsymbol{f}_1 : \operatorname{mod} \boldsymbol{f}_1$ d'una curva assegnata P_1 della quale quindi sian noti tutti gli elementi $\boldsymbol{t}_1, \boldsymbol{n}_1, \boldsymbol{b}_1, \ldots, v_1, h_1, \varphi_1$, mutando le h_1 in $h = ph_1$ (o v_1 in $v_1 = v/p$) e φ_1 in $\varphi_1 - \chi = \varphi_0$, si ottiene (a meno di una traslazione) una nuova linea P. Questa può definirsi la *linea trasformata della* P_1 *(colla quale ha in comune la direzione della rettificante e quella della normale principale), secondo la funzione arbitraria* $\mathrm{p}\,(\mathrm{t})$ *e la costante* χ, *essendo:*

$$\boldsymbol{f} = p\boldsymbol{f}_1, \qquad \chi = \operatorname{tg}^{-1}(\rho_{01}/\tau_{01}) - \operatorname{tg}^{-1}(\rho_0/\tau_0)\,;$$

ove ρ_0/τ_0 è il rapporto delle due curvature nel punto (arbitrario) corrispondente a $t = 0$ della linea trasformata, e ρ_{01}/τ_{01} è l'analogo rapporto della curva data.

Per $p = 1$ si hanno le curve considerate nel n° precedente; per $\chi = 0$ si ha la trasformazione di COMBESCURE, ecc.

§ 2. — Curve la cui flessione e torsione sono date funzioni d'un parametro arbitrario, o sono legate da una relazione assegnata.

10. — Si vogliano trovare *tutte le curve* P *i cui raggi di flessione e di torsione sono espressi da due funzioni assegnate* $\rho\,(\mathrm{t})$, $\tau\,(\mathrm{t})$ *del parametro arbitrario* t, delle quali la prima sia sempre positiva in un intervallo in cui le due funzioni sono entrambe finite, continue, derivabili, ..., al quale intervallo intendiamo sempre riferirci esclusivamente.

Per la (24) del n° 8 si ha che, per $\boldsymbol{u} = \boldsymbol{f} : \operatorname{mod} \boldsymbol{f}$, il vettore $\boldsymbol{u}'$ deve soddisfare alla condizione:

$$\varphi' = \left[\operatorname{tg}^{-1}\left(\frac{\rho}{\tau}\right)\right]' = -\,\epsilon\,\epsilon_1 \operatorname{mod} \boldsymbol{u}', \tag{1}$$

cioè:

$$(1') \qquad \mathrm{mod}\, \boldsymbol{u}' = \epsilon\, \epsilon_1 \frac{\rho\,\tau' - \tau\,\rho'}{\rho^2 + \tau^2},$$

ove $\epsilon\epsilon_1$ è il segno del numeratore del 2° membro.

Scelta ad arbitrio la solita terna unitaria ortogonale destrogira $\boldsymbol{i}$, $\boldsymbol{j}$, $\boldsymbol{k}$, quale espressione più generale d'un vettore unitario può assumersi:

$$(2) \qquad \boldsymbol{n} = \mathrm{sen}\,\alpha\,(\cos\beta\,\boldsymbol{i} + \mathrm{sen}\,\beta\,\boldsymbol{j}) + \cos\alpha\,\boldsymbol{k},$$

ossia, introducendo nel piano $O\boldsymbol{ij}$ con l'operatore $i = \boldsymbol{k} \wedge$ il rotore $e^{i\beta}$ (11):

$$(2') \qquad \boldsymbol{u} = \mathrm{sen}\,\alpha\, e^{i\beta}\boldsymbol{i} + \cos\alpha\,\boldsymbol{k},$$

da cui:

$$(3) \qquad \mathrm{mod}\,\boldsymbol{u}' = \sqrt{1 + \left(\frac{d\beta}{d\alpha}\right)^2 \mathrm{sen}^2\alpha}\ \ \mathrm{mod}\,\alpha',$$

per $\frac{d\beta}{d\alpha}$ funzione arbitraria di α, e dalla (1) segue:

$$(4) \qquad \pm \int_{\alpha_0}^{\alpha} \sqrt{1 + \left(\frac{d\beta}{d\alpha}\right)^2 \mathrm{sen}^2\alpha}\ d\alpha = \mathrm{tg}^{-1}\frac{\rho}{\tau} - \varphi_0.$$

Quindi, assumendo per β una funzione arbitraria di α, quest'ultima permette con una quadratura di determinare α (e conseguentemente β) in funzione di $\frac{\rho}{\tau}$ e di una costante arbitraria $\frac{\rho_0}{\tau_0}$, che rappresenta il rapporto delle due curvature corrispondente ad $\alpha = \alpha_0$. Con ciò è espresso, sotto la forma più generale, il vettore $\boldsymbol{u}$ che soddisfa alla (1).

11. — Nell'ipotesi di $\frac{\rho}{\tau} = \mathrm{cost.}$ questo vettore $\boldsymbol{u}$ non varia col variare del punto sulla curva, che è allora un'elica della quale è nota la sola inclinazione $\theta = \cot^{-1}\frac{\rho}{\tau}$. Essa dipende ovviamente, oltrechè da un moto arbitrario di corpo rigido, da un'unica funzione arbitraria, quale sarebbe, per es., il raggio di curvatura r della sezione retta del suo cilindro in funzione dell'arco σ della medesima sezione, o dell'arco s dell'elica.

---

(11) Ved. Burali-Forti, loc. cit. (9), p. 35.

L'espressione del punto generico P dell'elica potrà così scriversi:

$$(5)\qquad P = O + \int_0^\sigma e^{i\varphi} \boldsymbol{a}\, d\sigma + \sigma \cot\theta\, \boldsymbol{u}, \quad \text{per} \quad \varphi = \varphi_0 + \int_0^\sigma r^{-1} d\sigma$$

(od all'espressione con s che si ottiene ponendo $\sigma = s \operatorname{sen}\theta$), ove $\boldsymbol{a}$ indica un vettore unitario costante normale ad $\boldsymbol{u}$, ed i indica la rotazione dell'angolo retto nel piano normale ad $\boldsymbol{u}$, cioè $i = \boldsymbol{u} \wedge$ per i vettori del piano indicato.

Escluso il caso dell'elica, per ρ e τ funzioni date di t, risultano funzioni di t tanto il rapporto delle due curvature quanto il vettore $\boldsymbol{u}$ sopra indicato. Sostituendo allora nella (32) del n° 8 a $\operatorname{sen}\varphi$, $\cos\varphi$ i valori (30) ed a v quello dedotto dalle (30), (26), si ottiene:

$$(6)\qquad P = O - \int_0^t \frac{\boldsymbol{u} \wedge \boldsymbol{u}' \times \boldsymbol{u}''}{(\boldsymbol{u}')^2} \frac{\rho\tau}{\rho^2 + \tau^2} \left[\rho\, \boldsymbol{u} + \frac{\tau(\rho^2 + \tau^2)}{\tau\rho' - \rho\tau'} \boldsymbol{u}'\right] dt,$$

e l'arco della curva sarà espresso dalla

$$(7)\qquad s - s_0 = \int_0^t \frac{\rho\tau}{\sqrt{\rho^2 + \tau^2}} \frac{\boldsymbol{u} \wedge \boldsymbol{u}' \times \boldsymbol{u}''}{(\boldsymbol{u}')^2} dt.$$

Dunque: *Date le due curvature d'una linea sghemba in funzione di una stessa variabile arbitraria* t, *la linea stessa dipende, oltre che da un moto arbitrario di corpo rigido (in quanto si può fissare comunque il sistema* O, $\boldsymbol{i}, \boldsymbol{j}, \boldsymbol{k}$*), da una funzione arbitraria. Fissata questa funzione, è determinato dalle* (2), (4) *il vettore unitario* $\boldsymbol{u}$ *e, se la curva non è un'elica, il suo punto generico è espresso dalla* (5) *e il suo arco dalla* (7).

12. — Se per un istante indichiamo con gli apici le derivate rispetto alla variabile $x = \frac{\rho}{\tau}$, l'espressione sotto il segno d'integrazione della (6) può scriversi:

$$(8)\qquad \rho \frac{\boldsymbol{u} \wedge \boldsymbol{u}' \times \boldsymbol{u}''}{(\boldsymbol{u}')^2} \left[\frac{x}{1 + x^2} \boldsymbol{u} + \boldsymbol{u}'\right] dx = \rho\, \boldsymbol{w}(x)\, dx,$$

essendo $\boldsymbol{w}$ un vettore funzione della sola x. Quindi l'espressione del punto P può mettersi sotto la forma:

$$(9)\qquad P = O - \int_{x_0}^x \rho\, \boldsymbol{w}(x)\, dx = O - \int_{x_0}^x \tau\, x\, \boldsymbol{w}(x)\, dx,$$

ove $x_0 = \frac{\rho_0}{\tau_0}$ indica il rapporto delle due curvature nel punto $t = 0$.

In tal guisa quale parametro indipendente, variabile col punto P sulla curva, può assumersi uno dei due raggi di curvatura ρ, τ, scelto ad arbitrio se sono entrambi variabili; ovvero quello fra i due che non è costante (non potendo essere tali tutti e due, per ipotesi) nel caso opposto.

13. — Da ciò segue subito come si possano trovare le *linee le cui curvature soddisfano ad una relazione assegnata* $\Psi(\rho, \tau) = 0$.

Se questa contiene una sola curvatura, permetterà di dedeterminare i valori (od il valore) costanti di ρ o τ che la soddisfano, e ad ognuno di essi corrisponderà una classe di curve espresse dalla (9) mediante l'altro raggio di curvatura.

Se la relazione data contiene entrambe le curvature, supposto di poterla risolvere (in termini finiti) rispetto a ρ, od a τ, la (9), o la (6), permetterà di esprimere senz'altro il punto P in funzione dell'altra curvatura, non appena fissata la funzione $\beta(\alpha)$. Facendo variare comunque tale funzione, o meglio la $\frac{d\beta}{d\alpha}$, si ottengono tutte le curve richieste. Dunque:

Se la relazione data fra le due curvature è in termini finiti, il problema indicato si risolve con sole quadrature (senza che occorra risolvere alcuna equazione differenziale).

Va osservato che, quando le due curvature sono date funzioni dell'arco, la $\beta(\alpha)$ dev'essere scelta in modo da soddisfare la (31) del n° 8 che dà un'equazione differenziale del 2° ordine (in α o β) ([12]).

([12]) L'Hoppe (R.), nei vol. 60 e 63 (1862, 1864) del " Journal für die reine und angewandte Mathematik ", nella Memoria *Ueber Bestimmung der Curven durch die Relation zwischen Krummungs- und Torsionswinkel* dell'" Archiv der Mathematik u. Physik ", vol. 65 (1880), nonchè nei vol. 8 e 9, 2ª serie (1889-90) dello stesso Giornale, ha studiato le curve partendo da una relazione del tipo $F\left(s, \int \frac{ds}{\rho}, \int \frac{ds}{\tau}\right) = 0$, che ha chiamato *specifica* per la curva. Egli giunse così ad un'equazione lineare del terzo ordine, ovvero, coll'introduzione di angoli complessi, ad un'equazione differenziale lineare omogenea del secondo ordine, e quindi ad un'equazione di primo ordine di Riccati analoga a quella ottenuta da S. Lie [*Bestimmung aller Raumcurven deren Krummungsradius, Torsionsradius und Bogenlänge durch*

Considerando ad es. il *problema di* MOLINS ([13]) in cui è data la relazione

$$R = \Psi(\rho), \qquad \text{ove} \qquad R = \sqrt{\rho^2 + \left(\tau \frac{d\rho}{ds}\right)^2}$$

è il raggio della sfera osculatrice in P alla linea cercata, basterà calcolare $\frac{1}{\tau} = \int \frac{d\rho}{\sqrt{\Psi^2 - \rho^2}} = \Phi(\rho)$ per poter esprimere subito, con la (9), il punto della curva richiesta in funzione della flessione ρ.

14. — Per i problemi del n° precedente può riuscire opportuno partire da una curva gobba ausiliaria P e, mantenendo il suo vettore $\boldsymbol{u}$, cioè la φ [con che risulta soddisfatta la (1)], mutare h o v in guisa da soddisfare alla relazione data $\Psi(\rho_1, \tau_1) = 0$. Ciò equivale (n° 9) a considerare della linea P la trasformata di COMBESCURE:

$$P_1 = O_1 + \int_0^s \frac{ds_1}{ds} \boldsymbol{t}\, ds, \tag{10}$$

ove $\frac{ds_1}{ds}$ deve soddisfare alla relazione $\Psi\left(\rho \frac{ds_1}{ds}, \tau \frac{ds_1}{ds}\right) = 0$.

Così P_1 è dato in funzione d'una linea arbitraria P ed in generale non riuscirà facile ridurre tale espressione a contenere soltanto delle funzioni numeriche arbitrarie.

15. — Il procedimento ora indicato può applicarsi utilmente alla ricerca delle curve di BERTRAND, che soddisfano cioè alla relazione (per a, b, c costanti):

$$a\rho_1^{-1} + b\tau_1^{-1} = c. \tag{11}$$

Per $c = 0$ la questione è risolta ponendo $\theta = \mathrm{tg}^{-1}(b/a)$ nella (5).

---

eine beliebige Relation verknüpft sind, Christiania, Verslape, 1882], ed a quella trovata per altra via da E. GOURSAT [*Sur un problème relatif aux courbes à double courbure*, " Annales de la Faculté des Sciences de Toulouse ", I, 1887] per la determinazione della curva della quale siano note le curvature in funzione dell'arco.

([13]) H. MOLINS, *De la détermination sous forme intégrale des courbes gauches dont le rayon de courbure et le rayon de la sphère indicatrice sont liés par une relation quelconque*, " Journal de Mathématique ", II, 19, 1874; e " Mémoires de l'Acad. de Toulouse ", I, 1887.

Nell'ipotesi di $c \neq 0$ otteniamo subito (cfr. BIANCHI, loc. cit., I, p. 51):

$$(12) \qquad ds_1 = c^{-1}(a\rho^{-1} + b\tau^{-1})\,ds,$$

e poichè per le formule di FRENET è $\rho^{-1}\boldsymbol{t}\,ds = \rho^{-1}\boldsymbol{n}\wedge\boldsymbol{b}\,ds = -\boldsymbol{b}\wedge d\boldsymbol{t}$, $\tau^{-1}\boldsymbol{t}\,ds = -\boldsymbol{b}\wedge d\boldsymbol{b}$, si ha:

$$(13) \qquad P_1 = O_1 - c^{-1}\int \boldsymbol{b}\wedge(a\,d\boldsymbol{t} + b\,d\boldsymbol{b}).$$

Però dei vettori unitari ed ortogonali $\boldsymbol{b}$ e $\boldsymbol{t}$ uno solo è arbitrario. Sostituendo ad es. a $\boldsymbol{b}$ la sua espressione [n° 2 (7)] mediante $\boldsymbol{t}$, e ricordando la (8) del n° 2, quale *espressione assoluta di tutte le curve di* BERTRAND, *soddisfacenti alla* (11), si ottiene:

$$(14) \quad P_1 = O_1 + \frac{1}{c}\int_0^t \left[\epsilon a \bmod \boldsymbol{t}' - b\,\frac{\boldsymbol{t}\wedge\boldsymbol{t}'\times\boldsymbol{t}''}{(\boldsymbol{t}')^2}\right]\boldsymbol{t}\,dt \qquad (\epsilon = \pm 1),$$

essendo $\boldsymbol{t}$ un vettore unitario arbitrario funzione del parametro t; e l'arco s_1 di questa curva è espresso dalla

$$(15) \qquad s_1 = s_0 + \frac{1}{c}\int_0^t \left[\epsilon a \bmod \boldsymbol{t}' - b\,\frac{\boldsymbol{t}\wedge\boldsymbol{t}'\times\boldsymbol{t}''}{(\boldsymbol{t}')^2}\right] dt.$$

La linea P_1, oltre che da un moto arbitrario di corpo rigido e dai parametri a, b, c, *dipende da una funzione arbitraria.*

Sostituendo invece nella (13) a $\boldsymbol{t}$ la sua espressione mediante $\boldsymbol{b}$ data dalla (10) del n° 3 si ottiene, sotto altra forma, il punto generico P_1 di qualsivoglia curva di BERTRAND (11):

$$(14') \quad P_1 = O_1 - \frac{1}{c}\int_0^t \left\{ \pm a\,\frac{(\boldsymbol{b}'\wedge\boldsymbol{b}'')\wedge\boldsymbol{b}' + (\boldsymbol{b}')^2.\boldsymbol{b}\times\boldsymbol{b}''.\boldsymbol{b}}{(\bmod \boldsymbol{b}')^3} + b\boldsymbol{b}\wedge\boldsymbol{b}' \right\} dt,$$

e per il suo arco, in virtù delle (10), (12) del n° 3 e la (12) sovrascritta, si ha:

$$(15') \qquad s_1 = s_0 + \frac{1}{c}\int_0^t \left[a\,\frac{\boldsymbol{b}\wedge\boldsymbol{b}'\times\boldsymbol{b}''}{(\boldsymbol{b}')^2} \mp b \bmod \boldsymbol{b}'\right] dt,$$

essendo sempre $\boldsymbol{b}$ un vettore unitario funzione di t.

Così, assumendo per vettore unitario l'espressione (2'), si ha subito quale espressione assoluta ed esplicita di tutte le *curve la cui flessione è costante* ed uguale ad $1/\rho_0$ [dalle (14), (15)]:

$$(16) \quad P_1 = O_1 \pm \rho_0 \int_{\alpha_0}^{\alpha} \sqrt{1 + \left(\frac{d\beta}{d\alpha}\right)^2 \operatorname{sen}^2\alpha}\;(\operatorname{sen}\alpha\, e^{i\beta}\boldsymbol{i} + \cos\alpha\,\boldsymbol{k})\,d\alpha,$$

e per il loro arco:

$$s_1 = s_0 \pm \rho_0 \int_{\alpha_0}^{\alpha} \sqrt{1 + \left(\frac{d\beta}{d\alpha}\right)^2 \operatorname{sen}^2 \alpha}\, d\alpha; \tag{17}$$

e quella di tutte le *curve a torsione costante* ed uguale ad $\frac{1}{\tau_0}$ [dalle (14′) e (15′)]:

$$P_2 = O_2 + \tau_0 \int_{\alpha_0}^{\alpha} \left\{ \frac{d\beta}{d\alpha} (\operatorname{sen}\alpha \cos\alpha \, . \, e^{i\beta} \boldsymbol{i} - \operatorname{sen}^2 \alpha \, . \, \boldsymbol{k}) - e^{i\beta} i \boldsymbol{i} \right\} d\alpha, \tag{18}$$

ed il loro arco è:

$$s_2 = s_0 \pm \tau_0 \int_{\alpha_0}^{\alpha} \sqrt{1 + \left(\frac{d\beta}{d\alpha}\right)^2 \operatorname{sen}^2 \alpha}\, d\alpha; \tag{19}$$

essendo, in tutte queste formule, β una funzione arbitraria di α.

§ 3. — Linee delle quali è assegnata la rigata di una loro retta principale.

16. — Sia Q una linea gobba i cui elementi designeremo con le stesse lettere usate per quelli omonimi della linea P, affettati dall'indice 1; ed $\boldsymbol{u}$ un vettore unitario variabile in funzione dell'arco s_1 di Q. La retta $Q\boldsymbol{u}$ descrive una rigata, avente la linea Q quale direttrice e quale cono direttore il luogo del punto $O + x\boldsymbol{u}$, per O punto fisso ed x, s_1 variabili.

Il punto generico d'una curva qualsivoglia della nostra rigata è espresso da

$$P = Q + x\boldsymbol{u}, \tag{1}$$

per x funzione, al pari di $\boldsymbol{u}$, dell'arco s_1 di Q; e per il vettore $\boldsymbol{t}$ di tale linea si ha quindi:

$$v\boldsymbol{t} = \boldsymbol{t}_1 + x'\boldsymbol{u} + x\boldsymbol{u}', \qquad v = \frac{ds}{ds_1}, \tag{2}$$

ove con gli apici abbiamo indicato, come faremo sempre in tutto questo § 3, le derivate rispetto all'arco s_1 di Q.

Eguagliando l'espressione di $\boldsymbol{t}$ data dalla (2) a ciascuna di quelle ottenute per tale vettore nei problemi fondamentali del § 1 (per $\boldsymbol{t}$, $\boldsymbol{n}$, $\boldsymbol{b}$, od $\boldsymbol{f}$: mod $\boldsymbol{f}$, eguali ad $\boldsymbol{u}$) si deducono subito le condizioni perchè la rigata $Q\boldsymbol{u}$ coincida con quella generata da una direzione principale, o dalla rettificante della linea P.

17. — Supponiamo che la rigata data non sia un cilindro, cioè sia $\boldsymbol{u}' \neq 0$ e poniamo col Burali [loc. cit. (1)]:

$$(3) \qquad \boldsymbol{v} = \frac{\boldsymbol{u}'}{\operatorname{mod} \boldsymbol{u}'}, \qquad \boldsymbol{w} = \boldsymbol{u} \wedge \boldsymbol{v}.$$

Sostituendo allora nella (2) a $\boldsymbol{t}$ il vettore $\boldsymbol{u}$, o l'espressione data dalla 1ª delle (27) e moltiplicando internamente per $\boldsymbol{w}$ si ottiene immediatamente la condizione di sviluppabilità $\boldsymbol{t}_1 \wedge \boldsymbol{u} \times \boldsymbol{u}' = 0$ per la rigata $Q\boldsymbol{u}$. Soddisfatta questa condizione, nel 1° caso si ha ancora:

$$(4) \qquad \boldsymbol{t}_1 \times \boldsymbol{u} + x' = v, \qquad \boldsymbol{t}_1 \times \boldsymbol{v} + x \operatorname{mod} \boldsymbol{u}' = 0,$$

dalle quali si deduce subito quale espressione dello spigolo di regresso (14):

$$(5) \qquad P = Q - \frac{Q' \times \boldsymbol{u}'}{(\boldsymbol{u}')^2} \boldsymbol{u};$$

e per il suo arco:

$$s = s_0 - \frac{Q' \times \boldsymbol{u}'}{(\boldsymbol{u}')^2} + \int_0^{s_1} \boldsymbol{u} \times Q' . ds_1 .$$

Nel 2° caso (quando $Q\boldsymbol{u}$ è rigata rettificante della linea richiesta) moltiplicando similmente per $\times \boldsymbol{u}$, $\times \boldsymbol{v}$ l'eguaglianza

$$\boldsymbol{t}_1 + x'\boldsymbol{u} + x\boldsymbol{u}' = v(\epsilon \operatorname{sen} \varphi \boldsymbol{u} - \epsilon_1 \cos \varphi \boldsymbol{v}),$$

si ottengono le relazioni:

$$(6) \qquad \boldsymbol{t}_1 \times \boldsymbol{u} + x' = \epsilon v \operatorname{sen} \varphi, \qquad \boldsymbol{t}_1 \times \boldsymbol{v} + x \operatorname{mod} \boldsymbol{u}' = -\epsilon_1 v \cos \varphi.$$

Eliminando da queste la v si ottiene un'equazione differenziale lineare del 1° ordine in x, che integrata, al variare di φ_0 nella (28) del n° 8 e della nuova costante d'integrazione, dà tutte le geodetiche della sviluppabile (15). Per le premesse del n° 8 circa la validità della (27), quanto precede non si applica

(14) Cfr. p. es. Burali-Forti, loc. cit. (9), p. 143.

(15) Per $\boldsymbol{t}_1 \times \boldsymbol{v} = 0$, cioè Q spigolo di regresso della sviluppabile, vedi Bianchi, loc. cit., I, p. 28.

al caso in cui P è un'elica, perchè allora la rettificante ha direzione costante. In tale ipotesi però la rigata $Q\boldsymbol{u}$ è un cilindro e le linee cercate sono tutte le ∞^2 sue eliche.

18. — Si voglia che la rigata $Q\boldsymbol{u}$ coincida con quella $P\boldsymbol{b} = P\boldsymbol{u}$ delle binormali della linea P.

Per la (2) ultima e la seconda delle (10) del n° 3 dev'essere:

$$\boldsymbol{t}_1 + x'\boldsymbol{u} + x\boldsymbol{u}' = \pm v\boldsymbol{w},$$

da cui:

$$(7) \quad \boldsymbol{t}_1 \times \boldsymbol{u} + x' = 0, \quad \boldsymbol{t}_1 \times \boldsymbol{v} + x \operatorname{mod} \boldsymbol{u}' = 0, \quad \boldsymbol{t}_1 \times \boldsymbol{w} = \pm v.$$

Perchè coesistano le prime due delle (7) dev'essere:

$$(8) \quad \boldsymbol{u} \times \boldsymbol{t}_1 = \left(\frac{\boldsymbol{t}_1 \times \boldsymbol{u}'}{(\boldsymbol{u}')^2}\right)', \qquad Q' \times \boldsymbol{u}' = (\boldsymbol{u}')^2 \left(\int_0^{s_1} Q' \times \boldsymbol{u}\, ds_1 + \text{cost.}\right).$$

Se la rigata $Q\boldsymbol{u}$ soddisfa a questa condizione, esisterà la richiesta linea P, il cui punto generico per la 2ª delle (7) sarà ancora espresso dalla (5), mentre il suo arco per la 3ª delle (7) è:

$$(9) \qquad s = s_0 + \int_0^{s_1} \frac{Q' \wedge \boldsymbol{u} \times \boldsymbol{u}'}{\operatorname{mod} \boldsymbol{u}'}\, ds_1 .$$

La linea (5) di binormale $P\boldsymbol{u}$ è precisamente ([16]) la *linea di stringimento* della rigata $Q\boldsymbol{u}$; ove questa sia sviluppabile risulta $v = 0$, la P si riduce ad un punto e la rigata $Q\boldsymbol{u}$ ad un cono con vertice in tal punto. Esclusa detta ipotesi, poichè dalla (5) si ha:

$$P' \times \boldsymbol{u} = Q' \times \boldsymbol{u} - \left(\frac{Q' \times \boldsymbol{u}'}{(\boldsymbol{u}')^2}\right)',$$

la (8) esprime che la linea P è pure traiettoria ortogonale delle generatrici della rigata.

Per le premesse del n° 3 resta escluso il caso ovvio in cui P è una linea piana. Allora la rigata $Q\boldsymbol{u}$ è necessariamente un cilindro, ovvero, se la linea P è una retta, un conoide (retto arbitrario) il cui asse sarà la linea P. Dunque:

Affinchè una data rigata coincida colla rigata delle binormali di una curva sghemba, occorre che essa ammetta fra le traiet-

---

([16]) V., per es., C. Burali-Forti, *Introduction à la Géométrie différentielle* (Paris, Gauthier-Villars, 1897), p. 97.

torie ortogonali delle sue generatrici la sua linea di stringimento; se ciò si verifica, le binormali di questa linea sono le generatrici della rigata.

Come corollario si ha che *due curve gobbe distinte non possono mai avere la stessa rigata delle binormali.*

19. — Vediamo ora a qual condizione deve soddisfare la rigata $Q\boldsymbol{u}$ perchè *coincida colla rigata delle normali principali* $P\boldsymbol{n} = P\boldsymbol{u}$ di una linea P ([17]).

Nel caso in cui la linea P è una retta, è ovvio che la rigata $Q\boldsymbol{u}$ dev'essere un conoide retto con asse la retta luogo del punto P, e viceversa.

Esclusa tale ipotesi, per le (14) del n° 5 la (2) ci dà la condizione:

$$\boldsymbol{t}_1 + x'\boldsymbol{u} + x\boldsymbol{u}' = v(\cos\varphi\boldsymbol{v} + \operatorname{sen}\varphi\boldsymbol{w}), \tag{10}$$

equivalente alle tre equazioni numeriche:

$$\begin{cases} \boldsymbol{t}_1 \times \boldsymbol{u} + x' = 0, \quad \boldsymbol{t}_1 \times \boldsymbol{v} + x \bmod \boldsymbol{u}' = v\cos\varphi, \\ \boldsymbol{t}_1 \times \boldsymbol{w} = v \operatorname{sen}\varphi. \end{cases} \tag{11}$$

Osserviamo che, se la rigata $Q\boldsymbol{u}$ è sviluppabile (n° 17), dalla 3ª delle (11) si ricava $v\operatorname{sen}\varphi = 0$; e quindi: o tale rigata è un cono al cui vertice si riduce la linea P, ovvero è sempre $\operatorname{sen}\varphi = 0$. Nell'ipotesi ultima per la 2ª delle (17) del n° 5 la linea P è piana, e quindi la rigata $Q\boldsymbol{u}$ deve ridursi ad un inviluppo piano di rette, e la linea P ad una evolvente della curva da esse inviluppata.

Esclusi ancora questi casi semplici, cioè per $v\operatorname{sen}\varphi \neq 0$, le due ultime delle (11) si possono trasformare nelle seguenti altre due, ad esse equivalenti a meno del segno di v:

$$x = \frac{\cot\varphi \cdot \boldsymbol{t}_1 \times \boldsymbol{w} - \boldsymbol{t}_1 \times \boldsymbol{v}}{\bmod \boldsymbol{u}'}, \tag{12}$$

$$v^2 = (\boldsymbol{t}_1 \times \boldsymbol{v} + x \bmod \boldsymbol{u}')^2 + (\boldsymbol{t}_1 \times \boldsymbol{w})^2. \tag{13}$$

([17]) Cfr. R. Hoppe, *Ueber die Bedingung unter welcher eine variabele Gerade Hauptnormale einer Curve sein kann und verwandte Fragen,* " Archiv der Mathematik u. Physik ", v. 63, 1879, pp. 369-380.

Derivando la (12), e per la 1ª delle (11), quale risultato dell'eliminazione di v ed x dalle (11), si ha:

$$(14)\quad \begin{aligned} &\operatorname{sen}^2\varphi\,[(\operatorname{mod}\boldsymbol{u}')^2.\boldsymbol{t}_1\times\boldsymbol{u}-(\boldsymbol{u}')^2.(\boldsymbol{t}_1\times\boldsymbol{v})'+\boldsymbol{u}'\times\boldsymbol{u}''.\boldsymbol{t}_1\times\boldsymbol{v}]\\ &+\operatorname{sen}\varphi\cos\varphi\,[(\boldsymbol{u}')^2(\boldsymbol{t}_1\times\boldsymbol{w})'-\boldsymbol{u}'\times\boldsymbol{u}''.\boldsymbol{t}_1\times\boldsymbol{w}]\\ &-\varphi'.(\boldsymbol{u}')^2.\boldsymbol{t}_1\times\boldsymbol{w}=0,\end{aligned}$$

ovvero:

$$(14')\quad \begin{aligned} &(1-\cos 2\varphi)[(\operatorname{mod}\boldsymbol{u}')^2.\boldsymbol{t}_1\times\boldsymbol{u}-(\boldsymbol{u}')^2.(\boldsymbol{t}_1\times\boldsymbol{v})'+\boldsymbol{u}'\times\boldsymbol{u}''.\boldsymbol{t}_1\times\boldsymbol{v}]\\ &+\operatorname{sen}2\varphi\,[(\boldsymbol{u}')^2.(\boldsymbol{t}_1\times\boldsymbol{w})'-\boldsymbol{u}'\times\boldsymbol{u}''.\boldsymbol{t}_1\times\boldsymbol{w}]\\ &+2\boldsymbol{u}\wedge\boldsymbol{u}'\times\boldsymbol{u}''.\boldsymbol{t}_1\times\boldsymbol{w}=0,\end{aligned}$$

ove con le (3) occorre ricordare che:

$$(15)\qquad \varphi=\varphi_0-\int_0^{s_1}\frac{\boldsymbol{u}\wedge\boldsymbol{u}'\times\boldsymbol{u}''}{(\boldsymbol{u}')^2}ds_1,\quad \text{e}\quad \boldsymbol{t}_1=Q'.$$

La (14), o (14'), è una vera condizione a cui deve soddisfare la nostra rigata $Q\boldsymbol{u}$, perchè in essa non compaiono che i vettori $\boldsymbol{u}$, $\boldsymbol{u}'$, $\boldsymbol{u}''$, Q', Q'' e la costante arbitraria φ_0. Può osservarsi che, trattandosi di una relazione numerica fra soli vettori, se essa è soddisfatta da una certa coppia di vettori $\boldsymbol{t}_1$, $\boldsymbol{u}$, non cessa di esserlo dando ad entrambi uno stesso moto arbitrario di corpo rigido, come del resto è evidente dalla natura del problema.

Supposto soddisfatta tale condizione dalla rigata $Q\boldsymbol{u}$, e per una costante φ_0 fissata, esiste una costante x_0 tale che:

$$(12')\qquad x_0-\int_0^{s_1}\boldsymbol{u}\times Q'ds_1=\frac{\cot\varphi\,.\,Q'\wedge\boldsymbol{u}\times\boldsymbol{u}'-Q'\times\boldsymbol{u}'}{(\boldsymbol{u}')^2};$$

sicchè, per i valori di x e v (a meno del segno) espressi dalle (12), (13), risulteranno verificate tutte le (11), cioè la (10); e la linea luogo del punto

$$(16)\qquad P=Q+\left(x_0-\int_0^{s_1}Q'\times\boldsymbol{u}\,ds_1\right)\boldsymbol{u},$$

il cui arco è determinato dalla

$$(17)\qquad (\boldsymbol{u}')^2(ds)^2=$$
$$=\left\{(Q'\times\boldsymbol{u}\wedge\boldsymbol{u}')^2+\left[(\boldsymbol{u}')^2\left(x_0-\int_0^{s_1}Q'\times\boldsymbol{u}\,ds_1\right)+Q'\times\boldsymbol{u}'\right]^2\right\}(ds_1)^2,$$

avrà come rigata delle sue normali principali la rigata $Q\boldsymbol{u}$.

20. — La (14) è della forma:

$$(14'') \qquad \boldsymbol{a} \times \boldsymbol{t}_1 + \boldsymbol{b} \times \boldsymbol{t}_1' = 0,$$

per $\boldsymbol{a}, \boldsymbol{b}$ vettori funzioni di $\boldsymbol{u}, \boldsymbol{u}', \boldsymbol{u}''$ e della costante φ_0.

Assegnati il vettore $\boldsymbol{u}(s_1)$, la costante φ_0 ed una relazione numerica arbitraria $f(\boldsymbol{t}_1) = 0$ per il vettore $\boldsymbol{t}_1$, la (14) permette (essendo $\boldsymbol{t}_1^2 = 1$) di ottenere quest'ultimo vettore con una nuova costante d'integrazione.

Dunque: *Fatta astrazione da una traslazione arbitraria, esistono* ∞^2 *rigate soddisfacenti alla condizione* (14), *le quali hanno un cono direttore assegnato e la cui linea direttrice* $\mathrm{Q}(\mathrm{s}_1)$ *verifica una relazione numerica del tipo* $\mathrm{f}\left(\frac{\mathrm{dQ}}{\mathrm{ds}_1}\right) = 0$ *fissata ad arbitrio. Sopra ognuna di tali rigate esiste (almeno) una curva avente per proprie normali principali le generatrici della rigata* ([18]).

21. — Supposto data la curva direttrice Q, per il vettore $\boldsymbol{u}$ la (14) si presenta sotto la forma di equazione (numerica) integro-differenziale.

Conviene allora sostituire alla 2ª delle (11) l'equazione ottenuta eliminando φ ed x dalle (11) stesse, cioè:

$$(18) \qquad v^2 = \left[\left(x_0 - \int_0^{s_1} \boldsymbol{t}_1 \times \boldsymbol{u}\, ds_1\right) \operatorname{mod} \boldsymbol{u}' + \boldsymbol{t}_1 \times \boldsymbol{v}\right]^2 + (\boldsymbol{t}_1 \times \boldsymbol{w})^2.$$

Eliminando da questa, per derivazione, il segno d'integrazione, si ottiene un'equazione differenziale numerica del 2° ordine (non lineare) nel vettore $\boldsymbol{u}$; similmente, dalla 3ª delle (11) e per derivazione con la (15), si ha:

$$(19) \qquad \frac{\boldsymbol{u} \wedge \boldsymbol{u}' \times \boldsymbol{u}''}{(\boldsymbol{u}')^2} = -\frac{d}{ds_1}\left(\operatorname{sen}^{-1} \frac{\boldsymbol{t}_1 \times \boldsymbol{w}}{v}\right);$$

dopo di che, essendo $\boldsymbol{u}^2 = 1$, potremo determinare $\boldsymbol{u}$ con due costanti d'integrazione quando siano assegnati v e $\boldsymbol{t}_1$.

Questo vettore $\boldsymbol{u}$ con la linea data Q determina una rigata, la quale soddisferà a tutte le (11) quando per il 1° membro

---

([18]) Dalle complesse relazioni ottenute dall'Hoppe ([17]) non è facile giungere ad una condizione unica o per la sola direttrice Q, o per il solo cono direttore $O\boldsymbol{u}$ (essendo O un punto fisso) della rigata; sicchè nel lavoro cit. non si trova alcun cenno nè della proprietà qui enunciata, nè della maggior parte di quelle dei numeri seguenti.

della (12'), e nella (15), si assumano le costanti x_0 e φ_0 che rendono soddisfatte la (18) e la 3ª delle (11). La (16) rappresenterà ancora per tale rigata la linea che soddisfa al problema proposto. Quindi:

Data la curva direttrice Q, *esistono* ∞^2 *rigate che passano per essa, ciascuna delle quali contiene una linea* P *le cui normali principali sono le stesse generatrici della rigata, quando l'arco di questa linea sia una funzione arbitrariamente fissata dell'arco della direttrice data.*

22. — Supponiamo che *le generatrici della rigata* $Q\boldsymbol{u}$ *formino un angolo costante* α *con la direttrice*, cioè:

(20) $$\boldsymbol{t}_1 \times \boldsymbol{u} = \cos\alpha \qquad (\alpha \text{ cost.}).$$

Allora dalla 1ª delle (11) si ha $x = x_0 - s_1 \cos\alpha$, ed alla condizione (14) può sostituirsi la (12), che si scrive:

(21) $$(\cos\varphi\,\boldsymbol{w} - \operatorname{sen}\varphi\,\boldsymbol{v}) \times \boldsymbol{t}_1 = \operatorname{sen}\varphi\,(x_0 - s_1\cos\alpha) \bmod \boldsymbol{u}'.$$

Posto:

$$\boldsymbol{a} = \cos\varphi\,\boldsymbol{w} - \operatorname{sen}\varphi\,\boldsymbol{v}, \qquad \cos\sigma = \operatorname{sen}\varphi\,(x_0 - s_1\cos\alpha) \bmod \boldsymbol{u}',$$

ove le costanti x_0 e φ_0 siano scelte in modo che $\cos^2\sigma \leq 1$, ed

$$\boldsymbol{a} \wedge \boldsymbol{a}' = \varphi' \operatorname{sen}^2\varphi\,.\,\boldsymbol{u} + \operatorname{sen}^2\varphi\,\boldsymbol{v} \wedge \boldsymbol{v}' - \operatorname{sen}\varphi\cos\varphi\,\boldsymbol{u} \times \boldsymbol{v}'.\,\boldsymbol{v}$$ [19],

non sia identicamente nullo, il vettore $\boldsymbol{t}_1$ soddisfacente alla (21) è

$$\boldsymbol{t}_1 = \cos\sigma\,\boldsymbol{a} + \operatorname{sen}\sigma\,(\cos\gamma\,\boldsymbol{a}' + \operatorname{sen}\gamma\,\boldsymbol{a} \wedge \boldsymbol{a}')/\bmod \boldsymbol{a}',$$

ove la γ deve soddisfare alla (20), cioè alla

$$\cos\alpha\,.\bmod \boldsymbol{a}' = \operatorname{sen}\sigma\,(\cos\gamma\,.\,\boldsymbol{a}' \times \boldsymbol{u} + \operatorname{sen}\gamma\,.\,\boldsymbol{a} \wedge \boldsymbol{a}' \times \boldsymbol{u}),$$

ossia, dopo un breve calcolo, sotto forma più esplicita:

(20') $$\left\{\begin{array}{l} \cos\alpha\sqrt{(\boldsymbol{u}' \wedge \boldsymbol{u}'')^2 - (\boldsymbol{u} \wedge \boldsymbol{u}' \times \boldsymbol{u}'')^2} \\ + \operatorname{sen}\sigma\,.\bmod \operatorname{sen}\varphi\,.\,\boldsymbol{u} \times \boldsymbol{u}''.\bmod \boldsymbol{u}'.\cos\gamma = 0. \end{array}\right.$$

---

(19) Per essere, in virtù delle (15), (3), e la (8) del n° 2, $\varphi'.\,\boldsymbol{u} = -\boldsymbol{w} \wedge \boldsymbol{w}'$. L'espressione di $\boldsymbol{a} \wedge \boldsymbol{a}'$ mediante il solo vettore $\boldsymbol{u}$ è data dalla

$$(\boldsymbol{u}')^2.\,\boldsymbol{a} \wedge \boldsymbol{a}' = \operatorname{sen}^2\varphi\,(\boldsymbol{u}' \wedge \boldsymbol{u}'' - \boldsymbol{u} \times \boldsymbol{u}' \wedge \boldsymbol{u}''.\,\boldsymbol{u}) - \operatorname{sen}\varphi\cos\varphi\,.\,\boldsymbol{u} \times \boldsymbol{u}''.\,\boldsymbol{u}'.$$

Soddisfatta la condizione indicata, la (16) si scrive:

$$P = Q + (x_0 - s_1 \cos\alpha)\, \boldsymbol{u}, \tag{22}$$

ed è facile esprimere l'arco, direttamente o con la (17).

Similmente le (18) (senz'alcuna derivazione) e (19) permettono di determinare il vettore $\boldsymbol{u}$, assegnata la direttrice Q; in esse però la v non può più prendersi ad arbitrio, ma in modo da soddisfare alla (20).

Dato ad arbitrio il cono direttore di una rigata, è possibile determinare in ∞^2 modi la direttrice di questa rigata (astraendo da una traslazione arbitraria), in guisa che la rigata abbia le sue generatrici equiinclinate d'un angolo fissato (non nullo) sulla detta direttrice, ed essa sia inoltre la rigata delle normali principali di una linea sghemba.

In particolare, posto $\alpha = \pi/2$, può richiedersi che la direttrice della rigata sia una traiettoria ortogonale delle sue generatrici, nel qual caso x_0 è costante e la (20') dà $\cos\gamma = 0$, ecc.

23. — Possiamo pure supporre che $\boldsymbol{u}$ *sia rigidamente collegato, ed in modo assegnato, col triedro principale in* Q *della direttrice della rigata*, cioè che:

$$\boldsymbol{t}_1 \times \boldsymbol{u} = a, \qquad \boldsymbol{n}_1 \times \boldsymbol{u} = b, \qquad \boldsymbol{b}_1 \times \boldsymbol{u} = c, \tag{23}$$

siano costanti e soddisfino alla condizione:

$$a^2 + b^2 + c^2 = 1. \tag{24}$$

Allora dalle (5) del n° 1 segue essere:

$$\boldsymbol{u}' = \boldsymbol{f}_1 \wedge \boldsymbol{u}, \qquad \boldsymbol{u}'' = \boldsymbol{f}_1' \wedge \boldsymbol{u} + \boldsymbol{f}_1 \wedge (\boldsymbol{f}_1 \wedge \boldsymbol{u}), \tag{25}$$

e la (21) assume la forma:

$$\begin{aligned}[\cos\varphi \,.\, \boldsymbol{u} \wedge (\boldsymbol{f}_1 \wedge \boldsymbol{u}) - \operatorname{sen}\varphi \,.\, \boldsymbol{f}_1 \wedge \boldsymbol{u}] \times \boldsymbol{t}_1 \\ = (\boldsymbol{f}_1 \wedge \boldsymbol{u})^2 \operatorname{sen}\varphi\, (x_0 - a s_1),\end{aligned} \tag{26}$$

essendo, per la (15):

$$(\boldsymbol{f}_1 \wedge \boldsymbol{u})^2 .\, \varphi' = \boldsymbol{f}_1 \wedge \boldsymbol{f}_1' \times \boldsymbol{u} + \boldsymbol{f}_1 \times \boldsymbol{u} \,.\, (\boldsymbol{f}_1 \wedge \boldsymbol{u})^2. \tag{27}$$

Nel caso attuale non si può più assegnare ad arbitrio nè la direttrice Q, nè il cono direttore della rigata, perchè i vettori (unitari) $\boldsymbol{t}_1$ ed $\boldsymbol{u}$ debbono soddisfare, oltrechè alla (26), alle (23). Poichè queste per la (24) equivalgono a due sole relazioni indipendenti, il vettore $\boldsymbol{t}_1$ (od il vettore $\boldsymbol{u}$) dovrà soddisfare ad una certa condizione numerica, dopo di che risulterà determinato il vettore $\boldsymbol{u}$ (od il vettore $\boldsymbol{t}_1$).

Non sembra facile ottenere la condizione a cui debba soddisfare o la sola direttrice od il solo cono direttore della rigata, salvo in casi speciali.

Così, data la direttrice Q e nell'ipotesi di $\boldsymbol{u}=\boldsymbol{n}_1$ $(a=c=0)$, la (26) si riduce a:

$$-\frac{\cos\varphi}{\tau_1}+\frac{\operatorname{sen}\varphi}{\rho_1}=x_0\boldsymbol{f}_1{}^2\operatorname{sen}\varphi\,,$$

e dalle (17), (19') dei n^i 5 e 6 (per $v_1=ds_1/ds_1=1$) si deduce subito per la linea Q la nota condizione [20]:

$$\operatorname{sen}\chi+x_0\left(\frac{\cos\chi}{\tau_1}-\frac{\operatorname{sen}\chi}{\rho_1}\right)=0\,,$$

la quale esprime che la linea Q deve essere una curva di Bertrand.

24. — Supponiamo in quanto precede $b=0$, cioè:

$$\boldsymbol{u}=\cos\alpha\,\boldsymbol{t}_1+\operatorname{sen}\alpha\,\boldsymbol{b}_1\,,\qquad(\alpha=\mathrm{cost}\neq0)\,,$$

e quindi:

$$\boldsymbol{f}_1\wedge\boldsymbol{u}=\left(\frac{\operatorname{sen}\alpha}{\tau_1}+\frac{\cos\alpha}{\rho_1}\right)\boldsymbol{n}_1\,,\qquad \boldsymbol{f}_1\times\boldsymbol{u}=\frac{\operatorname{sen}\alpha}{\rho_1}-\frac{\cos\alpha}{\tau_1}\,,$$

$$\boldsymbol{u}\wedge(\boldsymbol{f}_1\wedge\boldsymbol{u})=\left(\frac{\operatorname{sen}\alpha}{\tau_1}+\frac{\cos\alpha}{\rho_1}\right)(\cos\alpha\,\boldsymbol{b}_1-\operatorname{sen}\alpha\,\boldsymbol{t}_1),\quad \boldsymbol{f}_1\wedge\boldsymbol{f}_1'\times\boldsymbol{u}=0.$$

Allora le (26) e (27) diventano:

$$-\operatorname{sen}\alpha\cos\varphi=\left(\frac{\operatorname{sen}\alpha}{\tau_1}+\frac{\cos\alpha}{\rho_1}\right)(x_0-s_1\cos\alpha)\operatorname{sen}\varphi\,,$$

$$\varphi'=\frac{\operatorname{sen}\alpha}{\rho_1}-\frac{\cos\alpha}{\tau_1}\,;$$

cioè dovrà essere:

$$(28)\quad\left\{\begin{aligned}&\left(\frac{\cos\alpha}{\rho_1}+\frac{\operatorname{sen}\alpha}{\tau_1}\right)(x_0-s_1\cos\alpha)\\&+\operatorname{sen}\alpha\,.\cot\left[\varphi_0+\int_0^{s_1}\left(\frac{\cos\alpha}{\tau_1}-\frac{\operatorname{sen}\alpha}{\rho_1}\right)ds_1\right]=0\,,\end{aligned}\right.$$

---

[20] Ved., per es., Bianchi, loc. cit., I, p. 51.

per x_0, φ_0 costanti arbitrarie. Dunque:

Affinchè per una linea data Q *passi una rigata tangente lungo tutta la linea alla sviluppabile rettificante di quest'ultima, le cui generatrici siano equiinclinate d'un angolo dato* α *sulla linea* Q *stessa e siano inoltre le normali principali di un'altra linea sghemba* P, *occorre e basta che i raggi di curvatura* ρ_1, τ_1 *e l'arco* s_1 *della* Q *soddisfino alla condizione* (28), *ove* x_0 *e* φ_0 *sono costanti arbitrarie.*

Soddisfatta tale condizione, l'indicata linea P *della rigata è:*

$$(29) \qquad P = Q + (x_0 - s_1 \cos\alpha)(\cos\alpha\, \boldsymbol{t}_1 + \operatorname{sen}\alpha\, \boldsymbol{b}_1),$$

e per il suo arco s *si ha:*

$$(30) \qquad (ds)^2 = (dP)^2 =$$
$$= \left\{ \operatorname{sen}^2\alpha\,(1 + \cos^2\alpha) + (x_0 - s_1\cos\alpha)^2 \left(\frac{\cos\alpha}{\rho_1} + \frac{\operatorname{sen}\alpha}{\tau_1}\right)^2 \right\} (ds_1)^2.$$

In particolare, per $\alpha = \pm\pi/2$, si ha:

Data una curva sghemba, perchè ne esista un' altra avente quali normali principali le binormali della prima, occorre e basta che fra i raggi di flessione e di torsione ρ_1, τ_1 *e l'arco* s_1 *della curva data sussista la relazione:*

$$(31) \qquad \tau_1 + x_0 \operatorname{tg}\left(\varphi_0 \mp \int_0^{s_1} \frac{ds_1}{\rho_1}\right) = 0,$$

essendo x_0, φ_0 *delle costanti arbitrarie.*

Soddisfatta questa condizione dalla linea data Q, *il punto della* 2ª *curva è espresso da*

$$Q = P \pm x_0 \boldsymbol{b}_1,$$

ed il suo arco s *è determinato dalla*

$$(ds)^2 = \frac{\tau_1^2 + x_0^2}{\tau_1^2} (ds_1)^2.$$

Messina, Aprile 1918.

Riflessioni sopra alcuni principii della teoria degli aggregati e delle funzioni

di BEPPO LEVI, a Parma.

I.

1. — *Ogni ragionamento matematico suppone — come dominio delle proprie considerazioni — uno o più aggregati per ciascuno dei quali* SI POSTULA *la possibilità di scegliere un elemento arbitrario, come atto di pensiero primo ed irreduttibile.*

Nelle teorie dell'analisi l'aggregato di cui è parola è talvolta quello dei numeri interi, più spesso quello dei numeri reali, talora l'aggregato delle funzioni (o di certe funzioni); può anche essere un aggregato diverso da questi: nelle teorie geometriche esso è abitualmente lo spazio, o il piano o la retta (aggregati di punti).

È assai comune l'opinione che *l'analisi possa fondarsi mediante sole definizioni nominali sopra la nozione di* NUMERO INTERO. L'affermazione non è abbastanza precisa perchè si possa accettarla o respingerla: piuttosto occorre una certa discussione per vedere in quanto essa si accordi e in quanto contraddica a quelle delle linee precedenti. V'ha una scuola di matematici, che ha i suoi rappresentanti più espressivi fra gli analisti francesi, la quale, partendo dalla osservazione incontestabile che ogni rappresentazione analitica concreta si riconduce necessariamente con un numero finito di parole alle nozioni primitive dei numeri interi (e cioè al numero 1 e al passaggio da un numero al successivo), pare giungere alla conclusione che il solo terreno veramente solido su cui si svolge l'analisi sia quello delle definizioni (necessariamente mediante un numero finito di parole, perchè infinite non sono possibili) a partire dai numeri interi.

Questo punto di vista non è praticamente mantenuto nemmeno dai suoi sostenitori, poichè esso porterebbe alla distruzione dell'analisi [1]. L'analisi matematica trova la propria forza e là propria ragion d'essere precisamente in ciò che *allontanandosi dalle realizzazioni concrete* opera sopra concetti generali astraendo dai particolari di definizione di dette realizzazioni concrete.

Uno di questi concetti generali è quello di " numero reale ". È vero che si possono porre in corrispondenza biunivoca i numeri reali colle classi di numeri razionali di un determinato tipo (per es. colle sezioni di Dedekind): in questo senso avviene la riduzione dei numeri reali ai numeri interi, ma la considerazione di *tutte* le sezioni o di *una qualunque sezione* è atto unico di pensiero, non descrivibile mediante operazioni su numeri interi, o a queste comunque riducibile. Anche praticamente d'altronde è molte volte più facile assegnare un numero irrazionale che la corrispondente sezione (la quale ne risulta soltanto definita in conseguenza) ed il considerare la nozione delle sezioni più elementare di quella dei numeri reali è solo un particolare della nostra attuale tradizione matematica.

Nessuno dubita che nella geometria elementare [2] l'atto di assumere un punto o un vettore sia atto unico ed irreduttibile: l'atto di assumere un numero reale non è essenzialmente diverso.

2. — Chiamerò *aggregato primo* uno i cui elementi si intendano assumibili con atto di pensiero unico ed irreduttibile (n. 1). Gli aggregati che sono idee primitive nelle teorie logico-matematiche sono aggregati primi, ma non viceversa: nella logica

---

(1) Uno dei curiosi paradossi a cui porta questo punto di vista è la negazione di valore positivo alle dimostrazioni di non-numerabilità (Borel, Lebesgue, Poincaré): mi pare che il dire che con tali dimostrazioni si prova soltanto che un aggregato " numerato " di numeri reali non può comprendere tutti i numeri reali sia un giro di parole che non risolve nulla (cfr. (4)). E d'altronde non si comprende perchè, messi sulla via, non si debbano negare anche gli aggregati numerabili per ridursi ai soli aggregati finiti: il proposito non è forse nuovo (cfr. Baire, *Lettre à M.* Hadamard, " Bull. de la Soc. Math. de France ", déc. 1904).

(2) Dico " geometria elementare " in opposizione a " geometria analitica ": l'abitudine di considerare spazii " aritmetici " è così connaturata all'analisi moderna che si potrebbe, in difetto, opporre che un punto sia soltanto un complesso numerico.

matematica si considerano come *definiti* aggregati che, secondo le precedenti spiegazioni, debbono considerarsi come primi (tale, abitualmente, l'aggregato dei numeri reali (n. 1)), perchè essa accetta come elementi di una definizione parole come " classe „, " aggregato „, ecc., senza discutere se esse stiano ad indicare enti veramente definiti ovvero assunti *a priori* (cfr. n. 1) (3).

Quando si dice che un ente matematico è definito (inutile dire — ripeto — con un numero finito di parole, perchè definire con infinite parole non è possibile) *l'espressione non ha nessun senso se non è detto (o sottinteso) quali aggregati si assumano come primi* (4). Dirò che *il sistema degli aggregati assunti come primi caratterizza il* DOMINIO DEDUTTIVO in cui si ragiona.

3. — Assegnato un aggregato A di aggregati X, accade spesso di dover considerare l'aggregato B degli aggregati Y costituiti di elementi degli aggregati X per modo che ogni Y contenga uno e un solo elemento per ciascun X.

Se gli aggregati X sono in numero finito, l'operazione di costruire uno degli aggregati Y si effettua, mediante scelte arbitrarie, nel dominio deduttivo caratterizzato dagli aggregati X medesimi. Se gli aggregati X non sono in numero finito, ciò non è più vero in generale, perchè non è possibile effettuare infinite operazioni *separate*: avviene talvolta che si possa assegnare una regola mediante la quale si definisce un elemento per ciascuno degli aggregati X, in modo da formare un elemento di B me-

---

(3) Cfr. a questo proposito alcune pagine del mio scritto: *Antinomie logiche?* (" Annali di matematica „, serie III, t. XV).

(4) Questa proposizione risolve il paradosso cui si è accennato in (1) relativo alla non-numerabilità di aggregati: mediante le sole idee di 1 e di + non si possono definire che aggregati finiti; per definire aggregati numerabili occorre introdurre, come aggregato primo, l'aggregato dei numeri interi (o un equivalente) (si osservi infatti che anche nella teoria logico-matematica dei numeri interi del PEANO " numero intero (N) „ compare come idea primitiva); ed è anche vero che non è possibile uscire dall'ambiente numerabile con sole definizioni. Ma la nota dimostrazione del CANTOR della non-numerabilità del continuo esprime questo: che mediante le idee di " numero *reale* „ e di una " numerazione dell'aggregato dei numeri reali „ assunte come primitive (e mediante le proprietà dei numeri reali assunte come postulati), si costruisce una contraddizione (cfr. la spiegazione della antinomia del RICHARD nel mio articolo sopra citato (3)).

diante un numero finito di scelte arbitrarie: si forma allora un elemento di B restando nel dominio deduttivo caratterizzato dagli aggregati X. Se ciò non si fa, non si può parlare di un elemento di B altrimenti che in quanto si consideri B come primo. E l'affermare che B è aggregato primo costituisce un *ampliamento* del dominio deduttivo caratterizzato dagli aggregati X.

Per molte questioni è possibile sia far uso della considerazione di elementi di B definiti nel dominio deduttivo degli aggregati X, sia anche considerare un elemento qualunque di B assunto come primo; ma si hanno allora due teorie matematiche essenzialmente distinte.

La primità di B non impedisce che, restando nel dominio deduttivo caratterizzato dagli aggregati X, si possano affermare proprietà comuni a tutti gli aggregati Y. V'ha, a questo riguardo, una straordinaria analogia fra la definizione dell'aggregato B partendo da A e la definizione dell'aggregato dei numeri reali (sezioni di DEDEKIND) partendo dall'aggregato dei numeri razionali: nell'un caso e nell'altro infatti si considera un aggregato di aggregati, gli elementi dei quali appartengono in un modo determinato ad aggregati noti; nell'un caso e nell'altro si possono studiare le proprietà generali che discendono da questa definizione: si possono forse definire, senza ampliare il dominio deduttivo, particolari elementi del nuovo aggregato, ma non si può definire, senza un tale ampliamento, un elemento *qualunque* di esso (cfr. n. 1, 2) (5).

4. — Alle considerazioni precedenti si ricollega una disputa che è sempre più o meno aperta circa un procedimento dimostrativo nella teoria dei limiti delle funzioni: intendo dire se si possano considerare come rigorose le dimostrazioni fondate sopra la considerazione di successioni numeriche tendenti ai limiti considerati. Perfettamente risponde il BAGNERA (6): " se qualunque sia la successione che si considera, ha sempre luogo una data proprietà, non ha alcuna importanza intendersi sopra una

(5) Desidero insistere sopra le osservazioni precedenti: si è detto qualche volta che la semplice considerazione dell'aggregato B implicasse l'ammissione di un postulato nuovo (postulato di ZERMELO): ciò è vero soltanto se, non dell'aggregato B si vuol discorrere, ma di singoli suoi elementi. Sul postulato di ZERMELO torneremo tosto (II).

(6) *Corso di Analisi infinitesimale*, Prefazione. Palermo, 1915.

piuttosto che sopra un'altra di tali successioni ... „: si è allora nel caso dianzi accennato (n. 3), in cui il quesito di " assegnare un elemento di B „ non interviene ([7]).

5. — Si può chiedere se sia permesso di ampliare illimitatamente il dominio deduttivo per modo che di ogni aggregato si possa sempre assegnare un elemento, sia che tale elemento si definisca, nel dominio deduttivo definito da altri aggregati presi come primi, sia che l'aggregato considerato debba considerarsi esso stesso come primo. La risposta affermativa a tale domanda non differisce da quello che si è chiamato " postulato di ZERMELO „ ([8]): questo postulato ha avuto caldi parteggiatori, ma molti più diffidenti, sebbene da nessuno forse sia stato portato contro di esso qualche elemento decisivo. Vogliamo di esso occuparci brevemente.

II.

6. — Certo è che il postulato di ZERMELO non risponde affatto alla questione che ne provocò l'enunciazione. Si trattava invero di rispondere alla domanda posta fin dal 1883 dal CANTOR ([9]): se fosse possibile dare forma ben-ordinata ad ogni aggregato, in particolare all'aggregato dei numeri reali. Quando si enuncia una possibilità occorre sia detto, o almeno sufficientemente implicito, rispetto a quali mezzi essa si verifica, in particolare in quale dominio deduttivo (n. 2). Per il problema del CANTOR era naturale si intendesse nel dominio deduttivo caratterizzato dall'aggregato in questione; perciò trattando, come d'ordinario, dei numeri reali, nel dominio deduttivo dell'aggregato di questi. La

---

([7]) La sola cosa che fa certa meraviglia è che il BAGNERA abbia creduto di proteggersi maggiormente mediante una condizione di NUMERABILITÀ (il maiuscoletto è del B.) che non ha nessun appiglio coll'argomentazione in questione: essa si verifica bensì sempre quando si parla di successioni, ma ciò è un fatto assolutamente contingente (cfr. IV ([24])).

([8]) ZERMELO, *Beweis, dass jede Menge wohlgeordnet werden kann* (" Math. Ann. „, 59, 1904); *Neuer Beweis für die Möglichkeit einer Wohlordnung* (" Math. Ann. „, 65, 1907).

([9]) *Grundlagen einer allgemeiner Mannigfaltigkeitslehre* (" Math. Ann. „, 21, Leipzig, 1883).

risposta dello Zermelo equivale invece ad assumere come postulato la proposizione da dimostrarsi ([10]).

Il procedimento è invero troppo comodo. Tuttavia noi ci vogliamo chiedere (n. 5) se, rinunciando alla pregiudiziale limitazione di mezzi di cui si è parlato, diviene possibile di aggiungere il nuovo postulato agli altri abituali della matematica.

Le osservazioni dei n. prec. (n. 3, 5) permettono di affermare che tale aggiunzione non può condurre a contraddizioni *logiche*, onde parrebbe a primo aspetto accettabile l'opinione dello Zermelo e di quelli che parteggiano per il discusso postulato, che questo possa realmente aggiungersi con vantaggio, anzi debba aggiungersi, perchè di fatto esso fu più volte ammesso tacitamente.

Io mi propongo di mostrare che al contrario *l'ammissione del postulato di* Zermelo *contraddice alla natura essenziale dell'analisi matematica* e deve perciò essere respinta come priva di ogni senso.

Applichiamoci perciò a considerare in qual modo e con quali effetti il postulato in parola potrebbe aggiungersi agli abituali postulati che reggono la teoria dei numeri reali. A parte l'ampliazione del dominio deduttivo (n. 1, 2) necessaria per poter considerare un qualunque numero reale, per questi postulati si possono assumere quelli dei numeri interi (basta per es. riferirsi ad una delle abituali definizioni dei numeri reali mediante classi di razionali). L'aggiunzione di un postulato alla teoria dei numeri reali si riduce dunque all'aggiunzione di esso ai postulati dei numeri interi, e cioè ad una limitazione dell'aggregato degli enti che dovranno considerarsi come " numeri interi ". L'intuizione suggerisce subito che non è possibile limitare l'aggregato dei numeri interi senza snaturarlo. La ragione deduttiva corri-

---

([10]) La proposizione nota sotto il nome di " postulato di Zermelo " differisce soltanto formalmente dall'affermazione della ben-ordinabilità di ogni aggregato. Invero da essa il Z. deduce la possibilità di ben-ordinare ogni aggregato, per vero con un ragionamento artificiosamente complicato (cfr. Borel, *Leçons sur la théorie des fonctions*, IIe édit., pag. 149 (Paris, Gauthier-Villars, 1914)); che dall'ipotesi della ben-ordinabilità consegua immediatamente quella proposizione è pure evidente (cfr. B. Levi, *Intorno alla teoria degli aggregati*, " Rend. del R. Istituto Lombardo ", serie II, vol. XXXV, 1902, pag. 864).

spondente a tale intuizione si ritrova nel postulato che enuncia il cosidetto *principio di induzione matematica*: si può darvi una forma stringente osservando che l'aggregato dei numeri interi si può definire così: Si considerino tutte le classi di elementi per ciascuno dei quali è definita una operazione S (successivo) tale che Sx è un elemento determinato della classe a cui appartiene x; e se $x \neq y$, anche $Sx \neq Sy$: fra queste classi consideriamo quelle che contengono un certo elemento 1: la minima di queste classi (o la parte comune a tutte queste classi) è l'aggregato dei numeri interi. E perchè aggregato minimo, esso non può essere ulteriormente ristretto.

Si sarebbe indotti a concludere che *il postulato di* Zermelo — *al pari di qualunque altro postulato — non può applicarsi alla teoria dei numeri reali se esso non risulta, in tale teoria, come teorema*. Conclusione alquanto diversa da quella annunciata, ed in contraddizione colla precedente presunzione che il postulato di Zermelo non possa condurre a contraddizioni *logiche*. Ma qui occorre notare che nella precedente definizione dei numeri interi sono ancora arbitrari i significati dell'operazione S e dell'elemento 1: mutando questi significati si hanno tanti aggregati minimi, fra loro isomorfi rispetto alle operazioni aritmetiche, che tutti possono a ugual diritto chiamarsi " aggregato dei numeri interi ". Nell'aritmetica non si distingue fra tutti questi aggregati assumendo própriamente come " aggregato dei numeri interi " l'idea astratta di essi. L'aggiunta di nuovi postulati può avere per effetto di scegliere fra questi vari aggregati: Così noi potremmo enunciare: " Postulato: I numeri interi si rappresentano mediante segni rossi "; ma non faremmo più dell'aritmetica, perchè l'aritmetica studia le proprietà comuni a tutti gli aggregati che rientrano nella suddetta idea astratta, non quelle che derivano dalla rappresentazione mediante segni rossi.

Il postulato di Zermelo *non ha valore scientifico maggiore della proposizione précedente: " I numeri interi si rappresentano mediante segni rossi "*: noi possiamo immaginare che sia assegnato UN ordinamento (ben-ordinamento) di UN aggregato il quale soddisfi alla definizione dei numeri reali, ma non abbiamo nessun modo di trasportare questo ordinamento agli altri aggregati che soddisfano a detta definizione (almeno fino a che la possibilità dell'ordinamento non risulti provata nel dominio deduttivo caratterizzato dall'aggregato dei numeri reali nella comune accezione); e non possiamo quindi utilizzare detto ordinamento ai fini dell'analisi, la quale non vuole distinguere fra questi varii aggregati.

III.

7. — Il PEANO fu forse il primo ad affermare esplicitamente il divieto di applicare un'infinità di volte l'operazione di " estrarre da una classe un individuo arbitrario " (cfr. n. 3) (11). Notiamo subito che il divieto non contraddice alle osservazioni del n. 4, perchè può avvenire — ed è per un tal caso che il PEANO lo enunciò la prima volta — che muti il risultato col mutare della scelta arbitraria.

È certo che non si può considerare un elemento definito mediante un aggregato di elementi dipendente da infinite scelte senza ampliare il dominio deduttivo (n. 3). Ma è permesso di chiedere se realmente sia sempre contrario allo spirito dell'analisi un tale ampliamento. Mi pare si possa enunciare il seguente

Principio di approssimazione. — *Sia assegnato un dominio deduttivo* Ω, *nel quale sia primo l'aggregato dei numeri reali (o almeno l'aggregato dei numeri razionali); siano* A, B, C, ... *aggregati definiti in esso e contenuti in aggregati primi in esso (tali quindi che sia permesso considerarne un elemento arbitrario). Sia invece* E *un aggregato primo non appartenente al dominio deduttivo* Ω, *ciascun elemento del quale possa considerarsi costituito di infiniti elementi scelti in modo arbitrario negli aggregati* A, B, C, ... *(eventualmente in alcuni soltanto di essi): sia assegnata una funzione* f(x) (12) *rispetto alla quale il dominio* D *della* x *sia contenuto in* E, *mentre il corrispondente dominio* F *della funzione sia contenuto in un aggregato* G, *primo o non, appartenente o non a* Ω; *sia*

(11) PEANO, *Démonstration de l'intégrabilité des équations différentielles ordinaires* (" Math. Ann. ", 37, 1890, pag. 210). V. pure " Revista de Mathematica ", t. 6, pag. 145 (1906).

(12) Alla parola " funzione " si dà qui il significato più generale (V. la mia *Introduzione all'analisi matematica*, vol. I, § III, Parma, 1916).

infine definita una funzione numerica d (y, z) *delle coppie di elementi di* G *la quale sia nulla sempre e solo quando* y = z*; supponiamo che* a *sia un elemento di* D *tale che, assegnato ad arbitrio un numero* δ, *fra gli elementi di* A, B, C, ... *che costituiscono* a, *se ne possa fissare un numero finito* n *tale che, indicando con* a′, a″ *due elementi qualunque di* D *aventi comuni con* a *i detti* n *elementi, sia sempre* d(f(a′), f(a″)) < δ.

Noi consideriamo allora l'affermazione " f(a) *esiste* „ *come appartenente all'*AMPLIAMENTO NATURALE DEL DOMINIO DEDUTTIVO Ω.

Applicheremo il principio ad alcuni esempi.

8. — Incominciamo dalla ricerca medesima che ha dato occasione all'enunciato del PEANO.

Sia assegnato un sistema (S) di equazioni differenziali ordinarie del 1° ordine: si indichi con t la variabile indipendente; con $x_1, x_2, \ldots, x_r$ le funzioni incognite. È noto che (teorema di CAUCHY), se è assegnato un sistema (A_0) di valori iniziali per queste funzioni (corrispondenti per es. a $t = 0$), e se sono soddisfatte certe condizioni (dipendenti dal sistema (S) e da detti valori iniziali), esiste ed è determinato un sistema di funzioni x_j soddisfacenti a (S) ed aventi quei valori iniziali. Ma se quelle condizioni restrittive non sono soddisfatte, può darsi che i valori iniziali non bastino a determinare la soluzione. Fissiamo allora un altro valore (valore finale) della variabile indipendente, arbitrario purchè soddisfacente ad una certa disuguaglianza che qui non importa di precisare: facendo eventualmente un cambiamento di variabili si può supporre sempre che questo valore finale sia $t = 1$. Il PEANO dimostra che, in dipendenza dal sistema (A_0) dei valori delle x_j per $t = 0$, risulta determinato un sistema (B_1) di numeri complessi a r unità, ciascuno dei quali rappresenta un sistema possibile di valori delle funzioni incognite x_j per detto valore finale della variabile. Assumiamo uno qualunque (A_1) di questi complessi come sistema dei valori di $x_1, \ldots, x_r$ per $t = 1$: può darsi che l'assegnazione dei sistemi (A_0) e (A_1) dei valori iniziali e finali delle x_j non determini ancora una soluzione di (S): ma allora per ogni punto t dell'intervallo 0⁻1 è determinato un aggregato (B'_t) di numeri complessi le cui coordinate possono essere i valori, per il detto valore di t, di un sistema di funzioni x_j soddisfacenti ad (S) e alle condizioni iniziali e finali (A_0), (A_1). Scegliamo arbitrariamente uno $(A_{1/2})$ dei complessi elementi di $(B'_{1/2})$; può darsi che i sistemi di valori (A_0), (A_1), $(A_{1/2})$ imposti alle $x_1, x_2, \ldots, x_r$ per $t = 0, 1, 1/2$ non determinino ancora una soluzione di (S): si può allora continuare ad assegnare analogamente, in modo arbitrario (sebbene sempre maggiormente condizionato), sistemi di valori per le funzioni incognite in punti intermedi dell'intervallo d'integrazione.

Poichè non si può assegnare *a priori* nessun limite alla ripetizione della singolarità rilevata, il Peano osserva che il procedimento porterebbe alla scelta successiva di infiniti complessi arbitrari. Mediante la considerazione di limiti superiori, egli sostituisce allora scelte determinate alle scelte arbitrarie, e riesce così a dimostrare — restando strettamente nel dominio deduttivo caratterizzato (n. 2) dall'aggregato primo dei numeri reali, ed anche, se si vuole, dei numeri interi — che *ogni sistema differenziale ordinario con date condizioni iniziali ammette (almeno) una soluzione.*

Si ottiene così un risultato assolutamente preciso, e al riparo da ogni discussione, ma facendo un immenso sacrificio della generalità e della espressività del procedimento dimostrativo. Invero, almeno in tutti i casi in cui, dopo un numero finito di scelte arbitrarie, cessa ogni arbitrarietà per le scelte successive, e la soluzione è completamente determinata, il ragionamento del Peano conduce ad affermare che *il sistema differenziale* (S), *coi dati valori iniziali* (A_0), *ammette infinite soluzioni*, e conduce a precisare un numero finito di parametri da cui queste soluzioni possono farsi dipendere. Un'affermazione analoga, nel caso generale, sarebbe certo più espressiva che la sola affermazione dell'esistenza di *una* soluzione.

V'ha di più: la determinazione di una soluzione fatta dal Peano si appoggia a certe proprietà di chiusura degli aggregati (B): proprietà notevoli, ma del tutto contingenti; tanto vero che, nel caso ora accennato in cui il procedimento delle scelte arbitrarie finisca dopo un numero finito di esse, il richiamare tali proprietà è del tutto privo di interesse per il problema trattato. Ed anche nel caso generale esse rappresentano un sussidio che potrebbe essere sostituito da qualunque altro artificio (e molti se ne possono immaginare) che permetta di sostituire una scelta determinata alla scelta qualunque. Il ritenere che questo *artificio qualunque* sia essenziale alla conclusione non pare soddisfacente.

Ma riprendiamo il ragionamento del PEANO: esso ci mostra che, se si pensa assegnata, in modo qualunque, una infinità di numeri complessi a r unità posti in corrispondenza biunivoca coi numeri della forma $k/2^i$ ($k \leq 2^i$) e soddisfacente a certe condizioni sopra accennate colla considerazione degli aggregati (B) e che non importa di precisare in questo istante, esiste una soluzione (ed una sola) del sistema (S) le cui funzioni per i valori della variabile della forma $k/2^i$ assumono rispettivamente i valori delle coordinate dei corrispondenti complessi assegnati. Chiamiamo d'altra parte, per un istante, *ampiezza* di un aggregato di numeri complessi il limite superiore dei valori assoluti delle differenze delle coordinate omonime di questi: si vede pure facilmente che col crescere di i l'ampiezza degli aggregati ($B_t^{(i)}$) tende a 0 uniformemente rispetto alla t. Ne segue che, considerando una soluzione di (S) come funzione dell'insieme dei sistemi di valori delle sue funzioni $x_1, x_2, \ldots, x_r$ per i valori di t della forma $k/2^i$, fissata arbitrariamente una di queste soluzioni $x_1^0, x_2^0, \ldots, x_r^0$ ed un numero δ, si può fissare un intero s tale che per due soluzioni $x_1', \ldots, x_r'$; $x_1'', \ldots, x_r''$ che assumano gli stessi valori di $x_1^0, \ldots, x_r^0$ per $t = k/2^i$ ($i = 0, 1, \ldots, s$), la differenza dei valori delle funzioni omologhe per ogni valore di t sia sempre $< \delta$. Il principio di approssimazione (n. 7) ci permette allora di affermare che *ogni sistema differenziale ordinario* (S) (purchè costituito da funzioni continue) *ammette in generale infinite soluzioni le quali assumono dati valori iniziali e una delle quali si determina assegnando, in modo condizionato, ma in generale non determinato, i valori delle funzioni incognite per un aggregato di valori della variabile denso nell'intervallo d'integrazione* (tali sono i valori della forma $t = k/2^i$) (In casi particolari le dette *condizioni* possono *determinare* i detti sistemi di valori delle funzioni incognite per taluni valori della variabile del suddetto aggregato denso nell'intervallo d'integrazione; così, per es., nelle ipotesi di CAUCHY-LIPSCHITZ i soli valori iniziali bastano a determinare i detti sistemi di valori per *tutti* i valori della variabile nell'intervallo d'integrazione). Basta invero, per applicare il principio al caso presente, assumere come aggregato E l'aggregato degli aggregati (numerabili) di numeri complessi a $r+1$ dimensioni di cui una coordinata (determinata, per es., la prima) è della forma $k/2^i$ (valore di t); come aggregato G l'aggregato dei complessi di r funzioni della variabile t (che si possono supporre continue e derivabili) nell'intervallo $0^{-}1$; come funzione $d(y, z)$ (y, z appartenenti a G) il limite superiore dei valori assoluti delle differenze dei valori, per lo stesso valore di t, delle funzioni omologhe in y e z; come funzione f la corrispondenza fra convenienti elementi di E (costituenti il dominio D) e gli elementi di G (costituenti l'aggregato F) che ne risultano col procedimento del Peano (soluzioni del sistema differenziale (S)).

9. — Ad illustrare il significato della proposizione enunciata potrà servire utilmente il dare forma analitica esplicita alle infinite soluzioni di cui si è enunciata l'esistenza, in un caso particolare.

Consideriamo l'equazione

$$(S') \qquad \frac{dx}{dt} = \frac{1}{\left|\operatorname{sen}\frac{\pi}{x}\right|^{-\frac{1}{2}} + x^{-\frac{1}{2}}}$$

colla convenzione — necessaria per la continuità — che per $x=0$ il valore del 2° membro sia 0; osserviamo subito che detto 2° membro sarà pure nullo per tutti i valori di x della forma $\frac{1}{n}$ (n intero).

Poniamo (per $x \geq 0$):

$$K(x) = \int_0^x \left(\left|\operatorname{sen}\frac{\pi}{x}\right|^{-\frac{1}{2}} + x^{-\frac{1}{2}}\right) dx$$
$$= \int_0^x \left|\operatorname{sen}\frac{\pi}{x}\right|^{-\frac{1}{2}} dx + 2x^{\frac{1}{2}}$$

(la funzione integranda diviene infinita infinite volte: è però facile vedere che l'integrale esiste, e se con m si indica il minimo intero $\geq \frac{1}{x}$,

$$\int_0^x \left|\operatorname{sen}\frac{\pi}{x}\right|^{-\frac{1}{2}} dx < 2\left(x^2 + \frac{1}{m^2} + \frac{1}{(m+1)^2} + \frac{1}{(m+2)^2} + \ldots\right)\Bigg).$$

$K(x)$ è crescente, positiva, ed assume, per x sufficientemente grande, valori grandi a piacere.

Indichiamo con $H(t)$ la funzione inversa di $K(x)$; essa risulta definita e crescente per tutti i valori di $t \geq 0$.

$$x = H(t)$$

è una soluzione di (S'), in ogni intervallo 0^-t_0 $(t_0 > 0)$, la quale si annulla per $t = 0$. Un'altra soluzione che soddisfa alle stesse condizioni è

$$x = 0.$$

Per determinare la *generale soluzione* di (S') che si annulla per $t = 0$, definita nell'intervallo positivo 0^-t_0 $(t_0 > 0)$, indichiamo con t_1, t_2, t_3 tre numeri positivi qualunque, tali che

$$t_1 + t_2 + t_3 = t_0,$$

e sia

$$H(t_3) = a;$$

sia n il massimo intero $< \frac{1}{a}$; indichiamo con

$$n_1, \; n_2, \; n_3, \; \ldots$$

una successione (infinita o non) di interi crescenti e $> n$, e con

$$t_2 = \tau_0, \; \tau_1, \; \tau_2, \; \ldots$$

una successione decrescente di numeri positivi, tale che $\lim_{i=\infty} \tau_i = 0$ (se i numeri n_i sono in numero finito p, si assumerà $\tau_p = 0$).

Sarà una soluzione di (S') nell'intervallo cercato, nulla per $t = 0$, la funzione

$x = 0$	nell'intervallo	0^-t_1
$x = H(t - t_1 - \tau_i)$	"	$t_1 + \tau_i + K\left(\frac{1}{n_{i+1}}\right)^- t_1 + \tau_i + K\left(\frac{1}{n_i}\right)$
$x = \frac{1}{n_i}$	"	$t_1 + \tau_i + K\left(\frac{1}{n_i}\right)^- t_1 + \tau_{i-1} + K\left(\frac{1}{n_i}\right)$
$x = H(t - t_1 - t_2)$	"	$t_1 + t_2 + K\left(\frac{1}{n_1}\right)^- t_0$

$\left(\text{se i numeri } n_i \text{ sono in numero finito } p, \text{ si assumerà } K\left(\frac{1}{n_{p+1}}\right) = 0\right)$.

Questa funzione assume il valore a per $t = t_0$, e si può disporre delle arbitrarie t_1, t_2, n_i, τ_i in modo che in infiniti punti della forma $kt_0/2^i$ ($k < 2^i$) assuma valori arbitrariamente assegnati (in modo conveniente).

10. — Cogliamo in altro campo un secondo esempio di applicazione del principio di approssimazione:

È noto che il dominio di esistenza di una funzione analitica si può definire come l'insieme dei punti interni ad un aggregato numerabile di cerchi (aumentato eventualmente del punto all'infinito). La proposizione si dimostra immediatamente con questa osservazione: fra i punti razionali del piano consideriamo quelli che appartengono al dominio di esistenza della funzione: ciascuno di essi è centro di una circonferenza i cui punti interni appartengono al dominio d'esistenza della funzione, mentre sulla circonferenza sta qualche punto singolare (questa condizione determina la circonferenza): queste circonferenze sono un aggregato numerabile, perchè così è dei punti razionali del piano. D'altra parte ogni punto del dominio di esistenza della funzione sta entro qualcuna di queste circonferenze: se infatti P è un punto del dominio di esistenza della funzione, esiste una circonferenza di centro P e tale che tutti i punti interni ad essa appartengono a questo dominio; sia r il raggio di questa circonferenza: entro alla circonferenza di centro P e raggio $r/2$ stanno punti razionali, e la circonferenza che ha per centro uno qualunque di questi punti e che passa per il più prossimo punto singolare ha raggio $> r/2$ e contiene quindi nel suo interno il punto P.

La dimostrazione definisce completamente, senza nessuna arbitrarietà un sistema di cerchi che soddisfa alle condizioni richieste: ma si vede subito che essa utilizza un fatto del tutto contingente, quale la considerazione dei punti razionali: ed invero essa rientra come caso particolare in quest'altra: *Se un aggregato* A *di punti del piano è tale che corrispondentemente a ciascun punto di esso è definita una circonferenza i cui punti interni appartengono tutti all'aggregato, l'aggregato medesimo è costituito da tutti i punti interni ad un aggregato numerabile di dette circonferenze* (13): si vede subito che alla dimostrazione di

(13) Cfr. Borel, *Leçons sur les fonctions monogènes uniformes d'une variable complexe*, Paris, Gauthier-Villars, 1917, pag. 12.

questa proposizione non si potrebbe applicare un ragionamento analogo al precedente, perchè, assegnato arbitrariamente un aggregato numerabile denso di punti del piano (per es. l'aggregato dei numeri razionali di cui sopra), si può sempre definire una legge dei raggi delle corrispondenti circonferenze per modo che da queste restino esclusi punti dell'aggregato in cui questo è denso.

Per dimostrare la nuova proposizione si può procedere come segue:

Osserviamo anzitutto che si può supporre che l'aggregato A sia tutto contenuto in una circonferenza di un certo raggio R: nell'ipotesi opposta si potrebbe spezzare l'aggregato in due parti, l'una interna ad una circonferenza assegnata di raggio R e l'altra esterna o sul contorno di questa, e dimostrare quindi la proposizione per la prima parte e per l'aggregato corrispondente alla seconda per una trasformazione per raggi vettori reciproci rispetto ad una circonferenza interna alla precedente.

Per dimostrare ora la proposizione per un aggregato contenuto in una circonferenza di raggio R si osserva che, fissato arbitrariamente un ρ, si può scegliere fra i punti dell'aggregato cui corrispondono circonferenze di raggio $\geqq \rho$ un numero finito per modo che entro le corrispondenti circonferenze stiano tutti i punti dell'aggregato che godono di questa stessa proprietà (14): si raggiunge lo scopo nel modo più semplice supponendo che il centro di ciascuna di queste circonferenze sia esterno a tutte le altre. Fissata allora una successione di numeri positivi decrescenti

$$\rho_1, \rho_2, \rho_3, \ldots \qquad (\lim_{i=\infty} \rho_i = 0),$$

si assumano arbitrariamente un gruppo finito di punti dell'aggregato cui corrispondano cerchi di raggio $\geqq \rho_1$ e successivamente gruppi finiti di punti cui corrispondano cerchi di raggi compresi fra due consecutivi di detti numeri, entro ai quali

(14) Borel, loc. cit.. V. anche Zoretti, *Sur les fonctions analytiques uniformes qui possèdent un ensemble parfait discontinu de points singuliers*, "Journal de Mathématiques", VIe série, t. 1 (1905).

cerchi stiano tutti i punti dell'aggregato rispettivamente della stessa proprietà; l'insieme di tutti questi gruppi finiti di punti sarà un aggregato numerabile che soddisfa all'enunciato.

La dimostrazione dipende così da infinite scelte arbitrarie: e non pare possibile una dimostrazione di natura più determinata, svolgentesi interamente nel dominio deduttivo dell'aggregato dei numeri reali (o dell'aggregato dei punti del piano), finchè non si precisa la legge con cui si forma l'aggregato dato di punti e quella che assegna la corrispondenza fra questi punti e le rispettive circonferenze. Ma è ancora valido per questa dimostrazione il *principio di approssimazione*: conviene perciò precisare alcun poco la costruzione supponendo, per es., (cfr. poco sopra) che nessun punto dei gruppi finiti successivamente determinati sia interno alle circonferenze corrispondenti ad altri punti di essi. Allora E sarà l'aggregato degli aggregati numerabili di punti del piano, di G sarà elemento ogni aggregato di cerchi i cui centri non sono interni ad altri cerchi dello stesso aggregato: come funzione $d(y, z)$ si potrà assumere il limite superiore dei raggi dei cerchi di y, z non comuni ad essi; f sarà la corrispondenza fra un gruppo di punti dell'aggregato A e il gruppo dei cerchi corrispondenti.

11. — Il presente esempio porge occasione ad un'osservazione importante: quando in un ragionamento si ricorre a infinite scelte, non è in generale definita la funzione $d(y, z)$ che nell'enunciato del principio di approssimazione ha ufficio essenziale: per cui si può dubitare che l'applicabilità del principio di approssimazione dipenda totalmente da questa scelta, e che la scelta possa in ogni caso farsi in modo che — a volontà — il principio risulti applicabile o non applicabile. La regola naturale a questo riguardo è che la funzione $d(y, z)$ sia scelta in modo conveniente al problema trattato: esistono casi (cfr. n. 13) in cui non si saprebbe suggerire una scelta della $d(y, z)$ in modo da rendere applicabile il principio, ma è vero che in molti casi l'accennata arbitrarietà sussiste: se nell'esempio precedente (n. 10) si prendesse per $d(y, z)$ una funzione che potesse assumere valori maggiori di un δ assegnato, comunque piccoli divenissero i raggi delle circonferenze non comuni a y, z, il principio di approssimazione apparirebbe, rispetto ad essa, inapplicabile. Ma ciò corrisponderebbe al fatto che dell'aggregato numerabile di cerchi di cui la proposizione afferma l'esistenza si vuol fare un'applicazione nella quale la determinazione di esso mediante infinite scelte, nel modo indicato, non dà alcun risultato determinato nel dominio deduttivo dei numeri reali.

Queste osservazioni si debbono ripetere per moltissime applicazioni del principio alla teoria della misura degli aggregati.

12. — Come ultimo esempio di applicazione del principio di approssimazione consideriamo alcune ricerche recenti nel Calcolo delle Variazioni. In tali ricerche, per determinare una funzione che renda minimo un certo integrale I, si sceglie una successione di funzioni (successione minimizzante) tale che, calcolando per esse l'integrale I, si ottenga una successione di numeri che tenda al suo limite inferiore; e tale inoltre che — talvolta anche con una certa larghezza — la successione medesima di funzioni tenda ad una funzione limite (15). Dalle particolarità del problema di minimo considerato dipende poi la dimostrazione che detta funzione limite soddisfa realmente al problema, o, talvolta, il dedurre da essa un'altra funzione la quale soddisfi al problema.

Contro questo procedimento è stata sollevata l'obbiezione del Peano (16): il Tonelli ha mostrato che in un caso assai generale si può costruire effettivamente una successione minimizzante (17) senza lasciare alcun elemento arbitrario: anche qui però si osserva che le proprietà ed i ragionamenti utilizzati perciò sono del tutto contingenti.

Per comprendere l'applicazione del principio di approssimazione a questo problema pare utile di considerare lo sviluppo che l'uso di successioni minimizzanti ha avuto in lavori diversi.

---

(15) V., anche per la bibliografia, il rapporto del Fubini al Congresso di Parma del 1908, *Sul principio di minimo di* Dirichlet, " Ann. di Mat. ", serie III, t. XV.

(16) Tonelli, *Sul valore di un certo ragionamento* (" Atti della R. Acc. delle Scienze di Torino ", vol. 49). V. anche Caratheodory, *Ueber die starken Maxima und Minima bei einfachen Integralen* (" Math. Ann. ", 62), ove però non si tratta di obbiezione, ma di rilievo che il metodo applichi il " postulato di Zermelo ".

(17) Merita di essere notato che, in ogni modo, questa successione è definita ragionando nel dominio deduttivo definito dall'aggregato delle funzioni continue, e non in quello dell'aggregato dei numeri reali.

Ad ogni successione di funzioni continue di date variabili reali corrisponde una funzione massimo limite ed una funzione minimo limite: quando queste coincidono, una *funzione limite*; consideriamo per un istante soltanto successioni soggette ad opportune condizioni, le quali assicurino fra l'altro il verificarsi di quest'ultimo caso, e la corrispondenza accennata assumiamo come funzione f. Per essa il dominio della variabile è dunque contenuto nell'aggregato E degli aggregati di funzioni continue delle date variabili (considerato qui come aggregato primo); mentre il dominio della funzione è contenuto nell'aggregato (G) delle funzioni (continue e non) delle date variabili. Come funzione $d(y, z)$ si deve allora assumere, nel modo più naturale, il limite superiore di $|y-z|$. Se allora una funzione V si vuol considerare definita come valore di f corrispondente ad una successione di funzioni $v_1, v_2, \ldots$ dipendenti da infinite scelte arbitrarie, è necessario che il dominio della variabile rispetto alla funzione f sia così condizionato che due diversi valori di questa variabile, aventi comuni colla detta successione le v_1, $v_2, \ldots, v_n$, siano necessariamente tali, per n sufficientemente alto, che il valore assoluto della differenza di due funzioni appartenenti rispettivamente ai due aggregati resti sempre minore di un δ assegnato. È ciò che si verifica nell'applicazione che delle successioni minimizzanti è fatta nella mia Memoria: *Sul principio di* DIRICHLET [18].

Il FUBINI [19] procede in modo diverso in quanto, affine di giustificare l'uso ch'egli fa di successioni minimizzanti, occorre far corrispondere ad ogni successione minimizzante, anzichè una funzione limite, tutto l'aggregato delle funzioni (continue o non) che differiscono da una tal funzione limite solo nei punti di un aggregato di misura nulla [20], onde conviene assumere, nel modo più semplice, come $d(y, z)$ l'integrale (esteso a tutto l'intervallo — o più generalmente a tutto il campo — considerato)

---

[18] " Rend. del Circolo Matematico di Palermo ", t. XXII, 1906 (vedi pag. 338-339).

[19] FUBINI, *Nuove applicazioni del principio di minimo* (" Ann. di Matematica ", serie III, t. XIV).

[20] Col che si allarga anche la nozione di limite, poichè in un aggregato di punti di misura nulla non importa che tale limite sia definito.

del quadrato (o del valore assoluto) della differenza di due funzioni qualunque appartenenti agli aggregati y, z (21).

IV.

13. — Il principio di approssimazione non permette di giustificare tutte le dimostrazioni che da vari autori sono state tentate ricorrendo a infinite scelte arbitrarie: è lo stesso come dire che esso non equivale al postulato di Zermelo, e ciò è necessario perchè esso abbia un valore matematico (22). Esso non si applica in particolare a tutti quei casi in cui si è ricorso a infinite scelte per provare proposizioni intorno alla potenza di aggregati; anche restando più strettamente nel campo dell'analisi delle funzioni, esso non si applica, per es., a talune costruzioni che sono state tentate di soluzioni discontinue di equazioni funzionali (23).

Voglio anzi osservare che ogni qualvolta si applica il principio di approssimazione *l'elemento* f(a) *di cui si afferma l'esistenza* (v. l'enunciato del " principio „ al n. 7) *dipende soltanto da una infinità numerabile di scelte arbitrarie di elementi negli aggregati* A, B, C, ... Fissiamo infatti arbitrariamente una successione di numeri decrescenti

$$\delta_1 > \delta_2 > \delta_3 > \dots \qquad (\lim_{i=\infty} \delta_i = 0);$$

ad essi corrisponde una successione di numeri

$$n_1, n_2, n_3, \dots$$

tali che si possono fissare n_i elementi $M_1^{(i)} M_2^{(i)} \dots M_{n_i}^{(i)}$ di a per modo che se a_i', a_i'' sono due elementi di D aventi comuni con a

(21) Già l'Hilbert aveva considerate successioni minimizzanti per problemi analoghi: l'uso ch'egli ne fa in *Ueber das Dirichletsche Prinzip* (" Math. Ann. „, 59) e la giustificazione di esso mediante il principio d'approssimazione debbono avvicinarsi a quanto si è detto per il problema del Peano (n. 8).

(22) V. ni 5, 6.

(23) Per es. all'equazione $f(x+y)=f(x)+f(y)$.

gli elementi $M_{r}^{(i)}$, allora $d(f(a'_i), f(a''_i)) < \mathfrak{d}_i$. L'aggregàto somma di tutti gli aggregati $\{M_{r}^{(i)}\}$ è contenuto in a ed è numerabile; e se a', a'' sono due elementi di D aventi comuni con a tutti gli elementi di questo aggregato, allora $d(f(a'), f(a'')) < \mathfrak{d}_i$, qualunque sia i, ossia $d(f(a'), f(a'')) = 0$; dunque (poichè a stesso è una determinazione possibile di a', a''):

$$f(a') = f(a'') = f(a).$$

L'elemento $f(a)$ è dunque determinato dall'aggregato numerabile somma degli aggregati $\{M_{r}^{(i)}\}$.

Mi pare che questa osservazione sia degna di molto rilievo, perchè essa dà una ragione positiva alla inconscia tendenza che troviamo in molti autori a consentire le infinite scelte arbitrarie, *purchè* numerabili ([24]).

Parma, maggio 1918.

([24]) Cfr. la nota ([7]) relativa a una espressione del BAGNERA.

Il BOREL (*Leçons sur la théorie des fonctions*, IIe édit., Paris, Gauthier-Villars, 1914, p. 169 e *passim*) ha espresso in più occasioni l'opinione che noi abbiamo un'idea abbastanza chiara dell'infinito numerabile perchè abbia un senso matematico l'espressione " così via indefinitamente "; non abbiamo invece un'idea abbastanza chiara del transfinito perchè lo stesso possa dirsi della espressione " così via transfinitamente ". Il vero è che, in un dominio deduttivo prefissato Ω, l'espressione " indefinitamente " è solo un mezzo verbale per esprimere una determinata funzione di una variabile avente per dominio l'aggregato dei numeri interi: non entra nel comune vocabolario l'abitudine di esprimere analogamente con un " transfinitamente " una funzione di una variabile avente per dominio l'aggregato dei numeri transfiniti. Ma l'indefinitamente è usato qualche volta anche per esprimere (passando dal dominio deduttivo Ω ad un suo ampliato naturale (n. 7)) una costruzione dipendente da infinite scelte arbitrarie: le osservazioni del testo ci dicono che ciò è permesso mediante l'applicazione del principio di approssimazione, ma che allora le scelte arbitrarie costituiscono una infinità numerabile.

Nuovo metodo per la risoluzione diretta dell'equazione $ax + by = c$ in numeri interi e positivi, quando i tre numeri noti a, b, c sono interi e positivi (*)

di GIUSEPPE BERNARDI, a Bologna.

Per determinare direttamente una soluzione intera e positiva dell'equazione:

$$(1) \qquad ax + by = c,$$

quando i tre numeri noti a, b, c sono interi e positivi, ed inoltre beninteso l'ultimo c di essi non è minore del più piccolo fra gli altri due a, b, (dalla quale soluzione notoriamente si potranno poi tosto dedurre con la massima facilità successivamente tutte le altre soluzioni intere e positive che la stessa (1) potrà avere), innanzitutto si eseguiranno le due divisioni c/a, c/b, e, chiamandone rispettivamente q', q'' i quozienti interi ed r', r'' i resti, manifestamente si potrà asserire che una soluzione intera e positiva della (1) sarà precisamente:

$$\left.\begin{array}{l} x = q' \\ y = 0 \end{array}\right\} \text{ nel caso di } r' = 0, \qquad \left.\begin{array}{l} x = 0 \\ y = q'' \end{array}\right\} \text{ nel caso di } r'' = 0.$$

Allorchè non si presenterà alcuno dei due casi anzidetti, evidentemente, se sarà $c < a + b$, l'equazione (1) non avrà soluzioni intere e positive, e perciò se ne tralascierà la ricerca,

(*) Il metodo che qui espongo è sostanzialmente diverso ed assai preferibile a quello che ho pubblicato nell'anno 1913 (Tip. P. Cuppini, Bologna) in altro lavoro collo stesso titolo, pur esso dedicato al mio venerato Maestro sen. Enrico d'Ovidio.

e, se invece sarà $c \gtreqless a+b$, in ciascuna delle soluzioni intere e positive della (1), quando ne esisteranno, non sarà nullo il valore di alcuna delle due incognite x, y, e quindi allora si eseguiranno le tre altre divisioni b/a, $2b/a$, $3b/a$, e, chiamandone ρ_1', ρ_2', ρ_3' i resti rispettivi, si potrà poi asserire che una soluzione intera e positiva della (1) sarà precisamente:

$$\left.\begin{array}{l} y=1 \\ x=(c-b)/a \end{array}\right\} \text{nel caso di } r'=\rho_1',$$
$$\left.\begin{array}{l} y=2 \\ x=(c-2b)/a \end{array}\right\} \text{ » » } r'=\rho_2' \text{ ed insieme } c>2b,$$
$$\left.\begin{array}{l} y=3 \\ x=(c-3b)/a \end{array}\right\} \text{ » » } r'=\rho_3' \text{ » } c>3b,$$

e, quando non si presenterà alcuno dei tre casi anzidetti, si eseguiranno le tre altre divisioni a/b, $2a/b$, $3a/b$, e, chiamandone ρ_1'', ρ_2'', ρ_3'' i resti rispettivi, si potrà poi asserire che una soluzione intera e positiva della (1) sarà precisamente:

$$\left.\begin{array}{l} x=1 \\ y=(c-a)/b \end{array}\right\} \text{nel caso di } r''=\rho_1'',$$
$$\left.\begin{array}{l} x=2 \\ y=(c-2a)/b \end{array}\right\} \text{ » » } r''=\rho_2'' \text{ ed insieme } c>2a,$$
$$\left.\begin{array}{l} x=3 \\ y=(c-3a)/b \end{array}\right\} \text{ » » } r''=\rho_3'' \text{ » } c>3a.$$

Allorchè non si presenterà alcuno dei tre casi anzidetti, manifestamente, se sarà $c<4\,(a+b)$, l'equazione (1) non avrà soluzioni intere e positive, e perciò se ne tralascierà la ricerca, e, se invece sarà $c \gtreqless 4\,(a+b)$, in ciascuna delle soluzioni intere e positive della (1), quando ne esisteranno, i valori di ambedue le incognite x, y saranno maggiori di 3, e quindi allora si eseguirà la sottrazione $c-3\,(a+b)$, e, chiamandone c_1 il resto, risulterà manifestamente $c_1 \gtreqless a+b$, e si calcolerà poi il resto, che si chiamerà r_1', della divisione c_1/a, senza eseguirla, mediante le formole:

$$\left.\begin{array}{ll} r_1'=r'-\rho_3' & \text{nel caso di } r'>\rho_3' \\ r_1'=(r'+a)-\rho_3' & \text{ » » } r'<\rho_3' \end{array}\right\},$$

e si potrà quindi asserire che una soluzione intera e positiva della (1) sarà precisamente:

$$\left.\begin{array}{l} y=3+1=4 \\ x=3+(c_1-b)/a \end{array}\right\} \text{nel caso di } r_1'=\rho_1',$$

$$\left.\begin{array}{l} y=3+2=5 \\ x=3+(c_1-2b)/a \end{array}\right\} \quad \text{"} \quad \text{"} \quad r_1'=\rho_2' \text{ ed insieme } c_1>2b,$$

$$\left.\begin{array}{l} y=3+3=6 \\ x=3+(c_1-3b)/a \end{array}\right\} \quad \text{"} \quad \text{"} \quad r_1'=\rho_3' \quad \text{"} \quad c_1>3b,$$

e, quando non si presenterà alcuno dei tre casi anzidetti, si calcolerà il resto, che si chiamerà r_1'', dell'altra divisione c_1/b, pure senza eseguirla, mediante le formole:

$$\left.\begin{array}{ll} r_1''=r''-\rho_3'' & \text{nel caso di } r''>\rho_3'' \\ r_1''=(r''+b)-\rho_3'' & \quad \text{"} \quad \text{"} \quad r''<\rho_3'' \end{array}\right\},$$

e si potrà quindi asserire che una soluzione intera e positiva della (1) sarà precisamente:

$$\left.\begin{array}{l} x=3+1=4 \\ y=3+(c_1-a)/b \end{array}\right\} \text{nel caso di } r_1''=\rho_1'',$$

$$\left.\begin{array}{l} x=3+2=5 \\ y=3+(c_1-2a)/b \end{array}\right\} \quad \text{"} \quad \text{"} \quad r_1''=\rho_2'' \text{ ed insieme } c_1>2a,$$

$$\left.\begin{array}{l} x=3+3=6 \\ y=3+(c_1-3a)/b \end{array}\right\} \quad \text{"} \quad \text{"} \quad r_1''=\rho_3'' \quad \text{"} \quad c_1>3a.$$

Allorchè non si presenterà alcuno dei tre casi anzidetti, evidentemente, se sarà $c_1<4(a+b)$, l'equazione (1) non avrà soluzioni intere e positive, e perciò se ne tralascierà la ricerca, e, se invece sarà $c_1 \geqq 4(a+b)$, in ciascuna delle soluzioni intere e positive della (1), quando ne esisteranno, i valori di ambedue le incognite x, y saranno maggiori di 6, e quindi allora si eseguirà la sottrazione $c_1-3(a+b)$, e, chiamandone c_2 il resto, risulterà manifestamente $c_2 \geqq a+b$, e poi riguardo allo stesso resto c_2 ed in seguito anche, se occorrerà, riguardo a ciascuno degli altri resti c_3, c_4, ..., che si otterranno successivamente, chiamando in generale c_n il resto della sottrazione

$c_{n-1} - 3(a+b)$, si procederà in modo perfettamente analogo a quello con cui si è proceduto riguardo al resto c_1, calcolando beninteso i resti, che si chiameranno rispettivamente r_n', r_n'', delle due divisioni c_n/a, c_n/b, senza eseguirle, mediante le formole:

$$\left.\begin{array}{ll} r_n' = r_{n-1}' - \rho_3' & \text{nel caso di } r_{n-1}' > \rho_3' \\ r_n' = (r_{n-1}' + a) - \rho_3' & \quad ,, \quad ,, \quad r_{n-1}' < \rho_3' \end{array}\right\},$$

$$\left.\begin{array}{ll} r_n'' = r_{n-1}'' - \rho_3'' & \quad ,, \quad ,, \quad r_{n-1}'' > \rho_3'' \\ r_n'' = (r_{n-1}'' + b) - \rho_3'' & \quad ,, \quad ,, \quad r_{n-1}'' < \rho_3'' \end{array}\right\},$$

e così, quando l'equazione (1) avrà soluzioni intere e positive, si giungerà sicuramente ad ottenere da una certa sottrazione $c_{u-1} - 3(a+b)$ un resto $c_u \gtreqless a+b$ tale che, calcolando poi nel modo anzidetto il resto r_u' della divisione c_u/a, ed, occorrendo, anche quello r_u'' dell'altra c_u/b, e, confrontando quindi r_u' con ρ_1', ρ_2', ρ_3' ed r_u'' con ρ_1'', ρ_2'', ρ_3'', si riuscirà immediatamente a conoscere una soluzione intera e positiva della (1), che sarà precisamente:

$$\left.\begin{array}{l} y = 3u + 1 \\ x = 3u + (c_u - b)/a \end{array}\right\} \text{nel caso di } r_u' = \rho_1',$$

$$\left.\begin{array}{l} y = 3u + 2 \\ x = 3u + (c_u - 2b)/a \end{array}\right\} \quad ,, \quad ,, \quad r_u' = \rho_2' \text{ ed insieme } c_u > 2b,$$

$$\left.\begin{array}{l} y = 3u + 3 \\ x = 3u + (c_u - 3b)/a \end{array}\right\} \quad ,, \quad ,, \quad r_u' = \rho_3' \quad ,, \quad c_u > 3b,$$

ed invece:

$$\left.\begin{array}{l} x = 3u + 1 \\ y = 3u + (c_u - a)/b \end{array}\right\} \text{nel caso di } r_u'' = \rho_1'',$$

$$\left.\begin{array}{l} x = 3u + 2 \\ y = 3u + (c_u - 2a)/b \end{array}\right\} \quad ,, \quad ,, \quad r_u'' = \rho_2'' \text{ ed insieme } c_u > 2a,$$

$$\left.\begin{array}{l} x = 3u + 3 \\ y = 3u + (c_u - 3a)/b \end{array}\right\} \quad ,, \quad ,, \quad r_u'' = \rho_3'' \quad ,, \quad c_u > 3a.$$

Un interessante problema di Geodesia pratica

di NICODEMO JADANZA, a Torino.

Di un triangolo geodetico sono stati misurati un lato c *ed i tre angoli* α, β, γ; *quale è l'error medio degli altri due lati?*

I valori ottenuti per la misura degli angoli sono α_0, β_0, γ_0 e l'errore di chiusura è

$$\omega = \alpha_0 + \beta_0 + \gamma_0 - 180^\circ.$$

Gli angoli quindi del triangolo sono:

$$(1) \qquad \left\{ \begin{aligned} \alpha &= \alpha_0 - \frac{1}{3}(\alpha_0 + \beta_0 + \gamma_0 - 180^\circ) \\ \beta &= \beta_0 - \frac{1}{3}(\alpha_0 + \beta_0 + \gamma_0 - 180^\circ) \\ \gamma &= \gamma_0 - \frac{1}{3}(\alpha_0 + \beta_0 + \gamma_0 - 180^\circ). \end{aligned} \right.$$

Per calcolare l'error medio del lato a, si parte dalla nota relazione:

$$a = c\,\frac{\operatorname{sen}\alpha}{\operatorname{sen}\gamma},$$

dalla quale, osservando che α e γ sono dati dalle (1), si deduce:

$$\frac{\partial a}{\partial c} = \frac{a}{c}; \qquad \frac{\partial a}{\partial \alpha} = a \cot \alpha; \qquad \frac{\partial a}{\partial \gamma} = -a \cot \gamma,$$

e quindi:

$$\begin{aligned} \frac{\partial a}{\partial \alpha_0} &= \frac{a}{3}(2\cot\alpha + \cot\gamma) \\ \frac{\partial a}{\partial \beta_0} &= \frac{a}{3}(\cot\gamma - \cot\alpha) \\ \frac{\partial a}{\partial \gamma_0} &= -\frac{a}{3}(\cot\alpha + 2\cot\gamma). \end{aligned}$$

Indicando con m_a l'error medio del lato a, esso, per una nota formola, è dato da

$$(2)\quad m_a = \left\{\left(\frac{a}{c}\right)^2 m_c^2 + \frac{a^2}{9}\left[(2\cot\alpha + \cot\gamma)^2 m_{\alpha_0}^2 + (\cot\gamma - \cot\alpha)^2 m_{\beta_0}^2 + \right.\right.$$
$$\left.\left. + (\cot\alpha + 2\cot\gamma)^2 m_{\gamma_0}^2\right]\right\}^{\frac{1}{2}},$$

nella quale m_c è l'error medio del lato misurato ed m_{α_0}, m_{β_0}, m_{γ_0} sono gli errori medi degli angoli misurati. In pratica si può ritenere quasi sempre $m_{\alpha_0} = m_{\beta_0} = m_{\gamma_0}$ nella ipotesi che gli angoli siano stati misurati dallo stesso osservatore col medesimo istrumento. Indicando con δ il loro comune valore si otterrà:

$$(3)\qquad \frac{m_a}{a} = \sqrt{\left(\frac{m_c}{c}\right)^2 + \frac{2}{3}\delta^2(\cot^2\alpha + \cot\alpha\cot\gamma + \cot^2\gamma)},$$

la quale dà l'*error medio relativo* del lato a del triangolo quando si conosce l'error medio relativo del lato misurato c e l'error medio degli angoli osservati.

Analogamente si otterrà l'error medio relativo del lato b che sarà dato da

$$(4)\qquad \frac{m_b}{b} = \sqrt{\left(\frac{m_c}{c}\right)^2 + \frac{2}{3}\delta^2(\cot^2\beta + \cot\beta\cot\gamma + \cot^2\gamma)}.$$

La (4) paragonata colla (3) dice che dei due lati a e b del triangolo avrà un error medio relativo maggiore quello che è opposto all'angolo minore, cioè il lato minore.

Perchè i due lati abbiano lo stesso error medio relativo, dovrà essere $\alpha = \beta$ e quindi il triangolo dovrà essere isoscele. In questo caso, siccome è $\alpha = 90^\circ - \frac{1}{2}\gamma$, le (3) e (4) diventano:

$$(5)\quad \frac{m_a}{a} = \frac{m_b}{b} = \sqrt{\left(\frac{m_c}{c}\right)^2 + \frac{3}{2}\delta^2\left[\operatorname{tg}^2\tfrac{1}{2}\gamma + \operatorname{tg}\tfrac{1}{2}\gamma\cot\gamma + \cot^2\gamma\right]}.$$

Conviene esprimere la quantità in parentesi in funzione di $\frac{1}{2}\gamma$; perciò si osservi che

$$\cot\gamma = \frac{1}{2}\left(\cot\tfrac{1}{2}\gamma - \operatorname{tg}\tfrac{1}{2}\gamma\right),$$

e quindi:

$$\frac{m_a}{a} = \sqrt{\left(\frac{m_c}{c}\right)^2 + \frac{\delta^2}{6}\left(\cot^2 \tfrac{1}{2}\gamma + 3\,\mathrm{tg}^2 \tfrac{1}{2}\gamma\right)}, \tag{6}$$

che dà l'error medio relativo comune dei due lati del triangolo isoscele, i cui tre angoli siano stati misurati (δ dev'essere espresso in radianti).

Il triangolo isoscele più conveniente è quello per cui il valore di $\frac{m_a}{a}$ è minimo, cioè quello per cui si ha:

$$\mathrm{tg}^2 \tfrac{1}{2}\gamma = \sqrt{\tfrac{1}{3}};$$

e quindi:

$$\log \mathrm{tg}\, \tfrac{1}{2}\gamma = 9.880\,7197 - 10,$$

cui corrisponde:

$$\tfrac{1}{2}\gamma = 37^\circ\, 13'\, 44'';$$

e perciò *il triangolo isoscele più conveniente è quello che ha gli angoli alla base ciascuno uguale a* 52° 46′ 16″ *e l'angolo al vertice opposto* = 74° 27′ 28″.

Il minimo dato dalla (6) è:

$$\frac{m_a}{a} = \sqrt{\left(\frac{m_c}{c}\right)^2 + 0.5773\,.\,\delta^2}\,. \tag{7}$$

Per ogni valore di $\frac{m_c}{c}$ e di δ la (7) dà il valore di $\frac{m_a}{a}$.

Quando la base è esatta, cioè quando $\frac{m_c}{c} = 0$ o per lo meno talmente piccolo da non influire sul 2° termine sotto il segno radicale, si può ritenere:

$$\frac{m_a}{a} = 0.7598\,.\,\delta, \tag{8}$$

la quale formola dà l'errore medio relativo minimo sul lato di un triangolo isoscele avente la base esatta, in dipendenza dello strumento che si adopera alla misura degli angoli.

È facile vedere che, se si avesse una rete di triangoli isosceli simili a quello che ora si è trovato, si avrebbe per error medio relativo del lato dell'n^{mo} triangolo la formola:

$$(9) \qquad \frac{m_{a_n}}{a_n} = \sqrt{\left(\frac{m_c}{c}\right)^2 + n \,.\, \delta^2 .\, 0{,}5773}\,,$$

la quale mostra che l'error medio relativo cresce col crescere del numero dei triangoli, e quindi non conviene che essa rete sia molto estesa.

A ciò si oppone anche un'altra considerazione che è la seguente.

Il lato a_n dell'n^{mo} triangolo che si ottiene colla formola:

$$a_n = c\left(\frac{\operatorname{sen}\alpha}{\operatorname{sen}\gamma}\right)^n = c\,(0{,}82644)^n$$

diventerebbe troppo piccolo rispetto alla base c quando n fosse grande (per $n = 10$ si ottiene $a_{10} = 0.149\,c$) e quindi la triangolazione non coprirebbe uniformemente la regione su cui si svolge e, salvo provvedimenti speciali, gli angoli dei triangoli lontani dal primo lato non riuscirebbero (pure adoperando il medesimo istrumento) misurati collo stesso error medio.

Per questo e per altre ragioni si sostituisce il triangolo equilatero, e quindi la (9) diventa:

$$(10) \qquad \frac{m_{a_n}}{a_n} = \sqrt{\left(\frac{m_c}{c}\right)^2 + n \,.\, \delta^2 .\, 0.6667}\,.$$

Però nei casi in cui la regione da rilevare non sia molto estesa conviene adoperare la forma più conveniente di triangolo ora studiata.

Torino, maggio 1918.

Resto nelle formule di interpolazione

di GIUSEPPE PEANO, a Torino.

Sia fx una funzione reale della variabile x, definita in un intervallo cui appartengano i valori x_0, x_1, x_2, ... x_n, e avente in questo intervallo la derivata di ordine n. Allora si ha:

$$\begin{vmatrix} fx_0 & x_0^{n-1} & x_0^{n-2} \dots x_0 & 1 \\ fx_1 & x_1^{n-1} & x_1^{n-2} \dots x_1 & 1 \\ \cdot & \cdot & \cdot & \cdot \\ fx_n & x_n^{n-1} & x_n^{n-2} \dots x_n & 1 \end{vmatrix} = \begin{vmatrix} x_0^n & x_0^{n-1} \dots x_0 & 1 \\ x_1^n & x_1^{n-1} \dots x_1 & 1 \\ \cdot & \cdot & \cdot \\ x_n^n & x_n^{n-1} \dots x_n & 1 \end{vmatrix} (\mathrm{D}^n fx)/n!$$

ove x è un conveniente valore medio fra i dati.

Dimostrazione. — Considero la funzione gx:

$$gx = \begin{vmatrix} fx & x^n & x^{n-1} \dots x & 1 \\ fx_0 & x_0^n & x_0^{n-1} \dots x_0 & 1 \\ \cdot & \cdot & \cdot & \cdot \\ fx_n & x_n^n & x_n^{n-1} \dots x_n & 1 \end{vmatrix}.$$

La funzione gx si annulla per i valori x_0, x_1, ... x_n della variabile, quindi la sua derivata si annullerà per n valori medî fra gli $n+1$ precedenti, e la derivata seconda $\mathrm{D}^2 gx$ si annullerà per $n-1$ valori, e così via, la sua derivata di ordine n si annullerà per un valore medio fra i dati; ossia esiste un valore x, medio fra x_0, x_1, ... x_n tale che $\mathrm{D}^n gx = 0$; calcolo la derivata del determinante derivando gli elementi variabili della prima orizzontale, ed ho:

$$\begin{vmatrix} D^n fx & n! & 0 & \dots & 0 & 0 \\ fx_0 & x_0^n & x_0^{n-1} & \dots & x_0 & 1 \\ \cdot & \cdot & \cdot & \cdot & \cdot & \cdot \\ fx_n & x_n^n & x_n^{n-1} & \dots & x_n & 1 \end{vmatrix} = 0.$$

Sviluppo secondo la prima orizzontale, ed ho la formula a dimostrarsi.

In questa dimostrazione si è applicato più volte il teorema che si suol chiamare di Rolle, perchè enunciato da questo matematico nel 1689. Questo teorema è caso particolare di quello del valore medio, enunciato chiaramente da Cavalieri nel 1635. I passi di Rolle e di Cavalieri sono riportati, colle citazioni, in disteso nel mio *Formulario*, edizione V, pag. 287 e 288.

Se si sviluppa il determinante considerato secondo la prima orizzontale, e si ricava fx_0 dall'equazione che ne risulta, si avrà:

$$\begin{aligned} fx_0 = & \frac{(x_0 - x_2)(x_0 - x_3)\dots(x_0 - x_n)}{(x_1 - x_2)(x_1 - x_3)\dots(x_1 - x_n)} fx_1 + \\ & + \frac{(x_0 - x_1)(x_0 - x_3)\dots(x_0 - x_n)}{(x_2 - x_1)(x_2 - x_3)\dots(x_2 - x_n)} fx_2 + \dots \\ & + \frac{(x_0 - x_1)(x_0 - x_2)\dots(x_0 - x_{n-1})}{(x_n - x_1)(x_n - x_2)\dots(x_n - x_{n-1})} fx_n + \\ & + (x_0 - x_1)(x_0 - x_2)\dots(x_0 - x_n)(D^n fx)/n! \end{aligned}$$

Si ha così fx_0 espresso colla formula di interpolazione corrispondente ai valori x_1, x_2, ... x_n, più un resto. Questa formula di interpolazione fu data da Lagrange nel 1795, e poco prima da Waring nel 1776; e non differisce in sostanza da quella data da Newton nel 1686 (*Formulario*, pag. 306-307). Quest'ultima colle nostre notazioni si può scrivere:

$$\begin{aligned} fx_0 = fx_1 + (x_0 - x_1) & \begin{vmatrix} fx_1 & 1 \\ fx_2 & 1 \end{vmatrix} / \begin{vmatrix} x_1 & 1 \\ x_2 & 1 \end{vmatrix} + \\ + (x_0 - x_1)(x_0 - x_2) & \begin{vmatrix} fx_1 & x_1 & 1 \\ fx_2 & x_2 & 1 \\ fx_3 & x_3 & 1 \end{vmatrix} / \begin{vmatrix} x_1^2 & x_1 & 1 \\ x_2^2 & x_2 & 1 \\ x_3^2 & x_3 & 1 \end{vmatrix} + \text{ecc.} \end{aligned}$$

L'espressione del resto, cioè il teorema con cui comincia questa Nota, fu pubblicata da CAUCHY nel 1840 sotto forma molto differente; la sua dimostrazione fu molto semplificata da GENOCCHI nel 1878 e 1881, SCHWARZ nel 1882, e STIELTJES pure nel 1882. Vedi *Formulario*, pag. 307.

Usando la notazione dei determinanti, il teorema e la dimostrazione assumono la forma semplicissima sopra indicata.

Il determinante considerato, ossia il resto nella formula di interpolazione, si può anche mettere sotto forma di integrale definito. Invero quel determinante è funzione lineare della funzione f, e si annulla se per f si sostituisce una funzione intera di grado inferiore ad n. Dunque, per una regola da me altrove esposta, si ha:

$$\begin{vmatrix} fx_0 & x_0^{n-1} & \dots & x_0 & 1 \\ fx_1 & x_1^{n-1} & \dots & x_1 & 1 \\ \cdot & \cdot & \cdot & \cdot & \cdot \\ fx_n & x_n^{n-1} & \dots & x_n & 1 \end{vmatrix} =$$

$$= \frac{1}{(n-1)!} \int_{-\infty}^{+\infty} \begin{vmatrix} (x_0 - x)^{n-1} \varphi(x_0 - x) & x_0^{n-1} & \dots & x_0 & 1 \\ (x_1 - x)^{n-1} \varphi(x_1 - x) & x_1^{n-1} & \dots & x_1 & 1 \\ \cdot & \cdot & \cdot & \cdot & \cdot \\ (x_n - x)^{n-1} \varphi(x_n - x) & x_n^{n-1} & \dots & x_n & 1 \end{vmatrix} (\mathrm{D}^n fx)\, dx,$$

ove φz è quella funzione che per $z > 0$ vale 1, e per $z < 0$ vale 0; e per $z = 0$ vale per esempio 1/2.

Questioni elementari di massimo e minimo

di FILIBERTO CASTELLANO, a Torino.

---

§ I.

Un problema elementare di minimo geometrico. — È noto che il punto che è in equilibrio sotto l'azione di tre forze attrattive dirette ai tre vertici di un triangolo, e proporzionali a tre numeri positivi $\alpha_1, \alpha_2, \alpha_3$, vede i tre lati del triangolo sotto angoli $\varphi_1, \varphi_2, \varphi_3$ tali che:

$$(1) \qquad \operatorname{sen}\varphi_1/\alpha_1 = \operatorname{sen}\varphi_2/\alpha_2 = \operatorname{sen}\varphi_3/\alpha_3 .$$

Oggetto di questo § è di dimostrare elementarmente che: " *Questo è il punto per cui è minima la somma delle distanze dai tre vertici del triangolo, moltiplicate rispettivamente per i numeri* $\alpha_1, \alpha_2, \alpha_3$ " (1).

Sia M il punto attratto dai tre vertici del triangolo $A_1 A_2 A_3$ con forze proporzionali ai numeri positivi α_1, α_2, α_3. Si vuol dimostrare che se M è in equilibrio, $\alpha_1 . MA_1 + \alpha_2 . MA_2 + \alpha_3 . MA_3$ è un minimo (2). Il punto M sarà interno al triangolo, perchè le forze sono attrattive, e sarà:

$$\widehat{A_2MA_3} = \varphi_1 , \qquad \widehat{A_3MA_1} = \varphi_2 , \qquad \widehat{A_1MA_2} = \varphi_3 .$$

Conduciamo per A_1, A_2, A_3 le rette normali rispettivamente ad A_1M, A_2M, A_3M; esse formeranno un triangolo $B_1B_2B_3$ cir-

---

(1) Se $\alpha_1 = \alpha_2 = \alpha_3$, sarà $\varphi_1 = \varphi_2 = \varphi_3 = 120^\circ$. Questo caso è stato trattato con elegante dimostrazione elementare dal Prof. G. Peano nelle sue *Applicazioni geometriche del Calcolo*, Torino, 1885.

(2) Si prega il lettore di fare la figura.

coscritto ad $A_1A_2A_3$ e cogli angoli supplementari di φ_1, φ_2, φ_3, quindi:

$$B_2B_3/\operatorname{sen}\varphi_1 = B_3B_1/\operatorname{sen}\varphi_2 = B_1B_2/\operatorname{sen}\varphi_3,$$

e per la (1):

(2) $$B_2B_3/\alpha_1 = B_3B_1/\alpha_2 = B_1B_2/\alpha_3.$$

Sia P un punto qualunque del triangolo, e PP_1, PP_2, PP_3 le distanze di P dai tre lati di $B_1B_2B_3$, sarà:

$$PP_r \leq PA_r, \qquad \alpha_r . PP_r \leq \alpha_r . PA_r$$

con $r = 1, 2, 3$; quindi:

(3) $$\Sigma\alpha_r . PP_r \leq \Sigma\alpha_r . PA_r.$$

Moltiplicando i due termini di ciascun rapporto delle (2) per PP_1, PP_2, PP_3, oppure per MA_1, MA_2, MA_3, sommando i primi tre antecedenti e gli altri tre, i primi tre conseguenti e gli altri tre, si deduce:

$$B_rB_s/\alpha_t = (\Sigma B_rB_s . PP_t)/\Sigma\alpha_r . PP_r = (\Sigma B_rB_s . MA_t)/\Sigma\alpha_r . MA_r,$$

essendo (r, s, t) una permutazione ciclica di (1, 2, 3). Ma:

$$\Sigma B_rB_s . PP_t = \Sigma B_rB_s . MA_t = 2 \text{ area } (B_1B_2B_3),$$

quindi:

$$\Sigma\alpha_r . PP_r = \Sigma\alpha_r . MA_r.$$

Ma per la (3):

$$\Sigma\alpha_r . PP_r \leq \Sigma\alpha_r . PA_r,$$

quindi:

$$\Sigma\alpha_r . MA_r \leq \Sigma\alpha_r . PA_r$$

e la funzione $\Sigma\alpha_r . PA_r$ diventa *minima* nel punto M; c. v. d.

Osservazione. — Se le attrazioni sono proporzionali ad $\alpha_r . (MA_r)^{n-1}$, con n positivo, la grandezza $\Sigma\alpha_r . (MA_r)^n$ è un *minimo*, quando M è in *equilibrio*. Per $n = 1$, il teorema è stato dimostrato. Per $n = 2$, il punto M coincide col baricentro di tre masse α_1, α_2, α_3 situate in A_1, A_2, A_3, e la proprietà del minimo si deduce da un noto teorema di Lagrange sul baricentro di un sistema di masse. Negli altri casi la dimostrazione *elementare* non sembra semplice, e non mi consta che sia stata data in generale.

§ II.

Massimi e minimi dedotti da eguaglianze ed ineguaglianze algebriche. — Applicando due volte la formola della somma delle progressioni geometriche al calcolo della somma $1 + 2x + 3x^2 + ... + nx^{n-1}$, si trova:

$$(1) \qquad 1 - (n+1)x^n + nx^{n+1} = (x-1)^2 \sum_1^n {}_r\, r x^{r-1}.$$

1. Il secondo membro della (1) si annulla per $x = 1$, od è positivo per ogni valore di x positivo e diverso da 1, quindi:

$$\text{per } x > 0, \text{ ed } x \neq 1, \text{ sarà: } 1 - (n+1)x^n + nx^{n+1} > 0$$
$$\text{„} \qquad x = 1, \quad \text{„} \qquad \text{„} \qquad = 0$$

ossia: “ *Se* x *varia nel campo dei numeri positivi, ed* n *è intero e positivo, la funzione* $1 - (n+1)x^n + nx^{n+1}$ *raggiunge il suo minimo valore zero nel punto* $x = 1$ „.

2. Se nella (1) al posto di x si legge $(n+1)y/n(x+y)$, fatte alcune riduzioni, si trova:

$$(2) \qquad xy^n = n^n (n+1)^{-(n+1)} (x+y)^{n+1} -$$
$$- (y - nx)^2 \sum_1^n {}_r\, r(n+1)^{r-n-2} n^{n-r-1} y^{r-1} (x+y)^{n-r},$$

quindi: “ *se* x, y *sono numeri positivi, sarà:*

$$xy^n \leq n^n (n+1)^{-(n+1)} (x+y)^{n+1}$$

ed il segno = corrisponde al solo caso in cui $y = nx$ „.

3. Posto $x + y = a$, dove a è un numero costante positivo, sarà:

$$(3) \qquad x(a-x)^n \leq n^n [a/(n+1)]^{n+1}$$

ed il segno $=$ corrisponde al solo caso in cui $x = (a - x)/n = a/(n+1)$; quindi: " *Se* x *varia nell'intervallo positivo* (0, a), *la funzione* $x(a-x)^n$, *con* n *intero e positivo, raggiunge il suo valore massimo* $n^n[a(n+1)]^{n+1}$ *nel punto* $x = a/(n+1)$ ".

4. Teorema. — *Se* $x_1, x_2, x_3, \ldots x_n$ *sono numeri positivi di somma* a, *sarà:*

$$x_1 x_2 \ldots x_n \leq (a/n)^n \tag{4}$$

ed il primo membro è eguale al secondo, solo quando

$$x_1 = x_2 = \ldots = x_n = a/n \text{ ".}$$

Dim. — La proposizione (del resto nota e dimostrata in diversi modi da vari autori) è vera per $n=2$, come risulta dalla (3), in cui si legga $n=1$. Ammessa vera per n, dimostrerò che è vera per $n+1$. Infatti dall'essere $\sum_1^n{}_r x_r = a - x$, con x positivo, si deduce per ipotesi:

$$x_1 x_2 \ldots x_n \leq [(a-x)/n]^n \tag{4'}$$

ed il segno $=$ corrisponde al solo caso in cui:

$$x_1 = x_2 = \ldots = x_n = (a-x)/n.$$

Moltiplicando nella (4') per x, e ricordando per la (3) che:

$$x(a-x)^n \leq n^n [a/(n+1)]^{n+1},$$

in cui il segno $=$ corrisponde al caso in cui $x = (a-x)/n = a/(n+1)$, si deduce:

$$x x_1 x_2 \ldots x_n \leq [a/(n+1]^{n+1}$$

ed il segno $=$ corrisponde al solo caso in cui i fattori del prodotto sono eguali; c. v. d.

Ne consegue che: " *Se* $x_1, x_2, \ldots x_n$ *sono numeri variabili nel campo dei numeri positivi, assoggettati all'unica condizione che la loro somma sia costante, il loro prodotto è massimo quando essi sono eguali* ".

5. Si può dalle formole precedenti dedurre una identità, che esprima la differenza tra il 2° ed il 1° membro della (4) sotto forma evidentemente positiva, come si è fatto per i casi precedenti. Procederò per via d'induzione.

Dalla (2), in cui si legga $n=1$, si deduce:

$$xy=(x+y)^2/4-(x-y)^2/4. \tag{5}$$

Moltiplicando per z, e sostituendo a $z(x+y)^2$ l'espressione equivalente che si deduce dalla (2), in cui si faccia $n=2$, si legga z al posto di x, ed $x+y$ al posto di y, si deduce:

$$\begin{aligned} xyz=[(x+y+z)/3]^3-2^{-2}(x-y)^2z-\\ -2^{-2}3^{-3}(x+y-2z)^2(4x+4y+z). \end{aligned} \tag{6}$$

Moltiplicando nella (6) per t, ed applicando nuovamente la (2), per trasformare $t(x+y+z)^3$, si trova l'espressione di $xyzt$, ecc.

La formola generale è la seguente. Posto:

$$D=[(\sum_1^n{}_k x_k)/n]^n-x_1x_2\dots x_n, \tag{7}$$

si ha:

$$D=\sum_1^{n-1}{}_k 2^{-2}3^{-3}\dots(k+1)^{-k-1}x_{k+2}x_{k+3}\dots x_n(x_1+\dots+x_k-kx_{k+1})^2F_k, \tag{8}$$

dove:

$$F_k=\sum_1^k{}_r r(k+1)^{r-1}k^{k-r-1}(x_1+\dots+x_k)^{r-1}(x_1+\dots+x_{k+1})^{k-r}; \tag{9}$$

e si dimostra per induzione, applicando la (2). Basta moltiplicare la (7) per x_{n+1}, e trasformare mediante la (2) la prima parte del 2° membro.

6. La F_k è un polinomio di grado $k-1$ che nella (9) si presenta ordinato secondo le potenze discendenti di $(x_1+\dots+x_{k+1})$ ed ascendenti di $(x_1+\dots+x_k)$; tutti i termini hanno il segno $+$; i coefficienti numerici sono:

$$k^{k-2},\ 2k^{k-3}(k+1),\ 3k^{k-4}(k+1)^2,\ \dots\ (k-1)(k+1)^{k-2},\ (k+1)^{k-1}.$$

La D sviluppata si presenta sotto la forma:

$$2^{-2}(x_1-x_2)^2 x_3 \dots x_n + 2^{-2}3^{-3}(x_1+x_2-2x_3)^2 x_4 \dots x_n F_2 +$$
$$+ 2^{-2}3^{-3}4^{-4}(x_1+x_2+x_3-3x_4)^2 x_5 \dots x_n F_3 +$$
$$\dots\dots\dots\dots\dots\dots\dots\dots$$
$$+ 2^{-2}3^{-3}\dots n^{-n}[x_1+\dots+x_{n-1}-(n-1)x_n]^2 F_{n-1},$$

e se le x sono positive, si annulla solo quando:

$$(10) \qquad x_1 = x_2 = x_3 = \dots = x_n .$$

Osservazione. — Se il campo di variabilità delle x, che debbono essere positive e di somma a costante, è limitato da altre condizioni, per modo che non consenta il verificarsi della (10), il prodotto delle x sarà sempre inferiore, ma non uguale, ad $(a/n)^n$, e questo non sarà il suo massimo. In questo caso il *massimo* del prodotto coincide col minimo di D, e questo *minimo*, che non è zero, in molti casi si può determinare facilmente.

Torino, Giugno 1918.

Sulle varietà algebriche a tre dimensioni a superficie-sezioni razionali [1]

di GINO FANO, a Torino.

È noto da tempo che le superficie a sezioni razionali sono tutte razionali, e quelle a sezioni ellittiche od iperellittiche sono anche razionali, oppure rigate.

Queste proprietà furono poi estese alle varietà algebriche a tre o più dimensioni, a curve-sezioni degli stessi tipi indicati. Una varietà a curve-sezioni razionali è sempre rappresentabile biunivocamente sopra uno spazio di un egual numero di dimensioni [2]. E così dicasi delle varietà a curve-sezioni ellittiche od iperellittiche, fatta eccezione soltanto per quelle composte di una serie ∞^1 di spazi e, forse, per le varietà del 3° ordine [3].

Il presente lavoro porta un contributo allo studio delle varietà a tre dimensioni, in base alla natura delle loro *superficie-sezioni*. Vi si dimostra che *sono razionali* (rappresentabili cioè sullo spazio S_3) *tutte le varietà a tre dimensioni a superficie-sezioni razionali, ad eccezione* (eventualmente) *della varietà cubica di* S_4 *priva di punti doppi.* Dal punto di vista invariantivo, le varietà di cui si tratta sono quelle che contengono *un sistema lineare semplice* (perciò almeno ∞^3; e, se ∞^3, omaloidico) di *superficie razionali.* È già noto che l'esistenza in una varietà a tre

---

[1] Sunto di Memoria dello stesso titolo, pubblicata negli “Annali di Matematica„, (3), t. 24 (1915), pp. 49 e seguenti.

[2] Per le varietà a tre dimensioni, v. Enriques, “Mathem. Annalen„, Bd. 46 (1895), p. 179. L'estensione alle varietà superiori è immediata.

[3] Enriques, l. c. L'estensione alle varietà superiori è immediata per il caso delle curve-sezioni iperellittiche di genere > 1. Per il caso delle curve ellittiche, v. Scorza, “Rendic. Acc. dei Lincei„ (5), vol. 17_1 (1908), p. 10; “Annali di Mat.„ (3), t. 15 (1908), p. 217.

dimensioni di *un sistema lineare almeno* ∞^3 *di superficie razionali ad intersezioni variabili irriducibili,* o anche di una sola *rete a intersezioni non razionali od ellittiche,* è sufficiente per rappresentare la varietà sopra una involuzione dello spazio S_3 (4); ma è pur noto che queste involuzioni non sono tutte razionali (5).

1. — Si abbia nello spazio S_r $(r \geq 4)$ una varietà a tre dimensioni M_3^n, normale, di ordine $n \geq 4$, a superficie-sezioni F razionali. Per questa varietà è certamente nulla la *irregolarità superficiale* (o *bidimensionale*) (6); e sono per conseguenza normali le superficie-sezioni F (7). Sarà inoltre nullo il genere geometrico della varietà, perchè ogni eventuale superficie canonica (di ordine ≥ 0) segnerebbe sopra una F generica una curva, che, sommata alle sezioni iperpiane della F medesima, ne darebbe delle curve canoniche, contrariamente all'ipotesi della razionalità delle F. Il genere aritmetico della M_3^n (non superiore al genere geometrico, quando sia nulla l'irregolarità superficiale (8)) sarà perciò ≤ 0; e si può facilmente convincersi che anch'esso sarà nullo. Infatti l'esistenza sulla M_3^n anche di una sola rete di superficie razionali permette di rappresentare detta varietà sopra uno spazio S_3 doppio, con superficie di diramazione di ordine pari $2m$ (Φ^{2m}) dotata di una delle singolarità seguenti (9):

1) Un punto O multiplo di ordine $2m - 2$;

2) Una retta r multipla di ordine $2m - 4$;

3) Due punti infinitamente vicini (O, O') multipli di ordine $2m - 3$, congiunti da una retta r multipla di ordine $2m - 6$.

---

(4) Enriques, " Mathem. Annalen ", Bd. 49 (1897), p. 1; cfr. in particolare § 17.

(5) Enriques, " Rendic. Accad. dei Lincei " (5), vol. 21_1 (1912), p. 81; Fano, " Atti della R. Accad. di Torino ", vol. 43 (1907-08), p. 973.

(6) Castelnuovo ed Enriques, *Sur les intégrales simples de première espèce d'une surface ou d'une variété algébrique à plusieurs dimensions,* " Annales de l'École Norm. Sup. " (3), t. 22 (1896), p. 339.

(7) Severi, *Fondamenti per la geometria sulle varietà algebriche,* " Rendiconti Circ. Matem. di Palermo ", t. 28 (1909), p. 33. Ved. in particolare n° 17, teor. VIII.

(8) Severi, l. c., n° 19.

(9) Enriques, l. c. a nota (4), § 18.

Più particolarmente, a un fascio arbitrario di superficie razionali contenuto nella rete suindicata si possono far corrispondere nel primo caso i piani doppi di un fascio contenuto nella stella O, negli altri casi i piani doppi passanti per la retta r. — E per questi tre spazi doppi si verifica facilmente che il genere aritmetico è nullo, anche se la Φ^{2m} doppia possiede ulteriori singolarità.

La varietà M_3^n *è dunque una varietà completamente regolare, a generi nulli.* Per conseguenza, sopra ogni superficie di genere >0 in essa contenuta il sistema aggiunto segnerà il sistema canonico completo ([10]).

2. — Se le curve-sezioni della varietà M_3^n sono razionali, ellittiche (l'ordine n essendo ≥ 4), od iperellittiche, la varietà stessa, come abbiamo già detto, è certo razionale. Se invece le curve-sezioni di M_3^n sono di genere $p \geq 3$ e non iperellittiche, si consideri il sistema lineare $|F + F'|$ aggiunto a $|2F|$, depurato delle sue eventuali componenti fisse. Questo sistema, dovendo segare sulle superficie $(2F)$, regolari e di genere p, il sistema canonico completo, avrà dimensione $p-1$; e sulle F esso segnerà l'intero sistema aggiunto al sistema caratteristico di $|F|$, cioè alle curve-sezioni delle F stesse. Il detto sistema $|F+F'|$ si comporrà certo anch'esso di superficie razionali o riferibili a rigate; perchè ogni superficie aggiunta al sistema $|F+F'|$ sarebbe biaggiunta alle F, contrariamente all'ipotesi che le F siano razionali (sicchè le $F+F'$ avranno genere geometrico nullo); e, del pari, se esistessero superficie i-aggiunte alle $F+F'$ — e di queste, per qualche valore di i (in ogni modo per $i=12$), dovrebbero certo esservene, se le $(F+F')$ non sono riferibili a rigate ([11]) — esse segnerebbero sulle F curve $2i$-canoniche, contrariamente ancora all'ipotesi della razionalità delle F.

Si osservi pure che il sistema $|F+F'|$ non è certo un fascio, perchè le sezioni iperpiane delle F si sono supposte di genere $p \geq 3$, e perciò la dimensione $p-1$ del sistema stesso

---

([10]) Severi, l. c., n° 20, teor. X.

([11]) Enriques, *Sulle superficie algebriche di genere geometrico zero,* " Rendiconti Circ. Mat. di Palermo ", t. 20 (1905), p. 1.

$|F+F'|$ è ≥ 2; e non è nemmeno composto mediante un fascio, perchè le aggiunte delle curve-sezioni delle F, da esso segate, sarebbero composte in egual modo, e ciò avviene soltanto quando le sezioni di $|F|$ sono iperellittiche. *Il sistema* $|F+F'|$ *è dunque almeno* ∞^2 *e irriducibile.*

Per detto sistema $|F+F'|$ sono pertanto prevedibili i casi seguenti:

a) Il sistema $|F+F'|$ *è un sistema lineare semplice (di dimensione* ≥ 3*) di superficie razionali.* In tal caso potremo rappresentare la varietà proposta sopra una nuova varietà V, le cui sezioni iperpiane siano anch'esse razionali e immagini delle superficie $(F+F')$. E si può anzi dimostrare (N. 11) che *tale varietà* V *non può essere una varietà cubica dello spazio* S_4 *priva di punti doppi.*

b) Il sistema $|F+F'|$ *appartiene a una congruenza di linee, razionale e del 1° ordine* (ogni superficie del sistema è pertanto luogo di ∞^1 linee di tale congruenza). Questo caso si presenterà certo ogni qualvolta le superficie $(F+F')$ siano riferibili a rigate non razionali, e abbiano perciò le intersezioni variabili riducibili; come pure quando sia $p=3$, e per conseguenza $|F+F'|$ di dimensione 2; esso verrà esaminato ai ni 3 e seg.

c) Il sistema $|F+F'|$, *pur non appartenendo ad alcuna congruenza di linee, appartiene ad una involuzione di punti* (di grado >1). Al n° 10 verrà però dimostrato che quest'ipotesi va esclusa.

Inoltre, nella prima ipotesi (caso *a)*):

o la varietà V ha le curve-sezioni iperellittiche, in particolare razionali od ellittiche, risultando però escluso ch'essa sia una varietà cubica di S_4 priva di punti doppi;

oppure le curve-sezioni di V saranno ancora di genere ≥ 3 e non iperellittiche. Potremo allora operare sulla varietà V come già abbiamo operato sulla M_3^n, vale a dire sul sistema $|F+F'|$ come già sul sistema $|F|$. Sopra una superficie generica del sistema $|F+F'|$, il sistema delle curve caratteristiche avrà alla sua volta il proprio aggiunto, di dimensione ≥ 2, il quale verrà ivi segato dal nuovo sistema:

$$|F+F'|+|(F+F')'|=|F+F'|+|2F'|=|F+3F'|,$$

composto anch'esso di superficie razionali o riferibili a rigate; e così, occorrendo, di seguito. Il procedimento avrà certo termine, perchè il sistema $|F+3F'|$ sega sulle F curve del sistema lineare terzo aggiunto a quello delle sezioni iperpiane; e, del pari, gli eventuali sistemi successivi segheranno sopra F curve di ulteriori aggiunti di questo stesso sistema; la serie dei quali aggiunti sopra una superficie razionale è finita.

Potremo dunque in ogni caso rappresentare la varietà proposta:

1) o sopra una varietà regolare a curve-sezioni iperellittiche, in particolare ellittiche o razionali, e diversa da una V^3 di S_4 priva di punti doppi: varietà dunque certamente razionale;

2) oppure sopra una varietà le cui sezioni iperpiane F presentano il caso *b)*; sono cioè tali che il sistema $|F+F'|$ risulta composto mediante una congruenza razionale di linee. Se queste linee fossero rette, la varietà V conterrebbe un sistema razionale ∞^2 di rette, del 1° ordine, e sarebbe perciò certo razionale (e così dicasi della M_3^n); essa potrebbe rappresentarsi sullo spazio S_3 facendo corrispondere a queste rette le rette di una stella, e alle superficie $(F+F')$ coni collo stesso vertice. Basterà dunque esaminare il caso in cui le superficie $(F+F')$ appartengano a una congruenza di linee non rette; e in tutti questi casi (n[i] 7-9) riconosceremo pure che la varietà V è razionale.

Con questo, e colle dimostrazioni preannunciate dei n[i] 10 e 11, il nostro còmpito sarà assolto. Risulterà inoltre dimostrato che: *Se la varietà cubica dello spazio* S_4 *priva di punti doppi non è rappresentabile sullo spazio* S_3, *essa non può contenere altri sistemi lineari semplici di superficie razionali all'infuori di quelli di dimensione 4 e di grado 3, a intersezioni variabili ellittiche* (forse tutti trasformabili birazionalmente nel sistema delle sezioni iperpiane). Infatti da qualunque altro sistema discenderebbe, in forza del procedimento indicato, la rappresentazione della varietà sullo spazio S_3.

3. — Se il sistema lineare $|F+F'|$ appartiene a una congruenza di linee aventi ordine $k>1$, questa congruenza determinerà sopra ogni superficie F una involuzione $\boldsymbol{I}_k$, alla quale apparterrà il sistema lineare aggiunto a quello delle sezioni iperpiane. Possiamo supporre quelle linee irriducibili, e perciò l'involuzione I_k non composta mediante un'involuzione di ordine inferiore. Consideriamo ora, nello spazio S_{r-1} di una F generica, il sistema ∞^2 di rette Γ formato dalle congiungenti di tutte le coppie di punti di uno stesso gruppo dell'involuzione I_k. Sopra una sezione iperpiana generica C di F, una tale coppia di punti, supposta contenutavi, imporrebbe una sola condizione a un gruppo canonico obbligato a sua volta a contenerla; e ciò, sopra una curva non iperellittica, non è possibile. Il sistema di rette Γ, nello spazio S_{r-1}, è dunque tale che un iperpiano generico (di questo S_{r-1}) non ne contiene alcuna retta, ossia è di classe *zero*. Ogni iperpiano passante per una retta s del sistema Γ dovrà però contenere ∞^1 di queste rette; e se P è un punto qualunque della superficie F, ogni iperpiano passante per il piano sP conterrà una retta del sistema Γ passante per P, la quale non potrà variare con quell'iperpiano, e starà perciò nel piano sP, vale a dire sarà incidente a s. Il sistema Γ, che nelle ipotesi fatte è certo irriducibile, si compone dunque di rette a due a due incidenti, e perciò tutte passanti per uno stesso punto O.

I gruppi dell'involuzione I_k *stanno dunque sopra rette uscenti da uno stesso punto* O. Il sistema lineare $|C|$ delle sezioni iperpiane di F, di dimensione $r-1$ e genere p, conterrà un sistema lineare $|C_0|$ di dimensione $r-2$ e genere eventualmente inferiore, segato dagli iperpiani passanti per O, e appartenente all'involuzione I_k; e a questa involuzione apparterranno pure il sistema $|C'|$ aggiunto a $|C|$, e il sistema $|C_0'|$ aggiunto a $|C_0|$; quest'ultimo esistente se $|C_0|$ ha ancora genere $\geqq 2$, e in tal caso contenuto in $|C'|$. — Sarà inoltre $k=2$, e le curve C_0 saranno iperellittiche: è infatti questo il solo caso in cui la serie canonica di una curva algebrica è composta mediante un'involuzione ∞^1 (necessariamente razionale, e costituita da sole *coppie* di punti).

Sulla varietà M_3^n, della quale la superficie considerata F era sezione iperpiana generica, *il sistema lineare* $|\mathrm{F}+\mathrm{F}'|$ *sarà composto mediante una congruenza di coniche, contenute in piani passanti per una retta.* Inoltre sopra una F generica, le sezioni determinate da iperpiani passanti per il punto O sono iperellittiche, e contengono una ∞^1 razionale di coppie di punti dell'involuzione I_2; perciò le ∞^2 rette del sistema Γ uscenti da O formeranno un cono a tre dimensioni, proiettante da O una superficie a curve-sezioni razionali, certamente normale, e proiezione doppia della F dal punto O. Pertanto: *La varietà* M_3^n *sarà luogo di* ∞^2 *coniche, contenute nei piani che da una retta fissa* (di S_r) *proiettano i punti di una superficie normale a curve-sezioni razionali* (di ordine $r-3$, in S_{r-2}); *e il sistema* $|F+F'|$ *su di essa si comporrà di superficie luoghi di* ∞^1 *tra queste coniche.*

4. — Occorre pertanto determinare tutte le superficie F del tipo incontrato nel n° precedente; poichè esse costituiranno tutte le possibili sezioni delle M_3^n corrispondenti al caso *b)* del n° 2.

Ricerche del Sig. Castelnuovo ([12]) hanno da tempo assegnate tutte queste superficie, limitatamente alle due ipotesi restrittive ch'esse siano prive di punti multipli propri, e abbiano le curve-sezioni non speciali (ossia che i sistemi lineari di curve piane che le rappresentano siano prive di curve fondamentali proprie, e abbiano serie caratteristica non speciale). Bastano però poche considerazioni complementari per comprendere nel ragionamento e nel risultato anche ogni caso ulteriore.

Nelle ipotesi fatte dal Sig. Castelnuovo, la superficie F si proiettava in S_3, da un numero conveniente di suoi punti semplici scelti in modo generale, secondo una superficie F^* di un certo ordine m, priva di punti multipli propri, le cui sole singolarità erano il punto O^*, proiezione di O, multiplo di ordine $m-2$, e rette multiple uscenti da questo punto, in numero e di ordini tali da rendere impropria la multiplicità in O^* stesso. Nel caso presente potrà O^* essere punto multiplo proprio, e vi potranno essere anche altre singolarità, ma è facile precisarle.

In primo luogo la superficie normale F^n non può avere già essa linee multiple, all'infuori di rette passanti per O. Invero, si consideri su di essa una sezione iperpiana C non passante per O e avente lo stesso genere p della sezione generica. Due punti assolutamente qualunque di questa curva devono imporre

([12]) Castelnuovo, *Sulle superficie di genere zero,* " Mem. Soc. Ital. delle Scienze ", (3), t. 10 (1896); *Aggiunta alla Memoria:* Enriques, *Sui piani doppi di genere uno*; ibid.

a un'aggiunta C', obbligata a contenerli, condizioni distinte. D'altra parte le C', appartenendo all'involuzione I_2, sono segate sopra F da coni di vertice O. Pertanto, se P è un punto comune alla C e all'eventuale linea multipla di F, tale (come possiamo certo supporre) che OP non sia generatrice comune ai coni anzidetti proiettanti da O le C', evidentemente i punti di C sovrapposti in P imporrebbero alle C', tutti insieme, una condizione unica: il passaggio del cono che da O proietta questa C' per la generatrice OP. E questo non è possibile.

La curva (iperellittica) C_0 *intersezione di* F *con un iperpiano generico passante per* O *non potrà avere dunque punti multipli, all'infuori di* O *stesso e di punti doppi infinitamente vicini ad* O.

Queste curve C_0, di ordine n e genere $p_1 \leq p$, sono proiettate doppiamente da O secondo coni razionali normali di ordine $r - 3$ (essendo sempre r la dimensione dello spazio cui appartiene la varietà M_3^n). Le C_0 avranno pertanto il punto O come multiplo di ordine $n - 2(r - 3)$; e avranno altresì, infinitamente vicini ad O, $(n - p_1 - 1) - (r - 3)$ punti doppi ([13]) nell'intorno di 1° ordine di O, oppure anche, tutti o in parte, fra loro consecutivi.

Queste stesse curve, da $r - 4$ loro punti generici, sono proiettate secondo curve piane di ordine $m = n - r + 4$, aventi un punto (proiezione di O) di multiplicità $m - 2 = n - r + 2$, e eventualmente (come la C_0) punti doppi infinitamente vicini a questo. Perciò la superficie F, anche da $r - 4$ suoi punti generici, verrà proiettata sopra S_3 secondo una superficie F^* di ordine m, avente un punto O^* di multiplicità $m - 2$, e le cui ulteriori singolarità potranno essere soltanto:

a) rette multiple passanti per O^* (proiezioni di rette già multiple per F e passanti per O);

([13]) Poichè la curva C_0, di ordine n e genere p_1, contiene una serie lineare (o involuzione razionale) g_2^1, le congiungenti delle coppie di punti di questa involuzione formano una rigata di ordine $\leq n - p_1 - 1$; e se quest'ordine è inferiore a $n - p_1 - 1$, la sua differenza da questo massimo dà il numero dei punti doppi della curva che assorbono i due elementi di uno stesso gruppo della g_2^1. Nel caso presente, questi punti doppi sono tutti infinitamente vicini ad O.

b) punti doppi e linee doppie infinitesime infinitamente vicini ad O^* (con certe restrizioni, anche fra loro susseguentisi).

Siccome però le superficie di ordine $m - 3$ aggiunte ad F^* devono incontrare F^* secondo le curve aggiunte alle sezioni piane di F^* medesima, le quali ultime appartengono all'involuzione I_2, così le anzidette superficie aggiunte saranno coni di vertice O^*, e avranno perciò in O^* la multiplicità $m - 3$, anzichè soltanto $m - 4$; e un esame più dettagliato mostra che queste singolarità, infinitamente vicine ad O^*, *non* impongono alle aggiunte in parola condizioni ulteriori;

c) punti multipli propri a distanza finita da O^*, eventualmente con altri punti o linee multiple infinitesime ad essi infinitamente vicini. Ma queste ultime singolarità (provenienti da altre consimili esistenti sopra F) si può dimostrare facilmente che sono tutte inessenziali; perchè, o si limitano a punti doppi isolati, cui sono successivi tutt'al più altri punti doppi, in numero finito; oppure si tratta di punti congiunti ad O^* da rette multiple, e la cui influenza sui generi della superficie F^* è identica a quella che spetta a queste medesime rette.

Tutto ciò premesso, dico ora che: *I coni di ordine* m — 3 *aggiunti alla superficie* F* *sono razionali* (14). E infatti, se tali non fossero, essi, considerati come enti ∞^1 della stella O^*, avrebbero almeno un cono aggiunto di ordine $m - 6$; tale perciò che ogni retta della stella O^* la quale sia k^{pla} per F^* e, per conseguenza, $(k - 1)^{pla}$ per i coni aggiunti, sia $(k - 2)^{pla}$ per questo nuovo cono. Aggiungendo a tale cono il cono di ordine $m - 2$ tangente alla superficie F^* nel punto O^*, per il quale le rette k^{ple} di F^* (tutte uscenti da O^*) sono anche k^{ple}, e le rette proiettanti i punti doppi infinitamente vicini ad O^*, sia isolati che formanti linee doppie infinitesime, sono tutte doppie, si avrà un cono complessivo di ordine $2m - 8$, il quale costituirebbe una superficie *biaggiunta* ad F^*. Tale superficie non potendo esistere, poichè F^* è razionale, risulta assurda l'ipotesi che non siano razionali i coni di ordine $m - 3$ aggiunti ad F^*. Per conseguenza:

Il sistema lineare $|C'|$ *aggiunto alle sezioni iperpiane di* F *si compone di curve anch'esse iperellittiche, incontrantisi a due a*

(14) Castelnuovo, Memoria citata alla nota (12), n° 11.

due secondo p — 2 *coppie dell'involuzione* I_2. Invero i coni aggiunti ad F^*, essendo razionali e formando un sistema lineare completo di dimensione $p-1$, devono incontrarsi a due a due secondo gruppi di $p-2$ generatrici.

5. — Il sistema lineare $|C'|$, aggiunto alle sezioni iperpiane della superficie F, permette di rappresentare questa superficie sopra una superficie doppia dello spazio S_{p-1}, di ordine $p-2$, a curve-sezioni razionali, sulla quale alle C, sezioni iperpiane di F, corrisponderanno curve canoniche di genere p (semplici, di ordine $2p-2$).

Questa superficie φ^{p-2} sarà una rigata razionale normale, oppure, nello spazio S_5, e perciò nel solo caso $p=6$, la ben nota *superficie di* Veronese, rappresentata sul piano dal sistema lineare ∞^5 delle coniche. Quest'ultimo caso si esclude però facilmente. Infatti alle ∞^2 coniche doppie della superficie φ^4, incontrate dalle immagini delle C (le quali sono di ordine 10) in 5 punti, corrisponderebbero sopra F curve iperellittiche di 5° ordine, perciò di genere ≤ 3. Queste curve incontrerebbero la curva doppia dell'involuzione I_2 in un numero di punti non superiore a *otto*; e perciò, riferendo la φ^4 a sua volta ad un piano nel modo consueto, la F risulterà rappresentata sopra un piano doppio con una curva di diramazione di ordine anche non superiore ad *otto*. Tenendo conto pertanto dei tipi ai quali questa curva deve potersi ridurre (poichè F è razionale) ([15]), se ne trae che la nominata curva di diramazione potrà essere soltanto:

1) una curva di 8° ordine con un punto sestuplo, oppure con tre punti quadrupli, ciascuno dei quali può essere sostituito da due punti tripli infinitamente vicini;

2) una curva di 6° ordine con un punto quadruplo, oppure con due punti tripli infinitamente vicini;

3) una curva di 4° ordine o di 2° ordine.

In ciascuno di questi casi, al sistema lineare $|C'|$ della superficie F corrisponderebbe nel piano doppio il sistema lineare ∞^5 delle coniche doppie. E si verifica facilmente che quest'ultimo sistema, nei casi enumerati, non è mai l'aggiunto d'un sistema lineare.

([15]) Castelnuovo ed Enriques, *Sulle condizioni di razionalità dei piani doppi*, " Rendic. Circ. Matem. di Palermo ", t. 14 (1900), p. 290.

6. — Supponiamo invece che la superficie φ^{p-2} di S_{p-1} considerata al n° precedente, e sulla quale, pensata come doppia, abbiamo rappresentata la F, sia una rigata razionale normale. Essendo già note tutte le superficie razionali a sezioni di genere *tre* ([16]), perciò anche quelle del tipo che a noi interessa, possiamo supporre $p \geqq 4$.

Ora, *una curva canonica di genere* p *tracciata sopra una rigata razionale normale dello spazio* S_{p-1} (e per noi $p-1 \geqq 3$) *deve necessariamente incontrare ogni generatrice di questa rigata in* TRE *punti*. Infatti, indicato questo numero di punti con k, si avrà sulla curva stessa una serie lineare g_k^1 (completa, speciale), la cui residua è una g_{2p-2-k}^{p-3}; e ciò richiede sia $2p-2-k > 2(p-3)$, cioè appunto $k < 4$.

Alle generatrici (doppie) della rigata φ^{p-2} *corrispondono dunque sopra* F *curve di 3° ordine* (formanti un fascio).

Tali curve di 3° ordine sono certamente ellittiche e perciò piane. Infatti, se fossero razionali, la superficie F si potrebbe rappresentare sul piano in modo che a queste curve corrispondano rette di un fascio; alle sezioni iperpiane di F dovrebbero perciò corrispondere, in questo piano, curve di un certo ordine m colla multiplicità $m-3$ nel centro del fascio. È il sistema aggiunto $|C'|$ si comporrebbe allora di curve razionali. Inoltre le curve di 3° ordine suddette della superficie F, avendo per immagini sulla rigata φ^{p-2} linee doppie, apparterranno all'involuzione I_2, che sulla superficie F è segnata da rette uscenti dal punto O; per questo punto passeranno dunque i loro piani, e anzi le stesse ∞^1 curve, per le quali O costituirà pertanto una varietà unisecante.

Potremo dunque rappresentare la superficie F sul piano in modo che al fascio di cubiche esistente su di esse corrisponda un fascio di curve piane di un certo ordine $3k$ con 9 punti base k^{pli} ([17]). E l'esistenza, pel fascio di cubiche, di una varietà

([16]) CASTELNUOVO, *Sulle superficie algebriche le cui sezioni sono curve di genere tre*, " Atti R. Acc. Scienze Torino „, vol. 25 (1890). In questa Nota è posta da principio una restrizione, che è soddisfatta (come si è riconosciuto in seguito) per tutte le superficie *regolari*; fra le superficie ivi determinate sono perciò comprese tutte quelle razionali.

([17]) A questo tipo (per un certo valore di k) può infatti ridursi, per

unisecante, permette di concludere che dovrà essere $k=1$, ossia che al fascio di cubiche sopra F dovrà corrispondere anche un fascio di cubiche piane. — D'altra parte le curve C', aggiunte alle sezioni iperpiane di F, hanno per immagini sulla rigata (doppia) φ^{p-2} le sezioni iperpiane di questa, le quali sono bisecanti le generatrici (considerate pure come doppie); alle C' corrisponderanno dunque nel medesimo piano rappresentativo curve di un certo ordine y e con multiplicità β_i nei punti basi del fascio di cubiche, tali che sia:

$$3y - \Sigma\beta_i = 2.$$

Il sig. CASTELNUOVO ([18]) ha determinati appunto tutti i sistemi lineari di curve piane soddisfacenti a queste condizioni; e in particolare quelli fra essi che sono, come a noi occorre, aggiunti di un sistema lineare *semplice*. Di questi ultimi sistemi (prescindendo dalla rete di cubiche con sette punti basi, che è aggiunta di un sistema di genere 3) ve ne è uno solo: *il sistema lineare* ∞^3 *delle sestiche piane con otto punti basi doppi*, il quale è l'aggiunto d'*un sistema di curve piane d'ordine 9 e genere 4, avente gli stessi otto punti base come tripli, più eventualmente punti basi semplici*.

Quanto alle superficie a sezioni di genere 3, sempre del tipo speciale che a noi occorre, esse saranno tutte e soltanto quelle nelle quali le quartiche aggiunte alle sezioni iperpiane (o piane) formano una rete di grado 2; il che avviene quando le quartiche stesse hanno genere 1 o 2 ([19]). E tali sono:

---

mezzo di una trasformazione cremoniana, qualunque fascio di curve piane ellittiche. La prima dimostrazione fu data dal BERTINI, " Annali di Matematica „ (2), vol. 8 (1877), p. 248); e il FERRETTI, " Rendic. Circ. Mat. di Palermo „, t. 16 (1902), p. 236, confermò il risultato, in modo da eliminare i dubbi sorti più tardi circa taluni casi di punti multipli infinitamente vicini.

([18]) Cfr. la prima nota al n° 4 della " Aggiunta alla Memoria di ENRIQUES „, citata ([12]).

([19]) Dal signor CASTELNUOVO, nella nota citata ([16]): *Sulle superficie algebriche le cui sezioni sono curve di genere tre*, queste superficie sono designate come di *2ª specie* e di *3ª specie*. Quelle di *1ª specie* hanno invece, come curve aggiunte alle sezioni iperpiane, delle quartiche razionali, formanti perciò una rete omaloidica; e quelle di *4ª specie* non sono razionali.

1) *La superficie di 8° ordine di* S_6 *rappresentata dal sistema lineare delle sestiche con sette punti basi doppi, e sue proiezioni;*

2) *La superficie di 4° ordine* $F_4^{(2)}$ *di* Noether (20), *rappresentata dal sistema delle curve piane di 7° ordine aventi a comune un punto triplo e nove punti doppi, tutti appartenenti ad una cubica;*

3) *La superficie di 4° ordine* $F_4^{(3)}$ *di* Noether *rappresentata dal sistema delle curve piane di 9° ordine aventi a comune otto punti tripli, un punto doppio, e un punto semplice, anche tutti appartenenti ad una cubica.*

A queste va aggiunto l'unico caso dianzi trovato di superficie del tipo richiesto e a sezioni di genere ≥ 4 (e anzi precisamente a sezioni di genere 4):

4) *La superficie di 9° ordine dello spazio* S_6 *rappresentata dal sistema lineare delle curve di 9° ordine con otto punti basi tripli, e sue proiezioni.* Fra queste proiezioni vi è anche la superficie $F_4^{(3)}$ di Noether testè nominata (21).

Le varietà M_3^n, *corrispondenti al caso b) del n° 2, hanno dunque come sezioni superficie dei soli tipi* 1), 2) *e* 4) *testè enumerati.*

Inoltre, se due varietà M_3^n di uno di questi tipi sono tali che le superficie loro sezioni generiche si possano ottenere l'una come proiezione dell'altra, la stessa relazione di proiezione (come facilmente si dimostra) sussisterà pure fra le due varietà considerate.

Le varietà da determinarsi in relazione al caso *b)* del n° 2 possono dunque limitarsi a quelle (luoghi di ∞^2 coniche contenuti in piani per una retta) che hanno come sezioni: 1) La superficie F^8 di S_6, rappresentata dal sistema delle sestiche piane con 7 punti basi doppi; 2) La superficie F^9 di S_6 rappre-

---

(20) Noether, *Ueber die rationalen Flächen vierter Ordnung*, " Mathem. Annalen ", vol. 33 (1889), p. 546. La $F_4^{(1)}$ (superficie con tacnodo) è proiezione della F^8 di cui al caso 1).

(21) Dalla rappresentazione piana di queste ultime superficie si rileva immediatamente che le loro sezioni iperpiane contengono un'unica serie lineare g_3^1 (anzichè due, generalmente distinte), segata dal fascio di cubiche che abbiamo riconosciuto esistere sopra F; esse sono dunque riferibili a sestiche canoniche contenute in coni quadrici.

sentata dal sistema delle curve di 9° ordine con 8 punti basi tripli; 3) La superficie $F_4^{(2)}$ di NOETHER. Tutte le altre varietà di questa categoria saranno proiezioni di una delle prime due fra queste.

7. — *La superficie* F^8 *di* S_6 *rappresentata da un sistema di sestiche piane con* 7 *punti basi doppi è intersezione del cono proiettante una superficie del* 4° *ordine di* VERONESE, *con una quadrica* (non passante pel vertice di quel cono) [22]. Perciò una varietà M_3^8 di S_7 del tipo che a noi interessa sarà contenuta nel cono di 4° ordine Γ^4 che da una retta s proietta una superficie di VERONESE, e sarà l'intersezione di quest'ultimo cono con una quadrica. Le ∞^2 coniche della varietà M_3^8 incontrano la retta s (asse del cono Γ) negli stessi due punti A, B (distinti o coincidenti); e la varietà proposta è razionale, costituendo ciascuno di questi punti, per le ∞^2 coniche, una varietà unisecante.

8. — La superficie F^9 di S_6 rappresentata dal sistema delle curve piane di 9° ordine con otto punti basi tripli contiene un fascio di cubiche γ, alle quali corrispondono, nel piano, le cubiche passanti per gli stessi 8 punti suddetti.

Tale superficie è intersezione del cono proiettante una rigata razionale normale R^4 *a direttrice rettilinea, con una varietà cubica passante per tre arbitrari fra i piani generatori di quel cono.* Il vertice del cono è punto semplice della superficie F^9, ed è punto di flesso per tutte le cubiche γ.

La varietà M_3^9 di S_7 che a noi interessa è perciò contenuta nel cono Γ^4 che proietta, da una retta s, una rigata R^4 con direttrice rettilinea; incontra i piani di questo cono secondo coniche, e i suoi S_3 secondo superficie cubiche φ^3 passanti (semplicemente) per la retta s. Essa è intersezione del cono Γ^4 con una varietà cubica V^3 di S_7 passante per tre di quegli spazi S_3; questi S_3 sono contenuti in un medesimo S_6, che è tangente alla varietà lungo l'intera retta s; sicchè la varietà stessa avrà sopra s due punti doppi A, B, distinti o coincidenti, i quali saranno pure doppi per tutte le φ^3, e comuni alle ∞^2 coniche contenute nella M_3^9. Ciascuna delle φ^3 ha lungo la retta s un piano osculatore (e non soltanto tangente) fisso; questi ∞^1 piani

---

(22) CASTELNUOVO, n° 7 della nota citata (16).

formano fascio attorno ad s, entro lo spazio S_3 direttore del cono Γ^4 (ossia proiettante la direttrice rettilinea di R^4).

Le superficie $(F+F')$ sono di 6° ordine, a sezioni di genere due, e si incontrano a due a due secondo coppie di coniche.

Anche questa varietà M_3^9 è razionale; e si può rappresentarla sopra S_3 proiettandola da uno dei due punti A e B secondo un cono Δ^4 di S_6 (sezione di Γ^4), e proiettando a sua volta quest'ultimo cono da una retta e da un punto rispett. di due suoi piani generatori.

9. — Consideriamo ora in S_4 una varietà M_3^4 la cui sezione generica sia una $F_4^{(2)}$ di Noether. Questa superficie ha due punti doppi infinitamente vicini, la cui congiungente l non appartiene ad essa, ma è tale che ogni piano passante per questa retta incontra la superficie secondo una quartica razionale avente un terzo punto doppio consecutivo ai due primi. La varietà M_3^4 avrà pertanto due rette doppie infinitamente vicine d, d' (la seconda anzi tacnodale), le quali si riconosce facilmente che dovranno stare in un piano. Il piano delle due rette doppie d, d' non apparterrà alla varietà M_3^4; e ogni spazio S_3 passante per esso incontrerà la M_3^4 secondo una superficie Ψ^4 a curve-sezioni razionali, avente tre rette doppie infinitamente vicine, e incontrata dai piani del fascio d secondo coniche (in generale irriducibili). Queste superficie sono particolari *superficie di* Steiner, e ciascuna di esse ha sulla retta d un punto triplo, nel quale le coniche segate dai piani passanti per d sono tutte tangenti a d stessa. Perciò:

o la M_3^4 ha anch'essa sopra d un punto triplo A, che è pure tale per tutte le Ψ^4; tutte le ∞^2 coniche della M_3^4 sono allora tangenti alla retta d in questo punto, mentre in ogni altro punto di d la M_3^4 ha un medesimo spazio tangente (doppio), pure fisso;

oppure le ∞^1 superficie Ψ^4 hanno punto triplo variabile sopra d, e ognuna di esse è luogo delle ∞^1 coniche tangenti a d nel proprio punto triplo. Lo spazio di ogni Ψ^4 è allora tangente alla M_3^4 nel punto triplo della Ψ^4 stessa; e la punteggiata d risulta riferita proiettivamente al fascio degli S_3 tangenti ad essa in quei singoli punti.

Nel 1° caso, la M_3^4, avendo un punto triplo, è certamente razionale.

Nel 2° caso, uno spazio S_3 generico passante per la retta doppia d incontrerà la M_3^4 secondo una superficie φ^4 con retta doppia, ma senza punto triplo, luogo di ∞^1 coniche tutte tangenti alla retta d. In questo spazio, ogni piano passante per d contiene una conica di φ^4, e per ogni punto di d ne passa anche una, ivi tangente a d stessa. Di queste coniche, *quattro* (generalmente distinte) si spezzeranno in due rette, uscenti da uno stesso punto di d; e questi quattro punti (A_1, A_2, A_3, A_4) saranno gli stessi per tutte quante le ∞^2 superficie φ^4, perchè gli spazi ivi tangenti alla M_3^4 dovranno incontrare questa varietà secondo superficie di Steiner contenenti rette semplici, perciò superficie degenerate, e, per conseguenza, fisse. Queste intersezioni saranno coni razionali di 4° ordine aventi nella posizione d tre generatrici doppie consecutive.

Anche questa M_3^4 è razionale, poichè le ∞^2 coniche in essa contenute hanno la retta d come varietà unisecante. Si può rappresentarla sopra uno spazio S_3, proiettando ciascuna delle sue ∞^1 superficie di Steiner (Ψ') dal proprio punto triplo. La rappresentazione è data da un sistema di superficie del 5° ordine aventi a comune: 1) Un punto triplo O; 2) Una retta doppia infinitesima, infinitamente vicina a questo punto; 3) Un secondo punto triplo O_1 infinitamente vicino ad O e contenuto nella precedente retta doppia infinitesima, più un'ulteriore retta doppia infinitesima consecutiva ad O_1; 4) La retta $OO_1 \equiv s$, e quattro quartiche contenute in piani per essa (23).

10. — Accenniamo ora come si possa dimostrare quanto si è affermato riguardo al caso *c)* del n° 2; vale a dire che il sistema $|F + F'|$, quando non è composto mediante una congruenza di linee, non può appartenere a una involuzione $\boldsymbol{I}_k$ della varietà M_3^n.

Supponiamo, se possibile, che il sistema $|F + F'|$ appartenga a una involuzione $\boldsymbol{I}_k$, e consideriamo il sistema Γ formato dalle ∞^3 rette che congiungono a due a due i punti di

---

(23) Montesano, *Su alcune superficie omaloidiche di 4° e 5° ordine prive di linee multiple*, " Rendic. Acc. di Napoli ", adunanza 23 giugno 1900; Pensa, *Sulle superficie razionali del 5° ordine*, " Ann. di Matem. " (3), vol. 6 (1901), p. 249, n° 20.

ogni singolo gruppo della $\boldsymbol{I}_k$ medesima (o eventualmente di quella involuzione irriducibile di ordine inferiore, mediante la quale $\boldsymbol{I}_k$ fosse composta). Supponiamo inoltre, se possibile, che ogni iperpiano dello spazio S_r contenga qualche retta, e perciò una semplice infinità di rette del sistema Γ. La curva sezione della M_3^n con un S_{r-2} generico passante per una retta di Γ conterrà una coppia di punti la quale, se tale curva ha genere ≥ 2, imporrà una sola condizione a un gruppo canonico obbligato a contenerla; tale curva è dunque certo iperellittica (in particolare ellittica o razionale). Di più, la curva stessa avrà il genere inferiore a quello (p) della curva-sezione più generale; perchè, nell'ipotesi contraria, le superficie $(F + F')$ segherebbero su di essa la *sola* serie canonica, e pertanto, essendo questa serie (poichè si tratta di curva iperellittica) composta mediante una g_2^1, *ogni* coppia di tale g_2^1 imporrebbe alle $(F + F')$ una sola condizione, e sarebbe perciò contenuta in un gruppo di $\boldsymbol{I}_k$; per conseguenza ogni S_{r-2} passante per una retta del sistema Γ dovrebbe contenere ∞^1 di cotali rette, il che non è possibile. — Consideriamo ora, sulla superficie F intersezione di M_3^n con un iperpiano generico σ, queste curve segate da spazi S_{r-2} passanti per rette del sistema Γ; avendo esse genere $< p$, i loro spazi S_{r-2} o saranno tutti tangenti a F, oppure passeranno per qualche punto multiplo proprio; e qui si tratterà certamente di questo secondo caso. Gli spazi S_{r-2} considerati sono dunque, entro σ, quelli che passano per un certo punto P, o per uno fra più punti isolati; e per quel punto, o rispett. per uno fra questi, dovrà passare ogni retta del sistema Γ contenuta in σ.

Considerazioni ulteriori, che non ci fermiamo a sviluppare, provano che da un tal punto P la superficie F deve proiettarsi *doppiamente*. — Pertanto la F, se di ordine n e contenuta in S_3, avrà il punto P come multiplo di ordine $n - 2$; e se appartiene a uno spazio superiore, si proietterà da un conveniente numero di suoi punti generici in una superficie consimile. Sopra quest'ultima, il sistema aggiunto alle sezioni piane è segato dalle aggiunte φ^{n-3}, le quali sono monoidi, aventi il punto P come $(n - 4)^{\text{plo}}$ (e non sono certo coni, se no quell'aggiunto apparterrebbe a una involuzione sopra F). Dal punto P escono però ∞^1 rette del sistema Γ, o proiezioni di queste, per ciascuna delle quali le due intersezioni ulteriori con F, generalmente distinte, impongono alla φ^{n-3} una condizione unica. In altri termini, il passaggio per una di queste rette implica per le φ^{n-3} una sola condizione; il che vuol dire che le φ^{n-3} devono contenere già tutte una direttrice fissa del cono formato da quelle rette; direttrice eventualmente anche infinitamente vicina a P (se questo cono fosse tangente in P a tutte le φ^{n-3}), ma in ogni caso non appartenente ad F.

Consideriamo ora la curva (γ) intersezione di F con un piano generico passante per P. Le curve segnate dalle φ^{n-3} sopra tale piano formeranno un sistema lineare che ha qualche punto base non appartenente ad F, e perciò non appartenente nemmeno a γ. D'altra parte le curve stesse sono razionali, sicchè i punti basi impongono loro condizioni tutte distinte. Per conseguenza la serie lineare che tali curve staccano sopra γ dovrebbe essere *incompleta*.

Questo invece non è possibile. E precisamente: *Se un sistema lineare* $|\gamma|$ *di curve piane* (nel nostro caso, il sistema che rappresenta la superficie F) *ha una curva fondamentale connessa* η (immagine del punto P), *il sistema aggiunto ad esso segna sopra una curva residua generica* $\gamma - \eta$ *una serie lineare ancora completa* [24]. Omettiamo la dimostrazione, la quale, sostanzialmente, emerge da noti risultati di M. Noether [25] sulle curve algebriche riducibili.

Rimane pertanto escluso che l'involuzione I_k nella varietà M_3^n sia tale che ogni iperpiano contenga la retta congiungente almeno una sua coppia di punti.

Supponiamo adesso invece che un iperpiano generico di S_r non contenga rette del sistema Γ. Vi saranno allora ∞^{r-1} iperpiani, ciascuno dei quali conterrà una doppia infinità di tali rette; e questi incontreranno la varietà M_3^n secondo superficie contenenti ∞^2 gruppi (totali o parziali) dell'involuzione I_k, e sulle quali perciò il sistema aggiunto alle sezioni iperpiane appartiene pur esso a una involuzione. Lo stesso ragionamento già usato al n° 3 permette anche qui di concludere

---

(24) Si avrebbe invece sulla curva residua una serie incompleta quando si staccassero da $|\gamma|$ due diverse curve fondamentali, ossia si considerasse sopra F una sezione passante per due diversi punti multipli propri.

(25) Noether, *Ueber die reductiblen algebraischen Curven*, " Acta Mathematica ", vol. 8 (1886), p. 161.

che il sistema Γ si comporrà di rette passanti per un punto fisso O; gli iperpiani che contengono rette di questo sistema saranno quelli che passano per O; e le superficie loro intersezioni colla M_3^n saranno perciò ancora razionali. *Tali superficie devono dunque appartenere a uno dei tipi determinati al n° 6, tutti a curve-sezioni di genere 3 o 4; e l'involuzione I_k è di 2° ordine.* Inoltre, poichè ogni curva-sezione della varietà M_3^n è congiunta ad O da un iperpiano, il quale deve incontrare quella varietà secondo una superficie di uno dei tipi indicati, *la superficie sezione generica della varietà* M_3^n *avrà anch'essa le curve-sezioni di genere 3 o 4, pur avendo come aggiunto a queste sezioni un sistema lineare semplice; e dovrà ridursi come caso particolare* — se l'iperpiano segante passa per O — *a una delle superficie indicate alla fine del n° 6.*

Questo risultato riduce senz'altro i casi eventualmente possibili a un numero molto limitato; e si verifica facilmente che nessuno di essi conduce a varietà M_3^n soddisfacenti a tutte le condizioni sopraindicate.

11. — Rimane da dare, infine, la dimostrazione di cui alla lettera *a)* del n° 2; cioè che in nessun caso, nella proposta varietà M_3^n, il sistema di superficie $|F+F'|$, se di grado 3 e a intersezioni variabili ellittiche, può rappresentare una varietà priva di punti doppi. In altri termini, si tratta di verificare che sopra una V^3 di S_4 priva di punti doppi non esiste un sistema lineare semplice di superficie razionali Φ, tali che il sistema $|\Phi+\Phi'|$, depurato delle eventuali parti fisse, coincida col sistema delle sezioni iperpiane; vale a dire tale che il sistema doppio $|2\Phi|$ abbia queste stesse sezioni per aggiunte (pure).

Supponiamo che esistano sopra V^3 superficie Φ così fatte: sappiamo che esse saranno intersezioni complete di V^3 con varietà di un certo ordine m ([26]). Le intersezioni variabili di queste superficie $\Phi^{(3m)}$ saranno curve di genere 5 (essendo il sistema $|\Phi+\Phi'|$ di dimensione 4) sulle quali gli iperpiani di S_4 segano

([26]) FANO, *Sulle superficie algebriche contenute in una varietà cubica dello spazio a quattro dimensioni*, " Atti della R. Acc. di Torino ", vol. 39 (1904); SEVERI, *Una proprietà delle forme algebriche prive di punti multipli*, " Rendiconti R. Acc. dei Lincei " (5), vol. 15_2 (1906), p. 691.

la serie canonica; perciò di ordine 8 (così dette " curve canoniche " di genere 5).

Possiamo supporre $m \geq 3$; perchè, se fosse $m = 2$, le Φ sarebbero superficie di 6° ordine segate sopra V^3 da certe quadriche, e aventi a comune una linea di 4° ordine, eventualmente riducibile; ed è facile verificare direttamente che con tali Φ^6 non è possibile formare un sistema lineare soddisfacente alle varie condizioni richieste.

Sulle superficie Φ^{3m} $(m \geq 3)$ il sistema lineare caratteristico di $|\Phi|$, essendo composto di curve di ordine 8, non potrà certo contenere il proprio aggiunto (puro), che è segato dagli iperpiani, ed è perciò di ordine $3m \geq 9$. Il genere π di quest'ultimo sistema soddisfa dunque alla disuguaglianza ([27]): $\pi < 2 . 5 - k - 1$, dove k è la dimensione *virtuale* del sistema lineare caratteristico sopra una Φ^{3m}. Ora quest'ultimo carattere è la differenza fra la dimensione effettiva del sistema, che è ≥ 3, e la sovrabbondanza, cioè l'indice di specialità della serie caratteristica. E questa serie, che è almeno ∞^2, se è speciale e perciò contenuta nella g_8^4 canonica, può essere soltanto una g_7^3 o g_6^2 (con indice di specialità *uno*), oppure una g_5^2, con indice di specialità *due*: quest'ultimo caso però si esclude facilmente ([28]).

Nella diseguaglianza scritta di sopra sarà dunque in ogni caso $k \geq 2$, e perciò $\pi \leq 6$.

D'altra parte, sopra una sezione iperpiana generica di V^3 si considerino i due sistemi lineari (eventualmente incompleti) formati dalle curve ivi segate dalle Φ^{3m} e dalle superficie del

---

([27]) Castelnuovo, *Ricerche generali sopra i sistemi lineari di curve piane*, " Mem. della R. Accad. di Torino ", (2), t. 42 (1891), n° 29.

([28]) Invero la M_3^n proposta sarebbe allora di 5° ordine, in S_4, a curve-sezioni di genere 5, dunque con piano doppio (prescindendo dalle singolarità ulteriori, necessarie a rendere razionali le superficie sezioni); le sue sezioni conterrebbero perciò un fascio di cubiche ellittiche, alle quali, sulle Φ^{3m} di V^3 immagini di quelle sezioni, corrisponderebbero anche cubiche. Tali Φ^{3m}, essendo luoghi di ∞^1 cubiche piane, potranno dunque segarsi sopra V^3 mediante le varietà, necessariamente di ordine m, luoghi (serie razionali ∞^1) dei piani di quelle cubiche; varietà che, se $m \geq 3$, non sono normali, sicchè non sarebbero allora normali nemmeno le Φ^{3m} anzidette. E ciò contradice all'ipotesi che, sopra una Φ^{3m}, il sistema delle sezioni iperpiane sia l'aggiunto di altro sistema lineare (il sistema caratteristico di $|\Phi|$), e perciò completo.

sistema doppio $|2\Phi|$. Il primo di questi sistemi è di genere π e di grado 8; sarà perciò $2\pi + 7$ il genere del secondo, vale a dire il genere delle curve canoniche delle superficie (2Φ); più esattamente, delle curve canoniche *pure*, cioè astrazion fatta dalle loro eventuali componenti fisse ([29]). Il grado del sistema di queste stesse curve, sulle superficie (2Φ), è l'ordine di queste superficie, cioè $6m$. Se si trattasse del sistema canonico completo (incluse le eventuali componenti fisse), il primo di questi due caratteri sarebbe il genere lineare $p^{(1)}$ delle superficie (2Φ), e il secondo sarebbe il carattere $p^{(2)}$, che è eguale al precedente diminuito di una unità; si avrebbe dunque:

$$6m = 2\pi + 6, \qquad \text{ossia} \qquad \pi = 3(m-1).$$

Data tuttavia la possibilità che vi siano, nel sistema canonico, parti fisse, potremo soltanto scrivere la diseguaglianza ([30]):

$$6m \leq 2\pi + 6 \qquad \text{ossia} \qquad \pi \geq 3(m-1),$$

la quale, insieme colle precedenti $m \geq 3$, $\pi \leq 6$, lascia possibile l'unica soluzione: $m = 3$, $\pi = 6$.

Se sulle varietà V^3 *esiste un sistema lineare* $|\Phi|$ *quale a noi occorre, le sue superficie* Φ^{3m} *potranno soltanto essere di ordine 9, colle curve-sezioni* (che sono le aggiunte delle C^8 caratteristiche) *di genere 6.*

I casi possibili sono così ridotti a un numero finito e molto limitato. Questo numero può venire ulteriormente ridotto da considerazioni sui caratteri invariantivi delle superficie Φ e del relativo sistema lineare caratteristico; per questi stessi caratteri si trovano così limitazioni ulteriori, tali da non consentire più alcuna soluzione.

([29]) Queste eventuali componenti fisse sarebbero “*ausgezeichnete Curven*„ secondo M. Noether (*Zur Theorie des eindeutigen Entsprechens algebraischer Gebilde*, II, “Math. Annalen„, vol. 8 (1875), p. 495; cfr. in particolare p. 521); ma non *curve eccezionali* nel senso odierno di questa parola, cioè trasformabili birazionalmente (ciascuna) nell'intorno d'un punto semplice della superficie.

([30]) Castelnuovo e Enriques, *Sur quelques récents résultats dans la théorie des surfaces algébriques*, “Mathem. Annalen„, vol. 48 (1907), p. 241. Cfr. in particolare § 24.

12. — I risultati ottenuti nel presente lavoro possono pertanto così riassumersi:

1) *Le varietà a tre dimensioni a superficie-sezioni razionali sono tutte rappresentabili birazionalmente sullo spazio* S_3, *fatta solo eccezione eventualmente per la varietà cubica di* S_4 *priva di punti doppi;*

2) *Se la varietà cubica anzidetta costituisce una effettiva eccezione alla proprietà suindicata* (come si ha ragione di ritenere probabile), *essa gode invece di quest'altra proprietà caratteristica: che cioè su di essa ogni sistema lineare semplice di superficie razionali è un sistema* ∞^4, *di grado 3, a intersezioni variabili ellittiche.* Essa si distinguerebbe dunque dalle varietà razionali per il fatto di contenere un unico tipo di sistema lineare semplice di superficie razionali;

3) Designando per brevità ogni sistema lineare di superficie del tipo $|F + F'|$ come " aggiunto di rango uno " del corrispondente sistema $|F|$, si ha altresì: *L'aggiunzione di rango uno, applicata a un sistema lineare semplice di superficie razionali dello spazio* S_3, *e successivamente a quelli da esso ricavati con una o più operazioni consimili, conduce sempre a nuovi sistemi di superficie razionali, all'infuori eventualmente dell'ultimo. E dopo un numero finito di operazioni si perviene sempre a un sistema di uno dei due tipi seguenti:*

a) *Sistema lineare di superficie razionali a intersezioni variabili iperellittiche, in particolare ellittiche o razionali;*

b) *Sistema lineare equivalente, per trasformazione Cremoniana, a un sistema di coni collo stesso vertice.* È notevole che ogni qual volta si giunge a un sistema di superficie a intersezioni variabili riducibili, perciò appartenente ad una congruenza di linee, sempre questa congruenza è trasformabile in una stella di rette.

Torino, luglio 1918.

Introduzione
alla teoria delle forme in più serie di variabili

di GIOVANNI GIAMBELLI, a Messina.

La teoria delle forme in più serie di variabili è implicitamente considerata nella teoria degli invarianti, dei covarianti, ecc. delle forme algebriche in una sola serie di variabili omogenee; inoltre è iniziata esplicitamente nel 3° volume delle lezioni di CLEBSCH sulla geometria superiore, quando si tratta dei connessi. Nella mia Nota, *Sistemi di equazioni algebriche in più serie di variabili ed un nuovo campo nella teoria dell'eliminazione algebrica* [Torino, Tipolitografia G. Paris (1910)], s'introduce la teoria generale delle forme in più serie di variabili nel campo dell'eliminazione algebrica (1), mentre nell'altra Nota, *Estensione della teoria dei moduli alle forme in più serie di variabili* [Torino, Tipolitografia F. Gili (1912)], sono fatte alcune applicazioni alla teoria dei moduli.

In questa Memoria si inizierà per le forme in più serie di variabili lo studio algebrico-geometrico, che nel caso delle forme di una sola serie di variabili ha condotto alla geometria analitico-proiettiva delle ipersuperficie [Cfr. p. es. BERTINI, *Introduzione alla Geometria proiettiva degli iperspazî*, Pisa, Spoerri (1907)]. In particolare, p. es., si ottiene come applicazione la teoria generale della polarità per una ipersuperficie e si trova la condi-

(1) Nel libro di H. ANDOYER, *Leçons sur la théorie des formes et la Géométrie analytique supérieure* [Paris, Gauthier-Villars (1900)], si trattano alcune questioni di eliminazione anche per le forme in più serie di variabili omogenee.

zione, perchè una forma si spezzi in più forme lineari, oppure sia una potenza di una forma lineare. Infine si applica la teoria dei moduli alle forme in più serie di variabili, estendendo le ricerche di SEVERI (²), di R. TORELLI (³) e quelle generalissime del BERTINI (⁴).

1. — Ente geometrico rappresentato da un sistema di equazioni in t serie di variabili omogenee — Corrispondenze a t indici — Connessi di specie t.

Essendo

$$(1)\qquad \begin{cases} x_{10}, x_{11}, \ldots, x_{1d_1}, \\ x_{20}, x_{21}, \ldots, x_{2d_2}, \\ \cdot\;\cdot\;\cdot\;\cdot\;\cdot\;\cdot\;\cdot \\ x_{t0}, x_{t1}, \ldots, x_{td_t}, \end{cases}$$

t sistemi di variabili omogenee, si consideri il sistema di h equazioni

$$(2)\qquad A_1 = 0,\; A_2 = 0,\; \ldots,\; A_h = 0,$$

dove $A_u (u = 1, 2, \ldots, h)$ indica una forma sia nelle $x_{10}, x_{11}, \ldots, x_{1d_1}$, sia nelle $x_{20}, x_{21}, \ldots, x_{2d_2}, \ldots$, sia nelle $x_{t0}, x_{t1}, \ldots, x_{td_t}$.

Ordine della forma A_u $(u = 1, 2, \ldots, h)$ nelle $x_{v0}, x_{v1}, \ldots, x_{vd_v}$ $(v = 1, 2, \ldots, t)$ è il grado del polinomio A_u nelle $x_{v0}, x_{v1}, \ldots, x_{vd_v}$; per convenzione A_u è una forma di ordine zero nelle $x_{v0}, x_{v1}, \ldots, x_{vd_v}$, quando A_u non contiene alcuna delle $x_{v0}, x_{v1}, \ldots, x_{vd_v}$.

Supposto che il sistema (2) ammetta ∞^ρ soluzioni essenziali (cioè prescindendo dall'omogeneità t^{upla}) nelle $x_{10}, x_{11}, \ldots, x_{1d_1}, x_{20}, x_{21}, \ldots, x_{2d_2}, \ldots\ldots, x_{t0}, x_{t1}, \ldots, x_{td_t}$ e non contenga parti di dimensione diversa, ed essendo $e_1, e_2, \ldots, e_t$ interi positivi, zero incluso, la cui somma è uguale a ρ e rispettivamente non maggiori di $d_1, d_2, \ldots, d_t$, si definisce " carattere " $G(e_1, e_2, \ldots, e_t)$

(²) *Su alcune proprietà dei moduli di forme algebriche,* " Atti della R. Accademia di Torino ", vol. 41 (1906).

(³) *Sopra certe estensioni del teorema di* NÖTHER $Af + B\varphi$, " Atti della R. Accad. di Torino ", vol. 41 (1906).

(⁴) *Sopra la teoria dei moduli di forme algebriche,* Note 1ª, 2ª, 3ª, " Rendiconti della R. Acc. dei Lincei ", s. V, t. 18 (1909_1, pp. 365-371, 632-645; 1909_2, pp. 3-5).

del sistema di equazioni (2) il numero delle soluzioni essenziali del sistema di equazioni ottenuto aggregando al sistema (2):

e_1 equazioni generiche lineari nelle $x_{10}, x_{11}, \ldots, x_{1d_1}$,
e_2 equazioni generiche lineari nelle $x_{20}, x_{21}, \ldots, x_{2d_2}$,
. . . .
e_t equazioni generiche lineari nelle $x_{t0}, x_{t1}, \ldots, x_{td_t}$.

Si deve osservare che alcuni dei caratteri $G(e_1, e_2, \ldots, e_t)$ possono essere eventualmente nulli.

Si pensino $x_{v0}, x_{v1}, \ldots, x_{vd_v}$ $(v = 1, 2, \ldots, t)$ come coordinate omogenee di punto in uno spazio S_{d_v}. Il sistema di equazioni (2) dà luogo ad un sistema algebrico di ∞^ρ gruppi g_t di t punti appartenenti ai rispettivi spazî $S_{d_1}, \ldots, S_{d_t}$ e soddisfacenti alle condizioni analitiche imposte dal sistema (2).

Questo sistema algebrico di ∞^ρ gruppi g_t si chiamerà *corrispondenza a* t *indici* di dimensione ρ tra i punti degli spazî $S_{d_1}, \ldots, S_{d_t}$. Con $G_t(S_{d_1}, \ldots, S_{d_t})$ si designerà il sistema dei t spazî $S_{d_1}, \ldots, S_{d_t}$, che, tranne quando non si avvertirà esplicitamente il contrario, si ammetteranno linearmente indipendenti; gli spazî $S_{d_1}, \ldots, S_{d_t}$ si chiameranno *spazî fondamentali* del sistema $G_t(S_{d_1}, \ldots, S_{d_t})$. Seguendo il Clebsch, si chiamerà *connesso* di specie t nel sistema $G_t(S_{d_1}, \ldots, S_{d_t})$ la corrispondenza a t indici nel sistema $G_t(S_{d_1}, \ldots, S_{d_t})$, di dimensione

$$\rho = d_1 + d_2 + \ldots + d_t - 1.$$

Seguendo pure una denominazione di Clebsch, la corrispondenza a t indici si potrebbe chiamare *aggruppamento*, come è stato fatto nella citata Nota, *Sistemi di equazioni algebriche, ecc.*

Di un connesso $A = 0$ si definirà " rango di indice v " $(v = 1, 2, \ldots, t)$ l'ordine della forma A nelle $x_{v0}, x_{v1}, \ldots, x_{vd_v}$. Il carattere $G(e_1, e_2, \ldots, e_t)$ del sistema di equazioni (2) dà luogo ad un carattere, che si designerà pure con $G(e_1, e_2, \ldots, e_t)$ per la corrispondenza a t indici rappresentata in $G(S_{d_1}, \ldots, S_{d_t})$ dal sistema di equazioni (2).

La forma A è *degenere* rispetto alle t serie di variabili omogenee (1), quando la forma A, oppure una forma divisore di A, è di ordine zero rispetto almeno ad una delle t serie di variabili omogenee (1) (intendendo però escluso il caso che siano nulli tutti i t ordini).

La corrispondenza a t indici (in particolare connesso di specie t, se $\rho = d_1 + d_2 + ... + d_t - 1$), rappresentata in $G_t(S_{d_1}, ..., S_{d_t})$ dal sistema di equazioni (2), è *degenere*, se una almeno delle forme $A_1, A_2, ..., A_h$ è degenere rispetto alle t serie di variabili omogenee (1).

Si designi con I_i $(i = 1, 2, ..., t)$ una forma lineare nelle $x_{i0}, x_{i1}, ..., x_{i d_i}$ e di ordine zero nelle $x_{v0}, x_{v1}, ..., x_{v d_v}$, essendo $v \neq i$, $v = 1, 2, ..., t$; il connesso degenere $I_i = 0$ si chiamerà *connesso-iperpiano* di indice i in $G_t(S_{d_1}, ..., S_{d_t})$. Quindi il carattere $G(e_1, e_2, ..., e_t)$ di una corrispondenza algebrica a t indici di dimensione ρ si può definire come il numero dei gruppi g_t comuni alla detta corrispondenza a t indici e a

e_1 connessi-iperpiani d'indice 1,
e_2 connessi-iperpiani d'indice 2,
. . . .
e_t connessi-iperpiani d'indice t

in $G_t(S_{d_1}, ..., S_{d_t})$.

Nel seguito, *quando non si avverta esplicitamente il contrario*, s'intende che la corrispondenza a t indici (in particolare il connesso di specie t) non sia degenere.

2. — Operazione di proiezione e sezione in $G_t(S_{d_1}, ..., S_{d_t})$. Varietà immagine di una corrispondenza a t indici.

Nel sistema $G_t(S_{d_1}, ..., S_{d_t})$ si possono considerare dei sistemi $G_{t'}(S_{d'_1}, ..., S_{d'_{t'}})$, essendo $d'_1, d'_2, ..., d'_{t'}$ ciò che diventa la disposizione $d_1, d_2, ..., d_t$, quando si tolgano $t - t'$ $(t' < t)$ delle $d_1, d_2, ..., d_t$.

Se $t' = t$, allora $G_{t'}(S_{d'_1}, ..., S_{d'_{t'}})$ non è altro che $G_t(S_{d_1}, ..., S_{d_t})$.

Siano

$$x_{v0}, x_{v1}, ..., x_{v d_v} \qquad (v = 1, 2, ..., t)$$

le rispettive coordinate omogenee dei t punti di un dato gruppo g_t in $G_t(S_{d_1}, ..., S_{d_t})$ e

$$y_{v0}, y_{v1}, ..., y_{v d_v} \qquad (v = 1, 2, ..., t')$$

quelle dei t' punti di un dato gruppo $g'_{t'}$ in $G_{t'}(S_{d_1}, ..., S_{d_{t'}})$, assumendo però lo stesso sistema di coordinate omogenee nello spazio S_{d_v} $(v = 1, 2, ..., t')$, sia nel sistema $G_t(S_{d_1}, ..., S_{d_t})$, sia nel sistema $G_{t'}(S_{d_1}, ..., S_{d_{t'}})$. Inoltre si faccia l'ipotesi che non risulti nulla nessuna delle t' matrici

$$\left\| \begin{matrix} x_{v0} & x_{v1} & \dots & x_{v\,d_v} \\ y_{v0} & y_{v1} & \dots & y_{v\,d_v} \end{matrix} \right\| \qquad (v = 1, 2, ..., t').$$

Proiettare il dato g_t dal $g'_{t'}$ significa considerare la corrispondenza luogo degli $\infty^1 g_t$, i cui t punti sono definiti dalle coordinate

$$\lambda x_{v0} + \mu y_{v0},\ \lambda x_{v1} + \mu y_{v1}, ..., \lambda x_{v\,d_v} + \mu y_{v\,d_v} \qquad (v = 1, 2, ..., t')$$
$$x_{v0},\ x_{v1}, ..., x_{v\,d_v} \qquad (v = t' + 1,\ t' + 2, ..., t)$$

essendo λ, μ parametri omogenei, che variano al variare dei detti ∞^1 gruppi g_t.

L'operazione di proiezione da un gruppo $g'_{t'}$ di $G_{t'}(S_{d'_1}, ..., S_{d'_{t'}})$, essendo $1 \leq t' \leq t$, si estende ad una corrispondenza di dimensione minore di $d_1 + d_2 + ... + d_t - 1$, proiettando dal detto gruppo $g'_{t'}$ i gruppi g_t appartenenti alla corrispondenza.

In $G_t(S_{d_1}, ..., S_{d_t})$ coll'operazione di sezione di due corrispondenze si ottiene (qualora esista) la corrispondenza luogo dei gruppi g_t comuni alle dette corrispondenze. L'operazione di sezione può essere fatta anche con corrispondenze degeneri ed in particolare con connessi-iperpiani.

Si consideri in $G_t(S_{d_1}, ..., S_{d_t})$ una corrispondenza a t indici rappresentata analiticamente dal sistema di equazioni

$$(3) \qquad A_1 = 0,\ A_2 = 0,\ ...,\ A_h = 0,$$

e con I_v $(v = 1, 2, ..., t;\ v \neq i)$ si designi una forma *generica* lineare nelle *sole* $x_{v0}, x_{v1}, ..., x_{v\,d_v}$ (e quindi di ordine zero nelle $x_{v'0}, x_{v'1}, ..., x_{v'd_{v'}}$, ove $v' \neq v$. Assumendo le

$$x_{10}, x_{11}, ..., x_{1d_1};\ x_{20}, x_{21}, ..., x_{2d_2};\ ......;\ x_{t0}, x_{t1}, ..., x_{td_t}$$

come coordinate omogenee di punto in $S_{d_1+d_2+...+d_t+t-1}$, il sistema delle $h + t - 1$ equazioni

$$(4) \quad A_1 = 0,\ A_2 = 0, ..., A_h = 0,\ I_v = 0 \ (v = 1, 2, ..., t;\ v \neq i)$$

rappresenta una varietà di dimensione uguale a quella della

corrispondenza definita dalle (3), *qualora si escludano* le soluzioni per cui risulti

$$x_{v0} = x_{v1} = \dots = x_{v\,d_v} = 0 \quad (v = 1, 2, \dots, t;\ v \neq i),$$

anche per un solo valore di v. Questa varietà definita dalle (4) si chiama *immagine* di carattere i della detta corrispondenza rappresentata dalle (3).

In particolare segue che l'immagine di un connesso di specie t è una ipersuperficie di uno spazio $S_{d_1+d_2+\dots+d_t}$, spazio intersezione dei $t-1$ iperpiani $I_v = 0$ $(v = 1, 2, \dots, t;\ v \neq i)$ dello spazio $S_{d_1+d_2+\dots+d_t+t-1}$, sopra considerato.

Le proprietà algebriche delle corrispondenze a più indici dipendono spesso da analoghe proprietà delle varietà immagini.

3. — Operazione di polare in $G_t(S_{d_1}, \dots, S_{d_t})$ — Gruppi multipli, corrispondenze multiple di un connesso di specie t — Contatto di due corrispondenze a t indici — Molteplicità d'intersezione di più connessi di specie t in un dato gruppo.

Si consideri in $G_t(S_{d_1}, \dots, S_{d_t})$ il connesso di specie t di equazione $f = 0$, essendo f una forma in più serie di variabili di ordine n_v $(v = 1, 2, \dots, t)$ nelle $x_{v0}, x_{v1}, \dots, x_{v\,d_v}$. Si designi con

$$\Delta_v(y; x) \qquad (v = 1, 2, \dots, t)$$

l'operazione di polare in S_{d_v}:

$$y_{v0}\frac{\partial}{\partial x_{v0}} + y_{v1}\frac{\partial}{\partial x_{v1}} + \dots + y_{v\,d_v}\frac{\partial}{\partial x_{v\,d_v}}.$$

Col simbolo

$$P_{s_1 s_2 \dots s_t}(y; x)$$

s'indicherà l'operazione di polare definita dal prodotto:

$$\Delta_1^{s_1}(y; x)\ \Delta_2^{s_2}(y; x) \dots \Delta_t^{s_t}(y; x).$$

Vale anzitutto la formola:

$$(5) \qquad P_{s_1 s_2 \dots s_t}(x; x) f = \frac{n_1!}{(n_1 - s_1)!}\ \frac{n_2!}{(n_2 - s_2)!} \cdots \frac{n_t!}{(n_t - s_t)!} f,$$

che si dirà *formola di* EULERO, perchè è l'immediata generalizzazione del teorema di EULERO sulle funzioni omogenee.

Siano $x_{v0}, x_{v1}, ..., x_{vd_v}$ $(v = 1, 2, ..., t)$ le rispettive coordinate in S_{d_v} dei t punti costituenti un gruppo g_t di $G_t(S_{d_1}, ..., S_{d_t})$. Il connesso $f = 0$ ammette nel gruppo g_t il carattere di molteplicità $M(s_1, s_2, ..., s_t)$, se sono identicamente nulle nelle y_{v0}, $y_{v1}, ..., y_{vd_v}$ $(v = 1, 2, ..., t)$ tutte le forme

$$P_{s'_1 s'_2 ... s'_t}(y; x) f,$$

per cui risulta

$$0 \leq s'_1 \leq s_1, \quad 0 \leq s'_2 \leq s_2, \quad ..., \quad 0 \leq s_t \leq s_t,$$
$$s'_1 + s'_2 + ... + s'_t = s_1 + s_2 + ... + s_t - 1,$$

ma non è identicamente nulla la forma

$$P_{s_1 s_2 ... s_t}(y; x) f.$$

Il gruppo g_t è s^{uplo} per il connesso $f = 0$, se sono identicamente nulle nelle $y_{v0}, y_{v1}, ..., y_{vd_v}$ $(v = 1, 2, ..., t)$ tutte le forme

$$P_{s'_1 s'_2 ... s'_t}(y; x) f,$$

per cui risulta

$$0 \leq s'_1 \leq s - 1, \quad 0 \leq s'_2 \leq s - 1, \quad ..., \quad 0 \leq s_t \leq s - 1,$$
$$s'_1 + s'_2 + ... + s'_t = s - 1,$$

ma non sono identicamente nulle le forme

$$P_{s'_1 s'_2 ... s'_t}(y; x) f,$$

per cui risulta

$$0 \leq s'_1 \leq s, \quad 0 \leq s'_2 \leq s, \quad ..., \quad 0 \leq s'_t \leq s,$$
$$s'_1 + s'_2 + ... + s'_t = s.$$

Il connesso $f = 0$ può avere un luogo di gruppi g_t s^{upli} costituenti una corrispondenza; se in particolare tale luogo è un connesso di specie t, allora si dice che il connesso $f = 0$ ammette una parte s^{upla}.

In $G_t(S_{d_1}, ..., S_{d_t})$ si definisce "*connesso-cono*" un connesso di specie t dei rispettivi ranghi $n_1, n_2, ..., n_t$ avente in un gruppo g_t il carattere di molteplicità $M(n_1, n_2, ..., n_t)$; tale gruppo g_t si chiama *gruppo-vertice* del connesso-cono.

Siano ancora $x_{v0}, x_{v1}, \ldots, x_{v d_v}$ $(v = 1, 2, \ldots t)$ le rispettive coordinate in S_{d_v} dei t punti costituenti un gruppo g_t come s^{uplo} appartenente al connesso $f = 0$ di specie t in $G_t(S_{d_1}, \ldots, S_{d_t})$. Chiamando ora $y_{v0}, y_{v1}, \ldots, y_{v d_v}$ $(v = 1, 2, \ldots, t)$ le rispettive coordinate correnti di punto in S_{d_v}, il connesso $f = 0$ ammette nel detto gruppo g_t il sistema degli $\binom{s+t-1}{s}$ connessi-coni tangenti (*non linearmente indipendenti*)

$$(6) \qquad P_{s'_1 s'_2 \ldots s'_t}(y\,; x) f = 0,$$

dove

$$0 \leq s'_1 \leq s, \quad 0 \leq s'_2 \leq s, \quad \ldots, \quad 0 \leq s'_t \leq s,$$
$$s'_1 + s'_2 + \ldots + s'_t = s.$$

Di questi connessi-coni tangenti sono degeneri quelli per cui è nulla almeno una delle $s'_1, s'_2, \ldots, s'_t$.

Osservando che un connesso di specie t in $G_t(S_{d_1}, \ldots, S_{d_t})$ ammette in g_t un gruppo s^{uplo}, se la corrispondente immagine ammette un punto s^{uplo} nel punto immagine del detto gruppo g_t, si definisce che una corrispondenza a t indici in $G_t(S_{d_1}, \ldots, S_{d_t})$ *ammette un gruppo* g_t *come* s^{uplo}, se la corrispondente varietà immagine ammette come s^{uplo} il punto immagine del detto gruppo. Inoltre si definisce che due corrispondenze a t indici in $G_t(S_{d_1}, \ldots, S_{d_t})$ *si toccano in un medesimo loro gruppo* g_t (semplice, o multiplo), se le corrispondenti varietà immagini si toccano nel punto immagine del detto gruppo. Segue in particolare che due connessi di specie t, aventi un medesimo gruppo g_t come s^{uplo}, si toccano in detto gruppo g_t, se in esso ammettono gli stessi $\binom{s+t-1}{s}$ connessi-coni tangenti.

Gli h connessi di specie t in $G_t(S_{d_1}, \ldots, S_{d_t})$

$$A_1 = 0, \; A_2 = 0, \; \ldots, \; A_h = 0$$

abbiano in comune una corrispondenza a t indici di dimensione $d_1 + \ldots + d_t - h$, se è $h < d_1 + \ldots + d_t$, ed invece un numero finito di gruppi g_t, se $h = d_1 + \ldots + d_t$. Siano $s_1, s_2, \ldots, s_h$ le rispettive molteplicità dei detti connessi in un medesimo gruppo g_t e col simbolo K_u $(u = 1, 2, \ldots, h)$ si designi uno qualunque degli $\binom{s_u+t-1}{s_u}$ connessi-coni tangenti al connesso $A_u = 0$

nel detto gruppo g_t. Se comunque si scelgano gli h connessi-coni tangenti $K_1, K_2, \ldots, K_h$, sempre essi non hanno più di $\infty^{d_1+\ldots+d_t-h}$ gruppi in comune, allora si dice che *i connessi* $A_1=0$, $A_2=0, \ldots$, $A_h=0$ *presentano in quel gruppo* g_t *il caso semplice.*

Se $h=d_1+\ldots+d_t$, secondo che i detti connessi $A_1=0$, $A_2=0, \ldots, A_h=0$, aventi le rispettive molteplicità $s_1, s_2, \ldots, s_h$ in un medesimo gruppo g_t, presentano, o no, in tale gruppo g_t il caso semplice, vengono assorbite $s_1 s_2 \ldots s_h$, o più, intersezioni in detto gruppo g_t, ossia, come si dice, la *molteplicità di intersezione* in tale gruppo g_t è $s_1 s_2 \ldots s_h$, oppure maggiore.

Se poi $h<d_1+\ldots+d_t$, secondo che i detti connessi presentano, o no, in un medesimo gruppo g_t il caso semplice, allora questo gruppo g_t è $(s_1 s_2 \ldots s_h)^{\text{uplo}}$, oppure di molteplicità maggiore per la corrispondenza comune ai detti h connessi.

Tale risultato si ottiene algebricamente, estendendo le proprietà della risultante al caso di forme in più serie di variabili, generalizzando un noto teorema del Berzolari (5), oppure geometricamente, ricorrendo alle varietà immagini ed applicando il ragionamento del n. 5, cap. 1°, dell'*Appendice* del citato libro del Bertini.

4. — Sistemi algebrici e lineari di connessi di specie t.

Il concetto di sistema algebrico d'ipersuperficie si estende ai connessi, considerando in $G_t(S_{d_1}, \ldots, S_{d_t})$ sistemi algebrici di connessi di specie t ed in particolare sistemi lineari di connessi.

Si considerino in $G_t(S_{d_1}, \ldots, S_{d_t})$ gli h connessi di specie t

$$F_1=0,\ F_2=0, \ldots, F_h=0,$$

aventi gli stessi ranghi: n_1 d'indice 1, n_2 d'indice 2, ..., n_t d'indice t. Si definisce *sistema lineare di connessi di specie* t la totalità dei connessi rappresentati dall'equazione del tipo

$$\lambda_1 F_1+\lambda_2 F_2+\ldots+\lambda_h F_h=0,$$

dove $\lambda_1, \lambda_2, \ldots, \lambda_h$ sono parametri variabili. Se le forme F_1, $F_2, \ldots, F_h$ sono linearmente indipendenti, allora il numero $h-1$

(5) *Sulle intersezioni di tre superficie algebriche,* "Annali di Matemat.", vol. 24 (1896).

si chiama *dimensione* del sistema lineare. I numeri $n_1, n_2, \ldots, n_t$ si dicono *ordini* del sistema lineare dei rispettivi *indici* $1, 2, \ldots, t$.

I connessi $F_1 = 0$, $F_2 = 0$, ..., $F_h = 0$ possono avere in comune corrispondenze a t indici (eventualmente anche degeneri) di *dimensioni diverse* (comuni a tutti i connessi del sistema), le quali si chiamano *corrispondenze basi* del sistema lineare.

Un sistema algebrico di connessi di specie t si può considerare come una corrispondenza a $t+1$ indici, che in particolare può essere un connesso di specie $t+1$. Un sistema lineare di connessi di specie t si può sempre considerare come un connesso di specie $t+1$.

Ricordando quanto si è detto per l'immagine di un connesso, segue che ad un sistema lineare di connessi di specie t in $G_t(S_{d_1}, \ldots, S_{d_t})$ corrisponde come immagine un sistema lineare d'ipersuperficie in $S_{d_1+d_2+\ldots+d_t}$. Per mezzo di questa osservazione si può subito estendere in parte ai connessi di specie t la teoria dei sistemi lineari d'ipersuperficie. Per esempio dal capitolo 10° del citato libro del Bertini si ottiene quanto segue:

Dati in $G_t(S_{d_1}, \ldots, S_{d_t})$ due sistemi lineari delle rispettive dimensioni h_1, h_2 di connessi di specie t degli stessi ranghi n_1, n_2, ..., n_t dei rispettivi indici 1, 2, ..., t, si definiscono:

sistema lineare congiungente, il sistema di minima dimensione c, che contiene i due dati sistemi lineari;

sistema lineare intersezione, il sistema di massima dimensione i (*qualora esista*), contenuto nei due dati sistemi lineari.

Vale la formola:

$$h_1 + h_2 = i + c. \tag{7}$$

Teorema I. — *Un sistema algebrico di dimensione* h *di connessi di specie* t *in* $G_t(S_{d_1}, \ldots, S_{d_t})$, *degli stessi ranghi* $n_1, n_2, \ldots, n_t$ *dei rispettivi indici* 1, 2, ..., *t, tale che* h *gruppi generici* g_t *appartengano ad un solo connesso del sistema, è un sistema lineare.*

Teorema II (di Bertini) [6]. — *Se un connesso generico di specie* t *di un sistema lineare in* $G_t(S_{d_1}, \ldots, S_{d_t})$ *ha un gruppo* g_t s^{uplo}, *variabile al variare del connesso, il luogo di questo gruppo* g_t *è una corrispondenza base* $(s-1)^{\text{upla}}$ *per il sistema lineare.*

---

[6] *Sui sistemi lineari*, " Rendic. Ist. Lomb. ", vol. 15 (1880).

Corollario. — *Un connesso generico di specie* t *di un sistema lineare in* $G_t(S_{d_1}, \ldots, S_{d_t})$ *non può avere gruppi* g_t *multipli non appartenenti alle corrispondenze basi del sistema.*

Se il connesso generico di specie t di un sistema lineare in $G_t(S_{d_1}, \ldots, S_{d_t})$ è riducibile, allora il sistema si dice *riducibile.*

Teorema III. — *Un sistema lineare di connessi di specie* t *in* $G_t(S_{d_1}, \ldots, S_{d_t})$, *privo di parte fissa e riducibile, è necessariamente una involuzione di connessi appartenenti ad uno stesso fascio.*

Sotto forma algebrica questo teorema si enuncia così:

Teorema III'. — *Siano* $F_1, F_2, \ldots, F_h$ *forme in più serie di variabili omogenee dello stesso grado* n_v *nelle* $x_{v0}, x_{v1}, \ldots, x_{v d_v}$ $(v = 1, 2, \ldots, t)$ *e siano* $\lambda_1, \lambda_2, \ldots, \lambda_h$ *parametri indeterminati. Se la forma* $\lambda_1 F_1 + \lambda_2 F_2 + \ldots + \lambda_h F_h$ *è riducibile, allora le* $F_1, F_2, \ldots, F_h$, *o hanno un fattore comune, oppure sono forme di uno stesso grado* m *di due altre forme, in più serie di variabili omogenee, dello stesso ordine* n'_v *nelle* $x_{v0}, x_{v1}, \ldots, x_{v d_v}$ $(v = 1, 2, \ldots, t)$, *essendo*

$$n_1 = mn'_1, \; n_2 = mn'_2, \; \ldots, \; n_t = mn'_t,$$

oppure possono verificarsi simultaneamente le due dette conseguenze.

Un sistema lineare Σ di connessi di specie t in $G_t(S_{d_1}, \ldots, S_{d_t})$ è segato da una corrispondenza a t indici K_ρ di dimensione ρ, in un sistema di corrispondenze a t indici di dimensione $\rho - 1$, che si definisce *sistema lineare di corrispondenze a* t *indici* di di dimensioni $\rho - 1$ appartenente alla corrispondenza K_ρ. La dimensione di questo sistema lineare appartenente alla corrispondenza K_ρ è h, se ∞^h sono le corrispondenze di dimensione $\rho - 1$ costituenti il detto sistema. Il luogo dei gruppi g_t base del sistema lineare appartenente alla corrispondenza K_ρ è, qualora esiste, il luogo dei gruppi g_t comuni alla corrispondenza K_ρ e ad una corrispondenza base del sistema lineare Σ di connessi.

Teorema IV. — *Dato in* $G_t(S_{d_1}, \ldots, S_{d_t})$ *un sistema lineare* ∞^u *di corrispondenze a* t *indici di dimensioni* $\rho - 1$, *appartenenti ad una corrispondenza a* t *indici* K_ρ *di dimensione* ρ, *la corrispondenza generica di questo sistema lineare ha i suoi gruppi* g_t *multipli, o appartenenti al luogo dei gruppi* g_t *base del sistema lineare, oppure nei gruppi* g_t *multipli per la corrispondenza* K_ρ.

Per mezzo dell'operazione di proiezione si può considerare come corrispondenza K_ρ un connesso a t indici e sopra di esso il sistema lineare ∞^u segato da un sistema lineare di connessi a t indici; quindi lo stesso metodo usato dal SEVERI al n. 1 della Nota citata (²), per mezzo del teorema II del BERTINI, permette di ricavare il teorema IV.

5. — Connessi involutorii di specie m in $G_m(S_n)$ — Connesso simmetrico — Condizione affinchè una ipersuperficie di ordine m ammetta come luogo di punti m^{upli} uno spazio di data dimensione — Condizione affinchè una forma si spezzi in forme lineari, oppure sia la potenza di una forma lineare.

Si chiama *connesso lineare* di specie t il connesso in $G_t(S_{d_1}, \ldots, S_{d_t})$, avente uguale ad 1 i ranghi di qualsiasi indice.

Si chiami $G_m(S_n)$ il sistema $G_m(S_{d_1}, \ldots, S_{d_m})$, quando, supposto $d_1 = d_2 = \ldots = d_m = n$, si pensino sovrapposti gli spazî $S_{d_1}, \ldots, S_{d_m}$ ed inoltre le coordinate $x_{10}, x_{11}, \ldots, x_{1n}; \ldots; x_{m0}, x_{m1}, \ldots, x_{mn}$, di punto, rispettivamente in $S_{d_1}, \ldots, S_{d_m}$, si debbano pensare riferite alla stessa piramide fondamentale ed allo stesso punto unità, comunque sia lo spazio $S_{d_1}, \ldots, S_{d_m}$ in considerazione. Una corrispondenza ad m indici in $G_m(S_n)$ dà quindi luogo ad una corrispondenza ad m indici di gruppi g_m di m punti di uno stesso spazio. Si chiama *involutoria* una corrispondenza ad m indici in $G_m(S_n)$, se per ciascun gruppo g_m di punti $P_1, P_2, \ldots, P_m$, appartenente alla corrispondenza, sempre avviene che appartengono alla corrispondenza i gruppi g'_m, ottenuti dal gruppo g_m, permutando comunque $P_1, P_2, \ldots, P_m$.

Il connesso lineare

$$\sum_{i_1=0}^{i_1=n} \cdots \sum_{i_m=0}^{i_m=n} a_{i_1 i_2 \ldots i_m} x_{1 i_1} x_{2 i_2} \ldots x_{m i_m} = 0 \tag{7}$$

di specie m in $G_m(S_n)$ è involutorio, quando l'equazione (7) non cambia comunque si permutino i punti $P_1, P_2, \ldots, P_m$ dei gruppi g_m appartenenti al connesso; ed in particolare la (7) non deve mutare per qualsiasi trasposizione dei punti $P_1, P_2, \ldots, P_m$. Sia T una qualunque trasposizione dei numeri 1, 2, ..., m e si indichi con $Ta_{i_1 i_2 \ldots i_m}$ ciò che diventa $a_{i_1 i_2 \ldots i_m}$, quando si eseguisce sugli indici delle i la trasposizione T. Operando la trasposizione T

sopra i punti $P_1, P_2, \ldots, P_m$ di ciascun gruppo g_m del connesso, la (7) diventa

$$\sum_{i_1=0}^{i_1=n} \cdots \sum_{i_m=0}^{i_m=n} Ta_{i_1 i_2 \ldots i_m} x_{1 i_1} x_{2 i_2} \ldots x_{m i_m} = 0 ,$$

e perciò, se il connesso è involutorio, deve essere

$$a_{i_1 i_2 \ldots i_m} = \rho \, T a_{i_1 i_2 \ldots i_m} , \tag{8}$$

essendo ρ un fattore di proporzionalità, qualunque sia la permutazione $i_1 i_2 \ldots i_m$. Ma dalla (8) segue:

$$T a_{i_1 i_2 \ldots i_m} = \rho \, T^{-1} \, T a_{i_1 i_2 \ldots i_m} , \tag{9}$$

essendo T^{-1} la trasposizione inversa della T. Dalle (8), (9) si trae: $\rho^2 = +1$, ossia $\rho = \pm 1$.

Se $\rho = +1$, il connesso si chiama *simmetrico*, se $\rho = -1$, si chiama *emisimmetrico*.

Concludendo, si deduce:

Teorema V. — *I connessi lineari di specie* m *involutorii in* $G_m(S_n)$ *sono due:*

1° *Il connesso simmetrico definito analiticamente dalla* (7), *dove le* $a_{i_1 i_2 \ldots i_m}$ *non mutano comunque si permutano gli indici* $i_1 i_2 \ldots i_m$.

2° *Il connesso emisimmetrico definito pure dalla* (8), *dove le* $a_{i_1 i_2 \ldots i_m}$ *non mutano, se la permutazione eseguita sopra gli indici* $i_1 i_2 \ldots i_m$ *è di classe pari, e mutano solo in segno, se la permutazione eseguita sopra gli indici* $i_1 i_2 \ldots i_m$ *è di classe dispari.*

Teorema VI. — *I gruppi* g_m *costituiti da* m *punti coincidenti in uno stesso punto* (ossia, brevemente, costituiti da un punto m^{uplo}) *di un connesso simmetrico di specie* m *in* $G_m(S_n)$ *formano una ipersuperficie di* S_n *di ordine* m. *Inversamente, qualunque ipersuperficie di* S_n, *di ordine* m, *dà luogo ad un connesso simmetrico di specie* m *in* $G_m(S_n)$ *(eventualmente degenere), i cui punti* m^{upli} *costituiscono i punti dell'ipersuperficie di ordine* m.

Quindi si può chiamare *polare* il connesso simmetrico di specie m in $G_m(S_n)$, perchè si può estendere a tale connesso la nota teoria della polarità rispetto ad una quadrica di un iperspazio.

Dalla teoria della polarità svolta nel n. 3 segue:
I punti m^{upli} dell'ipersuperficie di ordine m

$$\sum_{i_1=0}^{i_1=n} \dots \sum_{i_m=0}^{i_m=n} a_{i_1 i_2 \dots i_m} x_{i_1} x_{i_2} \dots x_{i_m} = 0$$

(facendo la convenzione che siano uguali i coefficienti a relativi alle permutazioni degli stessi m indici, come nel connesso simmetrico) hanno le coordinate soluzioni del sistema di equazioni:

$$(10) \qquad a_{i_1 \dots i_{m-1}, 0} x_0 + a_{i_1 \dots i_{m-1}, 1} x_1 + \dots + a_{i_1 \dots i_{m-1}, n} x_n = 0,$$

dove $i_1 i_2 \dots i_{m-1}$ è una qualunque combinazione con ripetizione dei numeri $0, 1, \dots, n$ presi ad $m-1$ ad $m-1$.

Eliminando si trae:

Teorema VII. — *Una ipersuperficie di ordine* m *di* S_n

$$\sum_{i_1=0}^{i_1=n} \dots \sum_{i_m=0}^{i_m=n} a_{i_1 i_2 \dots i_m} x_{i_1} x_{i_2} \dots x_{i_m} = 0,$$

dove per convenzione sono uguali i coefficienti a *relativi alle permutazioni degli stessi* m *indici (come nel connesso simmetrico), ammette uno spazio* S_{n-c} *di punti* m^{upli}, *se ha la caratteristica* c *la matrice di* $\frac{(n+1)(n+2)\dots(n+m-1)}{(m-1)!}$ *orizzontali e di* $n+1$ *verticali*

$$(11) \qquad \| a_{i_1 i_2 \dots i_{m-1} 0} \quad a_{i_1 i_2 \dots i_{m-1} 1} \quad \dots \quad a_{i_1 i_2 \dots i_{m-1} n} \|,$$

dove $i_1 i_2 \dots i_{m-1}$ *è una qualunque combinazione con ripetizione dei numeri* $0, 1, \dots, n$ *presi ad* $m-1$ *ad* $m-1$.

Essendo D *il determinante ad* m *dimensioni, di ordine* $n+1$, *i cui elementi si ottengono da* $a_{i_1 i_2 \dots i_m}$, *facendo variare gli indici* $i_1, i_2, \dots i_m$ *da* 0 *ad* n, *la matrice* (11) *si ottiene considerando tutte le linee tra loro parallele distinte di* D, *le quali per la simmetria di* D *sono* $\frac{(n+1)(n+2)\dots(n+m-1)}{(m-1)!}$.

Al teorema VII si può giungere anche considerando la condizione, perchè il connesso simmetrico abbia punti *singolari*, cioè tali che *ciascuno di essi formi un gruppo* g_m *del connesso con* $m-1$ *punti arbitrarii*. Infatti si ha:

Teorema VIII. — *Il connesso di specie* m *in* $G_m(S_n)$ *rappresentato analiticamente dalla* (7), *qualora risulti simmetrico, ammette uno spazio* S_{n-c} *di punti singolari, se ha la caratteristica* c *la matrice* (11) *definita nel teorema VII.*

Questo teorema si estende subito ai connessi lineari qualunque.

Sotto forma algebrica *la caratteristica 2 della matrice* (11) *esprime la condizione, affinchè la forma di grado* m

$$\sum_{i_1=0}^{i_1=n} \cdots \sum_{i_m=0}^{i_m=n} a_{i_1 i_2 \dots i_m} x_{i_1} x_{i_2} \dots x_{i_m}$$

si spezzi nel prodotto di m *forme lineari; la caratteristica 1 quella, affinchè la detta forma sia la* m^{sima} *potenza di una forma lineare.*

Tale risultato si può subito estendere al caso delle forme in più serie di variabili, che si spezzano nel prodotto di forme lineari in una sola serie di variabili.

6. — I connessi nulli emisimmetrico e ciclico.

Si chiama *nullo* un connesso lineare di specie m in $G_m(S_n)$, quando ammette come gruppi g_m costituiti da punti m^{upli} tutti i punti dello spazio S_n.

Si chiama *ciclico* il connesso lineare di specie m in $G_m(S_n)$, definito dalla (8), quando, qualunque sia la permutazione $i_1 i_2 \dots i_m$ dei numeri $0, 1, \dots, m$, sempre vale la relazione:

$$a_{i_1 i_2 \dots i_m} = \epsilon a_{i_2 i_3 \dots i_m i_1}, \tag{12}$$

dove ϵ è una radice m^{ima} primitiva dell'unità. Per $m = 2$ il connesso ciclico non è altro che il connesso emisimmetrico di specie 2.

Vale anzitutto:

Teorema IX. — *Sono connessi lineari nulli di specie* m *in* $G_m(S_n)$ *il connesso emisimmetrico, il connesso ciclico; ma, se è* m$>$2, *vi sono altri connessi nulli.*

Estendendo i noti risultati per le reciprocità nulle di S_n al connesso emisimmetrico di specie m segue:

Teorema X. — *Gli spazî* S_{m-1} *congiungenti gli* m *punti costituenti i gruppi* g_m *di un connesso emisimmetrico di specie* m *in* $G_m(S_n)$ *costituiscono un complesso lineare di* S_{m-1} *in* S_n, *ossia il complesso rappresentato analiticamente dall'equazione*

$$\sum a_{i_1 i_2 \dots i_m} (i_1 i_2 \dots i_m) = 0, \tag{13}$$

dove la sommatoria è estesa a tutte le combinazioni senza ripetizione $i_1 i_2 \dots i_m$ *dei numeri* 0, 1, ..., n *presi ad* m *ad* m, *ed essendo*

$(i_1 i_2 \dots i_m)$ *le coordinate di* S_{m-1} *in* S_n (Cfr. n. 15 e seg. del Cap. 2° del citato libro del BERTINI).

TEOREMA XI. — *Qualunque complesso lineare di spazî* S_{m-1} *in* S_n *dà luogo ad un connesso emisimmetrico di specie* m *in* $G_m(S_n)$ *(eventualmente degenere), tale che gli spazî* S_{m-1} *congiungenti gli* m *punti dei gruppi* g_m *del connesso formano il detto complesso lineare di* S_{m-1}.

7. — Introduzione alla teoria dei moduli di forme in più serie di variabili omogenee relativi a corrispondenze dotate di parti multiple.

Nella mia Nota citata nella prefazione, *Estensione della teoria dei moduli*, ecc., è già iniziata la teoria dei moduli di forme in più serie di variabili per il caso del modulo definito da una corrispondenza, completa intersezione di connessi, priva di parti multiple. In questo n° seguendo in parte il metodo del SEVERI (cfr. la Nota citata ([2])) e del TORELLI (cfr. la Nota citata ([3])), in parte invece quello del BERTINI (cfr. la Nota citata ([4])), si estenderanno ai moduli di forme in più serie di variabili i teoremi di LASKER e KÖNIG.

TEOREMA XII. — *Essendo* $h \leq d_1 + d_2 + \dots + d_t$, *si considerino in* $G_t(S_{d_1}, \dots, S_{d_t})$ *gli* h *connessi* $F_1 = 0, F_2 = 0, \dots, F_h = 0$ *dei rispettivi ranghi d'indice* v $(v = 1, 2, \dots, t)$ $n_{1v}, n_{2v}, \dots, n_{hv}$, *e la corrispondenza* $F_1 = 0, F_2 = 0, \dots, F_h = 0$ *sia dotata anche di parti multiple, essendo però di dimensione* $d_1 + d_2 + \dots + d_t - h$. *Supposto* $n_{1v} \geq n_{2v} \geq \dots \geq n_{hv}$, *allora è possibile scegliere* $h - 1$ *connessi* $F'_1 = 0, F'_2 = 0, \dots, F'_{h-1} = 0$ *dei rispettivi ranghi d'indice* v $(v = 1, 2, \dots, t)$ $n_{1v}, n_{2v}, \dots, n_{h-1,v}$, *tali che la corrispondenza ad essi comune sia di dimensione* $d_1 + d_2 + \dots + d_{t-1} - h + 1$ *e risulti priva di parti multiple, in modo che i moduli* $(F_1, F_2, \dots, F_{h-1}, F_h)$, $(F'_1, F'_2, \dots, F'_{h-1}, F_h)$ *siano identici.*

Per mezzo di questo teorema si ottiene:

TEOREMA XIII. — *Se in* $G_t(S_{d_1}, \dots, S_{d_t})$ *gli*

$$r + 1 = d_1 + \dots + d_t + 1$$

connessi $F_0 = 0, F_1 = 0, \dots, F_r = 0$, *dei rispettivi ranghi d'indice* v $(v = 1, 2, \dots, t)$ $n_{1v}, n_{2v}, \dots, n_{hv}$, *non hanno gruppi comuni, ogni forma* F *degli ordini* n_1 *nelle* $x_{10}, x_{11}, \dots, x_{1d_1}$; ......; n_t *nelle* $x_{t0}, x_{t1}, \dots, x_{td_t}$ *appartiene al modulo* $(F_0, F_1, \dots, F_r)$, *purchè* $n_1, n_2, \dots, n_t$ *siano convenientemente alti.*

Per estendere la dimostrazione fatta dal SEVERI per il caso delle forme in una sola serie di variabili omogenee bisogna supporre

(14) $$n_{0v} \geqq n_{1v} \geqq \dots \geqq n_{rv} \qquad (v = 1, 2, \dots, t).$$

Se invece non sono soddisfatte le disuguaglianze (14), si prendano degli interi $n'_{0v} - n_{0v}$, $n'_{1v} - n_{1v}$, ..., $n'_{r-1,v} - n_{r-1,v}$, in modo che risultino soddisfatte le disuguaglianze

(15) $$n'_{0v} \geqq n'_{1v} \geqq \dots \geqq n'_{rv} \qquad (v = 1, 2, \dots t),$$

il che è sempre possibile.

Siano $\Phi'_0, \Phi'_1, \dots, \Phi'_{r-1}$ forme dei rispettivi ordini

$$n'_{01} - n_{01},\ n'_{11} - n_{11},\ \dots,\ n'_{r-1,1} - n_{r-1,1} \text{ nelle } x_{10}, x_{11}, \dots, x_{1d_1},$$
$$\dots\dots\dots\dots\dots\dots$$
$$n'_{0t} - n_{0t},\ n'_{1t} - n_{1t},\ \dots,\ n'_{r-1,t} - n_{r-1,t} \text{ nelle } x_{t0}, x_{t1}, \dots, x_{td_t},$$

tali che i connessi $F_0\Phi'_0 = 0$, $F_1\Phi'_1 = 0$, ..., $F_{r-1}\Phi'_{r-1} = 0$, $F_r = 0$ non abbiano gruppi comuni. Segue che ogni forma di ordine n_v $(v = 1, 2, \dots, t)$ nelle $x_{v0}, x_{v1}, \dots, x_{vd_v}$, tale che risulti

$$n_0 \geqq n'_{0v} + \dots + n'_{r-1,v} + n_{rv} - d_v,$$

appartiene al modulo $(F_0\Phi'_0, F_1\Phi'_1, \dots, F_{r-1}\Phi'_{r-1}, F_r)$ e quindi anche al modulo $(F_0, F_1, \dots, F_{r-1}, F_r)$, c. v. d.

TEOREMA XIV. — *Se in* $G_t(S_{d_1}, \dots, S_{d_t})$ *i connessi* $F_1 = 0$, $F_2 = 0, \dots, F_h = 0$ *hanno in comune solo* $\infty^{d_1+d_2+\dots+d_t-h}$ *gruppi* g_t *(di natura qualsiasi) e* F, Φ *sono due forme nelle* t *serie di variabili omogenee* $x_{v0}, x_{v1}, \dots, x_{vd_v}$ $(v = 1, 2, \dots, t)$, *tali che il prodotto* ΦF *appartiene al modulo* $(F_1, F_2, \dots, F_h)$, *allora anche la forma* F *appartiene al modulo* $(F_1, F_2, \dots, F_h)$, *se i connessi* $F_1 = 0$, $F_2 = 0, \dots, F_h = 0, \Phi = 0$ *hanno in comune solo* $\infty^{d_1+d_2+\dots+d_t-h-1}$ *gruppi* g_t.

Per estendere la dimostrazione, fatta dal SEVERI per il caso delle forme in una sola serie di variabili omogenee, bisogna supporre vero il teorema per $t-1$ serie di variabili omogenee e dimostrarlo per t serie, distinguendo i due casi:

1° $h \leqq d_1 + d_2 + \dots + d_t - 1$, 2° $h = d_1 + d_2 + \dots + d_t$.

Nel 1° caso basta procedere come fa il SEVERI, considerando come $I' = 0$, $I'' = 0$, ..., $I^{(q)} = 0$ connessi iperpiani d'indice t. Nel 2° caso si osservi che per il teorema XIII, se $n_1, n_2, \dots, n_t$ sono abbastanza alti, la forma $I_1^{n_1} I_2^{n_2} \dots I_t^{n_t}$, dove $I_1 = 0$, $I_2 = 0$, ..., $I_t = 0$ sono connessi iperpiani arbitrarii dei rispettivi indici $1, 2, \dots, t$, appartiene al modulo $(\Phi, F_1, \dots, F_h)$; quindi, poichè ΦF appartiene al modulo $(F_1, F_2, ..., F_h)$, segue che $I_1^{n_1} I_2^{n_2} ... I_t^{n_t} F$ appartiene al modulo $(F_1, F_2, ..., F_h)$. Procedendo come il SEVERI, si dimostra successivamente che appartengono al modulo $(F_1, F_2, ..., F_h)$ le forme $I_1^{n_1-1} I_2^{n_2} ... I_t^{n_t} F$, $I_1^{n_1-2} I_2^{n_2} ... I_t^{n_t} F, ..., I_2^{n_2} ... I_t^{n_t} F, ..., I_t^{n_t} F, ..., F$.

Per mezzo di questo teorema XIV si può abbassare il limite di $n_1, n_2, ..., n_t$ nel teorema XIII. Nella dimostrazione del teorema XIII si faccia l'ipotesi che $r+1$ qualunque dei connessi $\Phi'_0 = 0, ..., \Phi'_{r-1} = 0, F_0 = 0, F_1 = 0, ..., F_r = 0$, non abbiano gruppi comuni. Sia F una forma di ordine n_v $(v = 1, 2, ..., t)$ nelle $x_{v0}, x_{v1}, ..., x_{vd_v}$, tale che risultino soddisfatte le disuguaglianze

$$(16) \qquad n_v \geq n_{0v} + n_{1v} + ... + n_{rv} - d_v \qquad (v = 1, 2, ..., t).$$

La forma $F \Phi'_0 \Phi'_1 ... \Phi'_{r-1}$ appartiene al modulo $(F_0 \Phi'_0, F_1 \Phi'_1, ..., F_{r-1} \Phi'_r, F_r)$, ossia

$$F \Phi'_0 \Phi'_1 ... \Phi'_{r-1} = A_0 F_0 \Phi'_0 + A_1 F_1 \Phi'_1 + ... \\ + A_{r-1} F_{r-1} \Phi'_{r-1} + A_r F_r,$$

e quindi $F \Phi'_0 \Phi'_1 ... \Phi'_{r-1} - A_0 F_0 \Phi'_0$ appartiene al modulo $(F_1 \Phi'_1, ..., F_{r-1} \Phi'_{r-1}, F_r)$. Ma per il teorema XIV e per l'ipotesi fatta sulle $\Phi'_1, \Phi'_2, ..., \Phi'_{r-1}$ anche $F \Phi'_1 ... \Phi'_{r-1} - A_0 F_0$ appartiene al modulo $(F_1 \Phi'_1, ..., F_{r-1} \Phi'_{r-1}, F_r)$; cioè $F \Phi'_1 ... \Phi'_{r-1}$ appartiene al modulo $(F_0, F_1 \Phi'_1, ..., F_r \Phi'_{r-1}, F_r)$. Così procedendo si conclude per l'ipotesi fatta sulle $\Phi'_0, \Phi'_1, ..., \Phi'_{r-1}$ che F appartiene al modulo $(F_0, F_1, ..., F_r)$ c. v. d.

Quindi *nel teorema* XIII *il limite inferiore degli ordini* n_v $(v = 1, 2, ..., t)$ *della forma* F *è dato dalle* (16).

Questi teoremi XIII e XIV si possono rispettivamente chiamare 1° e 2° teorema di LASKER.

Il metodo usato dal BERTINI nella Nota citata (4), si estende subito alle forme in più serie di variabili omogenee, e quindi si deduce (7):

TEOREMA XV. — *Si considerino in* $G_t(S_{d_1}, ..., S_{d_t})$ *gli* h *connessi* $F_1 = 0, F_2 = 0, ..., F_h = 0$ *dei rispettivi ranghi d'indice* v

(7) I seguenti teoremi di questo § e del successivo si troveranno ampiamente dimostrati nella tesi di laurea del sig. SANTO DE PASQUALE, nella quale tesi si troveranno pure svolte, per le forme in più serie di variabili omogenee, le considerazioni dei §§ 1, 2 della citata Nota (4) del BERTINI.

$(v=1,2,\dots,t)$ $n_{1v}, n_{2v}, \dots, n_{hv}$. *Ogni forma di ordine* n_v $(v=1,2,\dots,t)$ *nelle* $x_{v0}, x_{v1}, \dots, x_{vd_v}$ *appartenente al modulo* $(F_1, F_2, \dots, F_h)$, *ossia che è esprimibile sotto la forma* $F = A_1 F_1 + \dots + A_h F_h$, *si può pure esprimere sotto la forma:*

$$F = (A_1 + \Sigma_j p_{1j} F_j) F_1 + \dots + (A_h + \Sigma_j p_{hj} F_j) F_h,$$

essendo le h^2 *forme* p_{ij} *degli ordini* $n_v - n_{iv} - n_{jv}$ $(v=1,2,\dots,t)$ *nelle* $x_{v0}, x_{v1}, \dots, x_{vd_v}$ *e tali da costituire gli elementi di un determinante emisimmetrico e del resto arbitrarie.*

Teorema XVI. — *Se in* $G_t(S_{d_1}, \dots, S_{d_t})$ *gli* $h+1$ *connessi* $F_1 = 0, \dots, F_h = 0$ *dei rispettivi ranghi d'indice* v $(v=1,2,\dots,t)$ $n_{1v}, \dots, n_{hv}$ *hanno in comune una corrispondenza qualsiasi* Φ, *costituita da parti di diverse dimensioni ed eventualmente multiple e si ha un numero finito di gruppi* $g_t^{(i)}$ *appartenenti alla* Φ, *in ciascuno dei quali* $F_1 = 0, \dots, F_h = 0$ *presentano il caso semplice ed abbiano le molteplicità* $s_1^{(i)}, \dots, s_h^{(i)}$ *almeno, allora ogni forma* F *del modulo* $(F_1, \dots, F_h)$, *la quale sia di ordini* n_v $(v=1,2,\dots,t)$ *nelle* $x_{v0}, x_{v1}, \dots, x_{vd_v}$ *abbastanza alti ed abbia in ciascun gruppo* $g_t^{(i)}$ *la molteplicità* $s^{(i)}$ *almeno (essendo* $s^{(i)} \geq s_1^{(i)}, s^{(i)} \geq s_2^{(i)}, \dots, s^{(i)} \geq s_h^{(i)}$), *si può rappresentare sotto la forma:*

$$F = A_1 F_1 + \dots + A_h F_h,$$

ove i connessi $A_1 = 0, \dots, A_h = 0$ *hanno in ciascun gruppo* $g_t^{(i)}$ *le molteplicità* $s^{(i)} - s_1^{(i)}, s^{(i)} - s_2^{(i)}, \dots, s^{(i)} - s_h^{(i)}$ *almeno.*

Vale anche un teorema analogo nel caso in cui $F_1 = 0, \dots, F_h = 0$ presentino dati caratteri di molteplicità.

Per brevità si ponga:

$$d_{hu}(s^{(i)} - 1;\, s_1^{(i)}, \dots, s_h^{(i)}) = \sum \binom{s^{(i)} - 1 - s_{i_1}^{(i)} - \dots - s_{i_u}^{(i)} + r}{r},$$

essendo $r = d_1 + \dots + d_t$,

$$d_{hu}^{(t)}(n_v;\, n_{1v}, \dots, n_{hv}) = \\ = \sum \binom{n_1 - n_{i_1 t} - \dots - n_{i_u t} + d_1}{d_1} \dots \binom{n_t - n_{i_1 t} - \dots - n_{i_u t} + d_t}{d_t},$$

dove in entrambe le formole la sommatoria è estesa a tutte le possibili combinazioni $i_1 \dots i_u$ dei numeri $1, 2, \dots, h$ presi ad u ad u.

Teorema XVII. — *Se si aggiunge per la* Φ *la restrizione di avere la dimensione* $d_1 + \dots + d_t - h$, *essendo sempre costituita anche da parti multiple, oltre le ipotesi del teorema* XVI, *allora il sistema lineare dei connessi appartenenti al modulo* $(F_1, ..., F_h)$, *che hanno in ciascun gruppo* $g_t^{(i)}$ *la molteplicità* $s^{(i)}$, *ha la dimensione*

$$\sum_{u=1}^{u=h} (-1)^{u-1} \left[d_{hu}^{(v)} (n_v ; n_{1v}, ..., n_{hv}) - \sum\nolimits_{g_t^{(i)}} d_{hu} (s^{(i)} - 1 ; s_1^{(i)}, ..., s_h^{(i)} \right] - 1,$$

dove la sommatoria $\sum_{g_t^{(i)}}$ *è estesa a tutti i valori delle* s *relativi ai gruppi* g_t^i *multipli per la* Φ.

Teorema (di König) XVIII. — *Essendo* $r = d_1 + d_2 + ... + d_t$, *si considerino in* $G_t (S_{d_1}, ..., S_{d_t})$ *gli* r *connessi* $F_1 = 0, ..., F_r = 0$ *dei rispettivi ranghi d'indice* v $(v = 1, 2, ..., t)$ $n_{1v}, ..., n_{rv}$, *i quali si segano in un numero finito di gruppi* $g_t^{(i)}$, *in modo che in ciascuno di essi i connessi* $F_1 = 0, ..., F_r = 0$ *presentino il caso semplice ed abbiano le molteplicità* $s_1^{(i)}, ..., s_r^{(i)}$. *Ogni connesso* $F = 0$ *avente in ciascun gruppo* $g_t^{(i)}$ *una molteplicità*

$$s^{(i)} = s_1^{(i)} + ... + s_r^{(i)} - r + 1$$

appartiene al modulo $(F_1, ..., F_r)$.

8. — Teoremi di Bertini per la teoria dei moduli di forme in più serie di variabili omogenee.

Valgono pure per forme in più serie di variabili omogenee i teoremi ottenuti dal Bertini nella teoria dei moduli, quando non si presenta il caso semplice per i gruppi g_t appartenenti alla corrispondenza comune ai connessi costituenti il modulo.

Teorema XIX. — *Si considerino in* $G_t (S_{d_1}, ..., S_{d_t})$ *gli* $r = d_1 + ... + d_t$ *connessi* $F_1 = 0, ..., F_r = 0$, *i quali hanno in comune un numero finito di gruppi* $g_t^{(i)}$, *tali che ciascun gruppo* $g_t^{(i)}$ *sia* $(s_1^{(i)}, ..., s_r^{(i)}, \alpha^{(i)})$, *cioè multiplo secondo* $s_1^{(i)}$ *per il connesso* $F_1 = 0, ..., s_r^{(i)}$ *per* $F_r = 0$, *e di molteplicità d'intersezione* $\alpha^{(i)}$ *per i connessi* $F_1 = 0, ..., F_r = 0$.

Ogni connesso $F = 0$, *che abbia in ciascun gruppo* $g_t^{(i)}$ *la molteplicità* $\alpha^{(i)} - s_{1_2}^{(i)} ... s_r^{(i)} + s_1^{(i)} + ... + s_r^{(i)} - r + 1$, *appartiene al modulo* $(F_1, ..., F_r)$.

La somma di tutte le molteplicità $\alpha^{(i)}$ è

$$\sum\nolimits_i n_{1i_1} \, n_{2i_2} \, ... \, n_{ri_r},$$

dove la sommatoria $\sum_i$ è estesa a tutte le $\frac{(d_1 + d_2 + ... + d_t)!}{d_1! \, d_2! \, ... \, d_t!}$ combinazioni con ripetizione $i_1 \, i_2 \, ... \, i_r$ dei numeri $1, 2, ... \, t$, in modo che: d_1 delle $i_1, i_2, ..., i_r$ siano uguali ad $1, ..., d_t$ delle $i_1, i_2, ..., i_r$ siano uguali a t.

Ora si può estendere alle forme in più serie di variabili omogenee il lemma del TORELLI del n° 3 della citata Nota (³) nella forma data dal BERTINI. Per mezzo di tale lemma, seguendo il procedimento del n° 4 della detta Nota del TORELLI, si ottiene:

TEOREMA XX. — *Essendo* $h < d_1 + \dots + d_t$, *si considerino in* $G_t(S_{d_1}, \dots, S_{d_t})$ *gli* h *connessi* $F_1 = 0, \dots, F_h = 0$, *i quali hanno in comune una corrispondenza* Φ *di dimensione* $d_1 + \dots + d_t - h$, *dotata anche di parti multiple, in modo che i gruppi* g_t *generici di ogni parte* Φ_i *irriducibile di* Φ *siano* $(s_1^{(i)}, \dots, s_r^{(i)}, \alpha^{(i)})$.

Ogni connesso $F = 0$ *che passi per ciascuna parte* Φ_i

$$(17) \qquad \alpha^{(i)} - s_1^{(i)} \dots s_h^{(i)} + s_1^{(i)} + \dots + s_h^{(i)} - h + 1$$

volte, appartiene al modulo $(F_1, \dots, F_h)$.

COROLLARIO (di HILBERT). — *Se, nelle ipotesi del teorema* XX, $F = 0$ *è un connesso passante comunque per la corrispondenza* Φ, *la forma* F^σ *appartiene al modulo* $(F_1, \dots, F_h)$, *essendo* σ *non minore del più grande dei numeri* (17).

TEOREMA XXI. — *Se, nelle ipotesi del teorema* XIX, $F = 0$ *è un connesso tale che per ciascun gruppo* $g_t^{(i)}$ *esistano connessi* $B^{(i)} = 0, A_1^{(i)} = 0, \dots, A_h^{(i)} = 0$, *tali che* $B^{(i)} = 0$ *non passi per il gruppo* $g_t^{(i)}$ *ed il connesso* $B^{(i)}F + A_1^{(i)}F_1 + \dots + A_r^{(i)}F_r = 0$ *abbia in ogni gruppo* $g_t^{(i)}$ *la molteplicità*

$$\alpha^{(i)} - s_1^{(i)} \dots s_r^{(i)} + s_1^{(i)} + \dots + s_r^{(i)} - r + 1,$$

allora la forma F *appartiene al modulo* $(F_1, \dots, F_r)$.

TEOREMA (generale di BERTINI) XXII. — *Se, nelle ipotesi del teorema* XX, $F = 0$ *è un connesso tale che esistano i connessi* $B^{(i)} = 0, A_1^{(i)} = 0, \dots, A_h^{(i)} = 0$, *così che per ciascuna parte* Φ_i *di* Φ *il connesso* $B^{(i)} = 0$ *non contenga quella parte, mentre invece il connesso* $B^{(i)}F + A_1^{(i)}F_1 + \dots + A_h^{(i)}F_h = 0$ *abbia la detta parte* Φ_i *multipla secondo* $\alpha^{(i)} - s_1^{(i)} \dots s_h^{(i)} + s_1^{(i)} + \dots + s_h^{(i)} - h + 1$, *allora la forma* F *appartiene al modulo* $(F_1, \dots, F_h)$.

COROLLARIO (di HILBERT). — *Se, nelle ipotesi del teorema* XX, $F = 0$ *è un connesso tale che esistano i connessi* $B^{(i)} = 0, A_1^{(i)} = 0, \dots, A_h^{(i)} = 0$, *così che per ciascuna parte* Φ_i *di* Φ *il connesso* $B^{(i)} = 0$ *non contenga quella parte, mentre invece il connesso* $B^{(i)}F + A_1^{(i)}F_1 + \dots + A_h^{(i)}F_h = 0$ *passi comunque per la detta parte* Φ_i, *allora la forma* F^σ *appartiene al modulo* $(F_1, \dots, F_h)$, *essendo* σ *non minore del più grande dei numeri* (17).

INDICE

TUNZELMANN G. W. **La teoria elettrica ed il problema dell'universo, considerato dal punto di vista fisico.** — 1 vol. in-8° . . . . L. 14 —

FACCIOLI A. **Trattato di Aviazione - Dell'equilibrio negli aeroplani.** — 1 vol. in-8° con fig. . . . » 8 —

NASELLI D. **Meteorologia nautica.** — 1 vol. in-12° » 2,50

GREW E. S. **Lo sviluppo di un pianeta.** — 1 vol. in-12° con figure . . . . » 6 —

LIESEGANG F. P. **Il Cinematografo. Manuale di cinematografia.** — 1 vol. in-12° con fig. . . . . . » 5 —

MASON O. T. **Le origini delle invenzioni. Studio dell'industria fra i popoli primitivi.** — 1 vol. in-12° con figure . . . . » 6 —

FOURNIER D'ALBE E. E. **La nuova teoria dell'elettricità. Gli elettroni.** — 1 vol. in-12° con fig. . » 4 —

SNYDER C. **La nuova Scienza.** — 1 vol. in-12° con fig. » 5 —

FERRUCCI A. **Il traforo del Sempione ed i passaggi alpini.** — 1 vol. in-12° con fig. . . . . . . » 3,50

FINOT G. **La filosofia della longevità.** — 1 vol. in-12° » 3,50

www.ingramcontent.com/pod-product-compliance
Lightning Source LLC
LaVergne TN
LVHW020600110826
845149LV00002B/333